French for marketing

PUBLISHED BY THE PRESS SYNDICATE OF THE UNIVERSITY OF CAMBRIDGE
The Pitt Building, Trumpington Street, Cambridge CB2 1RP United Kingdom

CAMBRIDGE UNIVERSITY PRESS
The Edinburgh Building, Cambridge CB2 2RU, United Kingdom
40 West 20th Street, New York NY 10011–4211, USA
10 Stamford Road, Oakleigh, Melbourne 3166, Australia

First published 1997

Printed in the United Kingdom at the University Press, Cambridge

Typeset in 10½/12pt Bembo

A catalogue record for this book is available from the British Library

Library of Congress cataloguing in publication data

Batchelor, R. E. (Ronald Ernest)
French for marketing: using French in media and communications
R.E. Batchelor, M. Chebli-Saadi.
p. cm.
Includes bibliographical references.
ISBN 0 521 58500 7 (hardback). – ISBN 0 521 58535 X (paperback)
1. Mass media–Marketing. 2. Mass media and language. 3. French language–Social aspects.
I. Chebli-Saadi, M. II. Title.
P96.M34B38 1997
448.2'421–dc21 96-51789 CIP

ISBN 0 521 58500 7 hardback
IBSN 0 521 58535 X paperback

11614374.

CP

La publicité est la fleur de la vie contemporaine, une affirmation d'optimisme et de gaîté.

Blaise Cendrars

Blaise Cendrars pseudonyme de **Frédéric Louis Sauser** (1887–1961). Ce romancier d'aventures est considéré comme l'un des premiers poètes du XXème siècle à avoir su exprimer la beauté d'un monde moderne par un langage nouveau.

La **publicité** est un aspect de la communication commerciale. Son rôle est d'informer le client sur l'existence d'un produit ou d'un service, mais surtout d'inciter le consommateur potentiel à l'acheter. Pour atteindre cet objectif, elle doit convaincre, séduire l'acheteur du grand public ou l'acheteur professionnel en milieu industriel. La publicité qui vise le grand public passe par les moyens de communication de masse, les supports publicitaires, l'affichage, la télévision, la radio. La publicité qui a pour cible le milieu professionnel et industriel passe par le publipostage, la presse technique et spécialisée.

On distingue cinq grands supports traditionnels: la radio, la télévision, le cinéma, l'affichage, la presse. Les autres supports tels que publipostage, expositions sont appelés "hors-média".

La publicité a investi tout le champ médiatique. Elle interrompt les programmes télévisés et les films. Elle les découpe en miettes. Dans son élan, elle perd tout équilibre et tombe parfois dans la provocation, mêlant des images du réel, images crues et brutales, aux images habituelles de rêve et de plaisir. Les campagnes publicitaires de Luciano Benetton sont tout à fait caractéristiques de cette situation.

La publicité a tendance à détruire les repères habituels sans en proposer de nouveaux. Les messages publicitaires sont si sommaires et si rapides qu'ils ne suscitent aucune réflexion de fond. Ils font appel à des schémas réducteurs. Ils traitent les thèmes les plus sérieux avec beaucoup de légèreté. La méthode utilisée par la publicité consiste à présenter des images chocs, des plans à une vitesse accélérée de manière à stimuler les sens. Pour que le message soit reçu, la publicité a recours à l'action répétitive. L'objectif principal est de capter l'attention grâce à un choc émotionnel.

Table des matières

Avant-propos

French for marketing: *Using French in media and communications*, destiné aux étudiants anglophones, a pour objectif de préparer les étudiants au français des médias et de la communication. **L'ouvrage** est organisé autour de deux grands thèmes:

Première partie: Actions publicitaires/**Deuxième partie:** Information et communication
Le but à atteindre est:

d'acquérir le vocabulaire le plus courant dans cette langue de spécialité.

de s'entraîner à la compréhension, à **l'expression** et à la **traduction** de cette langue à **l'écrit**.

    Les articles de la presse contemporaine du livre s'adressent aux étudiants afin de les familiariser avec le **vocabulaire du français économique, social, culturel** et **le monde de l'actualité**.
    Les deux thèmes majeurs sont illustrés par des textes qui sont accompagnés de **plusieurs volets:**

I. Étude du vocabulaire spécifique

II. Compréhension

III. Expression

IV. Traduction (thème et version dans les deux langues)

V. Exercices structuraux

Tout d'abord, l'**étude du vocabulaire spécifique** permet d'enrichir **le lexique**. Ensuite, les questions de **compréhension** visent à contrôler la **progression** de l'étudiant au niveau de **la perception** du texte: **de la syntaxe, du vocabulaire** et de la mise en pratique de **l'acquis**. **Le troisième volet** comporte des exercices **d'expression** sous forme de **rédaction** succinte qui consiste à traiter **par écrit** un sujet portant sur un extrait de la presse. **La quatrième partie** est consacrée à des **exercices de thème et version** de phrases courantes ou tirées directement **des textes étudiés**. **Les exercices structuraux** constituent les dernières rubriques.
    Dans un but pédagogique, il convient de souligner que nous gardons les accents pour les lettres en majuscules.

Remerciements

Les auteurs adressent leurs sincères remerciements aux magazines et revues suivants qui leur ont aimablement accordé le droit de reproduire les articles appartenant à leur fonds:

1- *Archimag*

2- *Challenges*

3- *Création*

4- *Direct*

5- *L'Écho de la Presse*

6- *L'Événementiel*

7- *L'Expansion*

8- *Génération Multimédia*

9- *Marketing Mix*

10- *Marketing Vente*

11- *Médias*

12- *Le Nouvel Économiste*

13- *Le Nouvel Observateur*

14- *Livres Hebdo*

We should like to thank the copy editor Dr Rosemary Morris for the very real contribution she had made in ensuring that the final product is as near perfection as possible.

Liste des sigles

AACC: Association des Agences Conseils en Communication

AFNOR: Association Française de Normalisation

AFP: Agence France Presse

AIDA: Attention, Intérêt, Désir, Achat

ARTE: Association Relative aux Télévisions Européennes

AUDIMAT: Audiomètre Automatique

BAG: Bon à Graver

BAL: Boîte aux Lettres électroniques

BAR: Bon à Rouler

BAT: Bon à Tirer

BSN: Boussois-Souchon-Neuvesel

BVP: Bureau de Vérification de la Publicité

CA: Chiffre d'Affaires

CAO: Conception Assistée par Ordinateur

CCA: Centre de Communication Avancé

CCF: Crédit Commercial de France

CCPP: Confédération des Cadres de la Promotion et de la Publicité

CDD: Contrat à Durée Déterminée

CEA: Commissariat à l'Énergie Atomique

CEP: Compagnie Européenne de Publication

CESP: Centre d'Études des Supports de Publicité

CFP: Confédération Française de la Publicité

CGE: Compagnie Générale des Eaux

CHR: Cafés, Hôtels, Restaurants

CIC: Crédit Industriel et Commercial

CLT: Compagnie Luxembourgeoise de Télédiffusion

CNC: Centre National de la Cinématographie

CNCL: Commission Nationale de la Communication et des Libertés

CNCT: Comité National contre le Tabagisme

CNES: Centre National d'Études Spatiales

CNPF: Conseil National du Patronat Français

CNRS: Centre National de la Recherche Scientifique

CSA: Centre Supérieur de l'Audiovisuel

DA: Directeur Artistique

DAO: Dessin Assisté par Ordinateur

DIRCOM: Directeur de la Communication

EDF: Électricité de France

Euro-RSCG: Eurocom et Roux, Séguéla, Cayzac et Goudard

FNPP: Fédération Nationale des Praticiens en Publicité

FNSP: Fédération Nationale des Supports de Publicité

GED: Gestion Électronique de Documents

GIE: Groupement d'Intérêt Économique

HT: Hors Taxes

INC: Institut National de la Consommation

INRIA: Institut National de Recherche d'Informatique et d'Automatique

INSEE: Institut National de la Statistique et des Études Économiques

IREP: Institut de la Recherche et des Études Publicitaires

ISA: Imprimé Sans Adresse

JRI: Journalistes Reporters d'Images

LVMH: Louis Vuitton-Moët-Hennessy

MATRA: Mécanique, Aviation, Traction

MF: Moyenne Fréquence

MODEM: Modulateur-Démodulateur

NDLR: Note de la Rédaction

NMPP: Nouvelles Messageries de la Presse Parisienne

OC: Ondes Courtes

OJD: Office de Justification de la Diffusion

OM: Ondes Moyennes

OPA: Offre Publique d'Achat

PAF: Paysage Audiovisuel Français

PAO: Publication Assistée par Ordinateur

PDG: Président Directeur Général

PDM: Part de Marché

PLV: Publicité sur le Lieu de Vente

PME: Petites et Moyennes Entreprises

PO: Petites Ondes

PQN: Presse Quotidienne Nationale

PQR: Presse Quotidienne Régionale

RATP: Régie Autonome des Transports Parisiens

RLP: Radios Locales Privées

RP: Relations Presse/Relations Publiques

RTL: Radio Télé Luxembourg

SACD: Société des Auteurs et Compositeurs Dramatiques

SACEM: Société des Auteurs Compositeurs et Éditeurs de Musique

SAV: Service après Vente

SCAM: Société Civile des Auteurs Multimédias

SCPI: Société Civile de Placements Immobiliers

SDRM: Société pour l'administration du Droit de Reproduction Mécanique des Auteurs

SECODIP: Société d'Études de la Consommation, de la Distribution, et de la Publicité

SFP: Société Française de Production et de Création Audiovisuelle

SGDG: Sans Garantie du Gouvernement

SICAV: Société d'Investissement à Capital Variable

SID: Service d'Information et de Diffusion

SNCF: Société Nationale des Chemins de Fer Français

SOFICA: Société de Financement du Cinéma

SOFIRAD: Société Financière de Radiodiffusion

SOFRES: Société Française d'Études et de Sondages

TDF: Télé Diffusion de France

TMC: Télé-Monte-Carlo

TTC: Toutes Taxes Comprises

TV: Télévision

TVHD: Télévision Haute Définition

UDA: Union des Annonceurs

UER: Union Européenne de Radiodiffusion

UGC: Union Générale Cinématographique

VPC: Vente par Correspondance

VO: Version Originale

Registre ou niveau de langue

Dans certains exercices (voir par exemple texte n° 12, exercice VIII; texte n° 14, exercice VII) il s'agit de l'étude du registre ou niveau de langue. Sur une gamme passant d'un niveau de langue formel à un niveau informel, on pourrait établir quatre catégories. Ci-dessous se trouve une grille de registres avec des exemples illustrant des synonymes associés au verbe **ennuyer**. **R** signifie **registre**.

registre	définition	synonyme
R3	formel, soutenu, langage des puristes	importuner
R2	standard, grammaticalement correct	ennuyer
R1	familier, typique de la langue parlée	embêter
R1★	grossier, à employer avec prudence	emmerder

Première partie
Actions publicitaires

1 Les acteurs de la publicité (les agences, les annonceurs, les supports)

Texte n° 1 : La prime au hors-média

Liste des mots-clés : une prime/le hors-média/communication/ marketing/promotion/stimulation/force de vente/distribution/ communication sur le lieu de vente/institutionnels/l'IREP/la fidélisation/circuits de distribution/item

Résumé du texte n° 1

Une étude menée par Proximité (agence spécialisée de communication) auprès de 157 directeurs d'entreprises françaises montre qu'en 1993, la plupart d'entre eux ont choisi de nouveaux supports publicitaires (promotion, stimulation, force de vente, distribution, publicité directe).

D'après Olivier Saguez, directeur de cette agence, le développement de la communication de proximité paraît essentiel.

Dans le domaine de l'agro-alimentaire et des services, les supports publicitaires classiques laissent libre cours au hors-média, notamment la promotion.

La modification des techniques s'explique par deux difficultés. D'une part, les résultats des actions de communication doivent être obtenus à court terme. D'autre part, les budgets stagnent ou baissent.

Selon Oliver Saguez, les responsables de communication pourraient augmenter leurs ventes en cherchant à fidéliser les clients acquis plutôt que de chercher des clients potentiels.

L'image de marque et la notoriété tiennent une place prépondérante dans les médias classiques et le hors-média.

L'efficacité que l'on requiert aujourd'hui de la communication entraînera inévitablement une modification de ses supports.

Le **hors-média** serait-il en train de damer le pion à la publicité traditionnelle? C'est ce qu'a cherché à mettre en évidence Proximité, l'agence du groupe CLM/BDDO spécialisée dans **la communication** de proximité. En collaboration avec la junior ISG Entreprises, 157 directeurs de **marketing** ou de communication, répartis sur 7 secteurs et issus des 300 premières entreprises françaises en termes d'investissements publicitaires, ont été soumis à un questionnaire, entre le 29 mars et le 9 avril 1993. Leurs réponses sont éloquentes.

D'abord, ils sont 66% à avoir orienté leur budget 1993 non plus sur les supports publicitaires classiques, mais bien sur des techniques diverses hors-média, telles que la **promotion** ou la **stimulation** (26%), la **force de vente** ou la **distribution** (20%), la **communication sur le lieu de vente** (19%).

*"Même si des variations apparaissent entre les différents secteurs, puisque l'habillement-luxe-santé, les services et les **institutionnels** investissent encore à 40% et plus dans les médias classiques, le développement de la communication de proximité*

semble être une tendance de fond, bien plus qu'une simple stratégie de crise, explique Olivier Saguez, directeur général de Proximité. *D'ailleurs, les résultats de notre étude confirment ceux dégagés par l'*IREP *et suivent l'évolution de la répartition des investissements aux États-Unis."*

Quand les responsables de marketing notent l'efficacité sur les ventes des supports de communication, la tendance est encore renforcée. Certes, les médias classiques obtiennent en moyenne le meilleur score (3,5 points sur 5), mais ils sont déjà dépassés par la promotion, dans le secteur de l'agro-alimentaire et des services, à qui est accordée respectivement la note de 4,1 et 3,9 points.

En fait l'orientation vers une communication de plus en plus proche du consommateur, surtout quand il est en situation d'achat, tient essentiellement à deux nouvelles contraintes. D'une part, les effets de la communication doivent être ressentis sur un terme de plus en plus court : 6 mois à un an pour 61% des responsables interrogés (70% dans le domaine des services!), et un à deux ans pour 26% d'entre eux. D'ailleurs, il n'y a guère que les institutionnels qui jouissent encore de délais relativement longs.

D'autre part, 72% des budgets de communication n'ont, pour l'année 1993, connu aucune augmentation, et sont même en réduction pour 32% d'entre eux. Des résultats qu'Olivier Saguez trouve plutôt optimistes, puisque, d'après lui, *"nombre des directeurs interrogés n'ont pas osé dire que leur budget était en baisse".* D'ailleurs, si les budgets agro-alimentaires se portent mieux que la moyenne, puisque 43% sont déclarés en augmentation, l'électronique et les institutionnels sont, eux, particulièrement touchés : respectivement 85% et 80% de leurs budgets ont stagné et évolué à la baisse. Enfin, les objectifs que les responsables marketing assignent à leur stratégie de communication sont de plus en plus pragmatiques. Ils en attendent prioritairement (à 43%) une augmentation des ventes ou du trafic, surtout dans les secteurs de l'agro-alimentaire (à 53%) et des services (à 50%). Ils sont encore 60% à considérer que l'objectif premier des actions de communication est de gagner de nouveaux consommateurs (80% dans l'électronique), alors qu'ils auraient peut-être plutôt intérêt à chercher à fidéliser les clients acquis. Ce que 40% (45% dans les services) d'entre eux jugent prioritaire. Une attitude qu'Olivier Saguez aurait tendance à privilégier. D'après lui, *"les trois quarts des produits du marché pourraient améliorer leurs performances si leurs actions de communication consistaient à renforcer la **fidélisation** de leurs consommateurs et donc à augmenter leur niveau de consommation. Les entreprises ont-elles perdu tant d'acheteurs au point d'ignorer ceux qui leur sont fidèles?"*

Sans oublier image et notoriété

En revanche, et même si l'accroissement des investissements hors-média semble démontrer le contraire, 33% des responsables marketing cherchent d'abord à renforcer l'image de leurs produits et 24% leur notoriété. *"Choisir d'autres modes de communication que les médias classiques ne signifie pas renoncer aux développements d'image et de notoriété,"* ajoute Olivier Saguez.

Riche d'enseignements sur les qualités que les annonceurs attendent de leur agence de communication – surtout de la rigueur et du suivi (à 28%), et une bonne connaissance des **circuits de distribution** (à 27%) – cette étude devrait connaître d'autres développements dans ses prochaines éditions puisque, renouvelé deux fois l'an, ce baromètre pourra mesurer l'évolution de chaque **item** étudié aujourd'hui.

Véronique Le Bris
Source : *Marketing Mix*, juin 1993

I.   Étude du vocabulaire

Une prime est une technique de promotion de vente qui consiste à offrir au consommateur gratuitement ou à des conditions avantageuses un produit ou un service au moment d'un achat.

Le hors-média désigne l'ensemble des opérations de communication et d'actions publicitaires autres que la diffusion de messages à travers les cinq grands supports classiques (presse, radio, télévision, cinéma, affichage). On peut distinguer : La promotion de vente (cadeaux, jeux, concours, offres spéciales)/La publicité directe (distribution d'imprimés, publipostage, télématique)/La publicité sur le lieu de vente (PLV) (animations, présentoirs etc.)/Les manifestations commerciales (foires, expositions, salons).

La communication est un terme utilisé par les entreprises pour indiquer l'ensemble des actions qui vise à transformer l'image d'un produit ou d'un service chez le consommateur. Les agences de publicité sont devenues des agences de communication. La publicité est une forme de **communication** commerciale.

Le marketing est une politique de commercialisation qui consiste à adapter une entreprise aux évolutions du marché. L'étude du **marketing** repose sur les attentes et les possibilités du marché pour définir une stratégie d'entreprise. C'est l'ensemble des opérations ayant trait à l'élaboration, à la mise en œuvre et au contrôle d'une stratégie commerciale.

La promotion désigne l'ensemble des techniques commerciales permettant d'accroître le montant des ventes d'une entreprise. Cette expression est calquée de l'anglo-saxon *sales promotion* (promotion des ventes). **La promotion** des ventes s'appuie en général sur des actions de communication pour faire connaître les offres et les stimuler afin de promouvoir un produit. Il s'agit du développement des ventes, par la publicité, des efforts de vente exceptionnels (expositions, démonstrations, baisse des prix).

La stimulation désigne en général les actions d'une entreprise en direction des distributeurs pour les encourager à améliorer leurs performances commerciales (concours, cadeaux, voyages). Elle se distingue de la promotion. C'est l'action de stimuler.

La force de vente est un terme général qui désigne l'ensemble des personnes qui s'occupent de la commercialisation d'un produit (responsables commerciaux, représentants, représentants multi-cartes, concessionnaires etc.).

La distribution s'applique au système intermédiaire entre le producteur et le consommateur. Elle est aussi appelée **circuit de distribution** et assure la commercialisation des produits. Elle concerne les opérations et les **circuits de distribution** grâce auxquels les biens de consommation sont acheminés vers les points de vente.

La communication sur le lieu de vente se rapporte à la communication commerciale par opposition à la communication d'entreprise. Cette expression est utilisée pour désigner les actions menées en direction du consommateur pour promouvoir un produit grâce à la publicité, à la publicité sur le lieu de vente (PLV), à la promotion, à la vente par correspondance (VPC), à l'imprimé sans adresse (ISA), au publipostage, et à la télématique.

Institutionnel est en fait un adjectif qui veut dire **relatif aux institutions**. Dans le texte, nous avons "les **institutionnels** investissent …". Cela sous-entend les investisseurs institutionnels, c'est-à-dire les organismes financiers qui placent une grande partie de leurs capitaux en valeurs mobilières ou dans l'achat de biens de production. Les **investisseurs institutionnels** sont aussi appelés familièrement **les zinzins** (avec les liaisons en z). Le mot s'utilise la plupart du temps au pluriel. Cependant, il ne faut pas confondre cette onomatopée avec l'adjectif invariable **zinzin** qui équivaut à **un peu fou, bizarre, cinglé, toqué**. Remarque : Les organismes **investisseurs** (ici **investisseur** est un adjectif). Par contre, le féminin "**investisseuse**" ne semble pas attesté.

L'IREP est l'Institut de **R**echerches et d'**É**tudes **P**ublicitaires. L'objectif de cette association, créée en 1958, est de promouvoir la recherche théorique et pratique de la publicité. **L'IREP** compte parmi ses chercheurs des professionnels et des universitaires qui se réunissent périodiquement dans des colloques dont il publie les actes. Chaque année cet institut publie une étude sur le marché de la publicité et de la presse. **L'IREP** compte plus de 150 membres adhérents parmi lesquels tous les grands groupes de presse.

La fidélisation est le fait de fidéliser, c'est-à-dire s'assurer la fidélité du client ou du consommateur à une marque ou à un produit au détriment des concurrents. **La fidélisation** peut se faire à travers une carte de fidélité, un concours exigeant plusieurs preuves d'achat. L'objectif de cette action de communication est le renouvellement des achats.

Les circuits de distribution sont les divers circuits assurant la commercialisation des produits. Ils sont aussi appelés **canaux de distribution** et regroupent l'ensemble des éléments d'un système de distribution par lesquels s'effectue la commercialisation d'un produit.

Un item est un élément d'observation, en tant qu'unité d'un ensemble. Par exemple dans un questionnaire ou dans l'analyse d'un fait ou d'un phénomène, chaque point abordé dans un raisonnement, chaque réponse donnée constitue **un item**.

II. Compréhension

Lire attentivement le texte, puis :

1. Définissez en français les mots et expressions suivants tirés du texte : damer le pion/junior/l'agro-alimentaire/les services/fidéliser les clients/ignorer/notoriété.

III. Traduction

1. Traduire en anglais les passages en italique.

IV. Expression écrite et/ou orale

1. Que signifie le terme **support**? Donnez des exemples précis pour illustrer l'usage de ce terme.

2. Quelle différence existe-t-il entre la publicité traditionnelle et la communication?

3. Quels sont les objectifs que les responsables de la politique de commercialisation se fixent pour leur stratégie de communication?

4. Comment peut-on fidéliser la clientèle?

5. Comment peut-on développer l'image de marque d'un produit?

V. Locutions verbales et nominales

À partir du verbe **mettre** comme par exemple; **mettre** en évidence/**mise** en évidence; **mettre** en valeur/**mise** en valeur.

(a) Trouvez d'autres locutions verbales et nominales.

(b) Construisez six phrases complètes en intégrant ces locutions.

VI. Rédaction

(a) Donnez des expressions courantes contenant le mot **prime**, par exemple : Octroyer une **prime**.

(b) Rédigez un petit paragraphe de six lignes contenant ces expressions.

VII. Conjugaison

(a) Conjuguez le verbe **requérir** aux formes suivantes : présent de l'indicatif, imparfait de l'indicatif/passé simple, passé composé.

(b) Trouvez d'autres verbes qui se conjuguent de la même manière.

(c) Quels sont les substantifs qui correspondent à ces verbes?

VIII. Les mots de liaison

(a) Établir une liste des mots de liaison qui articulent chaque paragraphe dans le texte.

(b) En utilisant un dictionnaire unilingue français (*Le Petit Robert* par exemple), trouvez à quelle catégorie grammaticale appartient chacun de ces mots de liaison.

(c) Quel est le sens de chacun de ces mots de liaison?

IX. Les prépositions de lieu : au/aux/en/dans

En règle générale, on utilise la préposition de lieu **en** au féminin, **au/aux** au masculin en parlant d'un pays, par exemple :
en France/**au** Japon/**aux** États-Unis/**en** Iran.

(a) Quelles sont les prépositions de lieu que l'on doit utiliser pour les pays suivants :
Belgique/Canada/Danemark/Espagne/Finlande/Gabon/Hongrie/Inde/Israël/Jordanie/Kenya/Libye/Maroc/Norvège/Ouganda/Pérou/Roumanie/Salvador/Thaïlande/Uruguay/Vénézuela/Yémen/Zaïre?

(b) Construisez six phrases en intégrant les verbes de mouvement suivants : aller/venir/partir pour six pays mentionnés ci-dessus.

Voir : "Usage with names and countries", pp. 259–268 in R. E. Batchelor et M. H. Offord, *Using French : a guide to contemporary usage* (Cambridge University Press, 1993).

X. Analyse grammaticale

(a) Bien que **proche de** et **près de** fonctionnent plus ou moins de la même façon, ces deux expressions ne sont pas de la même catégorie grammaticale. Expliquez la différence entre ces deux expressions et donnez des exemples précis.

(b) Expliquez pourquoi "C'est la maison la plus près" est grammaticalement incorrect.

(c) Quelle est la différence entre **auprès de** et **près de**? Donnez des exemples précis.

(d) Comparez la construction en anglais et en français, en faisant attention à l'ordre des mots, de l'expression suivante :

"... Les 300 premières entreprises françaises ..."

L'adjectif **dernier** s'emploie de la même manière.

(e) Il existe une différence de niveau de langue entre **l'article premier** et **le premier article**. Expliquez cette différence et construisez deux phrases pour l'illustrer.

Texte n° 2 : Interdeco réinvente la régie publicitaire

Liste des mots-clés : régie publicitaire/marketing direct/
Relais H/l'annonceur/média/échantillon/points de vente/
argumentation/message publicitaire/package/téléphone interactif/
l'annonce presse/TTC/concours lecteurs/merchandising/
encarts/sponsoring/conseil

Résumé du texte n° 2

Le groupe Interdeco, première entreprise commerciale française spécialisée dans la vente de l'espace publicitaire aux annonceurs, fait connaître quatre offres : l'offre de Relais H, l'offre de marketing direct, l'offre de kiosque et l'offre trade média.

L'offre de Relais H porte sur la remise d'un échantillon à tout client.

L'offre de Marketing direct a recours à la location des fichiers, soit 3 millions et demi d'abonnés.

L'offre de kiosque a pour principe de faire bénéficier aux annonceurs d'un abonnement gratuit de téléphone interactif. L'inconvénient de cette offre est le coût onéreux de l'appel.

L'offre Trade média vise à favoriser les échanges entre l'annonceur et les distributeurs. Cette méthode assure une bonne diffusion des produits aux consommateurs.

La régie publicitaire Interdeco joue plus que son rôle initial puisqu'elle se présente comme agence conseil en communication.

Le Groupe Interdeco première **régie publicitaire** de presse de France lance quatre offres de média services : l'offre de Relais H, l'offre de **marketing direct**, l'offre de kiosque et l'offre trade média.

L'offre de **Relais H** permet à **l'annonceur** d'un des titres de la régie Interdeco de relayer son action **média** par une distribution de produits ou de coupons. À tout acheteur dans un Relais H sera remis un **échantillon** de produit, un catalogue, etc. Interdeco a l'exclusivité des points Relais H (518 **points de vente**).

*L'offre de marketing direct consiste en une prolongation de la communication média de l'annonceur auprès des lecteurs des titres du groupe par **une argumentation** de **message publicitaire**. Là se trouve une des grandes nouveautés : l'annonceur a pour la première fois la possibilité de louer les fichiers des abonnés aux titres du groupe, soit une totalité de 3 500 000 abonnés. Seule condition : les fichiers ne sont accessibles que par packages dans la mesure où l'annonceur communique dans tous les titres composant ce **package**.*

L'offre de kiosque renforce une communication lors d'un lancement de produit. Le principe est simple : tout annonceur dans un des titres du groupe peut être hébergé gratuitement pendant trois semaines sur un numéro de **téléphone interactif**. Le lecteur vérifie par un appel **l'annonce presse**. Unique inconvénient : la minute est facturée 2,19F **TTC** . . . au consommateur.

Enfin, l'offre trade média consiste à développer des actions pour resserrer les liens entre l'annonceur et les distributeurs. L'annonceur utilise les titres du groupe (25 titres partenaires) à deux fins : soit pour une offre sur les points de vente (**concours lecteurs**, **merchandising**, etc.), soit pour véhiculer des offres produits aux consommateurs (**encarts**, **sponsoring** de rubriques, etc.).

Interdeco élargit donc son rôle de régie publicitaire. Le clivage classique entre la communication média et la communication hors-média semble effacé. Interdeco se pose maintenant en **conseil** de la communication globale des annonceurs.

Bertrand Houard
Source : *Médias* n° 344, février 1994

I. Étude du vocabulaire

Une régie publicitaire est une entreprise commerciale qui a pour activité la vente de l'**espace publicitaire** aux **annonceurs**. Exemples à retenir : **Régie** de presse (Havas Régies)/**Régie** d'affichage (Avenir, Dauphin, Giraudy, Decaux)/**Régie** de radio (Régie 1 pour Europe 1)/**Régie** de Télévision (TF1 publicité, A2 publicité, Espace 3, Canal + Régie, M6 Pub)/**Régie** de Cinéma (Médiavision et Circuit A).

Un espace publicitaire est une surface visible ou un support qui sert à transmettre un message publicitaire, comme par exemple une salle de cinéma, une chaîne de télévision, un journal ou une revue de presse, un panneau d'affichage, une station de radio.

Un annonceur représente toute société commerciale publique ou privée qui fait passer une annonce publicitaire à la radio, à la télévision, dans un journal ou tout autre élément matériel, pour promouvoir ses produits ou ses idées.

Le marketing direct désigne l'ensemble des pratiques de commercialisation qui cherchent à établir des relations directes et personnelles avec des individus. La vente par correspondance (VPC) et la publicité directe sont deux formes spécifiques de **marketing direct**. Les sociétés commerciales ont recours à cette technique pour : informer leur clientèle, faire une offre d'achat, recruter des partenaires etc. Elles utilisent principalement le mailing (publipostage), l'imprimé sans adresse (ISA), la télématique.

Un Relais H. H implique Société Française d'Édition **H**achette. En France, la chaîne de distribution des **Relais H** a un réseau très développé qui compte plus de 900 points de vente . Le premier **Relais H** a été ouvert en 1984 dans la gare de Versailles-Chantiers. **Relais H** compte plus de 1000 collaborateurs avec un chiffre d'affaires de 3,8 milliards de francs. Quelques chiffres éloquents et révélateurs : chaque jour, les **Relais H** servent 500 000 clients dans les gares et les aéroports. La chaîne vend 300 000 quotidiens et publications, 250 000 paquets de cigarettes, 10 000 livres et 40 000 autres articles par jour. Ses origines remontent à la librairie fondée à Paris par Louis Hachette. Hachette occupe en France le premier rang pour l'édition. Elle est présente dans la station de radio Europe 1 et dans les **N**ouvelles **M**essageries de la **P**resse **P**arisienne (NMPP). Hachette possède les principales concessions de kiosques à journaux.

Un média provient du terme anglo-saxon **mass-media**. On trouve aussi **médium** ou **medium** au singulier. À la différence de l'anglais, en français le pluriel peut s'écrire avec un "s" : **médias**. Un **média** désigne l'ensemble des supports de diffusion de l'information (radio, télévision, presse écrite, ordinateur, vidéogramme, satellite de télécommunication). Par extension, on appelle "média", des techniques de communication tels que les nouveaux **médias** (informatique, bureautique), le parrainage d'institutions (mécénat), le hors-média (promotion, publicité sur le lieu de vente [PLV]), publicité directe (publipostage, télématique).

Un échantillon est une petite quantité d'un produit ou d'une marchandise qui permet d'en faire apprécier la qualité au consommateur potentiel. Pour inciter ce dernier à essayer le produit, l'**échantillon** lui est remis gratuitement.

Un point de vente est un ensemble commercial formé par la surface de vente à proprement parler, les lieux de stockage, les bureaux et les emplacements de véhicules.

Une argumentation est l'action d'argumenter, de présenter des arguments. En matière publicitaire l'expression **un argumentaire de vente** est communément utilisée pour désigner une liste d'arguments de vente à l'usage du vendeur.

Un message publicitaire est une annonce publicitaire ou promotionnelle de courte durée, diffusée sur un support audiovisuel. L'expression peut aussi désigner une information sur un produit ou une marchandise, un bien ou un service, transmise par les annonces publicitaires. Les formes de **message publicitaire** sont l'affiche, le message radio ou télévisé, le film de cinéma.

Un package est un mot anglais qui désigne un ensemble de mesures, de marchandises ou de services proposés à la clientèle de façon groupée. C'est aussi une forme de commercialisation de l'espace publicitaire à la radio. Elle consiste à vendre un ensemble de messages publicitaires dont le calendrier est préalablement fixé par la station.

Un téléphone interactif est un système de communication qui permet un échange simultané et réciproque entre les interlocuteurs. L'adjectif **interactif** s'utilise pour désigner un support de communication favorisant un échange avec le public.

Une annonce presse est un message publicitaire diffusé dans un support de presse quotidienne ou à parution périodique (hebdomadaire, bi-mensuel, mensuel etc.).

Rappel : dans le verbe **annoncer**, le "c" prend une **cédille** devant "a", "o". Nous annonçons/J'annonçais.

TTC : sigle désignant l'expression Toutes Taxes Comprises.

Un concours lecteurs est une opération promotionnelle soumise à une réglementation sous huissier, qui met en concurrence les consommateurs (lecteurs) en les invitant à faire preuve de fidélité et de sagacité.

Le merchandising est un ensemble de méthodes d'organisation de la vente à l'intérieur du magasin pour assurer la rentabilité d'un rayon. Ces techniques assurent, grâce à une stratégie adaptée, la meilleure diffusion commerciale des produits.

Un encart est un imprimé publicitaire inséré dans un support de presse (entre les feuillets d'un cahier, d'un livre, d'une revue etc.).

Le sponsoring est une méthode publicitaire fondée sur le financement d'une activité sportive, culturelle, audiovisuelle ou autre. Celle-ci est destinée à rapprocher dans l'esprit du public une marque de cette activité. Dans une opération de parrainage, l'événement est ponctuel et lié à l'actualité. Une action de **sponsoring** est toujours accompagnée de relations avec la presse de façon à exploiter les retombées médiatiques.

Un conseil est une **suggestion** ou une **recommandation** sur ce qu'il convient de faire. "Interdeco se pose maintenant **en conseil de la communication** globale des annonceurs . . ." implique que l'activité professionnelle d'Interdeco consiste à mettre ses connaissances en matière de communication à la disposition des annonceurs qui en font la demande. Il s'agit donc d'une société de **conseil** en communication.

II. Compréhension

Lire attentivement le texte, puis :

1. Définissez en français les mots et expressions suivants tirés du texte : un kiosque/un fichier/héberger/un partenaire/une rubrique/un clivage.

III. Traduction

1. Traduire en anglais le passage en italique.

IV. Expression écrite et/ou orale

1. Qu'est-ce que le hors-média?

2. Quels sont les secteurs d'activité fortement utilisateurs du marketing direct?

3. Quels sont les rôles principaux des annonceurs et des agences? Pouvez-vous citer quelques noms d'agences et d'annonceurs importants dans le monde?

4. Quelle est la panoplie des métiers dont disposent les agences-conseils en communication?

5. Quels sont les secteurs d'activité des gros annonceurs suivants : **L'Oréal/Peugeot-Citroën/Renault/Nestlé/Procter and Gamble**?

V. Verbe et préposition

Le verbe **consister** est suivi d'un infinitif lorsqu'on utilise la préposition **à**.

Exemple : **Consister à** ne rien faire. En revanche, lorsque **consister** est suivi d'un nom, il faut utiliser **dans** ou **en**. Exemple : **Consister dans/en** une préparation minutieuse.

(a) Construisez trois phrases en utilisant le verbe **consister** avec les prépositions **à**, **dans** et **en**.

VI. Locutions courantes

Attention à l'orthographe du mot **point** qui est différente de celle du mot **poing**!

(a) Trouvez des locutions courantes avec le mot **point**. Exemple : marquer un **point**, c'est-à-dire **prendre un avantage**.

(b) Quel est le sens de ces locutions courantes?

VII. Transcription en chiffres et en lettres

a) Transcrivez en toutes lettres les chiffres suivants extraits du texte : 3 500 000/518/25/2,19.

b) Écrivez en chiffres les expressions suivantes : un milliard quatre cent cinquante mille/trois millions deux cent cinquante/deux mille/cent quatre-vingt-douze.

VIII. Utilisation des anglicismes

Dans le texte n° 2, nous avons les mots suivants : **media/package/marketing/sponsoring**.

(a) Quels sont les mots ou expressions en français qui pourraient remplacer ces anglicismes?

(b) Quelle est la controverse provoquée par l'utilisation de ces anglicismes?

IX. Étude d'offres d'emploi et d'annonces classées

(a) Décortiquez les offres d'emploi et les annonces classées aux pages 15–16 en relevant les mots et expressions importants.

(b) Rédigez une demande d'emploi et une petite annonce de service à insérer dans un quotidien, un hebdomadaire ou un mensuel.

(c) Après avoir lu attentivement les quelques offres d'emploi suivantes, rédigez une lettre de candidature manuscrite, accompagnée d'un curriculum vitæ en réponse à l'une de ces offres. Étant donné la diversité des présentations de lettres et de CV, il est recommandé de consulter les ouvrages spécialisés dans ce domaine :

Patrick de Sainte Lorette et Jo Marzé, ***La lettre de motivation***, Les Éditions Organisations Université, Collection Method'Sup.

APEC (**A**gence **P**our l'Emploi des **C**adres), *Guide pour trouver un emploi*, Éditions Dunod.

Bernard Oppenheim, *Être celui qu'on embauche*, Éditions Dunod.

NB : Dans curricul**um** vit**æ** le **æ** indique le plus souvent [é]. Curriculum vit**æ** est la francisation de l'expression latine curriculum vit**ae**. Cette locution formée de deux mots latins signifie "carrière de la vie"; **um** se prononce [ome] et **ae** ou **æ** se prononce [é]. Un curricul**um** vitae ou **cv** comporte des indications relatives à l'état civil, aux diplômes, à la formation, à l'expérience professionnelle et aux activités d'un(e) candidat(e) à un poste, à un emploi ou à un concours.

On constate la modification orthographique du mot vit**ae** qui est entré dans l'usage (cf. vit**æ** dans *Le Nouveau Petit Robert*). Pourtant, l'usage orthographique d'origine latine reste valable. Il est attesté par de nombreux dictionnaires de la langue française. Cette locution est invariable (les curricul**um** vit**ae**). Cependant, on peut également trouver dans *Le Petit Robert* (les curricul**ums** vit**ae**). Expressions courantes : établir/fournir/joindre un **cv** à une demande d'emploi.

X. Préparation à un entretien de sélection

Votre lettre de candidature a retenu l'attention du chef du personnel de la société. Vous êtes convoqué(e) à un entretien d'embauche. Préparez soigneusement votre entretien de sélection et faites une mise en situation en groupe. Prévoir quatre membres formant le jury de sélection chargé de poser des questions au candidat.

Les compétences qu'un employeur exige d'un candidat à un poste commercial sont :

1. Le niveau d'études et les diplômes obtenus

2. L'expérience professionnelle

3. La personnalité (esprit ouvert, sens de la communication et des relations humaines)

4. La capacité d'intégration

5. Savoir se vendre

6. L'aptitude à s'exprimer à l'oral comme à l'écrit

7. Le sens de l'organisation

8. L'esprit d'analyse et d'initiative.

En tenant compte de ces principaux critères de recrutement, préparez votre audition.

Il serait utile de consulter les ouvrages suivants :

Sylvie Aguer, Anne Corouge-Guerreiro, psychologues, *Tout savoir pour réussir votre entretien d'embauche*, *guide à l'usage du chercheur d'emploi*, Éditions De Vecchi, Paris, 1989.

Daniel Porot, *Votre entretien d'embauche : 107 conseils pour le réussir*, Les Éditions Organisations, Cabinet Daniel Porot.

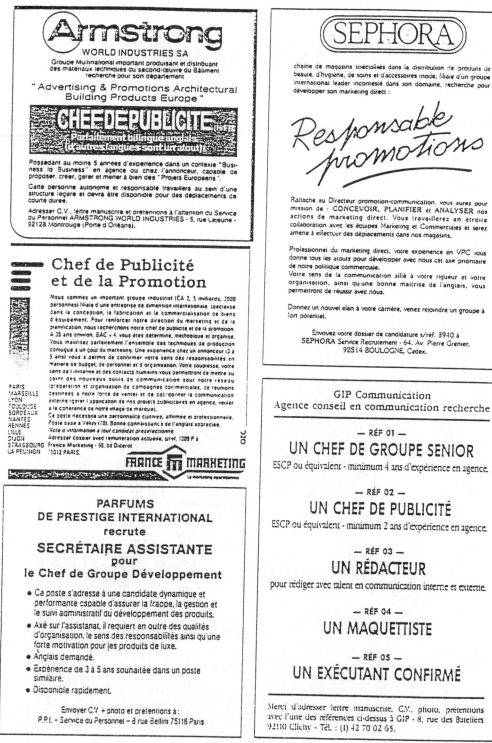

Offres d'emploi

PUBLICITE PAR L'OBJET

TEL (1) 30 93 82 00 AVH BADGES FAX (1) 30 93 82 99

PARTENARIAT

Apporteur de budgets, recherche participation agence ou petite structure – Paris. URGENT.
Ecrire à Stratégies réf. : A 325

Agence régionale indépendant – Communication globale – 10 MF de MB – propose association avec d'autres agences. Un premier contact pour échanger.
Ecrire à Stratégies réf. : A 326

IMMOBILIER

Agence Mme Courcelles loue bureaux indépendants

40 m² + labo équipé
conviendrait à équipe créative
collaboration possible.
47.66.85.25

"A LOUER"

HOT SHOP DE CREATION
LOUE
DANS SES LOCAUX

80 m² de bureaux
+
salle de réunion et entrée communes

à SOCIETE PUBLICITAIRE
offrant une réelle complémentarité

Adresse de prestige 75008
immeuble grand standing

AGENCE STIMULATION CHERCHE bureaux en sous-location possibilités partage services : standard, salle de réunion...
Départ : 92/75 - Tel : 47.38.14.94 / Rép : 47.75.83.80

INTERIM

DU TRAVAIL
A PERTE DE VUE?
FAITES ESCALE.

Sur simple appel et dans toutes régions, nous détachons dans vos locaux : exécutants complets, maquettistes, concepteurs-roughmen, chefs de studio, maquettistes de presse, graphistes PAO, DAO.

ESCALE
PUBLICITE
–graphistes-interim–
LA FORCE
D'UN BON EQUIPAGE 4770 30 60

STUDIOS

SPIRALE
PAO
PRESSE
ROUGH
EDITION
MAQUETTE
CAROLINE DE WAELE - 47 04 20 49

LOCATION DE SALLE

Pour votre fête, louer le caveau.
Cadre bistrot. Caves voûtées. Cuisine, bar, petite scène, sono, lumières.
Montmartre 42.54.90.43

Si vous désirez vous aussi annoncer dans Services, de manière ponctuelle ou régulière, contactez Valérie de STAEL ou Stéphanie LETCHOUK au 40.93.01.02

Annonces classées

2 Deux formes de publicité

Texte n° 3 : Benetton: le bébé qui fait hurler

Liste des mots-clés : une fille de pub/pub/une maille d'avance/il a donné . . . à la réclame à papa/patois/fraternité universelle, amitié entre les peuples/version pure laine/politiquement correct/le seuil de tolérance/messageries roses/retour en force/autoparalysie/crispée/la F1 de la pub

Résumé du texte n° 3

Dans le domaine de la publicité, Benetton a toujours eu un avantage sur ses adversaires. Sa campagne publicitaire "*All the colors of the world*" porte sur une image plutôt que sur le produit. Ses messages publicitaires causent des réactions différentes aux États-Unis et en France par exemple. L'affiche représentant "une femme noire donnant le sein à un enfant blanc" a dérangé les noirs américains aux États-Unis, alors qu'en France elle est passée inaperçue. La publicité qui montrait la naissance de Giusy a provoqué un grand retentissement auprès du public français.

D'après le sociologue Gilles Lipovetsky, les réactions contre Benetton se situent au même niveau que celles contre la pornographie à l'écran.

L'idéologie morale reprend sa place. On arrive à une situation paradoxale d'individualisme poussé par l'idée de tolérance au point de devenir intolérant. L'affiche publicitaire de Benetton, qui a suscité une vive controverse, n'a rien de scandaleux.

L'affaire Benetton montre que contrairement aux années 70, la communication devance maintenant les principes moraux.

(. . .) Giusy est la dernière née de la génération Benetton. **Une fille de pub**. Elle n'est pas venue sur terre pour racheter nos péchés, mais presque.

(. . .) En matière de **pub**, Benetton a toujours eu **une maille d'avance**. Depuis 1984 et la campagne *All the colors of the world*, **il a donné un sacré coup de vieux à la réclame à papa**. Comme on dit en **patois**, il ne communique pas sur le produit mais sur une image : **fraternité universelle, amitié entre les peuples**. Le benettonisme, c'est la **version pure laine** de "Si tous les gars du monde". (. . .) *Gentillette sur le fond, audacieuse dans la forme, la pub Benetton est allée jusqu'à montrer une rangée d'éprouvettes de sang étiquetées Mikhaïl, François, Maggie, etc., pour suggérer que nous sommes tous égaux devant la vie et la mort.* La femme noire allaitant un enfant blanc a fait hurler aux Etats-Unis : ce n'était pas **"politiquement correct"**, comme ils disent. Mais là-bas, ils ont beaucoup de Noirs et de préjugés. En France, ça passait. Jusqu'à la délivrance de Giusy.

(. . .) Au fond, cette affaire Benetton est intéressante parce qu'elle permet de voir où se situe aujourd'hui **le seuil de tolérance** socialement admis. Plus exactement, elle est, pour le sociologue Gilles Lipovetsky, la confirmation de la remontée des interdits, après vingt ans de libérationnisme : "Je relierais volontiers les réactions anti-Benetton à la protestation contre les **messageries roses,** l'érotisme à la télé, etc."

On assiste au **retour en force** de l'idéologie morale. Le refus de toute forme de violence, le souci de ne choquer personne, débouchent sur une nouvelle figure de l'individualisme démocratique : l'individualisme immobile, tellement hanté par l'idée de tolérance qu'il en devient intolérant. *Étrange paradoxe : on est dans une société où il n'y a plus de tabou légitime mais où tout fait scandale. Y compris des choses qui n'ont rien d'immoral, comme cette affiche Benetton. On condamne au nom du respect de la sensibilité d'autrui – ce qui rejoint le mouvement PC (Politiquement Correct) américain.* On arrive à une sorte **d'autoparalysie** qui tarit toute forme de remise en question ou de provocation. Une société **crispée,** qui a peur de tout, qui se bloque. Et ce que révèle cette polémique, c'est qu'aujourd'hui, à l'inverse des années 1970, c'est le marketing, la pub, l'entreprise, qui sont en avance sur les mœurs. "Et Benetton, c'est **la F1 de la pub.**" (…)

Claude Weill (Auteur du *Sexe oublié*, Flammarion)
Source : *Le Nouvel Observateur* n° 1401, 12–18 septembre 1991

I.   Étude du vocabulaire

Une fille de pub : cette expression fait référence à un double sens : c'est une fille dont la pub a fait un symbole, un objet ou un sujet. Elle est un outil publicitaire. Elle fait également allusion à l'ouvrage de Jacques Séguéla (professionnnel de la pub) : *Fils de pub.* Jacques Séguéla est un publicitaire français né en 1934. Il est co-fondateur de l'agence RSCG (Roux, Séguéla, Cayzac et Goudard) appartenant maintenant au groupe multimédias Havas.

Pub : abréviation familière de *publicité*. C'est l'art de faire connaître un produit et d'inciter à l'acquérir. C'est aussi une image, une affiche ou un texte à caractère publicitaire.

Une maille d'avance : c'est à la fois un jeu de mots qui est en lien direct avec le produit Benetton, et une expression qui fait appel à d'autres expressions telles que : longueur **d'avance.** Benetton vend des produits tissés, **maillés.** "**Maille** à l'endroit, **maille** à l'envers" (*knit one, purl one*).

Une maille de tricot : monter des **mailles** sur une aiguille/tricoter une **maille**/glisser entre les **mailles** du filet (métaphore signifiant **être insaisissable**).

Il a donné un sacré coup de vieux à la réclame de papa : le fait d'ajouter "de papa" à "réclame" ne fait que renforcer l'idée de "complètement démodé". À l'origine, pour faire la promotion des produits à vendre, l'expression utilisée était "réclame", alors que la méthode ou technique moderne se traduit par "publicité". Expressions à retenir : **donner un sacré coup de vieux** : expression familière signifiant **provoquer un vieillissement brusque et rapide.** Cette expression est l'extension d'une autre plus usuelle : **prendre un sacré coup de vieux** qui signifie **vieillir de façon rapide, de façon visible à l'œil nu.**

En patois : "patois" est un dialecte parlé par un groupe peu nombreux d'individus. Cette langue locale ou régionale est généralement considérée comme grossière, incorrecte, pauvre.

Fraternité universelle, amitié entre les peuples : Benetton utilise la coexistence entre plusieurs peuples, la fraternité et l'amitié pour vendre ses produits. Il fait un amalgame entre la couleur des peuples et la couleur de ses produits qui doit se distinguer de la couleur de ceux de ses concurrents. Il introduit une dose de morale en bousculant quelques tabous.

Fraternité universelle : lien fraternel affectif, entente qui concerne tous les individus.

Amitié entre les peuples : témoignage affectif, cordial, sympathique entre individus appartenant à différentes communautés.

C'est la version pure laine de *Si tous les gars du monde*, c'est-à-dire **la version originale.**

Version pure laine : traduction ou interprétation de la chanson *Si tous les gars du monde*, allusion à la matière souple utilisée pour les vêtements qui portent la griffe de Benetton (chandails, tricots, vestes, gants, chaussettes, etc.). Il faut ajouter que l'expression "**pure laine**" signifie, au sens figuré, **authentique.**

Politiquement Correct : c'est la traduction de *Politically Correct* qui renvoie à une attitude politique des années 70 et qui est née pendant la guerre du Vietnam.

Seuil de tolérance : seuil au-delà duquel un phénomène de rejet se produit. Par exemple : le **seuil de tolérance** à l'acceptation des étrangers. Autres exemples : franchir le **seuil** critique/le **seuil** de qualité/de sécurité/de rentabilité. Le mot **seuil** est utilisé dans le sens de **limite.**

Messageries roses : sociétés commerciales chargées de diffuser des messages de nature sentimentale, érotique.

Retour en force : le fait de revenir, de réapparaître en grand nombre.

Autoparalysie : blocage de soi, qui se traduit par une impossibilité de réagir ou de s'exprimer.

Crispée : contractée, qui laisse apparaître une certaine tension ou rigidité.

La F1 de la pub : allusion à la Formule 1 de la course automobile et à la technicité élevée.

II. Compréhension

Lire attentivement le texte, puis :

1. Définissez en français les mots et expressions suivants tirés du texte : en matière de pub/socialement admis/sociologue/la remontée des

interdits/déboucher sur/tarit toute forme de remise en question/la polémique.

III. Traduction

1. Traduire en anglais les deux passages en italique.

IV. Expression écrite et/ou orale

1. Dégagez les idées essentielles du texte. Que pensez-vous du point de vue du journaliste?

2. Quelles sont les réactions suscitées par les campagnes publicitaires de Benetton en France et à l'étranger?

3. Quel est le rôle de la publicité?

4. Quels en sont les avantages et les inconvénients?

5. Dans quelle mesure peut-on accepter ou refuser l'affiche publicitaire de Benetton représentant une femme noire allaitant un enfant blanc?

V. L'ordre des mots

Le sens de l'adjectif **sacré** varie selon qu'il soit utilisé avant ou après le substantif. Dans le texte, il sert à renforcer le sens du substantif parce qu'il le précède. Ici, il suggère une nuance d'admiration ou d'ironie. C'est un usage familier. Par contre, quand **sacré** suit le substantif, il a un tout autre sens, souvent associé à la religion.

(a) Trouvez six adjectifs dont le sens varie selon leur position avant ou après le substantif.

(b) Donnez des exemples de leur usage.

VI. Les faux amis partiels

Au début du troisième paragraphe se trouvent les **mots** "on assiste". "**Assister**" est ce qu'on pourrait appeler un **faux ami partiel** en ce sens qu'en anglais to assist someone signifie "aider quelqu'un". Or, "**assister**" signifie "être présent", et n'a le sens de "aider" que dans un registre beaucoup plus élevé, et là encore il s'emploie rarement. Par contre, dans sa forme passive, il peut avoir le sens de "aider". Par exemple, on peut "se faire **assister** par quelqu'un pour son travail". "**Assister**" ne correspond donc que partiellement à to assist. Voici d'autres exemples :

crêpe f	pancake	**crêpe** m	crepe (material)
physique f	physics	**physique** m	physique
vapeur f	steam	**vapeur** m	steamer
vague f	wave	**vague** m	vagueness

Pour une étude plus complète de ce phénomène, voir Batchelor et Offord, *Using French A Guide to Contemporary Usage*, pp. 36–49. Voir aussi les pages 27–28, 55 du présent livre pour les **faux amis**.

VII. Les sigles

PC est un sigle signifiant "**politiquement correct**". C'est aussi une forme abrégée qui a le sens de "Parti Communiste". Le français, tout comme l'anglais, abonde en sigles : par exemple, **AF** (**A**llocation **F**amiliale), **ALS** (**A**ide au **L**ogement **S**ocial), **BD** (**B**ande **D**essinée), **CES** (**C**ollège d'**E**nseignement **S**econdaire), **FEN** (**F**édération de l'**É**ducation **N**ationale). Dans certains cas, le sigle forme un mot, par exemple : **FEN**. On dit donc "la Fen".

(a) Trouvez le sens de **CAPES, CRS, CV, DEUG, DOM-TOM, EDF**, l'heure **H**, le jour **J, OPEP, OVNI, PME, PNB, RER, RU, SN, TGV, ZUP**.

(b) Indiquez les sigles qui forment un mot comme "Fen".

VIII. Construction de phrases

(a) À partir des vingt verbes suivants extraits du texte, construisez vingt phrases courtes dans le domaine publicitaire. Exemple : **Afficher**.

Il est interdit d'**afficher** des panneaux publicitaires sans avoir l'autorisation du BVP (**B**ureau de **V**érification de la **P**ublicité).

1. venir	6. voir	11. protester	16. tolérer
2. racheter	7. situer	12. assister	17. condamner
3. donner	8. admettre	13. refuser	18. remettre
4. communiquer	9. confirmer	14. choquer	19. arriver
5. suggérer	10. lier	15. hanter	20. bloquer

IX. Transformation des verbes en substantif ou nom (*noun*)

(a) Transformez les vingt verbes ci-dessus en noms. Exemple : **monter–montage**

(b) Construisez dix phrases à partir des noms.

X. Les techniques de la description

La description d'une annonce publicitaire peut se faire selon la méthode d'analyse suivante :

1. Préambule :

* auteur du document : bref rappel biographique de l'auteur si nécessaire.

* les sources exactes du message visuel (date, titre, édition).

* renseignements d'ordre technique sur le document iconographique ou scripto-iconique (message publicitaire, dessin humoristique).

21

2. Approche intuitive :

- exprimer spontanément des réactions, des opinions, des jugements, des sensibilités, des perceptions de l'image.

3. Approche iconique :

- faire l'inventaire des signes visuels (formes, motifs).
- décrire du premier plan au dernier, de gauche à droite, de haut en bas.

4. Approche iconographique :

- commenter et interpréter le message.

5. Synthèse :

- procéder à un bilan en résumant les caractéristiques du document.
- porter un jugement sur l'originalité ou au contraire la banalité de l'affiche étudiée.

Exercices :

1. Analysez une annonce publicitaire de votre choix en tenant compte de l'organisation d'ensemble, du ou des personnages, des éléments de l'image, des lignes, des couleurs.

2. Cette image renvoie-t-elle à une symbolique des objets ou des personnages, des couleurs, des mouvements ?

3. Décrivez cette annonce en utilisant des adjectifs qualificatifs pour les couleurs, les mouvements.

4. Rédigez un texte court en décrivant l'annonce publicitaire.

Texte n° 4 : Publicité et toiles

Liste des mots-clés : les régies publicitaires/l'espace publicitaire/le montage des bandes/Publicis/Havas/Médiavision/Circuit A/UGC/ la quasi-totalité/les salles de cinéma/parc de salles/diffuser/ homogénéiser/mois forts/un délai d'annulation/facturation/ incomber à/ambiante/cibler/centres commerciaux/optimisation

Résumé du texte n° 4

Le rôle des régies publicitaires de cinéma en France est de vendre l'espace publicitaire, de montrer des films publicitaires et de les distribuer.

Les sociétés spécialisées dans les problèmes matériels dans un studio de cinéma sont Publicis et Havas, Médiavision et Circuit A. Les deux dernières sociétés détiennent le monopole de la régie du cinéma dans les salles françaises.

Le fonctionnement de la publicité dans les salles de cinéma est plus souple que celui qui régit la télévision. La régie publicitaire de cinéma accorde à une agence un délai de six semaines pour réserver un espace publicitaire. Passé ce délai, la surface réservée est facturée, qu'elle soit utilisée ou non. Par ailleurs, la société qui fait passer une annonce publicitaire au cinéma est seule responsable des films qu'elle diffuse. Les régies publicitaires essaient de se donner les meilleures conditions de fonctionnement en choisissant les salles de cinéma dans les centres commerciaux.

Le responsable culturel d'une mairie nous demande quelles sont, en France, **les régies publicitaires** de cinéma et comment fonctionne la publicité dans ce secteur.

*Ces régies assurent la vente de **l'espace publicitaire** mais aussi **le montage des bandes** et leur distribution dans les salles. La première société de distribution de films publicitaires fut créée en 1929 par Jean Mineur qui s'associa ensuite à la société de production des films Pathé. À la même époque, **Publicis** et **Havas** créèrent une filiale commune : Cinéma et Publicité.*

En 1971, la société Jean Mineur-Pathé Cinéma et celle des deux agences de publicité ont décidé de fusionner pour donner naissance à **Médiavision**. Se dirigeait-on vers une situation monopolistique et sans concurrence? Non, fort heureusement.

Quelques années plus tard, **Circuit A** était créée pour s'occuper de la régie publicitaire des salles **UGC**. Aujourd'hui, ces deux sociétés assurent **la quasi-totalité** de la distribution des films publicitaires dans **les salles de cinéma** françaises.

*Le nombre de salles (environ 4 700) représente un peu plus d'un million de fauteuils. Ce sont les villes de plus de 100 000 habitants qui ont la faveur des cinéphiles : elles ne représentent qu'un quart du **parc de salles** mais totalisent plus de la moitié des entrées. Soulignons que 65 % des salles **diffusent** de la publicité mais que celles-ci font plus de 80 % des entrées.* En 1990, Médiavision possédait 2 305 salles et Circuit A, 809 salles. Ces deux régies étaient réunies au sein d'un Groupement d'Intérêt Économique de façon à **homogénéiser** leur force commerciale sur un marché difficile. Depuis peu, Médiavision a pris l'initiative de dissoudre le GIE.

Les réservations auprès de ces deux régies obéissent à des règles beaucoup moins strictes que celles qui gouvernent la télévision, par exemple. Elles ont des délais relativement courts, exception faite des **mois forts** comme novembre et décembre, par exemple, où trois mois peuvent être demandés. La régie propose même **un délai d'annulation** (six semaines). Passé ce délai, la **facturation** reste définitive. En outre, la régie n'est pas responsable devant la loi des films qu'elle projette : cette responsabilité **incombe à** l'annonceur et à son agence. En principe, une régie ne peut refuser un film que sur la base des performances techniques.

Les régies tentent de relever la tête dans la monotonie **ambiante**. Circuit A propose par exemple de **cibler** des opérations avec le module RLV/GMS qui sélectionne les cinémas se trouvant dans les **centres commerciaux**. **Optimisation** oblige.

F.A.M.

Source : *Médias* n° 344, février 1994

I.   Étude du vocabulaire

La publicité est l'action ou la manière de faire connaître un produit ou un service et d'inciter le consommateur à l'acheter. Il existe différentes formes de **publicité** : la **publicité** collective/comparative/institutionnelle/la **publicité** événementielle/subliminale/grand-public.

La publicité collective se rapporte aux annonceurs d'un même métier. Les frais sont partagés entre les producteurs et les distributeurs.

La publicité comparative vise à informer le consommateur sur les prix et les performances de produits concurrents. Elle est autorisée en France depuis 1991.

La publicité institutionnelle est faite par l'entreprise pour mettre en avant son rôle social et culturel. L'image de marque de l'entreprise et de ses produits est promue par des institutions et non par des entreprises.

La publicité événementielle repose sur l'organisation ou la création d'un événement servant de thème. Par exemple : la fête des grands'mères pour le café du même nom.

La publicité subliminale s'adresse à l'inconscient de l'individu par une fréquence auditive ou visuelle élevée. L'utilisation de message dépassant le seuil de conscience du consommateur est rare et son efficacité est loin d'être prouvée.

La publicité grand public désigne les actions publicitaires qui ont pour cible l'ensemble des consommateurs. Elle s'oppose à la publicité spécialisée ou industrielle équivalent du *Business to Business*. Locutions courantes à retenir : faire de la **publicité** pour un produit/**publicité** massive/tapageuse/mensongère.

Régies publicitaires voir chapitre 1, texte n° 2, "Interdeco réinvente la régie publicitaire", page 9.

L'espace publicitaire peut s'appliquer à la presse, à la radio ou à la télévision. Il peut être acheté auprès de certains journaux ou à des sociétés spécialisées.

L'achat d'espace appelé **média planning** comporte l'ensemble des opérations assurées par l'agence de publicité ou la centrale d'achat d'espace. Ces méthodes consistent à négocier, acheter, exécuter, contrôler, facturer **l'espace publicitaire** ainsi qu'à régler les litiges éventuels. Les Anglo-Saxons font la distinction entre l'**achat d'espace** à la presse, à la radio et à la télévision.

Le montage des bandes est une des étapes de la production d'un film. C'est la tâche réservée au **chef monteur** qui assemble les épreuves de tournage d'après le scénario du film. Le monteur choisit les prises de vues, détermine le découpage et recherche les raccords entre les séquences qui servent de points de repère au **montage**. Le mot **montage** est également utilisé en audiovisuel, création, imprimerie, vidéo. Par exemple : un **montage** audiovisuel/cinématographique/photographique/vidéo.

Publicis est la deuxième agence de publicité française, fondée en 1926 par Marcel Bleustein-Blanchet qui est le père de la publicité en France. Né en 1906, il a d'abord créé l'agence **Publicis**, puis en 1938, la société Régie-Presse (régie publicitaire de journaux et périodiques). **Publicis** est un groupe publicitaire que l'on retrouve également dans l'**achat d'espace** avec la société Régie-Presse.

Havas est une agence de publicité créée par Charles Havas. Actuellement, c'est un des premiers groupes français multimédias travaillant dans la publicité, la presse, l'édition, le tourisme et les régies d'espaces. Il est important d'ajouter qu'**Euro-RSCG** appartient au groupe Havas. C'est le premier groupe publicitaire en France, né de la fusion des agences Eurocom et **R**oux, **S**éguéla, **C**ayzac et **G**oudard (RSCG) en 1991. C'est un ensemble d'agences de tailles diverses travaillant dans les domaines de la communication : publicité, promotion, relations publiques, marketing direct, etc.

Médiavision/Circuit A est une société spécialisée. Elle est chargée de tous les problèmes matériels dans un studio de cinéma. La régie **Médiavision/Circuit A** a le monopole de la régie du cinéma.

UGC est le sigle de l'**U**nion **G**énérale **C**inématographique. En ce qui concerne la programmation du cinéma en France, on enregistre trois groupements nationaux : **UGC** diffusion, **Pathé**, Edeline et indépendants, ainsi que **Gaumont**, associés et compagnie.

La quasi-totalité signifie presque, pour ainsi dire **l'ensemble**, **l'intégralité**. **Quasi** est un adverbe d'origine latine.

Les salles de cinéma sont des locaux aménagés afin de recevoir des spectateurs. Avant l'ouverture d'une salle de projection, il faut l'accord préalable du **C**entre **N**ational de la **C**inématographie (CNC). En France, on comptait plus de 4000 salles de cinéma en 1992 d'après les chiffres communiqués par la régie Médiavision/Circuit A.

Le parc de salles désigne l'ensemble des salles de cinéma dont dispose la collectivité.

Diffuser signifie **émettre**, **transmettre**, **porter à la connaissance du public**. **Diffuser** correspond au nom **diffusion**.

Homogénéiser tire son origine de **homogène**, c'est-à-dire qui forme un tout, une structure uniforme. **Homogénéiser** ou **rendre homogène**. **Homogène** est le contraire de **hétérogène**.

Les mois forts sont les périodes bien déterminées, caractérisées par un phénomène ou un événement marquant.

Un délai d'annulation est une date limite, au-delà de laquelle il n'est plus possible de supprimer une commande passée par une agence pour réserver un espace publicitaire. Passé cette date butoir, le support peut facturer la surface réservée, qu'elle soit utilisée ou non.

La facturation est le fait d'établir **une facture,** c'est-à-dire une pièce comptable précisant le prix, la nature, la quantité des articles vendus ou des services effectués.

Incomber à signifie que la responsabilité retombe sur l'annonceur et son agence. **Incomber à** ou **retomber sur/appartenir à/revenir à.** Exemple : La décision vous **revient**/vous **incombe** équivaut en anglais à *The decision lies with you.*

Ambiante est un adjectif qui se rapporte à **ambiance**, soit au climat, au milieu, à l'atmosphère.

Cibler signifie **déterminer une cible**, c'est-à-dire un ensemble homogène de population défini selon des critères d'ordre socio-économique.

Un centre commercial est un regroupement de commerces spécialisés et de grandes surfaces. Certains **centres commerciaux** comportent des activités de services, restaurants, cinémas, banques.

L'optimisation est le fait de donner les meilleures conditions de fonctionnement à un processus, à un objet. On emploie aussi en mathématiques le terme **optimalisation**.

II. Compréhension

Lire attentivement le texte, puis :

1. Définissez en français les mots et expressions suivants tirés du texte : une toile/une filiale/fusionner/monopolistique/la concurrence/cinéphile/un délai.

III. Traduction

1. Traduire en anglais les deux passages en italique.

IV. Expression écrite et/ou orale

1. Citez quelques noms de sociétés de cinéma connues dans le monde.

2. Quels sont les plus importants studios de cinéma?

3. Dressez une liste relative au vocabulaire spécifique au cinéma. Intégrez les mots et expressions de cette liste en rédigeant un petit paragraphe. Par exemple : metteur en scène/directeur de production/gros plan/perspective/cadrage, etc.

4. Dans quelle mesure peut-on parler du renouveau du Septième Art?

5. *Les Visiteurs, Jurassic Park, Germinal* ont donné un nouveau souffle au cinéma. Expliquez pourquoi. Faites une critique de l'un de ces films.

V. Analyse grammaticale

(a) Le registre **ce sont les villes** diffère de celui de **c'est les villes**. Expliquez cette différence.

(b) Donnez d'autres exemples précis de cette différence.

VI. Suffixes : phile/phobe/phone

(a) Trouvez des mots et expressions formés de ces suffixes.

(b) Donnez-en la signification.

VII. Emploi des temps

En règle générale, les temps employés dans un texte pour évoquer le passé, un récit ou tout autre écrit sont le passé simple, le passé composé ou l'imparfait. Or, dans ce texte, nous avons un passage du passé simple et du passé composé à l'imparfait.

(a) Pouvez-vous rappeler dans quels cas ces trois temps sont utilisés?

(b) Rédigez un petit dialogue en utilisant les trois temps.

VIII. Famille des mots

Pour enrichir votre vocabulaire en français il est indispensable de créer des familles de mots autour d'un seul mot. Par exemple, dans l'avant-dernier paragraphe nous avons le verbe **propose**. À partir de **propose** il est possible de développer **poser, disposer, apposer, supposer** et leurs noms correspondants, comme par exemple **supposition**.

(a) Trouvez des mots de la famille de **montage, vente, concurrence, annonceur**.

(b) Rédigez un petit paragraphe qui contient ces quatre mots.

IX. Date, jour et mois de l'année

Remarque : en français, les jours de la semaine et les mois de l'année s'écrivent en minuscule.

(a) Traduisez en français et écrivez en toutes lettres les dates suivantes : Friday 13th December 1993/Monday 25th June 1994.

X. Encore des faux amis

Exemple : *A delay* signifie **un retard** en français alors qu' **un délai** en français veut dire **un laps de temps**. Voici quelques faux amis à retenir : **achever** : *to complete*/*to achieve* : **accomplir**/**un car** : *a coach*/*a car* : **une voiture**.

(a) Trouvez dix faux amis en donnant leur signification.

(b) Construisez cinq phrases complètes en français qui indiquent clairement la différence entre l'anglais et le français.

3 La créativité en matière de publicité

Texte n° 5 : La rafle Yankee

Liste des mots-clés : rafle/outre-Atlantique/Lion/palmarès/prod/
Festival de Cannes/en plein essor/truquage/en passe de/executive/
AAAA/AACC/faire les beaux jours/lettres de noblesse/
prendre le pas sur/Pepsi/Nike/engranger/l'Amérique profonde/
story-boards/MTV

Résumé du texte n° 5

La publicité américaine connaît un succès florissant au Festival de Cannes. Plusieurs agences américaines gagnent le Grand Prix et d'autres récompenses. Eric Saarineen, un annonceur américain à Détroit, soulève les difficultés du tournage du film publicitaire présentant les avantages de la Jeep Cherokee. Digital Domain, un studio d'effets spéciaux de Los Angeles, remporte un succès extraordinaire qui s'explique par le développement des nouvelles technologies. Le cinéma dispose de nouveaux outils pour développer les effets spéciaux. D'après une étude réalisée par l'AAAA les coûts de production ont été plus élevés en 1993 que l'année précédente.

Pepsi, Nike et Apple font régulièrement appel aux deux grands de la production américaine : Propaganda et Pytka.

Pytka assure son succès grâce à l'improvisation, la spontanéité et la créativité qui donnent à ses spots publicitaires réalisme et simplicité.

Propaganda a l'avantage de produire des vidéo-clips et développe son activité dans ce secteur.

*On disait la pub **d'outre-Atlantique** de moins en moins créative, et voilà que cette année, elle remporte le Grand Prix de Cannes et 31 **Lions**. Un **palmarès** qui consacre deux vedettes de la **prod** américaine, Propaganda et Pytka, et un studio d'effets spéciaux, Digital Domain.*

Pour la première fois dans l'histoire du **Festival de Cannes**, le Grand Prix a couronné cette année une agence américaine régionale, Bozell North à Detroit. Pour présenter les atouts de véhicule tout-terrain de la Jeep Cherokee, l'annonceur, l'agence et le réalisateur Eric Saarineen ont tourné un film montrant une Jeep creusant un tunnel sous la neige. Un film conçu et diffusé à l'occasion des Jeux Olympiques d'hiver de Lillehammer. *"Une vingtaine de personnes ont travaillé sur la campagne. Après deux réunions, nous étions sûrs de tenir le bon concept. Le client a compris sa valeur et sa force,"* déclare Gary Topolewsky, directeur de création de Bozell North Detroit. Le tournage s'effectua pour l'occasion dans le territoire du Yukon au Canada, dans des conditions plus que difficiles. *"Nous y avons filmé les deux dernières scènes pour obtenir les arrière-plans, déclare Eric Saarineen. Puis nous avons transmis l'étude que nous avions réalisée sur les ordinateurs de Digital Domain."* Beaucoup de technique pour un résultat simple et efficace. Gary Topolewsky temporise :

"Nous n'avons pas cherché à utiliser les effets spéciaux les plus sophistiqués mais à prendre seulement le meilleur." "Le spot Jeep Cherokee est fantastique, déclare Matt Miller, directeur national de l'AICP (Association of Independent Commercial Producers), *parce qu'il est conçu essentiellement par ordinateur et que ça ne se voit pas."*

Les effets spéciaux en plein essor

La conception des effets spéciaux du film Jeep Cherokee est la première incursion dans la publicité du studio de Los Angeles, Digital Domain, fondé début 1993 par Scott Ross, ex-DG d'Industrial Light & Magic, Stan Winston, spécialiste des effets spéciaux, et James Cameron, réalisateur de *Terminator 2.* Ce dernier vient d'ailleurs d'y achever les effets spéciaux de son long métrage, *True Lies,* avec à nouveau Arnold Schwarzenegger. Digital Domain ne s'est pas contenté du Grand Prix de Cannes. Le studio a aussi récolté un Lion d'argent pour Nike Europe (le spot "Magazine War" de Wieden & Kennedy Amsterdam). D'ailleurs, maisons de production et réalisateurs, comme John Bruno (pour Timex) et Ridley Scott, ne s'y sont pas trompés. Digital Domain a déjà tourné une vingtaine de spots. *"Notre division films publicitaires connaît actuellement un succès phénoménal,"* déclare Bob Hoffman, responsable de la communication. Un succès qui s'explique par l'utilisation croissante chez les publicitaires de nouvelles technologies, comme le Flame, logiciel de montage et de **truquage en passe de** concurrencer des stations telles que le Harry et le Henry. Il a été employé pour le spot Jeep Cherokee. De tels outils deviennent les véritables vedettes des spots : *"L'industrie du cinéma utilise davantage d'effets spéciaux. Aussi les annonceurs veulent-ils en voir de plus en plus,"* commente Jan Wieringa, *executive producer* chez Propaganda. Propos confirmé par Joe Pytka : *"Selon les périodes et une évolution capricieuse, les films influencent les spots et réciproquement."* Ce qui gonfle les coûts de production, comme le montre la dernière étude de l'**AAAA**, l'équivalent américain de l'**AACC**. Selon cette enquête, les coûts de production en 1993 ont effectué un bond de 13% par rapport à 1992. *"Les nouvelles technologies offrent plus de possibilités. Mais, c'est plus long et plus cher,"* explique Matt Miller. Le recours massif et de plus en plus onéreux aux effets spéciaux, si elle se poursuit, a des chances de **faire les beaux jours** de la post-production et des studios d'animation. Certains, comme ILM, ont déjà acquis leurs **lettres de noblesse**, d'autres, comme Digital Domain ou PH.D, sont en passe de devenir célèbres, voire de **prendre le pas sur** les maisons de prod. D'ailleurs, qui se souvient du nom de la société de production du Grand Prix cette année ?

Deux atouts maîtres : Propaganda et Pytka

Propaganda et Pytka, les deux monstres sacrés de la production américaine, représentent respectivement près de 200 spots pour l'un, 50 pour l'autre, tournés chaque année. Mais aussi sept Lions en 94 pour le premier et quatre Lions pour le second. Populaire, Pytka? C'est peu dire. En témoignent ses relations avec ses annonceurs. *"**Pepsi**, **Nike** et Apple sont de très bons clients, je travaille avec eux depuis très longtemps."* Dix ans de collaboration avec Pepsi et huit avec Nike, pour qui le producteur-réalisateur vient d'ailleurs de tourner 25 nouveaux spots en une seule journée !

À eux trois, ils représentent 75% de l'activité de Pytka (dont 50% pour Nike) et la totalité des Lions **engrangés** à Cannes cette année. De toute façon, Joe Pytka refuse de travailler ou du moins de tourner lui-même pour de nouveaux clients. Aux effets spéciaux qu'il estime fatigants et onéreux, Pytka préfère, et de très loin, l'improvisation. Son spot favori reste "Barbershop", Lion d'or à Cannes, qu'il a lui-même réalisé. Chez un coiffeur de **l'Amérique profonde**, des clients observent en soupirant B.O. Jackson suant sang et eau à la télévision, le tout sur un ton complètement décalé. *"On n'avait pas de script, c'était complètement improvisé et très spontané,"* déclare Pytka. Une spontanéité qui confère à ses films une impression de réalisme et de grande simplicité. Propaganda évoque également ses bonnes relations avec ses clients, comme, notamment, l'agence Goodby, Silverstein & Partners (pour qui Propaganda a produit les spots "California Milk Processor", Lion d'argent à Cannes). L'autre raison de son succès : sa liste de réalisateurs. *"Chacun possède sa spécificité, souligne Jan Wieringa, executive producer chez Propaganda. Depuis deux mois, nous recevons des **story-boards** très créatifs."*

Mais le premier atout de Propaganda réside dans son activité de production de vidéo-clips. La diffusion des clips sur **MTV** lui a permis de décoller et de bénéficier d'une certaine aura auprès des publicitaires. Chelsea Pictures l'a bien compris. Cette maison de production née en 1988 à Boston, dirigée par Steve Wax, et qui dispose aujourd'hui d'un bureau à New York et d'un autre à Santa Monica, s'est mise depuis environ un an à produire des clips vidéo (U2, Jamiroquai, Basia, Peter Gabriel . . .).

Sophie Sébirot-Nossof, correspondante à New York
Source : *Création* n° 90, septembre/octobre 1994

I. Étude du vocabulaire

La rafle est l'action d'emporter rapidement ce qui tombe sous la main par surprise ou par violence. C'est aussi le résultat de cette action. Faire une **rafle**.

Outre-Atlantique signifie au-delà de l'Océan Atlantique. Dans les locutions adverbiales **outre** s'emploie pour exprimer *au-delà de*. **Outre**-mer/**outre**-Manche.

Un Lion est une récompense que l'on accorde aux meilleurs acteurs, actrices, créateurs, réalisateurs de films etc. . . . En Italie, c'est au **Festival de Venise** que l'on décerne le **Lion d'or**.

Un palmarès est une liste des personnes qui ont remporté un prix dans un concours. "Son nom figure dans le **palmarès**" veut dire qu'il figure sur la feuille ou la brochure reproduisant cette liste. Le **palmarès** d'une compétition sportive.

La prod est l'abréviation de **production**, c'est-à-dire le fait de produire un film. Lorsqu'on parle de **production** américaine ou française, cela s'applique au film lui-même.

Un festival est une grande manifestation musicale ou une série de représentations où l'on produit des œuvres artistiques ou cinématographiques. "Ce film a obtenu le premier prix au **Festival de Cannes**." Certains festivals sont très célèbres et prestigieux. En France, il y a le **Festival de Cannes**, au cours duquel on remet **La Palme d'or** au meilleur film sélectionné par le jury. En Italie, il y a le **Festival de Venise**, et en Allemagne c'est à Berlin que l'on couronne le meilleur film avec **L'Ours d'or**.

Le Festival de Cannes reste une manifestation qui s'adresse exclusivement aux professionnels du cinéma. Il se déroule chaque année au mois de mai. C'est le festival international du film. En terme d'audience, le **Festival de Cannes** est la deuxième manifestation mondiale après les Jeux Olympiques.

En plein essor signifie en pleine croissance. **L'essor** veut dire l'envol, le développement, l'activité, l'extension, le progrès. Prendre son **essor**/un **essor** prodigieux/un grand **essor**/une ville **en plein essor**.

Truquage ou trucage est le fait de tricher, de falsifier, de changer pour créer l'illusion d'une réalité fantastique. Le **truquage** des élections/les **trucages** du son/de la couleur.

En passe de signifie en position de, sur le point de. Locutions courantes : être **en passe**, au sens figuré veut dire être en bonne position/être **en passe de** implique être en état, en position, en situation/elle est **en passe de** réussir/elle est **en passe d'avoir** son affectation.

AAAA est l'équivalent américain de l'**AACC** (**A**ssociation des **A**gences **C**onseils en **C**ommunication). L'objectif de cette association est de promouvoir la publicité et de défendre les intérêts de ses membres en les représentant auprès des pouvoirs publics. L'**AACC** est une association fondée en 1972 sous le sigle **AACP** (**A**ssociation des **A**gences **C**onseils en **P**ublicité). Elle regroupe près de 200 agences.

Faire les beaux jours rappelle la locution **faire la pluie et le beau temps** qui veut dire "Être puissant, décider de tout". **Les beaux jours** supposent un événement favorable ou heureux.

Les lettres de noblesse se rapportent à un document officiel émanant d'une autorité et conférant divers privilèges.

Prendre le pas sur quelqu'un veut dire le précéder, être devant quelqu'un ou quelque chose.

Pepsi est une marque mondiale connue. **Pepsico** New York, USA est une grande société américaine qui arrive en tête des fabricants de boissons non alcoolisées en 1993. Son chiffre d'affaires s'élevait à 25 milliards de dollars en 1993. En comparaison, **Coca-Cola**, Atlanta USA a réalisé un chiffre d'affaires de 14 milliards de dollars à la même période. Cependant, la concurrence avec **Coca-Cola** est farouche : 31% des parts du marché pour **Pepsi-Cola**, 42% pour son rival.

Nike est un grand fabricant de chaussures de sports.

Engranger signifie mettre en réserve, emmagasiner au sens propre du terme. Au sens figuré, ce verbe veut dire réunir des éléments d'informations pour les conserver.

L'Amérique profonde est la partie de la population américaine qui représente la réalité culturelle du pays.

Story-board est l'équivalent de **scénarimage** en français. Ce terme technique est l'illustration du découpage d'un scénario. Le **story-board** est très utilisé pour les films publicitaires. Il permet à l'annonceur de voir le déroulement du message publicitaire.

MTV est le sigle de Music Television. C'est une chaîne américaine câblée de musique. Elle diffuse des programmes musicaux en Europe, en langue anglaise, sous le label MTV Europe.

II. Compréhension

Lire attentivement le texte, puis :

1. Définissez en français les mots et expressions suivants tirés du texte : véhicule tout-terrain/réalisateur/temporiser/onéreux/décaler/décoller/aura.

III. Traduction

1. Traduire en anglais les passages en italique.

IV. Expression écrite et/ou orale

1. Comment peut-on expliquer la résurgence de la créativité américaine?

2. Quant au film publicitaire, le processus européen est-il plus créatif?

3. Que pensez-vous de l'utilisation croissante de nouvelles technologies en matière publicitaire?

4. Pourquoi Joe Pytka préfère-t-il l'improvisation aux effets spéciaux?

V. Le genre des noms pour les voitures, les bateaux, les avions, les montres

1. Les voitures

Dans le texte nous avons **une** Jeep, car il s'agit d'une voiture.

On dit par ailleurs **une** Renault.

2. Les bateaux

Pour le nom de bateaux on utilise l'article **le**.

Exemple : **le** France/**le** Normandie.

NB : la caravelle (navire à voiles de petite ou moyenne capacité) est un nom commun. Les caravelles de Christophe Colomb.

3. Les avions

Pour ce moyen de transport, on utilise l'article **le** ou **un** à l'exception de : **la caravelle** qui est un nom donné aussi à un type d'avion commercial.

On dit : **le** Concorde/**un** Boeing 747.

Remarque : ici, le terme **Boeing** est utilisé comme nom. En réalité, **Boeing Company** est une société américaine fondée en 1916. Elle est spécialisée dans le domaine de la construction aéronautique (appareils civils et militaires : avions et missiles). Elle occupe le premier rang mondial.

4. Les montres

Pour les montres, l'article employé est toujours féminin. Exemple : **la** ou **une** Rolex/**la** ou **une** Citizen.

(a) Trouvez d'autres marques de voitures, de bateaux, d'avions et de montres.

(b) Construisez des phrases complètes tout en veillant à illustrer le genre.

VI. Accord du participe passé avec le complément d'objet direct placé avant le verbe

"Puis nous avons transmis **l'étude** que nous avons réali**sée** sur les ordinateurs de Digital Domain." Dans cette phrase le participe passé réali**sée** s'accorde avec l'**étude**. Le complément d'objet direct **étude** étant placé avant le verbe **réaliser** entraîne un **ée** pour la marque du féminin. Avec l'auxiliaire **avoir** le participe passé s'accorde en genre et en nombre lorsque le complément d'objet direct est placé avant le verbe. Exemples :

> Nous avons transmis les **informations** que nous avions recueill**ies** auprès des entreprises.
>
> La **compagnie** qu'elle a cré**ée** est en plein essor.
>
> Où as-tu acheté ces **produits** ? Je les ai achet**és** au supermarché.
>
> Ces deux **voitures**-là, je les ai achet**ées** chez le concessionnaire.

Attention! Lorsque le complément d'objet indirect est placé avant ou après le verbe il n'y a pas d'accord possible. Exemple : La dame à qui j'ai rem**is** le dossier est très compétente et efficace dans son travail.

(a) Construisez deux phrases comportant un complément d'objet direct placé tantôt avant tantôt après le verbe.

(b) Construisez deux phrases avec le complément d'objet indirect placé avant ou après le verbe.

VII. Remarque particulière sur *aussi*

En français, le mot **aussi** a deux sens. Lorsqu'il s'emploie comme **conjonction**, il a le sens de *thus, so* (ainsi, par conséquent, donc). Il entraîne une inversion du verbe et du sujet. Par exemple : "**Aussi** les annonceurs **veulent–ils** en voir de plus en plus . . .". Dans le second cas, **aussi** a valeur d'adverbe. Il correspond à *also, as well* (également). Cet entrepreneur américain a acheté un matériel très sophistiqué et son homologue français **aussi**.

(a) Construisez quatre phrases qui illustrent les deux sens de **aussi** (tantôt comme conjonction tantôt comme adverbe).

VIII. Utilisation de la préposition *depuis* avec le temps approprié

Dans le texte nous avons deux phrases distinctes qui comportent la préposition **depuis** avec pour l'une **le présent simple** et pour l'autre **le passé composé** :

1. Je **travaille** avec eux **depuis** très longtemps.

2. Cette maison de production . . . **s'est mise** depuis environ un an à produire des clips vidéo.

Dans la phrase n° 1, le verbe **travailler** au présent simple implique que l'action se poursuit au moment où l'on parle.

En revanche, dans la phrase n° 2, le verbe **mettre** au passé composé insiste sur le fait que l'action est encadrée dans le passé. Il faut observer que lorsque le verbe est à la forme négative, on utilise obligatoirement le passé composé. Exemples :

3. Je ne l'ai pas **vu(e)** depuis longtemps.

4. Elle n'y est pas **allée** depuis longtemps.

(a) Construisez deux phrases pour chacune des trois structures grammaticales.

IX. Analyse de la préposition chez

Chez le coiffeur, par exemple, indique l'idée de lieu. Au milieu du deuxième paragraphe se trouvent les mots "Chez les publicitaires . . .". Le mot **chez** s'emploie de façon très précise. **Chez** ne s'emploie pas ici comme dans l'expression **chez moi** ou **chez le boulanger**.

(a) Analysez cette différence.

(b) Donnez trois exemples précis pour illustrer cette différence.

(c) Y a-t-il une différence entre "elle est allée **chez** le coiffeur" et "elle est allée **au** coiffeur"?

X. Rédaction

(a) Rédigez un paragraphe d'une vingtaine de lignes en français en intégrant des mots et expressions utiles dans les techniques de création en incluant le vocabulaire suivant : arrêt sur image/arts graphiques/couleurs primaires/créateur d'esthétique industrielle/ créativité/effet sonore/visuel/film publicitaire/plan d'ensemble/truquage/diaporama.

(b) Dressez un petit lexique du cinéma en français en procédant par ordre alphabétique.

(c) Établissez un petit glossaire français/anglais comportant des mots et expressions courants dans le domaine de la communication.

Texte n° 6 : Histoire d'eau

Liste des mots-clés : Futuroscope/Compagnie Générale des Eaux/ se gorger/numérique/dominante/360°/Miko/œuvrer/rébarbatifs/ saynète/banquise/calotte/canalisation/scénariser

Résumé du texte n° 6

La Compagnie Générale des Eaux a élaboré et financé Aquascope avec le Futuroscope de Poitiers dans le but de sensibiliser le public au problème de l'environnement.

Aquascope est une salle de projection sur le thème de l'eau. Cette salle du parc d'attractions est un espace public consacré au jeu.

Les sociétés Miko et Peugeot sont entrées en partenariat avec le Futuroscope bien avant la CGE. Une diffusion interactive de films courts apporte au spectateur des connaissances sur le milieu naturel.

Des technologies nouvelles, pédagogiques et ludiques permettent au spectateur de participer à un jeu de questions–réponses dans la langue de son choix (français, anglais, allemand, espagnol). L'ensemble du jeu est mis en scène.

La société Smart Move met en exergue l'ouverture et la transparence du système.

Johan Robson, scénariste de jeux vidéo à Smart Move, combine les procédés employés au cinéma, qui exigent un véritable entraînement.

Comment l'eau arrive-t-elle de sa source jusqu'à nos robinets?

*En entrant en partenariat avec le **Futuroscope** pour l'élaboration et le financement d'Aquascope, la **Compagnie Générale des Eaux** a misé sur la nouveauté. Objectif : sensibiliser à un problème d'environnement les quelque trois millions de spectateurs qui, chaque année, viennent à Poitiers **se gorger** d'émotions visuelles inédites.*

Aquascope est l'une des toutes dernières attractions, sur le thème de l'eau, inaugurées cet été au parc du Futuroscope, pour trois ans. Cette salle de projection de plus de 250 places combine une projection (3 projecteurs 35 mm) sur écran géant Hémivision – 35 m de base, et près de 8 m de haut – installé par Ciné Matériel Paris, et 134 moniteurs vidéo individuels connectés à autant de lecteurs CDI Philips porteurs de vidéo **numérique** plein écran.

*"Toutes les salles du parc ont une **dominante**. Ici place au jeu avec, comme toujours, de grandes et belles images,"* explique Patrick Besenval qui dirige Les Productions du Futuroscope. Cette société est spécialisée dans la projection et

la production de films aux formats très spéciaux : Imax, Omnimax, relief, **360°** . . . Des technologies nouvelles et attractives pour tous publics qui n'ont pas manqué d'attirer, avant la CGE, d'autres partenaires institutionnels tels que **Miko** pour un spectacle sur glace tourné en relief et Orangina pour un film en cinéma interactif. Peugeot avait également participé avec succès à l'aventure du relief à l'occasion d'une convention pour le lancement de la 306 en 1993. Car Les Productions du Futuroscope est une société ne produisant pas exclusivement pour le parc, mais aussi pour toute autre structure qui ne lui est pas concurrente; par exemple, récemment, le Circorama d'Arromanches, pour le Prix de la Liberté, un film en 360°! (A l'époque, la société **œuvrait** sous le nom de Bakélite.) Elle est particulièrement présente sur le marché international. *"Avec Aquascope, nous avons cherché à nous démarquer à la fois des attractions des parcs américains où l'apport culturel est inexistant, et les jeux scolaires **rébarbatifs** de certains musées scientifiques. Nous avons donné à cette salle ludique une vocation pédagogique douce,"* précise Patrick Besenval. Son budget de 6 MF est géré par Garuda, producteur exécutif. Les productions du Futuroscope a donc fait réaliser quatre films courts pour une diffusion interactive. Le spectateur acquiert ici aisément des connaissances de base sur l'environnement, en se laissant simplement transporter dans quatre **saynètes** où deux personnages sont confrontés aux situations les plus rocambolesques : installation d'un frigidaire sur la **banquise**, livraison de bouteilles d'eau minérale au sommet d'une montagne, visite burlesque d'une usine de traitement des eaux, ouverture d'une buvette pour extraterrestres. Assis avec son partenaire face à son petit écran, le spectateur suit tout d'abord sur l'écran géant les pérégrinations d'Albert et de Lucien à travers l'un ou l'autre décor. Ces séquences sonorisées en Dolby stéréo sont sans dialogues, car l'action, elle, se déroule sur les petits écrans.

Un système ouvert et transparent

Les spectateurs sont alors invités à choisir parmi quatre langues (français, anglais, allemand, espagnol) afin de pouvoir répondre à des questions simples, mais néanmoins essentielles, comme : si la **calotte** terrestre venait à fondre, de combien de mètres monterait le niveau de la mer? Combien de litres d'eau utilisez-vous quand vous vous brossez les dents? Si toutes les **canalisations** d'eau de France étaient mises bout à bout, combien de fois pourraient-elles faire le tour de la Terre? . . . En appuyant sur un bouton-poussoir placé devant le moniteur, le spectateur participe au jeu. Tout est **scénarisé**, les questions comme les réponses. Suivant le résultat de chacun, un épisode illustre ensuite la victoire ou la défaite. Puis, comme par miracle, tout le monde se retrouve en même temps plongé dans l'image géante pour un épilogue, avant d'être immergé dans un nouvel épisode introduisant le deuxième jeu. Chaque séance dure vingt-cinq secondes, chaque film, entre quatre et sept secondes. À aucun moment, le spectateur ne soupçonne la quantité d'efforts qui a dû être déployée pour réussir cette double synchronisation parfaite, qui paraît toute naturelle, entre l'ensemble des petits écrans et l'écran géant.

"Le vrai défi technologique a été de permettre aux gens de s'amuser avec un système complètement ouvert et transparent," déclare Michèle Lemeur qui, à Smart Move, a été chargé, suivant les contraintes imposées par la CGE, de réunir les idées et

de scénariser l'ensemble. *"Il a fallu écrire une histoire conjuguant les techniques du cinéma, de la vidéo et du jeu, ce qui a nécessité une véritable gymnastique de l'esprit."* Smart Move a fait appel au talent de Johan Robson, scénariste de jeux vidéo, pour écrire une histoire qui soit, selon Michèle Lemeur, *"à la fois linéaire et morcelée, assez simple pour pouvoir être arrêtée et reprise après les questions sans altérer le rythme de la séquence"*.

John Hudson et Anita Assal, réalisateurs de nombreux courts-métrages de fiction, et notamment du film en relief pour Peugeot, ont eu la responsabilité de la mise en image. *"Pour chaque histoire, nous avons dû tourner deux films en même temps, dans deux formats différents, 16 et 35 mm, avec deux équipes, en pensant toujours à l'interaction permanente existant entre les deux films pour qu'ils s'emboîtent parfaitement,"* explique John Hudson . . .

Véronique Berthonneau
Source : *Création* n° 90, septembre/octobre 1994

I. Étude du vocabulaire

Le Futuroscope est considéré comme le parc européen de l'image. Dans les années 80, le département de la Vienne était en déclin. Pour enrayer la crise, les élus locaux choisissent un projet d'aménagement : **Le Futuroscope**. René Monory, alors Président du Conseil Régional, ainsi que ses conseillers décident d'en faire un parc organisé autour de la formation, des activités économiques et des loisirs. **Le Futuroscope**, centré sur l'image et l'utilisation des nouvelles technologies, se situe à une dizaine de kilomètres au nord de Poitiers. Il a ouvert ses portes au public en juin 1987. Depuis, de nouveaux bâtiments ont été construits, d'un style d'architecture futuriste (murs d'eau, aluminium ondulé). Le CNED (**C**entre **N**ational d'**E**nseignement à **D**istance) diffuse régulièrement des conférences, des cours, des préparations d'examen par vidéo-transmission dans toute la France.

La Compagnie Générale des Eaux (CGE) est l'un des plus grands groupes industriels et de services français. Le groupe occupe une place privilégiée dans la gestion de l'eau, l'énergie, la propreté, la construction, l'urbanisme, la communication et les services de santé et de la finance. La **CGE** a été constituée en 1853 avec pour objectif l'irrigation des campagnes et l'alimentation des villes.

Gorger ou remplir de nourriture, alimenter avec excès. **Gorger** quelqu'un de richesse ou le **combler** de richesse. **Se gorger** signifie s'empiffrer, se bourrer, se gaver.

Numérique est un adjectif qui s'applique à un système permettant l'obtention d'un signal vidéo très stable. Le système numérique facilite le transcodage, offre de multiples possibilités de composition, dont les images de synthèse. En 1992, la télévision et la radio **numériques** arrivent sur le marché.

Dominante peut être adjectif ou nom féminin. **La dominante** signifie ce qui est essentiel dans un ensemble.

Miko est une société française qui fabrique de la crème glacée. La famille Ortiz a fait dans les années 50 une industrie française du bâton de crème glacée. Les glaces **Miko** alias maison Ortiz ont été baptisées ainsi en 1951. La marque **Miko** est la contraction de deux surnoms : celui du fils d'un associé de la famille Ortiz (Michel surnommé **Mik**) et celui de son chien dont le nom finissait par **Ko**. L'histoire des crèmes glacées **Miko** prend sa source en Espagne où naquit Luis Ortiz en 1889. À partir de 1905, Luis Ortiz vend des gaufrettes et des crèmes glacées sur les plages de Santander et de Biarritz. Ensuite il s'installe près de Paris où il poursuit son commerce de glacier ambulant. L'avènement du cinéma a joué un rôle important dans les affaires de la famille Ortiz. Dans les années 50, elle réalise 50% de son chiffre d'affaires en vendant des chocolats glacés dans les salles. Entre 1950 et 1960 l'entreprise artisanale prend une dimension industrielle grâce à l'essor du bâtonnet glacé.

Ensuite entrent en concurrence Nestlé (suisse), Motta (italien) et Unilever (anglo-néerlandais).

Miko s'élève au premier rang en rachetant la marque **Délico** diffusée par Unilever, et sa fabrication de glaces demeure artisanale. Au début des années 70, le CA atteint 160 millions de francs. L'entreprise emploie 1100 salariés et elle approvisionne 90 000 points de vente.

La multinationale anglo-néerlandaise Unilever a racheté en 1994 pour environ 2 milliards de francs **Ortiz-Miko** qui réalise un chiffre d'affaires supérieur à 5 milliards de francs.

360° est l'unité de mesure d'un angle plein (cercle). Le symbole ° veut dire **degré**.

Œuvrer est un verbe intransitif. Ce verbe longtemps inusité réapparaît et veut dire agir, mettre en œuvre, travailler à un ouvrage important.

Rébarbatif signifie désagréable, repoussant, difficile, ennuyeux. Un sujet **rébarbatif**/un air **rébarbatif**/une apparence **rébarbative**.

Une saynète est une petite pièce comique d'origine espagnole. Elle se jouait pendant l'entracte en une seule scène. Les **saynètes** de Tchékhov.

La banquise est une masse de glace flottante formant un énorme banc détachée d'un glacier polaire. Être froid comme une **banquise** (glacial).

La calotte terrestre est la partie supérieure de la voûte du globe terrestre. La **calotte** sphérique/les **calottes** glaciaires de la Terre.

Les canalisations constituent l'ensemble des conduits et des tubes destinés au transport d'un fluide ou de l'énergie. Une **canalisation** d'eau/des **canalisations** de gaz, d'électricité, de pétrole.

Scénariser est un verbe qui n'est pas attesté dans les dictionnaires de la langue française. Il faut comprendre ce verbe dans le sens de **mettre en scène**.

II. Compréhension

Lire attentivement le texte, puis :

1. Définissez en français ces mots et expressions tirés du texte : sensibiliser/inédite/interactif/rocambolesque/buvette/court-métrage/s'emboîter

III. Traduction

1. Traduire en anglais les passages en italique.

IV. Expression écrite et/ou orale

1. Que pensez-vous de l'opération de la Compagnie Générale des Eaux?

2. Quels sont les objectifs que se fixent les Productions du Futuroscope et de la CGE avec Aquascope?

3. Que pensez-vous des quatre saynètes?

4. Comment comprenez-vous l'expression "un système complètement ouvert et transparent"?

V. Comment + inversion du sujet et du verbe

Les mots et expressions **Comment**? **Où**? **Quand**? **Pourquoi**? **Combien**? **Dans quelle mesure**? peuvent être construits suivant une structure grammaticale où le sujet et le verbe sont inversés.

1. Exemples :

- "**Comment** l'eau arrive-t-elle de sa source jusqu'à nos robinets?"

- **Où** Le Rhône prend-il sa source?

En revanche, les mêmes mots et expressions peuvent être construits avec **Est-ce que**?

2. Exemples :

- **Comment est-ce que** l'eau arrive de sa source jusqu'à nos robinets?

- **Où est-ce que** le Rhône prend sa source?

(a) Analysez les phrases dans les exemples 1 et 2, tenant compte notamment de leur registre.

(b) Construisez huit phrases suivant les deux modèles 1 et 2 en utilisant **Quand**? **Pourquoi**? **Combien**? **Dans quelle mesure**?

VI. L'article indéfini *un* précédé de l'article défini *l'*

1. "Aquascope est **l'une** des toutes dernières attractions . . ."

Dans le langage familier on pourrait dire :

> 2. Aquascope est **une** des toutes dernières attractions...

(a) Traduisez dans un style soutenu puis dans un style relâché les trois phrases suivantes (six phrases en tout) :

> 1. The Severn Water Authority is one of the most important companies in Britain.
>
> 2. This process is one of the best methods of recycling water.
>
> 3. One of the best ways of making people realize the value of the environment is by showing them this particular video.

VII. Adjectifs et noms pour exprimer des mesures + préposition *de*

Dans le texte nous avons : Un écran géant ... de **8 mètres de haut**.
Autres exemples : Ce puits est **profond de** 10 mètres/cette route est **large de** 5 mètres/cette barre est **longue de** 2 mètres.

L'idée de hauteur, de profondeur, de largeur, de longueur peut également s'exprimer de la façon suivante : Cet écran a 8 mètres **de hauteur**/ce puits a 10 mètres **de profondeur**/cette route a 10 mètres **de largeur**/cette barre a 2 mètres **de longueur**.

(a) Construisez des phrases complètes en français à partir des adjectifs et des noms suivants en anglais :

> *wide-width/high-height/long-length/thick-thickness/deep-depth/broad-breadth.*

VIII. Explication des locutions construites à partir de *eau*

(a) Trouvez le sens de chacune des locutions suivantes :

Tomber à **l'eau**/Être en **eau**/Avoir **l'eau** à la bouche/Un coup d'épée dans **l'eau**/Mettre de **l'eau** dans son vin/Clair comme de **l'eau** de roche/Nager entre deux **eaux**/Se jeter à **l'eau**/Se noyer dans un verre d'**eau**/L'eau va à la rivière/(Il) y a de **l'eau** dans le gaz.

IX. Accord ou non-accord du participe passé dans le cas d'un verbe à la forme pronominale

Dans l'avant-dernier paragraphe, nous lisons : "... vous vous brossez les dents ...". Or, au passé composé, on écrirait :

> 1. Elle s'est bross**é** les dents.

De même que l'on écrirait :

> 2. Ils se sont lav**é** les mains.

En revanche, on écrirait :

> 3. Elle s'est lav**ée**.

> 4. Ils se sont lav**és**.

(a) Expliquez la différence qui existe entre la phrase n° 2 et la phrase n° 4.

(b) Donnez quatre autres exemples qui illustrent cette différence.

X. Locutions adverbiales avec la préposition *par*

En français, il existe de nombreuses locutions adverbiales telles que : par miracle (*miraculously*) /par compassion (*out of compassion*)
où la préposition **par** précède le nom.

(a) Trouvez cinq autres locutions adverbiales avec **par** et intégrez-les dans cinq phrases complètes.

4 Les promotions de ventes (stimulation, intervention)

Texte n° 7 : Profonde remise en cause

Liste des mots-clés : conjoncture/promotion/récession économique/rentabilité commerciale/contraction de la demande/prémices/bilan/retournement de la demande/chute de la demande/annonceurs/marge brute/offres promotionnelles/agences-conseils/néfaste/ferments positifs/prospections/reprise/opérations multimarques/agences de promotion

Résumé du texte n° 7

En l'espace d'un an, la promotion est tombée dans le marasme économique du fait de la contraction de la demande des annonceurs.

Jean-Noël Bossé, président de la délégation promotion de l'AACC (Association des Agences-Conseils en Communication) brosse un tableau sombre des résultats de l'année 1993. Il garde bon espoir car les résultats sont très différents selon les agences. Il souligne l'effondrement de la marge brute pour 1993 qui s'explique par la baisse de la demande. Certains professionnels de la promotion ont porté tort à toute une activité à cause de la concurrence des prix auxquels sont confrontés les fabricants et les distributeurs.

On enregistre pour 1994 une légère tendance à la hausse. C'est le cas par exemple des prospections.

La conjoncture difficile qui aura marqué l'année 1993 aura en définitive eu l'avantage de mieux préparer l'avenir quand on choisit les agences de promotion les plus performantes.

En une seule année, c'est toute une profession qui a dû apprendre à envisager son métier différemment, non pas seulement pour s'adapter à une **conjoncture** difficile, mais pour répondre à une demande en pleine évolution.

Plus 5% en 1992, moins 18% en 1993! Pour la première fois, **la promotion**, jusqu'alors préservée de la **récession économique** grâce à sa **rentabilité commerciale**, a subi, et de plein fouet, la forte **contraction de la demande** des annonceurs. L'ampleur du choc a été d'autant plus importante que le repli était inattendu. Et, alors que les **prémices** semblaient annoncer une crise conjoncturelle, c'est toute une profession qui a été forcée, en un an, de se remettre profondément en cause. **Bilan** d'une année sombre.

"L'année 1993 a été très contrastée, résume Jean-Noël Bossé, président de la délégation promotion de l'Association des Agences-Conseils en communication (AACC). *Mais, même si nos résultats sont préoccupants, la situation, très différente selon les agences, laisse apparaître de bons espoirs."* Car ce qui surprend surtout quand on observe les chiffres, c'est l'énorme amplitude des résultats des agences : de −48,6% à +26,5%, sans qu'aucune explication

rationnelle permette de comprendre cet écart. *"Les agences ont évolué de manière erratique, remarque Jean-Noël Bossé. Globalement, toutefois, les jeunes et petites agences à structure légère ont enregistré une croissance plus dynamique, tandis que les grosses structures ont sombré. Car, en moins de deux ans, nous avons assisté à un **retournement** complet **de la demande** de nos clients, qui a pris à contre-pied les agences installées."* Pourtant, même à taille comparable, les écarts des résultats restent très importants. Car, plus que la **chute de la demande**, c'est surtout son changement de nature qui a affecté la profession. Auparavant, c'est sur la création que les agences faisaient la différence. Mais, en 1993, les **annonceurs** ont eu recours à des opérations plus simples, de promotion pure et dure, souvent gérées en interne. *"La chute brutale de notre **marge brute** pour 1993 reflète très directement la situation d'une profession touchée par la modification de la promotion elle-même, renchérit Jean-Noël Bossé. De plus en plus, en grande partie à cause de la guerre que se livrent fabricants et distributeurs, les **offres promotionnelles** faites au consommateur excluent les **agences-conseils**."* Sans compter que, face à cette contraction de la demande, les professionnels de la promotion n'ont pas toujours su répondre, et certains d'entre eux se sont livrés à une guerre des prix sans merci, **néfaste** à l'ensemble de l'activité.

Légers signes de reprise

Pourtant, comme le précise Jean-Noël Bossé, *"même si l'année passée a été difficile, 1993 comprend des **ferments positifs** pour 1994"*. Et, sans s'enthousiasmer trop vite sur une réelle reprise, l'amélioration générale de la conjoncture économique aura inévitablement des répercussions favorables sur l'activité des agences de promotion. *"On sent déjà une vibration, une fébrilité sensible dans notre métier. Les **prospections**, par exemple, se sont intensifiées. Les annonceurs donnent actuellement des signes légers d'une **reprise**, se félicite Jean-Noël Bossé. D'ailleurs, certains clients ont dès aujourd'hui le courage d'approuver des idées neuves, d'introduire à nouveau la création dans leur promotion, de reprendre des risques, avec des **opérations multimarques**, par exemple."* Comme quoi, en sélectionnant les meilleures **agences de promotion**, l'année 1993 aura finalement permis à celles-ci de préparer l'avenir, avec l'avantage d'une maturité chèrement acquise.

Véronique Le Bris
Source : *Marketing Vente* n° 84, juillet/août 1994

I. Étude du vocabulaire

Une conjoncture est une situation économique à un moment donné pouvant évoluer à court, moyen ou long terme. Un ensemble d'indicateurs (taux de croissance, inflation, niveau des taux d'intérêts, état de l'économie ...) fournit la tendance générale des affaires. Une **conjoncture** favorable/ défavorable/difficile/profiter de la **conjoncture**.

La promotion est une opération commerciale qui consiste à lancer un produit vers des clients potentiels. C'est une composante de la politique de communication. Ce type d'opération a connu un développement spectaculaire depuis plusieurs années. **La promotion** utilise un certain nombre de techniques, parmi lesquelles on trouve : la remise de cadeaux, les jeux et concours, les réductions de prix, les offres spéciales, les essais gratuits. La **promotion** commerciale/des ventes/un article **en promotion** (vendu moins cher que la normale).

La récession économique est une crise passagère de l'activité économique. L'économie connaît un retournement de tendance marqué par un ralentissement du taux de croissance de la production.

La rentabilité commerciale se mesure pour savoir ce que rapporte une activité, un produit ou une marque. La **rentabilité** économique/financière.

La contraction de la demande suppose une diminution de la quantité de produits ou services d'une entreprise que les consommateurs sont censés acheter. Ce terme précise non seulement le désir d'achat du consommateur, mais aussi ses moyens d'achat. L'offre et la **demande**.

Les prémices désignent les premières manifestations, le commencement, le début de quelque chose. Ce terme est toujours employé au féminin pluriel. Les **prémices** de l'amitié/de la vie/les **prémices** de l'hiver (avant-goût).

Un bilan constitue une pièce maîtresse qui décrit le patrimoine d'une entreprise au terme d'une période d'un an. Il se présente le plus souvent sous forme de tableau : l'actif à gauche recense les fonds de l'entreprise et le passif à droite indique l'emploi de ces fonds (ce que l'entreprise doit aux actionnaires, aux fournisseurs). Cf. faire le **bilan** de la situation/dresser un **bilan**.

Un retournement de la demande est un changement brusque et imprévu de la quantité d'un produit ou d'un service que le consommateur est prêt à acheter à un prix et à une période donnés. Un brusque **retournement** (revirement)/un **retournement** total/un **retournement** de la situation (renversement).

La chute de la demande est une situation économique au cours de laquelle on enregistre une brusque diminution de la demande. Cf. la **chute** d'une monnaie (dévaluation)/la **chute** des prix (baisse).

Un annonceur désigne une personne morale ou physique qui commandite des actions publicitaires. **L'annonceur** paie le passage des annonces publicitaires sur les différents médias.

La marge brute correspond à la différence entre le prix de vente et le prix d'achat, le tout hors taxe. **La marge brute** est aussi appelée **marge commerciale**. Cf. une **marge** bénéficiaire/vivre en **marge** de la société (en dehors).

Les offres promotionnelles font partie intégrante de l'arsenal des techniques de promotion de ventes. Les secteurs de la distribution et de l'alimentaire réalisent une part importante des opérations promotionnelles. Une vente **promotionnelle** (à prix réduit)/un article **promotionnel**.

Les agences-conseils sont des organismes indépendants prestataires de services pour les entreprises ou les consommateurs. Elles sont des intermédiaires entre un annonceur et un média ou sa régie, au même titre que la centrale d'achat d'espace.

Néfaste est un adjectif synonyme de **désastreux, mauvais, défavorable, hostile, nuisible**. Une année/une influence **néfaste**/des conditions **néfastes**.

Des ferments positifs sont des agents qui participent activement à un changement interne. Un **ferment** de discorde/de haines (ce qui fait naître ce sentiment d'opposition).

Les prospections sont des visites qu'on rend à des clients potentiels afin de développer une nouvelle clientèle. Les représentants disposent de différentes possibilités pour accéder à une clientèle potentielle. Ils peuvent effectuer des visites, dépouiller des annuaires, recenser une liste auprès de fournisseurs, de vendeurs, etc. Ce mot, lié au verbe anglais *to prospect*, est utilisé en français pour désigner la démarche commerciale de l'entreprise. **Prospection** pétrolière/d'un département.

Une reprise est le fait de prendre un nouvel essor après un moment de ralentissement. La **reprise** économique/des affaires/d'une activité/à maintes **reprises** (souvent).

Les opérations multimarques sont des techniques de commercialisation qui permettent de représenter plusieurs marques de fabrique, de commerce ou de services. La marque véhicule l'image et les valeurs d'un produit, d'un bien ou d'un service.

Les agences de promotion sont des entreprises intervenant dans l'ensemble des activités de la politique de commercialisation. Elles visent à augmenter les achats du consommateur et l'efficacité du distributeur grâce à des techniques de vente.

II. Compréhension

Lire attentivement le texte, puis :

1. Définissez en français ces mots et expressions tirés du texte : demande/repli/crise conjoncturelle/croissance/gérer/chute brutale/consommateur.

III. Traduction

1. Traduire en anglais les passages en italique.

IV. Expression écrite et/ou orale

1. Comment peut-on expliquer la profonde remise en cause de la profession des agences de promotion?

2. Commentez l'énorme amplitude des résultats des agences de promotion.

3. Expliquez ce "retournement complet de la demande a pris à contre-pied les agences plus installées."

4. Quelle est la position des clients par rapport aux signes de reprise?

V. Distinction entre *en* et *dans*

En exprime l'idée de durée ou l'espace dans le temps. Je ferai ce travail **en un an**. **En** indique la durée de quelque chose. Je l'ai fait **en un an**.
Par contre, je le ferai **dans** un an, c'est-à-dire qu'**à partir de l'année prochaine**, je le ferai.

(a) Traduisez en français les phrases suivantes :

1. I put the text on the computer in half an hour.

2. The advert will appear on television in a fortnight.

3. We hope to sell fifty thousand copies in six months.

4. In nine months' time we'll launch the new advertising campaign.

(b) Écrivez huit phrases en tout pour illustrer l'usage différent de **en** et **dans** dans le contexte du temps.

VI. Différence entre *an* et *année*

Généralement parlant **année** indique la durée, alors que **an** indique un point de repère précis :

Au cours de l'**année** [durée] 1990/pendant cette **année-là** j'ai visité la Chine, l'Argentine, et le Mexique.

Je m'en moque comme de l'**an** 40.

Année

L'**année** scolaire/théâtrale/lunaire/universitaire/civile/bissextile/sabbatique.

Souhaiter la bonne **année** à quelqu'un.

En début/en fin d'**année**.

NB : **En cours d'année** est différent de l'expression : **le cours de l'année**.

(a) Trouvez la signification des deux locutions précédentes.

(b) Construisez quatre phrases en tout qui illustrent la différence de sens.

An

Le jour de l'**an**/le nouvel **an**/vingt **ans** après/en l'**an** 2 000/j'ai quarante **ans**/je gagne £30 000 par **an**. D'habitude on fait clairement la distinction entre **année** et **an** mais dans certains cas ces deux mots sont interchangeables. Par exemple : L'**an** dernier ou l'**année** dernière/L'**an** prochain ou l'**année** prochaine/L'**an** passé ou l'**année** passée/ Le Nouvel **An** ou La Nouvelle **Année**.

(c) Trouvez des mots et expressions de la même famille que **année**. Par exemple : annales/annuaire/anniversaire . . .

VII. L'ordre des adjectifs qui se rapportent au nom

On apprend qu'en règle générale, l'adjectif suit le substantif. En fait, il existe autant de cas d'adjectifs qui précèdent le nom que d'adjectifs qui le suivent. Souvent, il s'agit d'une question de registre de langue. Normalement, le sens de l'adjectif ne change pas, qu'il soit placé devant ou après le substantif. Exemples dans le texte : La forte contraction/de bons espoirs/jeunes et petites agences/structure légère/grosses structures/la chute brutale/légers signes de reprise/réelle reprise/fébrilité sensible/signes sensibles/signes légers/idées neuves/meilleures agences.

Autres exemples : un entretien **bref** ou un **bref** entretien/une **courte** histoire ou une histoire **courte**/un **double** programme ou un programme **double**/une **excellente** machine ou une machine **excellente**/la **principale** ville ou la ville **principale**.

Par contre, il existe des adjectifs dont le sens varie selon qu'ils soient placés devant ou après le nom. Exemples : un **certain** fait ou un fait **certain**/un **brave** homme ou un homme **brave**/un **grand** homme ou un homme **grand**/ses **propres** paroles ou ses paroles **propres**.

(a) Expliquez le sens de **certain**, **brave**, **grand** et **propre** avant et après le nom.

En outre, il faut ajouter que la valeur de l'adjectif peut être intensifiée en fonction de son emplacement. Il s'agit également d'un registre plus élevé lorsque **terrible** et **principal** précède le nom. Exemples : C'était un accident **terrible**! (R2)/Ce fut un **terrible** accident! (R3)

Dans la phrase "c'est la **principale** ville du département de la Seine-Saint-Denis", l'adjectif **principale** prend une valeur plus importante que dans : c'est la ville **principale** du département . . .

VIII. Expressions courantes et position de l'adjectif

(a) Établissez une liste d'autres adjectifs qui peuvent précéder ou suivre le nom.

(b) Faites l'analyse du sens et du registre de ces adjectifs selon qu'ils soient placés avant ou après le nom.

IX. Remarque sur le verbe *forcer*

Lorsque le verbe **forcer** s'emploie à la forme active il est suivi de la préposition **à**. Par exemple : Je l'ai **forcé à** faire l'exercice.

En revanche, lorsque le verbe **forcer** est utilisé à la forme passive il est suivi de la préposition **de**. Exemple : Je suis **forcé de** travailler toute la journée. La même remarque s'applique au verbe **obliger**. Exemples :

Elle m'a **obligée à** revenir plus tôt.

Je suis **obligée de** régler la facture aujourd'hui.

(a) Trouvez trois verbes se construisant avec **à** ou **de** dans un contexte différent.

(b) Construisez trois phrases en utilisant ces verbes.

X. Construction de certains verbes français

Exemple : **approuver** des idées neuves. En anglais le verbe *to approve of* ne se construit pas souvent avec un objet direct alors qu'en français c'est toujours le cas. Voici d'autres exemples : **approuver** quelqu'un/**commenter** une idée/**compenser** une perte/**payer** quelque chose.

(a) Trouvez huit verbes en français dont l'équivalent en anglais nécessite l'emploi d'une préposition.

(b) Construisez huit phrases complètes à l'aide de ces verbes.

Texte n° 8 : Cinq clefs pour réussir une opération en milieu scolaire

Liste des mots-clés : 100 KF/intervenants/Crédit Mutuel/ enseignant/patronat/coefficient/rectorat/Cité scolaire/ pédagogique/fichier/retombées/en amont de/serveur Minitel/ médiatiser/essaimer/CIC Paris

Résumé du texte n° 8

Une action nationale en milieu scolaire coûte cinq fois plus qu'une action régionale pour les entreprises. Les discussions sont houleuses entre les sociétés et les différentes hiérarchies de l'Éducation Nationale.

Après une période de rapports conflictuels, un véritable partenariat s'est instauré entre les deux parties.

Les actions des entreprises en milieu scolaire piétinent parce que leur intérêt éducatif n'est pas évident pour les enseignants qui sont les passages obligés de l'information. Pour le patronat, le monde économique doit contribuer à la réussite des projets scolaires sur la base d'interventions ludiques, concrètes et pratiques.

Cependant, la diffusion des actions au sein des établissements de l'Éducation Nationale reste très difficile même si les entreprises disposent de leurs propres fichiers d'écoles et d'enseignants et que leurs contacts sont permanents avec les divers niveaux hiérarchiques.

Dupont de Nemours et Danone vendent à prix coûtant leurs propres kits pédagogiques à travers des supports qu'ils ont créés pour en assurer la distribution.

Il en coûtera aux entreprises un minimum de 100 **KF** pour une opération régionale et de 500 KF pour une action nationale.

Un soutien de l'Éducation Nationale

Tous les **intervenants** actuels insistent sur la nécessité d'un dialogue constant avec les différentes hiérarchies de l'Éducation Nationale, même si les discussions sont orageuses, comme le confirme Anne Dunoyer de Ségonzac, déléguée générale de la fondation du **Crédit Mutuel** pour la lecture : *"Après une période de frottements où l'Éducation Nationale s'est interrogée sur l'apparition du grand capital en son sein, nous avons, ensemble, élaboré un véritable partenariat."* Quant à Sophie Damiens, responsable des relations avec le milieu scolaire chez Danone, elle précise : *"Nous informons l'Éducation Nationale de nos actions. Elle nous soutient et recommande nos opérations."*

Un réel intérêt pédagogique

Si les entreprises, après s'être jetées sur l'univers scolaire, hésitent aujourd'hui à y mener des opérations, une des raisons en est le manque d'intérêt éducatif de leurs actions aux yeux des **enseignants** qui sont les relais inévitables au passage de l'information. Pour Yves Benoît-Cattin, administrateur général de Mécénentreprise Rhône Alpes (association créée en 1989 par le **patronat** lyonnais, dont le but est d'affirmer la citoyenneté de l'entreprise dans le contexte social), le monde économique doit apporter un **coefficient** supplémentaire à la réussite de projets scolaires : *"Le rectorat de Lyon a très bien accueilli notre partenariat avec la **Cité scolaire** parce que notre action n'entrait pas en compétition avec son domaine de compétence."* Isabel Sitbon, insistant sur la créativité d'une communication **pédagogique**, dégage deux possibilités d'intervention : *"L'entreprise peut aider les enseignants ou les parents à traiter des sujets d'initiation extérieurs aux programmes scolaires ou intervenir en illustration de ces mêmes programmes. Toutes les actions doivent entrer dans la relation enseignant/élèves."* L'aspect ludique, concret et pratique des interventions est un gage de réussite.

Une diffusion maîtrisée

Une fois l'action conçue, reste à circuler dans les méandres de l'Éducation Nationale. Son envergure impose des choix de diffusion : toucher tous les enseignants d'une même classe d'âge ou d'une même matière est une gageure, voire une illusion. Joël Bodin rapporte une anecdote : *"Des industriels avaient conçu une campagne remarquable mais avaient confié la diffusion à l'Éducation Nationale. Rien n'est passé."* Un problème technique que les agences spécialisées, garantes des actions auprès de l'Éducation Nationale, savent résoudre car elles développent leurs propres **fichiers** d'écoles et d'enseignants et assurent un contact permanent avec les différents niveaux hiérarchiques. Un travail fastidieux mais essentiel. Danone et Du Pont de Nemours, pour éviter une distribution hasardeuse, vendent, à prix coûtant, les kits pédagogiques qu'ils conçoivent. De l'avis des agences, le coût d'une diffusion efficace en mains propres est insignifiante par rapport à la conception et la fabrication du matériel à distribuer.

Toutes ces raisons expliquent qu'une grande partie des opérations a une application régionale, plus accessible aux budgets.

Une évaluation

Le dialogue avec les enseignants doit déboucher sur un retour d'informations nécessaire à l'amélioration de l'intervention. Si Danone est conseillé sur ses choix stratégiques, la direction des relations extérieures a nommé un responsable chargé des relations avec le milieu scolaire pour approfondir les **retombées**. Bien évidemment, tous les intervenants n'ont que des échos favorables de leurs manifestations … **En amont de** l'évaluation et afin de prévenir d'éventuelles déceptions, les agences étudient les souhaits des professeurs, organisent des journées pédagogiques et créent, à destination des enseignants, leurs propres médias : l'agence CIE a ouvert un **serveur Minitel** (3614 OSV – titre significatif puisqu'il signifie Ouverture sur la vie) et l'agence Six Douze développe un journal de quatre pages, *La boîte à idées*.

Une action sur le long terme

Seul Axa n'a pas souhaité réitérer l'opération "Les Années lycées" menée en 1993 qui avait pour but de maintenir le moral des lycéens en ces temps difficiles. Christine Dechen, chargée des relations presse chez Axa, le justifie : *"Notre rôle était d'une part de lancer et **médiatiser** l'opération, d'autre part de donner une idée aux chefs d'établissement."* Sous-entendu, c'est aux lycées de la faire vivre. Certains prennent le temps de la réflexion avant d'augmenter leur présence. *"Nous sommes prudents*, déclare Bernard Houot, délégué général de la fondation Entreprise/Réussite scolaire, *nous voulons prouver que notre démarche fonctionne dans un lieu avant d'**essaimer** des initiatives identiques dans d'autres villes."* Danone attend les retombées de ses opérations conduites récemment et préfère, d'après Sophie Damiens, capitaliser sur l'existant. Mais les impératifs budgétaires empêchent souvent une extension des programmes.

Sous ces aspects pédagogiques, les manifestations ont un but non dissimulé : l'amélioration de l'image et la notoriété de l'entreprise. Jean L'hermitte, responsable du service de presse du **CIC Paris**, le confirme : *"Notre action est une opération centrale de notoriété auprès des jeunes."* Même réaction d'Hélène Charveriat, directrice de la communication de la Banque Transatlantique : *"Nous bénéficions d'une image excellente auprès des parents des jeunes que nous récompensons. Ces derniers sont des clients potentiels car statistiquement, beaucoup repartiront à l'étranger."*

La communication en milieu scolaire permet à tous les intervenants extérieurs d'engager une politique de promotion de proximité avec la garantie de toucher le public visé : *"Le terrain est le plus riche des contacts mais aussi le plus cher,"* certifie Guillaume Sarton, chef de produit Oasis chez Schweppes France. Gageons que l'Éducation Nationale n'est pas dupe. Mais c'est certainement le prix à payer pour une ouverture de l'école, jugée désormais nécessaire à la bonne marche de la société.

L. M.
Source : *L'Événementiel* n° 36, octobre 1994

I. Étude du vocabulaire

100 KF est l'abréviation de **100 kilofrancs**. Un kilofranc (KF) correspond à mille francs dans les opérations financières. **100 KF** correspondent à **100 000 francs**.

Les intervenants sont des personnes qui agissent au cours d'un débat, d'une discussion ou dans un processus économique. Ce terme peut être soit adjectif soit nom.

Le Crédit Mutuel est une banque mutualiste. Le **Crédit Mutuel** comporte des établissements de crédit agréés en qualité de banque mutualiste. L'organisation du **Crédit Mutuel** est composée de la confédération nationale qui représente les caisses locales de crédit mutuel. C'est la Caisse Centrale du **Crédit Mutuel** qui assure la coordination, la gestion et l'assistance technique de ces caisses.

Voici quelques statistiques qui illustrent la structure du **Crédit Mutuel** : 20 Fédérations et caisses fédérales, 3 000 caisses locales/1 350 bureaux, 5 millions de clients dont 4 millions de sociétaires.

Enseignant est un terme qui peut être soit adjectif soit nom. Par exemple, le corps **enseignant** regroupe l'ensemble des instituteurs et des professeurs du second degré ou de l'enseignement supérieur. **Un enseignant** à l'Université est une personne qui est chargée de l'enseignement d'une matière. Elle peut avoir le statut de lecteur, de maître de conférence ou de professeur.

Le patronat regroupe l'ensemble des chefs d'entreprise. **Le CNPF** (**C**onseil **N**ational du **P**atronat **F**rançais) est l'homologue français de la **C**onfederation of **B**ritish **I**ndustry (**CBI**). Le **patronat** et les syndicats.

Un coefficient est un nombre appliqué à une valeur. Un **coefficient** d'erreur (un pourcentage, une marge)/un **coefficient** budgétaire (part du budget d'un ménage affectée à une dépense de consommation)/un **coefficient** de capital (rapport entre le capital et la production obtenue).

Le rectorat regroupe les bureaux de l'administration **du recteur** d'une **académie**, c'est-à-dire d'une circonscription administrative de l'enseignement en France. Le **recteur** est un haut fonctionnaire de l'Éducation Nationale, nommé à la tête d'une académie. La France est divisée en 27 académies administrées par des recteurs. Chaque académie compte plusieurs départements où le recteur est représenté par un inspecteur d'académie. Le **rectorat** de Lyon ou de l'Académie de Lyon/Le **rectorat** de Grenoble ou de l'Académie de Grenoble.

La Cité scolaire est le regroupement sur une même zone de plusieurs établissements scolaires. Le terme **groupe scolaire** concerne une école maternelle et une école élémentaire alors que le mot **cité** regroupe plutôt des établissements du second degré (collèges, lycées classiques, techniques ou professionnels). Cf. **cité** universitaire/scolaire/ouvrière.

Pédagogique est un adjectif qui se rapporte à la pédagogie, c'est-à-dire à la science de l'éducation des enfants et à la formation des adultes. Une méthode **pédagogique**/un conseiller **pédagogique**.

Un fichier est un ensemble bien organisé d'informations. C'est un outil de base au marketing direct (vente hors magasins). La qualité d'un fichier d'adresses s'apprécie à son contenu (renseignements fournis sur chaque adresse), sa structure informatique et sa mise à jour. Les fichiers peuvent se constituer en regroupant des adresses de provenances diverses. Un **fichier** central/un **fichier** d'adresses/tenir un **fichier**.

Les retombées sont les **conséquences**, les **répercussions** qui découlent d'une action, d'un fait. Subir les **retombées**.

En amont de est une locution qui signifie au-dessus de par opposition à **en aval de**, c'est-à-dire au-delà de.

Un serveur Minitel est un ordinateur central utilisé en télématique. Il reçoit et transmet les demandes des utilisateurs. Le terme **Minitel** est la contraction de mini et de téléphone. C'est une marque déposée par France Télécom en 1981. En France, ces terminaux ont été distribués gratuitement par France Télécom aux abonnés du téléphone qui en faisaient la demande. Cf. un **serveur** de données/un centre **serveur**/un **serveur** vocal.

Médiatiser signifie **diffuser** par les médias, qui rassemblent les industries du cinéma, de la télévision, la production des biens culturels (livres, disques) et les activités publicitaires des entreprises. Un événement **médiatisé**.

Essaimer veut dire quitter un endroit pour aller s'établir ailleurs (se disperser). Un **essaim** est un ensemble ou un groupe qui se déplace. **Un essaim** d'abeilles/**un essaim** d'écoliers.

CIC : est l'abréviation de **C**rédit **I**ndustriel et **C**ommercial. **Le CIC Paris** a été créé en 1859, sous le nom de Société Générale de Crédit Industriel et Commercial, par le Maquis d'Audiffret. C'est un groupe bancaire et financier qui appartient au groupe Gan-CIG. Les principales implantations de cette banque sont Paris et la région parisienne, Lille, Strasbourg, Nantes, Lyon, Marseille, Nancy, États-Unis, Grande-Bretagne, Singapour.

CIC peut représenter aussi **C**onfédération **I**nternationale des **C**adres/**C**rédit **I**ndustriel et **C**ommercial, **C**entre d'**I**nformation **C**ivique.

II. Compréhension

Lire attentivement le texte, puis :

1. Définissez en français les mots et expressions suivants tirés du texte : ludique/industriel/garant de/à prix coûtant/déboucher sur/éventuel/déception.

III. Traduction

1. Traduire en anglais les passages en italique.

IV. Expression écrite et/ou orale

1. Expliquez à partir du texte les clefs pour réussir une opération en milieu scolaire.

2. Quelles sont les différentes étapes dans le système éducatif français (de la maternelle à l'université)?

3. En quoi consiste le programme de Danone? Qu'en pensez-vous?

4. La communication en milieu scolaire permet-elle d'engager une politique de promotion?

V. L'emploi des prépositions en fonction du verbe et de son contexte

"Les intervenants **insistent sur** la nécessité d'un dialogue ..."

"**insistant sur** la créativité d'une communication pédagogique ..."

Dans ces deux exemples tirés du texte, **insister** est suivi de **sur**. Cependant, la préposition est différente dans les exemples suivants :

L'Éducation Nationale insiste **pour** maintenir le niveau des élèves.

L'Éducation Nationale **insiste pour** que les élèves **soient** plus persévérants dans leur travail.

Par ailleurs, nous avons une série de verbes qui peuvent être suivis de prépositions différentes.

(a) Construisez des phrases à partir des verbes suivants :

**changer/commencer/compter/continuer/décider/entrer/faire/
manquer/pénétrer/penser**.

(b) Illustrez les différentes prépositions qui s'emploient avec chacun de ces verbes.

VI. Utilisation du pronom *le* en français

Le français est souvent plus précis que l'anglais. Par exemple : "Comme elle **le** confirme ..." Le pronom **le** établit un lien avec les mots qui précèdent et ceux qui suivent. Il est impossible de traduire cette phrase littéralement en anglais. On dira *"As she confirms ..."*

(a) Traduisez en français les quatre phrases suivantes :

1. The company wanted to be big and it is.

2. The firm is bigger than I thought.

3. Is the turnover of your company higher than last year? Yes it is.

4. As the salesperson says, business is slack.

VII. Étude des synonymes

Le mot **entreprise** a de nombreux synonymes, par exemple : compagnie, firme, société.

(a) Trouvez d'autres termes synonymes d'**entreprise**.

(b) Traduisez en anglais ces différents synonymes.

VIII. La place de l'adverbe lorsque le verbe est au passé composé

Exemple tiré du texte : "... Le rectorat de Lyon a très bien accueilli notre partenariat avec ..." En français lorsque le verbe est au passé composé, l'adverbe est souvent placé entre l'auxiliaire et le participe passé. Par contre, si l'adverbe est long, par exemple **soigneusement,** il peut suivre le participe passé. On peut aussi bien dire : Elle a **soigneusement** analysé cette étude de marché, que : Elle a analysé **soigneusement** cette étude de marché.

(a) Trouvez d'autres adverbes qui se placent avant ou après le verbe au passé composé, ou indifféremment avant ou après le verbe. Donnez des exemples dans trois phrases.

IX. Transformation d'un paragraphe du présent au passé simple

(a) Transcrivez au passé simple le quatrième paragraphe du texte intitulé **Une évaluation** : à partir de "le dialogue ..." jusqu'à "la boîte à idées ...".

Attention! Respectez la concordance des temps.

X. Les faux amis (voir texte n° 4, exercice x)

Ce texte comporte de nombreux faux amis.

(a) Identifiez-les.

(b) Donnez-en la signification.

5 La publicité à la radio, à la TV et au cinéma

Texte n° 9 : Bilan IREP 1993–Tout le monde veut croire à la reprise mais pour quand?

Liste des mots-clés : grands médias/sous la barre de/INSEE/ intermédiaire/marketing direct/publipostage/publicité commerciale/annonces classées/presse magazine/gratuits/presse spécialisée/APPM/loi Évin/redécollage/la presse télévision

Résumé du texte n° 9

En 1993, les grands médias ont connu une baisse des revenus publicitaires de 5%.

L'IREP estime que la publicité en France a enregistré une baisse de 3,1 milliards de francs en 1993 par rapport à 1992. Par contre, les supports du marketing direct comme le publipostage ont gagné du terrain. La perte des revenus publicitaires est importante pour les grands médias.

En revanche, parmi les grands supports, la radio arrive en tête avec une hausse de 6,2%. L'affichage publicitaire et le cinéma montrent une chute.

Du reste, le léger signe de croissance de 1%, concernant la télévision, n'est pas approuvé par le PDG de France Espace qui estime que la hausse est trois fois plus importante.

La presse a également enregistré une tendance à la baisse en publicité commerciale et en annonces classées. D'après le président de l'APPM, les pertes affichées en 1993 sont dues à la loi Évin. En 1994, les résultats devraient être meilleurs.

*Avec 46 milliards de revenus publicitaires, les **grands médias** enregistraient en 1993 une baisse de 5%, se situant aux environs de −10% et la presse 10%. Elle passe ainsi pour la première fois **sous la barre** des 50% de part de marché (contre 71,5% en 1970).*

La télévision voit, quant à elle, sa progression fléchir considérablement.

*Selon les estimations de l'Institut de Recherches et d'Études Publicitaires (IREP), le marché publicitaire français a pesé 125,3 milliards de francs en 1993 contre 128,4 milliards de francs en 1992 (réévaluation tenant compte de la nouvelle base EAE-Services de l'**INSEE**) soit une baisse de 2,4%. L'activité des agences de publicité, **intermédiaires** et régies a diminué en moyenne de 6,3% (à 78,5 milliards de francs) en 1993 par rapport à 1992. Les supports du **marketing direct** ont en revanche bien progressé, notamment le **publipostage** dont la croissance s'établit à 11,6%. Pour les grands médias, la chute est lourde : −5% (−7,1% en données corrigées de l'inflation) en 1993 contre 0,8% en 1992, à 46 milliards de francs. Ils se retrouvent au niveau de 1989.*

La radio leader

Au sein des grands médias, la radio enregistre une croissance de 6,2%, une seconde bonne année puisqu'elle affichait une hausse de 5,4% en 1992. Passons sur la publicité extérieure (affichage sur tout) qui enregistre −4,9% et le cinéma (−15%), pour retrouver une télévision qui n'est plus le média phare dans sa croissance avec un faible +1% (+7% en 1992, +6% en 1991 et +10% en 1990), croissance largement liée au sponsoring TV (+10,4%). Ces chiffres de la télévision ont d'ailleurs été contestés par Marc Lavedrine, PDG de France Espace, qui remet en question la progression de la publicité en télévision et estime que la croissance est plus proche de 3% que de 1%.

La presse a vécu une année tourmentée

Si la télévision ne progresse pas, la presse non plus : −8,6% en **publicité commerciale** et −16% en **annonces classées**. Pour mémoire, de 1990 à 1992 les résultats successifs de la publicité commerciale en presse étaient de +7,6 ; −5,2 ; −2,4 et en annonces classées de +11,9 ; −15,9% ; −18,4% ; −16% (voir tableau).

Évolution annuelle des recettes publicitaires des grands médias (en %)

	1992/1991	1993/1992
Presse[1]	−5,5	−9,9
Quotidiens nationaux	−18,4	−13,1
Quotidiens régionaux	−5,7	−5,1
Magazines	−0,9	−14
Spécialisés	−5,6	−15,8
Gratuits	−4,9	−0,3
Télévision	+ 7,0	+ 1,0
Publicité extérieure[2]	−1,1	−4,9
Radio	+ 5,4	+ 6,2
Cinéma	+ 2,9	−15,00
Total	**−0,8**	**5,0**

(1) y compris petites annonces. (2) Affichage sous toutes ses formes

Copyright IREP Le Marché publicitaire français 1994

La répartition des parts de marché des différents types de presse dans les investissements publicitaires est désormais de 31,8% pour **la presse magazine**, 30,4% pour les quotidiens, 21% pour **les gratuits** et 16,9% pour **la presse spécialisée**. La presse gratuite progresse tandis que les spécialisés sont en recul.

Selon Francis Morel, président de l'**APPM**, qui commentait ces résultats : *"En 1993, **la loi Évin** a occasionné pour certains titres une perte de −20 à −30% et pour l'ensemble de la presse environ −4%. On ne peut croire que 1994 sera une année de **redécollage**. En revanche, nous pouvons penser que la baisse est terminée : le premier semestre devrait être identique à celui de l'année 1993. Sans prédire qui sortira le plus vite de la crise, **la presse télévision** semble la mieux placée. Les spécialisés devraient encore souffrir."*

Valérie Arnould

Source : *L'Écho de la Presse* n° 51, mai 1994

I. Étude du vocabulaire

Les grands médias regroupent **la presse** : la presse quotidienne nationale (PQN), la presse quotidienne régionale (PQR), la presse magazine, la presse spécialisée, la presse gratuite, **la télévision, la radio, la publicité extérieure** (affichage) et **le cinéma**. Il existe cinq grands médias qui représentent des investissements publicitaires importants.

Sous la barre de signifie en dessous du niveau ou du seuil fixé. Il existe de nombreuses locutions courantes avec le terme **barre**. Exemples : monter la **barre** (augmenter les difficultés)/baisser la **barre** (diminuer les exigences)/placer la **barre** très haut (se donner des objectifs ambitieux)/être à la **barre** (diriger, gouverner)/avoir un coup de **barre** (fatigue soudaine)/c'est le **coup de barre** (prix excessif).

L'INSEE est l'Institut National de la Statistique et des Études Économiques. C'est un organisme public qui dépend du Ministère de l'Économie, des Finances et du Budget. Il est chargé de recueillir, de traiter et de publier l'ensemble des informations statistiques utiles à la compréhension de la réalité économique et sociale de la France. Il effectue régulièrement un recensement général de la population. Les informations statistiques et économiques concernent principalement l'emploi, les revenus, la consommation, les investissements, la vie sociale, les entreprises etc. **L'INSEE** possède son siège à Paris, mais il est organisé autour de délégations ou d'observatoires régionaux.

Intermédiaire peut être soit un adjectif soit un nom. En tant qu'adjectif, **intermédiaire** veut dire être placé dans une situation moyenne, entre deux choses. Une position/une couleur/une solution **intermédiaire**/un degré ou un parti **intermédiaire**/sans **intermédiaire** (directement).

Le nom **intermédiaire** s'applique à un agent, un négociateur ou un médiateur qui intervient pour établir des relations et faciliter les échanges entre deux parties. Servir d'**intermédiaire**.

Le marketing direct est une technique de communication et de commercialisation. Elle implique des relations directes entre le vendeur et l'acheteur. Les entreprises ont recours à la vente directe pour prospecter, conquérir ou fidéliser une clientèle. La démarche du **marketing direct** consiste à utiliser un fichier pour établir des contacts personnalisés, transmettre une offre et susciter une réponse rapide des clients. Par exemple : La Redoute, Les 3 Suisses ainsi que d'autres entreprises de **V**ente **P**ar **C**orrespondance (VPC) utilisent les techniques de **marketing direct**.

Le publipostage est le terme officiel en français qui correspond à *mailing* en anglais. C'est une opération de prospection ou de vente par courrier. Elle permet de toucher directement le consommateur. La Redoute, Les 3 Suisses utilisent cette technique de vente. On fait la distinction entre le *mailing* "sans adresse" (envoyé systématiquement à tous les ménages d'un secteur géographique) et le *mailing* personnalisé (expédié par la poste à l'adresse de consommateurs sélectionnés).

La publicité commerciale recouvre l'ensemble des techniques utilisées pour attirer l'attention du client potentiel et influencer son comportement en diffusant des informations et des messages concernant un produit, une marque, une entreprise. L'objectif recherché dans cette technique peut être : améliorer l'image de marque d'un bien ou d'un service, augmenter la clientèle, accroître le volume de vente des produits.

Les annonces classées sont aussi appelées **les petites annonces** (voir texte n° 2). Elles concernent le plus souvent les offres ou les demandes d'emploi ou de logement, insérées dans un journal ou un magazine. Certaines annonces comportent un numéro de référence qui permet d'identifier les réponses ou les demandes.

La presse magazine regroupe des publications régulières de meilleure qualité d'impression que le quotidien. Il existe le magazine grand public à fort tirage (exemple : *Paris-Match*), les magazines techniques et professionnels à faible tirage, les magazines hebdomadaires, mensuels, ou autres. En France, on compte de nombreux magazines dont *Le Nouvel Observateur*, *L'Express*, *Le Point*, *L'Expansion* etc. **La presse magazine** semblait prendre le relais de la presse quotidienne, cependant de nombreux titres sont actuellement en difficulté.

Les gratuits sont des **journaux gratuits** qui ont pris une place importante dans la presse régionale. Ces journaux hebdomadaires se développent grâce aux annonces de la distribution, de l'immobilier, des particuliers. Ces périodiques sont financés par des ressources publicitaires et gratuitement distribués à domicile, chez les commerçants ou sur la voie publique. Cette presse gratuite (PG) est adaptée à des opérations promotionnelles ponctuelles.

La presse spécialisée se rapporte souvent à une presse professionnelle. Elle est spécialisée par secteurs : informatique, médical, agricole, scientifique etc.

L'APPM est l'abréviation de l'**A**ssociation pour la **P**romotion de la **P**resse **M**agazine. Pendant longtemps, les enquêtes relatives au lectorat ont été menées par le **C**entre d'**É**tudes des **S**upports de **P**ublicité (CESP). Depuis 1992, elles sont effectuées par l'**APPM** selon une nouvelle méthodologie. L'étude intitulée AEPM (**A**udience, **É**tude sur la **P**resse **M**agazine) a été entreprise par l'**APPM** en 1993 pour la première fois. Les premiers résultats ont été publiés en mars 1994.

La loi Évin a été votée le 10 janvier 1991. Elle est "relative à la lutte contre le tabagisme et l'alcoolisme". En France, le tabac et l'alcool font l'objet d'une réglementation très stricte en matière publicitaire. **La loi Évin** stipule l'interdiction de "toute propagande ou publicité, directe ou indirecte, en faveur du tabac ou des produits du tabac".

Redécollage est le fait de **décoller** à nouveau. Ce mot n'est pas attesté dans les dictionnaires de la langue française. Cependant, il appartient aux mots contemporains. Ce terme s'emploie dans le vocabulaire de l'aviation et dans le vocabulaire économique. **Décoller** (devenir plus fort)/amorcer un **décollage** économique (début d'un essor économique).

La presse télévision se rapporte à l'ensemble des publications périodiques qui se rattachent au programme télévisé. Cette expression est d'un style relâché. Cf. la **presse** politique/la **presse** technique/la **presse** féminine/la **presse** du cœur (sentimentale).

II. Compréhension

Lire attentivement le texte, puis :

1. Définissez en français les mots et expressions suivants tirés du texte : fléchir/estimations/affichage/média phare/ croissance/sponsoring/contester.

III. Traduction

1. Traduire en anglais les passages en italique.

IV. Expression écrite et/ou orale

1. Comment peut-on expliquer la baisse du marché publicitaire français des grands médias?

2. Quelle est la répartition des parts de marché des différents types de presse en matière d'investissements publicitaires?

3. Quel est le rôle de l'IREP?

4. Commentez le tableau sur l'évolution annuelle des recettes publicitaires des grands médias, page 58.

V. Remarque particulière sur le verbe *croire* avec les constructions directe et indirecte

Le sous-titre du texte nous indique : "Tout le monde veut **croire à** la reprise. Mais pour quand?" et dans le dernier paragraphe nous avons : ". . . On ne peut **croire** que 1994 sera une année de redécollage".

Il existe des nuances de sens entre l'usage du verbe **croire** dans : **croire quelqu'un** ou **quelque chose/croire à** quelqu'un ou **à** quelque chose/**croire en** quelqu'un ou **en** quelque chose.

Croire quelqu'un ou **quelque chose** veut dire **considérer comme vrai** ce que dit cette personne. Exemple : Elle affirme avoir raison, mais je ne la/le **crois** pas!/Elle **croit** tout ce qu'on lui raconte.

Croire à quelqu'un ou **à quelque chose** suppose que l'on est persuadé de son existence. Exemples : Elle ne **croit** plus **au** Père Noël depuis longtemps/Elle **croit** fermement **à** la possibilité de séjourner à l'étranger pour poursuivre ses études.

Croire en quelqu'un ou **en quelque chose** signifie **avoir confiance en** cette personne ou **en** cette chose. Exemples : Elle est persuadée de réussir et elle **croit en** son avenir/Elle ne **croyait** pas **en** Dieu ni **en** la vie éternelle.

(a) Traduisez en français les six phrases suivantes :

1. How can you believe in the Virgin Mary?

2. He'll be an excellent doctor because he really believes in medicine.

3. Do you believe she'll come this afternoon? I don't believe so.

4. I might believe in Providence but I don't believe in anything else.

5. Do you believe in ghosts?

6. I don't believe in the effectiveness of that medecine.

NB : Dans les formules de politesse qui terminent les lettres, la préposition **à** s'impose lorsqu'on utilise le verbe **croire**. Exemple : Veuillez **croire**, Chère Madame, **à** mes sentiments dévoués/**à** mes sincères salutations/**à** l'expression de mon profond respect/**à** ma profonde gratitude. Ces longues formules de politesse équivalent à *Yours sincerely* ou à *Yours faithfully*.

VI.   Recherche de synonymes et d'antonymes

Dans le texte, nous avons quelques synonymes et antonymes.
Exemples : Une progression/une baisse.

(a) Relevez les synonymes et antonymes qui se rapportent au mot **progression**.

(b) Trouvez des verbes dans le texte qui correspondent à ces synonymes et antonymes.

(c) Recherchez d'autres termes (noms et verbes) dans le même ordre d'idée.

VII.   Signification en français des mots anglais

Ce texte comporte une série de mots de vocabulaire ayant trait à des tendances à la hausse et à la baisse dans un contexte économique.

(a) Donnez les équivalents en français des verbes anglais suivants qui indiquent les tendances économiques à la hausse ou à la baisse.
Verbes indiquant une tendance à la hausse : *to rocket/to soar/to climb/to rise/to raise/to jump/to put up/to go up/to increase/to edge upwards/to go through the roof.*
Verbes indiquant une tendance à la baisse : *to decrease/to drop/to fall/to tumble/to plummet/to crash/to collapse/to reduce/to slip/to decline/to edge downwards.*

(b) Construisez dix phrases complètes après avoir traduit ces verbes (cinq indiquant la tendance vers la hausse et cinq indiquant la tendance vers la baisse).

VIII.   Remarque particulière sur la préposition *selon*

La préposition **selon** s'emploie avec un nom ou un pronom avec des temps différents. Dans le texte nous avons deux phrases qui commencent par **selon**.

1. "**Selon** les estimations de l'IREP, le marché publicitaire français **a pesé** 125,3 milliards de francs en 1993 …"

2. "**Selon** Françis Morel … la loi Évin **a occasionné** … une perte de …"

D'après ces deux exemples, **selon** suggère une référence précise. Par contre, la phrase suivante n'évoque pas la même idée :

3. **Selon** un premier bilan, le nombre de victimes **s'élèverait** à vingt morts.

Selon + conditionnel suggère l'idée de probabilité.

(a) Traduisez les phrases suivantes en français :

1. According to the latest statistics inflation is now under control.

2. After the earthquake, according to Government figures, there were about 300 dead.

3. According to figures released, there will probably be room for expansion.

4. According to the Prime Minister discussions will take place tomorrow.

IX. Analyse du mot *mémoire*

Dans le texte nous avons :
"**Pour mémoire**, de 1990 à 1992 les résultats … étaient de +7,6; −5,2 …"

(a) Qu'entendez-vous par l'expression **Pour mémoire**?

(b) Donnez les différentes significations de **mémoire**. Faites attention au genre!

(c) Illustrez l'usage de **mémoire** dans des contextes variés et en construisant quatre phrases complètes.

X. Fréquence d'usage

En français, le verbe **terminer** s'emploie beaucoup plus fréquemment que *to terminate* en anglais. Dans ce cas, il s'agit de la fréquence d'usage dans une langue par rapport à une autre.

En anglais le verbe *to terminate* s'emploie dans un contexte très précis, par exemple :

1. *To terminate a pregnancy* (interrompre une grossesse).

2. *To terminate a contract* (résilier un contrat).

Terminer a un sens beaucoup plus large que *to terminate* et se traduit souvent par *to finish, to end*. Il s'agit ici de la fréquence d'usage.

En revanche, le verbe **terminer** en français à un sens différent et beaucoup plus large. Par exemple : **terminer** son travail/son récit/ses préparatifs.

Le verbe pronominal **se terminer** s'applique à un contexte très particulier :
Les vacances **se terminent**/la journée **se termine** par un spectacle.

(a) Trouvez une dizaine de mots dans les deux langues où le problème de la fréquence d'usage se pose dans les deux sens.

(b) Construisez huit phrases complètes qui illustrent la fréquence d'usage de ces mots en français.

Texte n° 10 : Blues sur les radios locales : Les effets pervers de la dernière loi sur l'audiovisuel

Liste des mots-clés : loi Carignon/faire la part belle/FM/Fun Radio/NRJ/exaucer/cumul/Radio France/Europe 1/Europe 2/ Skyrock/RTL/M40/RMC/Nostalgie/Chérie FM/Rires et chansons/ Ouï FM/passif/friser/voilure/démarcher/manne/dérogation/CSA/ France Info/3 Suisses/jingles/Arte

Résumé du texte n° 10

Les radios locales, commerciales et indépendantes tentent de trouver leur ultime ressource dans le marché publicitaire local. Leur avenir semble incertain et leur situation financière préoccupante. La loi Carignon sur l'audiovisuel laisse pour compte les radios locales indépendantes et accorde un gros avantage aux réseaux nationaux.

Les programmes nationaux tiennent une place prépondérante. Le nombre de radios locales et commerciales est en baisse. D'après une étude menée par le Service Juridique et Technique de l'Information, la viabilité des radios locales est problématique. Selon les conclusions des experts, sur l'ensemble des radios locales étudiées par sondage, les deux tiers sont dans une situation financière précaire ou inquiétante.

La publicité à la radio est indispensable.

Ouï FM, la station parisienne reprise en août 1991 par Polygram et Virgin, fonctionne avec un personnel restreint grâce à la technologie de pointe. Les conséquences que Ouï FM tire de la dernière loi sur l'audiovisuel sont que cette station radiophonique va abandonner son statut de radio indépendante pour occuper une place plus influente.

Quant à Radio Nova, une autre grande station parisienne, elle a décidé d'aborder le problème différemment. Elle se fixe une mission culturelle et musicale. Elle fonctionne en se procurant les capitaux nécessaires grâce à la publicité et à la production audiovisuelles.

En revanche, la situation en province est distincte. Les radios régionales ont recours à la publicité locale car les auditeurs provinciaux sont plus fidèles aux supports locaux. Ce qui constitue un avantage pour les annonceurs.

Selon Jean-Eric Valli, les radios locales devraient disposer de plus de moyens pour rester indépendantes.

Oubliées par le législateur, à l'ombre des réseaux nationaux, les petites radios indépendantes cherchent leur planche de salut dans le marché publicitaire local.
"Laissez-nous quelques miettes!" Les radios locales, commerciales, et indépendantes lancent un cri d'alarme. Radio Scoop à Lyon, RVS à Rouen,

Vibration à Orléans, et toutes les autres, craignent pour leur avenir. Dans une situation financière qui est souvent précaire, elles luttent pour préserver leur accès au marché publicitaire local. La **loi Carignon** sur l'audiovisuel, qui provoque tant de remue-ménage chez les mastodontes parisiens de la télévision privée, a oublié les radios du territoire et les petites "branchées" de la capitale. Et le décret attendu, s'il est appliqué, n'apportera apparemment pas de ballon d'oxygène espéré. Au point que le président du Conseil Supérieur de l'Audiovisuel, Jacques Boutet, qui s'est montré plutôt discret ces derniers temps, est sorti de sa réserve, plaidant publiquement pour leur sort. "La polémique sur les quotas de chansons françaises a masqué le vrai débat," regrette un professionnel. Pour les radios indépendantes, le véritable enjeu reste la répartition du petit gâteau publicitaire local. Elles s'estiment victimes d'une réglementation qui **fait la part belle** aux réseaux **FM** nationaux. Comme **Fun Radio** ou **NRJ**.

"La pub locale est la cerise sur le gâteau des réseaux. Pour nous, c'est notre gagne-pain," lance un opérateur de province. Et que dit sur le sujet la loi Carignon? Rien, précisément. Alors que les vœux des grands groupes ont été **exaucés***. La nouvelle loi, en effet, les autorise à contrôler plusieurs réseaux si* **le cumul** *des populations desservies n'excède pas 150 millions d'habitants. Contre 45 millions jusqu'à présent. "C'est un coup de poignard donné aux radios locales indépendantes," s'emporte Daniel Perez, le patron de Radio Scoop, à Lyon, qui vit bien. Treize ans après la libération des ondes — qui avait entraîné l'apparition de plus de 2 000 radios — certaines caractéristiques du paysage radiophonique français n'ont, paradoxalement, guère changé.* Notamment l'identité des opérateurs et le nombre de programmes nationaux. **Radio France**, **Europe 1** (avec **Europe 2** et **Skyrock**), **RTL** (avec Fun Radio et **M40**) et **RMC** (avec **Nostalgie**) dominent plus que jamais. Seul le groupe NRJ (avec **Chérie FM** et **Rire et chansons**) est parvenu à s'imposer. À côté de cela, on ne compte plus qu'environ 300 radios locales et commerciales. L'an dernier, une étude sur leur viabilité a été commandée au Service Juridique et Technique de l'Information (SJTI). Ses conclusions, sans équivoque, n'ont pas été rendues publiques. "L'état de santé du secteur est préoccupant," concluent les experts. Sur l'échantillon étudié, les deux tiers des radios étaient en "situation de liquidation judiciaire" ou "dans une situation difficile".

"La pub est à la radio ce que le trou normand est à la gastronomie : nécessaire pour apprécier la suite." Sur l'antenne de **Ouï FM**, à Paris, le ton est donné! Logée depuis peu dans un appartement situé au dernier étage d'un immeuble vieillot du boulevard de Sébastopol, la station parisienne adopte, malgré son format rock, un profil bas. Il faut dire qu'elle revient de loin. Quand les actionnaires actuels, dont Polygram et Virgin, ont repris Ouï FM en août 1991, son **passif frisait** les 30 millions de francs. Son coût de fonctionnement était alors de plus de 10 millions par an. Placé aux commandes du vaisseau, Bruno Delport a réduit la **voilure**. "Ouï FM coûte désormais moins de 4 millions et demi, régie incluse," dit-il. Notamment grâce à un matériel hautement sophistiqué qui permet à Ouï FM, durant une grosse partie de la journée, de faire l'économie d'un animateur et d'un technicien. Grâce à l'ordinateur, la radio tourne toute seule! Pour autant, malgré ses 140 000 auditeurs quotidiens et un chiffre d'affaires en progression de 35%, l'équilibre n'a pas été atteint en 1993. Mais il devrait l'être cette année.

"**Démarcher** les annonceurs locaux n'est pas aisé. D'abord, parce qu'il faut récupérer dix années de bêtises et de dégâts, remarque Bruno Delport. Beaucoup de commerçants se sont fait escroquer par des **démarcheurs** peu scrupuleux." Le sous-développement de la publicité locale à Paris s'explique aussi par la quantité d'alternatives possibles. Et, paradoxalement, par l'importance de la zone géographique couverte. Un restaurateur de tel ou tel arrondissement hésitera à diffuser – et donc à payer – un message radio sur toute l'Ile-de-France quand il ne le destine qu'à ses seuls voisins. D'autant que personne ne sait précisément quelle radio est la plus écoutée dans son quartier ... Un frein qui n'existe guère en province. Cette quête de la **manne** publicitaire parisienne, enfin, est rendue plus délicate encore par la concurrence des réseaux FM nationaux, qui chassent sur les mêmes terres, grâce à une **dérogation** du **CSA**. Conséquence : Ouï FM va renoncer à son statut de franc-tireur. "Demeurer indépendant est devenu une hérésie en terme de développement," regrette Bruno Delport, qui envisage de s'adosser à un poids lourd du secteur.

Radio Nova, autre station parisienne d'importance, a choisi une approche différente. "Ça va mieux, mais nous ne sommes pas encore à l'équilibre," résume Jean-François Bizot, son patron, qui dit voir le bout du tunnel. Sa vision des choses, pourtant, diffère de celle de ses concurrents. Le créateur et directeur du magazine *Actuel*, avant d'être celui de Nova, n'est pas un entrepreneur comme les autres. Sa mission, il la voit d'abord culturelle : faire connaître toutes les musiques. "Nous faisons le **France Info** de la musique, et devrions même être nationalisés!" plaisante-t-il dans son bureau en verrière, en retrait du faubourg Saint-Antoine. En attendant, il faut bien vivre. Et donc financer son coût de fonctionnement ("entre 5 et 10 millions de francs") par la publicité. Pub culturelle avant tout : quelque 3 millions de francs l'an dernier. Mais à laquelle s'ajoutent les recettes de sponsoring (dont un budget des **3 Suisses**, soucieux de se donner une image "branchée"), et la publicité traditionnelle, encore peu présente sur l'antenne de Nova. "Il faut que les agences de publicité arrêtent de toujours penser national, suggère Jean-François Bizot. Paris, c'est important." En attendant, la solution au déficit de Nova est passée par le développement d'activités annexes. Si possible lucratives. Nova Production met ainsi le savoir-faire musical des équipes de Nova au service de la publicité et de la production audiovisuelles. Habillage sonore des **jingles** d'**Arte** ou de la chaîne marocaine 2M, bande-son des spots Jean-Paul Gaultier ou McDonald's à la télévision, documentaires, etc. Au total : 12 millions de francs de chiffre d'affaires en 1993, la première année. Mais combien de cadavres pour un début de réussite?

Le problème posé aux radios de province est encore différent.

Proches de leurs auditeurs, les radios régionales ont les moyens de séduire la pub

Contrairement à la situation prévalant dans la capitale, il existe un marché publicitaire local. Les provinciaux sont plus proches de leurs médias régionaux. "La proximité nous apporte un plus," souligne Jean-Eric Valli, directeur général de Vibration. Ce mini-réseau régional basé à Orléans recense 180 000 auditeurs par jour, grâce à 13 émetteurs qui arrosent une zone allant de Tours à Bourges. "Nous apportons un vrai service, insiste également Daniel Perez. Voyez notre rôle lors des inondations." De fait, les principales radios locales sont souvent leaders dans leur région. Un gros atout pour séduire les annonceurs – souvent des PME, qui n'ont pas toujours les moyens de s'offrir un média plus cher, ou la grande distribution. "Qui, mieux que nous, peut faire savoir que tel hypermarché est ouvert un dimanche ou que tel autre fait une promotion sur un stock de crevettes fraîchement arrivé?" interroge un opérateur.

Mais les réseaux nationaux sont aussi une menace en province. Car leurs franchisés ne respectent pas toujours la réglementation, qui limite l'accès à la pub locale à la diffusion d'au moins 20% de programmes locaux. Des frais de fonctionnement réduits les rendent alors très compétitifs. A la tête de RVS, mini-réseau basé à Rouen, Eric Hauville en est le témoin bien involontaire : un spot vendu 700 francs en 1990 coûte aujourd'hui 200 francs. "Mes concurrents sont à 75 francs!" dit-il. Le président du principal syndicat professionnel, le Sirti, envie ses confrères de la capitale : "Les dernières locales seront parisiennes. Avec 10 millions d'habitants, on peut vivre." La publicité locale n'étant pas la panacée, certaines radios de province ont cherché un accès à la pub nationale. Un objectif difficile : les annonceurs avaient déjà l'embarras du choix avec les seuls grands réseaux! Qu'à cela ne tienne, un GID s'est créé en octobre 1992, voulant fédérer le plus possible de radios indépendantes afin de proposer une offre publicitaire crédible au niveau national. Son nom? Les Indépendants. Avec 3,7% d'audience cumulée (1,6 millions d'auditeurs), Les Indépendants ont récolté 15 millions de francs la première année. Un complément de chiffre d'affaires appréciable aux 32 radios du groupement : autour de 10 ou 15% du total, mais dérisoire au regard de son audience.

Alors, des radios régionales? "Elles représentent l'avenir," estime Jean-Eric Valli, qui a lui aussi fait ce pari. Sa thèse : on peut être viable sur un bassin de plus de 1 million d'habitants. "Mais qu'on nous donne les moyens de nous battre!" poursuit-il. Il suffirait, par exemple, de libérer des fréquences hertziennes inutilisées, mais réservées aux militaires. Cela permettrait aux petites radios de se passer du satellite, qui rend prohibitif le coût des liaisons entre studios et émetteurs, et leur éviterait le détour obligé par Paris!

Guillaume Dubois
Source : *L'Expansion* – 3–16 mars 1994

I. Étude du vocabulaire

La loi Carignon sur l'audiovisuel, du nom du ministre de la communication Alain Carignon, date de 1994. Elle distingue quatre pôles de radios : RTL, Europe 1, NRJ, RMC. **La loi Carignon** autorise un actionnaire à détenir jusqu'à 49% du capital d'une chaîne privée afin de protéger les chaînes de diffusion de toute tentative d'**O**ffre **P**ublique d'**A**chat (**OPA**) de groupes étrangers.

Faire la part belle à quelqu'un signifie lui **accorder un gros avantage**, le **favoriser**. Autres locutions courantes : Prendre **part** à (participer)/faire

part de quelque chose à quelqu'un (l'informer)/faire la **part** des choses (tenir compte de).

FM est l'abréviation de l'anglais *Frequency Modulation*. Elle correspond à modulation de fréquence. Cependant, les initiales **MF** sont traditionnellement utilisées pour "moyenne fréquence". C'est la raison pour laquelle l'abréviation anglaise demeure.

Fun Radio appartient au réseau national musical. En 1985, la société Cofirad regroupe sept filiales et crée "Radio Fun". En 1987 la SERC (Société d'Exploitation de Radio Chic) à Paris, filiale du groupe Hersant, rachète la Cofirad.

NRJ est créée en 1981. La première émission date de juillet 1982. Un an après, **NRJ** se constitue en association commerciale pour l'exploitation d'une station de radio FM. En 1985, on assiste au lancement du réseau **NRJ** avec 18 stations. En 1987, **Chérie FM** est créée avec la participation de **NRJ**. En 1990, on lance le 3ème réseau "**Rires et chansons**" en Ile de France.

Exaucer peut avoir deux sens. Le premier sens implique **combler**, **satisfaire** quelqu'un en lui accordant ce qu'il demande. Par exemple : le ciel l'a **exaucé**. Le second sens se rapporte à l'accueil favorable d'un vœu, d'une demande ou autre. Par exemple : **exaucer** un vœu, un souhait, un désir.

Le cumul est le fait d'être **cumulé**, c'est-à-dire de réunir plusieurs choses, plusieurs fonctions, plusieurs mandats à la fois.

Radio France est une société nationale de radiodiffusion. Elle possède d'importants moyens techniques. Elle compte 62 studios d'enregistrement. France Inter, France Culture, France Info, France Musique, FIP et 35 stations régionales, Radio Bleue, RFO (**R**adio **F**rance **O**utre-mer) sont les stations de **Radio France** qui refusent la publicité commerciale.

Europe 1 et **Europe 2** sont des stations de radio périphérique. Elles appartiennent au **groupe Hachette** qui occupe en France le premier rang dans le domaine de l'édition. Ce groupe est également présent dans les Nouvelles Messageries de la Presse Parisienne et détient les principales concessions de kiosques à journaux dans les gares et les aéroports. **Europe 1 communication** est un groupe comprenant **Europe 2** qui émet en FM. **Europe 1** diffuse en France, Belgique, Suisse, Grande-Bretagne et au Maghreb.

En 1991, **Europe 1** disposait d'une part d'audience de 11,7% du marché français, contre 18,9% pour RTL et 4,8% pour RMC. La Sofirad, détentrice d'actions d'Europe 1 depuis 1959, a cédé sa part de capital au groupe Hachette en 1986.

Skyrock est une radio musicale créée en 1981 par Pierre Bellanger. Elle disparaît un an après puis réapparaît en 1986.

RTL-France ou **R**adio-**T**élé-**L**uxembourg est née en 1956. C'est la nouvelle appellation de Radio-Luxembourg, fondée en 1931. Elle appartient à la

Compagnie **L**uxembourgeoise de **T**élédiffusion (**CLT**). La station de radio périphérique **RTL** diffuse sur grandes ondes à partir d'un émetteur situé au Luxembourg. Elle détient la part de marché la plus importante (22% de l'audience) par rapport à Europe 1 et RMC.

M40, au même titre que Fun Radio, NRJ, Nostalgie, Skyrock, appartient au réseau national musical. L'origine de **M40** s'explique par la fusion en 1991 des réseaux Maximum (36 fréquences) exploités par RTL et Métropolys (44 fréquences).

RMC ou **R**adio-**M**onte-**C**arlo a été créée en 1942. Elle est détenue à 83% par la Sofirad (**So**ciété **Fi**nancière de **Rad**iodiffusion). Elle est largement diffusée en ondes longues dans le sud de la France. Elle est également relayée en FM à Paris.

Nostalgie est une radio locale privée. Elle fonctionne en réseaux comme NRJ (130 stations) ou Europe 2 (120 stations). **Radio-Nostalgie** possède 16 stations.

Chérie FM, Rires et chansons, Ouï FM sont des radios locales privées (RLP). Au 31 août 1991, on comptait 1800 radios locales privées en France. En Ile-de-France, le marché est partagé entre **RTL, Europe 1, France Inter, NRJ, France Info, Fun Radio, Chérie FM, Skyrock, Europe 2, Rires** et **chansons**. La loi Léotard de 1986 permet la libéralisation complète des RLP. C'est le **C**onseil **S**upérieur de l'**A**udiovisuel (**CSA**) qui accorde l'autorisation d'émission.

Le passif constitue l'ensemble des sources de financement dans une entreprise ou une association. Le bilan comptable d'une société comporte d'une part **l'actif**, d'autre part **le passif**, où figure l'ensemble des fonds propres, des dettes à court, moyen et long terme. Le **passif** du bilan.

Friser a plusieurs sens. Dans le texte, ce verbe est synonyme de **être près d'atteindre** une certaine somme, **s'en approcher de très près**. Voici d'autres expressions courantes : **friser** la catastrophe (**frôler**)/**friser** le sol (**raser**)/**friser** la trentaine (**approcher de**)/**friser** les cheveux (**boucler**).

La voilure désigne l'ensemble **des voiles** d'un navire ou d'un vaisseau, destiné à recevoir l'action du vent pour faire avancer le bateau. Régler la **voilure**.

Démarcher a le sens de faire le démarchage pour un produit ou rechercher des clients à domicile. **Démarcher** (un client).

La manne se rapporte au texte biblique. **La manne** désigne "la nourriture miraculeuse tombée du ciel pour nourrir les Hébreux dans le désert". Au sens figuré ce mot indique une **aubaine**, un **bienfait**, un **don du ciel**.

Une dérogation est l'action de **déroger**, de **faire une exception** à une règle ou une loi. Accorder une **dérogation**/faire subir une **dérogation** à un texte.

Le CSA est le **C**onseil **S**upérieur de l'**A**udiovisuel. En France, le **CSA** a pris la place de la CNCL (**C**ommission **N**ationale de la **C**ommunication et des

Libertés) en 1989. Le **CSA** est une autorité de l'audiovisuel qui garantit l'autonomie du secteur public de la radio et de la télévision. Elle favorise la libre concurrence et donne les autorisations de diffusion des programmes.

France Info est une société nationale de radiodiffusion sonore. Elle a été créée le 1er juin 1987 par Roland Faure et Jérôme Bellay. Elle diffuse les informations 24 H sur 24. Elle possède 113 émetteurs et dessert une centaine de villes françaises.

Les 3 Suisses comptent parmi les principales sociétés françaises de VPC. La **V**ente **P**ar **C**orrespondance en France est en progression constante. Les **3 Suisses** arrivent au second rang après **La Redoute**. Leur siège social se trouve dans le Nord de la France. Les **3 Suisses** France comptent environ 8 millions de clients et 3 170 salariés. En 1993, leur CA du catalogue s'élevait à 7,5 milliards de francs. Plus d'un foyer sur deux achète par correspondance. Le textile arrive en tête. Dans ce secteur, 48% des achats sont réalisés par correspondance. Ils éditent deux fois par an de gros catalogues (Printemps–Été/Automne–Hiver). Ils constituent d'énormes fichiers informatiques pour fidéliser leur clientèle.

Le jingle est un air musical servant de logotype sonore. Il peut être chanté ou simplement musical. Tout message publicitaire à la radio ou à la télévision comporte un **jingle** ou un générique en association avec le slogan.

Arte est une chaîne culturelle franco-allemande. En 1992, elle a succédé à La Sept, société nationale d'édition de programmes à vocation culturelle née en 1986. Son siège est à Strasbourg. Elle est diffusée en français et en allemand avec un sous-titrage dans l'autre langue.

II.   Compréhension

Lire attentivement le texte, puis :

1. Définissez en français les mots et expressions suivants tirés du texte : audiovisuel/remue-ménage/viabilité/concurrence/habillage/cadavre/ PME.

III.   Traduction

1. Traduire en anglais les passages en italique.

IV.   Expression écrite et/ou orale

1. Pourquoi les effets de la dernière loi sur l'audiovisuel sont-ils pervers?

2. Quels sont les mastodontes parisiens de la télévision privée?

3. Quelle est l'attitude des démarcheurs dans ce texte?

4. Pourquoi les provinciaux sont-ils plus proches de leurs médias régionaux?

V. Analyse des expressions imagées

Le texte abonde en expressions imagées telles que :
"La cerise sur le gâteau . . ." qui signifie **un plus, un bonus, un luxe**.
L'idée correspond en anglais à *The icing on the cake.*

(a) Trouvez dix expressions imagées, tirées du texte.

(b) Expliquez-en le sens.

VI. Usage des verbes qui remplacent le verbe *dire* dans le texte

Pour éviter la répétition du verbe **dire**, après une citation, l'auteur utilise une
·dizaine de verbes qui le remplacent.

(a) Relevez ces verbes dans le texte.

(b) Donnez leur sens réel.

VII. Différence entre *gros* et *grand*

Les adjectifs **gros** et **grand** sont souvent traduits par *big* en anglais.
L'adjectif **gros** indique l'idée de volume, de poids, alors que **grand**
indique l'idée de hauteur. On dit donc : J'ai acheté de **grosses** pommes de
terre. Il est impossible d'utiliser **grandes** dans ce contexte. Dans un style
métaphorique plutôt relâché, **gros** peut remplacer **grand**. Exemple tiré du
texte : "... durant une **grosse** partie de la journée . . ."

(a) Traduisez les quatre phrases suivantes :

1. The company has invested big sums in the equipment.

2. He was a big man, almost 6 feet tall.

3. The Public Limited Company is buying a bigger computer.

4. He has published some big books at Gallimard.

VIII. Construction du verbe *dire* + infinitif

Dans le texte nous avons : "Jean François Bizot, son patron qui **dit voir** le
bout du tunnel . . ."
La construction "**dit voir**" est une expression plus recherchée que celle
qui suit : Il **dit qu'il** a vu le bout du tunnel. Ici, **dire que** introduit une
proposition subordonnée (*a subordinate clause*). D'autres verbes se construisent
de la même façon : **affirmer/assurer/croire/déclarer/penser/prétendre**.

(a) Construisez six phrases en respectant la structure verbe + infinitif.

(b) Formez six autres phrases introduisant une proposition subordonnée tout
en gardant le même sujet.

IX. Usage du subjonctif dans une proposition indépendante

Dans le texte, nous avons :"... Qu'à cela **ne tienne** ..."
Littéralement, cette proposition indépendante où le verbe **tenir** est au subjonctif signifie **peu importe** (*don't worry*).

En français, il existe d'innombrables propositions indépendantes : Vaille que vaille/Advienne que pourra/Vive la reine/Coûte que coûte/Vienne que vienne/Que je sache.

(a) Donnez le sens de ces six propositions indépendantes.

(b) Intégrez ces expressions dans des phrases complètes.

X. Synonymes de l'expression *se passer de*

Dans le texte nous avons à la dernière phrase :
"Cela permettrait aux petites radios de **se passer du** satellite, qui rend prohibitif ..."

(a) Expliquez l'expression **se passer de**.

(b) Trouvez six synonymes de cette expression.

(c) Contruisez six phrases complètes à partir de ces synonymes.

6 L'importance de la presse et de la télévision dans le domaine de la publicité

Texte n° 11 : Grands médias pour une grande idée

Liste des mots-clés : Caisse Nationale d'Assurance Maladie/ pérennité/performant/ spots/rap/maximum de couverture/TF1/ France 2/France 3/M6/Photomaton/cible/plan média/ visuels des spots/caisses primaires et régionales/gestion/typons/ remontées

Résumé du texte n° 11

En 1991, la Sécurité Sociale a mené une campagne publicitaire visant à prévenir le public contre le déficit de la CNAM.

Michèle Bournel, responsable du département communication de cet organisme, montre le succès de cette action auprès des Français dont 94% s'aperçoivent du mauvais usage du système des soins et des conséquences pour cette institution.

Pour parvenir à un changement d'attitude individuelle vis-à-vis du déficit de l'Assurance Maladie, un budget de 30 millions de francs est consacré à une campagne pédagogique grâce à la télévision et à la presse.

La Sécu se fixe pour objectif de changer le comportement des assurés en ce qui concerne les dépenses en privilégiant une attitude adulte et réfléchie auprès des mères de famille et des décisionnaires.

Pour améliorer la gestion et maîtriser les dépenses de santé, la CNAM diffuse des messages à la radio, à la télévision, avec des résultats positifs.

La Sécurité Sociale fait appel à l'esprit civique des Français pour limiter son déficit via une campagne très pédagogique alliant presse et télévision. Michèle Bournel, du département Communication de l'Institution, explique les raisons de ce choix médias.

Rompant un silence de quarante-cinq ans, la Sécurité Sociale s'est lancée en 1991 dans une vaste campagne de communication, destinée à alerter le public sur sa responsabilité quant au déficit de la **Caisse Nationale d'Assurance Maladie**. Cette prise de conscience collective étant présentée comme vitale pour la **pérennité** d'un système **performant** de remboursement de soins.

"Nous devions faire battre la grosse caisse et frapper un grand coup pour que l'on nous entende," fait remarquer Michèle Bournel, responsable du secteur développement et **assistance/conseil** du département communication de la Sécurité Sociale. *Il fallait donc être très publicitaire, très impactant."* D'où des **spots** TV très dynamiques, se déroulant sur fond de **rap** et coupant radicalement avec l'image poussiéreuse que l'on attribue depuis des décennies à l'Assurance Maladie. Une initiative couronnée de succès, puisqu'une étude réalisée en post-test a démontré que 94% des Français avaient pris conscience de la

mauvaise utilisation du système de soins et de ses répercussions pour l'Assurance Maladie.

"Après cette première étape, nous devions passer au stade suivant, c'est-à-dire dépasser la prise de conscience collective pour arriver à une modification individuelle des comportements." D'où un changement de ton complet. Fini l'alarmisme, place à la sensibilité avec une démarche empruntée à la défense de l'environnement. Il faut, d'une part, faire prendre conscience aux assurés de l'effet cumulé d'attitudes individuelles apparemment inoffensives. Et, d'autre part, leur indiquer des comportements positifs à l'égard de l'Assurance Maladie, et non plus des contre-exemples. Ce nouvel axe a conditionné toute la création, et par conséquent le choix médias. Tout d'abord, le slogan "La Sécu, c'est bien, en abuser ça craint" devient "C'est avec des petits gestes que l'on défend une grande idée, la Sécu." *"Au niveau du choix médias proprement dit, il était impératif de diversifier les supports afin d'avoir un **maximum de couverture** et de répétition. Le budget qui nous était alloué n'étant pas énorme, 30 millions de francs, nous nous sommes cantonnés à la télévision et à la presse."*

Toucher les mères de famille et les leaders

Dans une première phase, du 10 au 30 mars, trois spots ont été diffusés sur **TF1**, **France 2**, **France 3** et **M6**. Pour illustrer la simplicité des "petits gestes à accomplir", un **Photomaton** sert de lien à toute la communication. Il photographie des gens qui, accomplissant un geste courant de la vie quotidienne, font faire des économies à l'Assurance Maladie. Par exemple, Paul ne se sent pas bien et se rend chez son médecin plutôt que de le faire venir chez lui, il évite ainsi les frais de déplacement inutiles facturés à la Sécu . . . Le texte met l'accent sur le comportement adulte et réfléchi des citoyens.

La Sécurité Sociale en chiffres

46 millions d'assurés

850 millions de feuilles de soins traitées par an

401 milliards de francs de prestations versés en 1993

1164 centres de paiement

*"La télévision est incontournable en termes d'impact et de couverture quand on s'adresse à une **cible** aussi large que la nôtre,* souligne Michèle Bournel. *Nous désirions toutefois accentuer notre action auprès des mères de famille et des leaders d'opinion, d'où un **plan média** intégrant des passages en prime-time, bien sûr, mais également dans la journée et en fin de soirée."* De début mars à fin mai, ces spots étaient relayés par une campagne de presse avec six annonces insérées, toujours pour toucher ces deux cibles privilégiées, dans *Le Nouvel Observateur, L'Express, Le Point, Femme Actuelle, Prima, Santé Magazine* et *Parents. "La presse nous est très rapidement apparue comme le complément indispensable de la télévision, car elle permet d'être plus pédagogique, plus explicite et donc plus proche des gens."* Trois des annonces reprennent les **visuels des spots**, les trois autres sont de nouvelles créations. Cette multiplication permet de personnaliser la

communication en s'adressant à tous les types d'assurés. Pour renforcer l'impact de cette campagne, l'Assurance Maladie a voulu démontrer aux assurés qu'elle aussi assumait ses responsabilités. D'où, au début d'avril, l'insertion de plusieurs annonces dans la presse quotidienne (3 nationaux, 66 régionaux) pour rappeler sa vocation – le droit pour tous d'être bien soigné – et les actions qu'elle met en œuvre pour défendre ce droit. En outre, une journée nationale, le 14 avril, permettait à l'ensemble des **caisses primaires** et **régionales** de présenter aux assurés, aux professionnels de la santé et aux médias les actions entreprises pour contribuer à l'amélioration de leur **gestion** et à la maîtrise des dépenses de santé.

Fiche pratique

Annonceur : Caisse Nationale d'Assurance Maladie-Sécurité Sociale

Objectif : modifier le comportement des assurés en matière de dépenses

Médias : 60% télévision, 40% presse

Partenaires : DDB Needham (publicité), Optimum Média (achat d'espace)

Budget : 30 MF

*"Une large part a été laissée à l'initiative locale, car induire des modifications de comportement implique obligatoirement des actions de proximité. Ainsi les outils nécessaires à la diffusion des messages des caisses régionales (**typons** des annonces, spots radio, kits d'exposition . . .) ont été mis à leur disposition par le siège."*
Les premières **remontées** de la campagne nationale sont encourageantes, puisque 80% des assurés l'ont trouvée utile et nécessaire, et 78% la jugent pédagogique. Reste à savoir combien mettront en pratique les conseils qui leur ont été ainsi prodigués.

Claudine Sanson
Source : *Marketing Vente* n° 84, juillet–août 1994

I. Étude du vocabulaire

La Caisse Nationale d'Assurance Maladie (CNAM) est un organisme chargé de centraliser les ressources de ce régime. Elle supervise l'action des caisses de base. Elle est chargée de gérer un service public. Elle est soumise à la tutelle du ministère des Affaires Sociales et au contrôle de la Cour des Comptes.

La pérennité est le caractère de ce **qui persiste**, de ce **qui dure très longtemps**.

Performant est un adjectif qui signifie **capable de performances**, c'est-à-dire de brillants exploits. Un appareil **performant**/un ingénieur **performant**.

Un spot est un bref message publicitaire à la radio, à la télévision ou au cinéma. La plupart des spots publicitaires durent 30 secondes. Certains annonceurs utilisent deux versions : **un spot** de 10 secondes et un autre de 45 secondes pour permettre la mémorisation du message. Le budget moyen d'achat d'espace à la télévision est de 5 millions de francs. Ceci explique qu'**un spot** TV coûte entre 300 000 et 600 000 francs selon le réalisateur du film.

Le rap vient du mot anglais *rap*, soit petits coups secs. C'est un genre de musique d'origine américaine, inspirée à la fois du jazz et du rock. Les paroles sont saccadées et récitées sur un fond musical rythmé. Un chanteur de **rap**.

Un maximum de couverture se rapporte à la capacité d'un support à viser une cible. Ce terme journalistique désigne le reportage réalisé sur un événement. La couverture d'un événement s'effectue lorsque le journaliste est envoyé sur place pour relater les faits. La **couverture** de l'actualité.

TF1 est la première chaîne publique de télévision française. Elle a été privatisée en 1987. Le principal actionnaire est la société Bouygues.

France 2, France 3 sont des chaînes publiques de télévision françaises. Avant 1992, elles portaient respectivement le nom d'Antenne 2 et FR3. **France 3** diffuse onze programmes régionaux.

M6 est une chaîne de télévision créée en 1987 par la CLT (**C**ompagnie **L**uxembourgeoise de **T**élédiffusion), la Lyonnaise des Eaux et d'autres actionnaires.

Un Photomaton est le nom d'une marque déposée. C'est un appareil automatique qui prend, développe et tire des photos d'identité.

Une cible s'applique dans le domaine de la publicité à l'objectif visé. C'est un ensemble homogène de consommateurs défini selon des critères d'ordre sociologique et psychologique. Définir sa **cible**/choisir sa **cible**.

Un plan média est un tableau récapitulatif fournissant les commandes passées par une agence pour réserver un espace publicitaire. Ce tableau indique le nom du client, les références du produit, la durée d'une campagne, le titre des supports, la date et les coûts unitaires des messages.

Les visuels des spots sont des éléments indispensables de tout message publicitaire. C'est la prise de vues d'un produit.

Les caisses primaires et régionales sont des caisses de Sécurité Sociale chargées de gérer différents risques (maladie, maternité, vieillesse etc.) à l'échelon d'une circonscription administrative. Elles jouissent d'une certaine autonomie, mais elles sont placées sous la tutelle de l'État.

La gestion recouvre l'ensemble des méthodes administratives, des règles d'organisation et des politiques mises en œuvre dans les entreprises. La **gestion** permet de suivre le fonctionnement de l'entreprise, d'étudier la vente, le financement, l'organisation, la politique de commercialisation à suivre.

Un typon désigne les films servant à l'impression d'une annonce ou d'une brochure. C'est la marque déposée de Films Suisses.

Les remontées renvoient à un processus d'élévation, de progression. C'est le fait de **remonter**, de **regagner** du terrain.

II. Compréhension

Lire attentivement le texte, puis :

1. Définissez en français les mots et expressions suivants tirés du texte : Sécurité Sociale/déficit/assuré/allouer/facturer/incontournable/prime-time.

III. Traduction

1. Traduire en anglais les passages en italique.

IV. Expression écrite et/ou orale

1. Quelles sont les raisons pour lesquelles la Sécurité Sociale a choisi de lancer une campagne via presse et TV?

2. Que pensez-vous de la campagne publicitaire menée par la Sécurité Sociale à travers la presse et la télévision?

3. Comment peut-on expliquer le déficit de la Caisse Nationale d'Assurance Maladie (CNAM)? Peut-on y remédier?

4. Quels sont les supports publicitaires, autres que la presse et la télévision, que la Sécurité Sociale aurait pu exploiter pour limiter son déficit?

V. Construction du verbe *emprunter* avec préposition

En français, le verbe **emprunter** s'emploie de la manière suivante : j'emprunte le livre à la bibliothèque. Alors qu'en anglais on dit *to borrow a book from the library*.

A la fin du texte, nous avons le verbe **prodiguer** qui s'utilise de la même façon : **prodiguer** des soins à quelqu'un. Alors qu'en anglais on dit *to lavish things upon someone*.

D'autres exemples : **acheter** un produit **à** un commerçant/Il **a volé** la voiture **au** voisin/Il **a imposé** le silence **à** l'ensemble de la classe (Il **leur a imposé** le silence).

(a) Trouvez dix verbes en français où la construction avec la préposition est différente de la construction en anglais.

(b) Construisez une phrase complète avec chacun de ces verbes pour illustrer la différence d'usage dans les deux langues.

VI. Construction de faire + infinitif + objet direct + objet indirect

En français la construction avec le verbe **faire** + infinitif peut être très complexe : on dit par exemple : Il leur a fait **bâtir** une maison.

Dans la phrase suivante tirée du texte, la construction grammaticale se complique davantage. . . **Faire prendre conscience aux** assurés de l'effet cumulé . . ./. . . **faire faire** des économies à l'assurance maladie.

Par extension, on dit : **Je leur ai fait répéter la** phrase/*I made them repeat the sentence* ou **J'ai fait répéter la phrase à** l'ensemble du groupe/*I made all the group repeat the sentence.*

(a) Construisez dix phrases complètes avec la même structure grammaticale en utilisant par exemple : **faire connaître/savoir/comprendre/réaliser**

VII. Remarque linguistique

Il faut noter que l'expression **au niveau du choix médias** fait partie du registre standard, alors que **niveau choix médias** est une expression familière. Bon nombre d'expressions en français peuvent remplacer **au niveau de/du** pour désigner *from the point of view of* (**du point de vue de/au point de vue de/en ce qui concerne/concernant/quant à/sur le plan/à l'échelle/sous un angle/dans une perspective**).

(a) Trouvez une liste d'expressions en tenant compte des dix synonymes de **au niveau de**.

Par exemple : **sous un angle** politique/**à l'échelle** mondiale.

VIII. Utilisation des anglicismes en français

(a) Repérez les anglicismes dans le texte.

(b) Trouvez les mots ou expressions équivalents en français.

IX. Nuances entre *jour* et *journée*

(a) Analysez la différence entre **jour** et **journée**.

(b) Donnez dix exemples précis.

X. Construction du verbe *permettre*

En anglais le verbe *to allow* peut s'employer au passif, quant il s'agit d'une personne. Exemple : *I was allowed to do it.*

Une telle construction n'est pas possible en français. Il faut automatiquement mettre le verbe **permettre** à l'actif. Exemple : On/Il/Elle/lui a **permis** de le faire.

(a) Trouvez huit phrases en français, avec d'autres verbes qui présentent la même particularité, c'est-à-dire qui ne peuvent pas s'employer à la voix passive.

Exemple : *I was phoned this morning*/On m'a appelé(e) ce matin. *I was pleased*/J'étais satisfait(e)/content(e).

Texte n° 12 : Pourquoi la scie à lasso passe bien à la télé

Liste des mots-clés : récolter/chiffre d'affaires/arrondissement/
méthode d'apprentissage/cassette-vidéo/livret/abonné/
Lyonnaise des Eaux/Générale des Eaux/fournisseurs/décrocher/
concours Lépine/écouler/vépécistes/donner un coup de fouet/
CSA/confection

Résumé du texte n° 12

En 1994, le téléachat en France va représenter l'équivalent des ventes annuelles d'un hypermarché.

Une méthode d'apprentissage du piano comportant une vidéo-cassette et un livret a obtenu le plus gros succès de vente grâce au téléshopping.

Aujourd'hui, deux émissions, Téléshopping sur TF1 et M6 Boutique, sont programmées quotidiennement.

TF1 a vendu en une seule émission environ 200 souffleurs-aspirateurs-broyeurs de jardin.

La scie à lasso a connu le même succès. Un industriel à la retraite a écoulé près de 5000 scies grâce au téléachat.

Le petit radiateur canadien qui permet de chauffer de grandes surfaces avec peu d'énergie s'est vendu à plus de 40 000 exemplaires depuis 1988.

Les nouvelles chaînes câblées disposeront de dix fois plus de temps pour promouvoir un produit. L'équipement de la maison et la confection seront les deux secteurs avantagés du téléachat. En Amérique, le téléshopping connaît une brillante réussite grâce à la loquacité des animateurs.

*Prenez un bric-à-brac d'objets originaux et incongrus . . . Présentez-les avec astuce à la télévision . . . Et le succès suivra : cette année, le téléachat va **récolter** l'équivalent du **chiffre d'affaires** annuel d'un hypermarché.*

Directeur d'une école de musique dans le 15è **arrondissement** de Paris, Michel Poisson a imaginé une **méthode d'apprentissage** du piano qui permet à un débutant de jouer *Les Feuilles mortes* au bout de quatre heures. Vendue 595 francs, la "Méthode Poisson en 24 heures", qui comprend une **cassette-vidéo** accompagnée d'un **livret**, est l'un des best-sellers de *Téléshopping*, l'émission quotidienne de téléachat sur TF1. "J'en ai déjà vendu près de 3 000 grâce au téléachat, alors que je n'obtenais pas de résultats dans les magasins de musique," assure le musicien.

Fin octobre, les **abonnés** au câble découvriront deux nouvelles chaînes, exclusivement consacrées à ce commerce télévisé. Pierre Bellemare promet le lancement du Club téléachat le 24 octobre, vraisemblablement sur les réseaux de la **Lyonnaise des Eaux**. Une semaine plus tard, la chaîne du producteur de télévision Philip Plaisance, baptisée Téléachat, sera diffusée sur ceux de la **Générale des Eaux**.

Actuellement, deux émissions quotidiennes se partagent le marché : Téléshopping sur TF1 et M6 Boutique (gérée par Home Shopping Service, filiale française de la firme suédoise Kinnevik). Les produits qui marchent ont un profil tout à fait particulier. "Le produit doit être nouveau, astucieux, et on doit pouvoir monter une petite histoire autour de lui," résume Sylvie Mandron, acheteuse à Téléshopping.

La jeune femme applique ces règles à son millier de **fournisseurs**. Car même présentée dans un décor de rêve, la plus belle lampe d'appartement risque de faire un flop si elle n'apporte pas de "plus-produit", des avantages originaux sur lesquels l'animateur Laurent Cabrol argumentera pendant deux ou trois minutes. Aucune chance pour les produits classiques vendus en grande surface.

L'émission réalise ses meilleures ventes avec des produits qui pourraient **décrocher** des médailles au **concours Lépine**. La semaine dernière, TF1 **a écoulé** en une seule émission environ 200 exemplaires de son souffleur-aspirateur-broyeur de jardin (fabriqué par Ryobi) à 850 francs.

Même succès pour la scie à lasso, régulièrement présentée à l'antenne. "La sécurité est mieux assurée que sur une tronçonneuse classique, et on peut découper le bois dans toutes les positions," argumente Robert Pest, un petit industriel de 71 ans à la retraite, qui a déjà vendu près de 5 000 de ces scies grâce à la télévision.

*Dans l'équipement de la maison, un secteur incontournable du téléachat, le petit radiateur Grand Nord, importé du Canada, capable de réchauffer de très grandes surfaces avec un minimum d'énergie, s'est envolé à plus de 40 000 unités depuis 1988. Son succès fut tel que la grande distribution et les **vépécistes** s'en sont emparés, le rendant du coup moins attractif . . . Il a donc été déréférencé par les chaînes. Dans la même veine, Dominique Prévost, le directeur des achats de M6 Boutique, exploite actuellement un bon filon : le Turbo 3 000, fabriqué par Calastop, vendu à plus de 350 000 exemplaires au prix de 250 francs. Le kit comprend deux liquides à verser dans l'essence et dans l'huile du moteur pour **donner un coup de fouet** aux vieilles autos. Le téléachat à la française représentera entre 750 et 800 millions de francs de chiffre d'affaires en 1994, soit l'équivalent des ventes annuelles d'un hypermarché.*

En dépit d'une diffusion qui restera forcément confidentielle (1,5 million de Français seulement sont abonnés au câble), les nouvelles chaînes vont bénéficier d'un grand avantage : le temps, car elles pourront présenter un produit en vingt minutes au lieu de deux dans les émissions actuelles. De plus, Philip Plaisance a obtenu du **CSA** le droit de citer des marques à l'antenne. Une possibilité que n'avaient ni M6 Boutique ni Téléshopping. Téléachat concentrera son offre sur les produits de la maison et de la **confection**. Aux États-Unis, les poids lourds du téléachat réalisent 20% de leurs ventes avec la confection et environ 50% avec des bijoux sans marque. Simplement grâce au talent des animateurs. Même à la télévision, le bagout reste le meilleur atout du camelot.

François Kermoal
Source : *Le Nouvel Économiste* n° 967, 14 octobre 1994

I. Étude du vocabulaire

Récolter est l'action de ramasser, recueillir des fruits, des produits, des informations. **Récolter** des fruits, des légumes/**récolter** des renseignements/**récolter** des ennuis ou des coups (familier)/Qui sème le vent **récolte** la tempête (proverbe connu) (il ne faut pas s'étonner des conséquences fâcheuses qui peuvent découler d'une attitude, d'un comportement).

Le chiffre d'affaires correspond à la valeur de l'ensemble des marchandises au cours d'une période. On parle de CA : **chiffre d'affaires** ou de ventes. L'équivalent de ce terme en anglais est *turnover*.

Un arrondissement est une subdivision administrative de certaines grandes villes comme Paris, Lyon, Marseille. Paris compte vingt arrondissements. Le département peut aussi être divisé en plusieurs **arrondissements**. **L'arrondissement** est lui-même divisé en cantons. Un chef-lieu d'**arrondissement** (sous-préfecture).

Une méthode d'apprentissage est une démarche qui permet d'apprendre grâce à une méthode d'enseignement. C'est l'ensemble des règles qui consistent à connaître une technique, une science. Une **méthode** de langues/de lecture.

Cassette–vidéo ou vidéocassette (K7 vidéo) est un boîtier en plastique contenant une bande magnétique qui permet d'enregistrer et de reproduire un programme de télévision ou un film vidéo. Un système **vidéo** ou un jeu **vidéo**/regarder une **vidéo** (un film)/une **vidéo** (un magnétoscope).

Un livret est une brochure explicative ou un petit registre. Un **livret** d'épargne/militaire/scolaire/de famille.

Un abonné est une personne qui a pris une souscription ou un **abonnement** au gaz, à l'électricité, au téléphone, au câble, à un journal. Être **abonné au** câble, **au** téléphone/les **abonnés du** câble, **du** téléphone.

La Lyonnaise des Eaux, fondée en 1880, est une société anonyme. Elle est spécialisée dans l'environnement. Elle assure des services et des constructions dans le domaine de l'eau, des déchets, de l'énergie. Elle participe activement dans les secteurs du Bâtiment et Travaux Publics, des routes, des installations *off-shore* et électriques. A partir de 1982, elle opère une diversification dans le domaine du câble. Elle possède une filiale, La Lyonnaise de Communication, qui est l'un des quatre grands câblo-opérateurs français. Elle s'est introduite dans d'autres secteurs de l'audiovisuel grâce aux sociétés Canal J, Havas, Locatel, M6, Pathé, Vidéospace.

La Générale des Eaux est l'un des plus grands groupes industriels en France. Elle participe activement au secteur de la communication (télévisions hertziennes et câblées, cinéma …) aussi bien en France qu'à l'étranger. Ce groupe est présent au Royaume-Uni, en Allemagne, et en Amérique du Nord (voir texte nº 6, page 36).

Un fournisseur est une personne qui livre des marchandises à un commerçant, un marchand ou un client. Un **fournisseur** étranger/les pays **fournisseurs**.

Décrocher des médailles signifie **obtenir**. Ici ce verbe est employé au sens figuré et familier. **Décrocher** une bonne situation (familier)/**décrocher** une commande/**décrocher** une remorque (détacher).

Le concours Lépine se déroule chaque année pendant la Foire de Paris (Parc des Expositions de Paris, Porte de Versailles). C'est le plus ancien **des salons d'inventions**. Il a été fondé par le Préfet Lépine en 1901 avec l'**A**ssociation des **I**nventeurs et **F**abricants **F**rançais (AIFF). De nombreux lauréats et inventeurs indépendants exposent à ce salon des inventions.

Écouler ou vendre des marchandises, des denrées de façon régulière et continue jusqu'à épuisement des stocks. **Écouler** un stock de marchandises (vendre)/le temps est **écoulé** (révolu, passé)/le temps **s'écoule** (passe).

Les vépécistes sont les sociétés qui font de la **V**ente **P**ar **C**orrespondance (VPC). C'est un terme technique construit à partir du sigle VPC. En France, les principales sociétés de VPC sont par ordre d'importance : La Redoute, les 3 Suisses, la Blanche Porte, la CAMIF, Damart, La Maison de Valérie, Quelle et Yves Rocher. Télé-Poche, Télé 7 Jours, Télé Star et Télérama sont utilisés par les annonceurs de vente par correspondance. Les catalogues de **vépécistes**.

Un coup de fouet est une stimulation, une impulsion momentanée. Donner **un coup de fouet** (stimuler).

CSA est l'abréviation du **C**onseil **S**upérieur de l'**A**udiovisuel. C'est la Haute Autorité de l'audiovisuel. Elle est chargée de contrôler la qualité et la diversité des programmes.

La confection désigne l'industrie des vêtements qui sont fabriqués en série. Un rayon de **confection/confection** femmes et enfants/être dans la **confection**. C'est aussi le fait de fabriquer, façonner un ouvrage. La **confection** d'une machine (fabrication)/la **confection** d'un breuvage.

II. Compréhension

Lire attentivement le texte, puis :

1. Définissez en français les mots et expressions suivants tirés du texte : téléachat/marché/résumer/faire un flop/grande surface/filon/animateur.

III. Traduction

1. Traduire en anglais les passages en italique.

IV. Expression écrite et/ou orale

1. Que pensez-vous du téléachat? Présentez les avantages et les inconvénients d'un tel système.

2. Vous devez présenter un produit de votre choix à la télévision. Préparez votre émission en décrivant le produit; trouvez des arguments convaincants pour attirer l'acheteur potentiel. Quelle stratégie allez-vous mener?

3. Qu'est-ce que le téléachat à la française?

4. Comparez le téléachat à la Vente Par Correspondance.

V. Emploi du participe passé + préposition *de* ou *par*

Souvent, le participe passé est suivi de la préposition **de** mais dans certains cas, il est suivi de **par**. En règle générale, **de** s'emploie au sens figuré tandis que **par** s'emploie au sens propre. Exemple tiré du texte : "La méthode comprend une cassette-vidéo **accompagnée d'**un livret . . ." Autres exemples : Le texte est suivi **de** plusieurs exemples/Le maître était suivi **par** son chien/La Reine était escortée **de/par** sa garde.

(a) Construisez cinq phrases en intégrant les participes passés suivants :

chaperonnée/assortie/conduit/aidé/encouragé.

(b) Indiquez clairement la préposition appropriée **de** ou **par**.

VI. Présentation d'un produit

(a) Trouvez des mots et expressions utiles à la rédaction du paragraphe afin de présenter les avantages d'un produit de votre choix.

(b) Rédigez un texte d'une page en faisant l'éloge d'un produit déterminé sous forme d'annonces publicitaires. Exemples : L'article/le produit est garanti 3 ans. Vous remarquerez que ce produit est très pratique/peu encombrant/d'entretien facile/économique/disponible/délai de livraison assez court.

VII. Analyse de *neuf* et *nouveau*

(a) Quelle est la différence entre **neuf** et **nouveau**?

(b) Trouvez des exemples en faisant la distinction entre ces deux adjectifs. **Attention!** Leur position peut varier par rapport au substantif.

VIII. Observations particulières sur le verbe *risquer de*

Dans un registre standard, le verbe **risquer de** implique toujours un sens négatif ou annonce un malheur possible. Ne vas pas dans cette direction, tu **risques de** tomber!

En revanche, dans le langage parlé, **risquer de** suppose aussi une connotation positive, ou annonce une probabilité heureuse. Par exemple : Ce film publicitaire **risque** d'attirer des clients potentiels/Si tu achetais des parts dans cette société, tu **risquerais de** faire fortune.

En utilisant le verbe **risquer de** :

(a) Trouvez deux phrases complètes qui supposent une éventualité malheureuse d'une part.

(b) Construisez deux phrases complètes qui impliquent une éventualité heureuse d'autre part.

IX. L'article indéfini *de* ou *des*

En français, lorsque l'adjectif précède le substantif ou le nom, l'article indéfini **de** ou **des** s'emploie en fonction du registre. Exemples : Ce sont **de** bons produits (style soutenu)/C'est **des** bons produits (style familier).

(a) Construisez quatre phrases qui soulignent la différence entre **de** et **des**.

X. Inversion du sujet et du verbe

En général, le sujet est placé avant le verbe. Cependant, lorsque le sujet suit le verbe, c'est souvent dans la langue écrite. Exemple : "Une possibilité que n'avaient ni M6 Boutique ni Téléshopping . . ."

Cette inversion s'explique notamment par la recherche d'un équilibre de la phrase.

Autres exemples : Les articles qu'achète le public sont souvent présentés avec astuce à la télévision/Les secteurs qu'accapare la grande distribution sont les produits de la maison et de la confection.

(a) Construisez quatre phrases en tenant compte de l'inversion du sujet et du verbe.

7 La réglementation de la publicité en France

Texte n° 13 : L'obligation de conseil

Liste des mots-clés : produits informatiques/juridique/éditeurs de logiciels/papier listing/être en reste/jurisprudence/progiciels/la pratique contractuelle/micro-informatique/informaticien/ informationnel/Quid/prestataires/informatisation/Minitel/ prospect/aiguiller/allocation de dommages et intérêts

Résumé du texte n° 13

Les agents commerciaux en produits informatiques ont l'obligation de respecter un cadre juridique rigoureux.

Les catalogues de produits informatiques doivent en spécifier les qualités intrinsèques dans le domaine juridique ainsi que la qualité des acheteurs de ces produits (informaticiens ou non-informaticiens).

Un certain nombre de textes dictent des règles sur l'exclusivité, la garantie, les modes d'exploitation et d'utilisation des logiciels et progiciels.

Une licence d'utilisation désigne une autorisation indispensable lorsqu'on acquiert un logiciel ou du matériel. L'obligation de conseil consiste à examiner l'ensemble des besoins de la clientèle et à lui recommander l'emploi du matériel adéquat.

Pour remplir leur obligation de conseil sur catalogue, les constructeurs informatiques prendront en compte le niveau de formation et l'aptitude du client ainsi que les caractéristiques et les renseignements techniques des produits. La description des produits informatiques est incontournable. Si l'obligation de conseil n'est pas respectée, les constructeurs encourent une peine sévère.

*Le commerce des divers **produits informatiques**, soft ou hard, s'inscrit dans un cadre **juridique** très strict.*

Les acteurs de la vente directe en informatique sont nombreux : constructeurs, distributeurs, **éditeurs de logiciels**, ou encore revendeurs d'accessoires indispensables, tels que bandes, imprimantes, disques, disquettes ou **papier listing** qui ne **sont** bien évidemment pas **en reste**.

Or, si toutes les règles de communication directe s'appliquent bien sûr aux catalogues de produits informatiques, deux points doivent impérativement être pris en considération sur le plan juridique et présider à l'élaboration de ces catalogues :

• les spécificités de produits informatiques, liées aux lois et à la **jurisprudence** encadrant ce domaine très particulier,
• la qualité de spécialiste que possèdent ou non les acheteurs de produits informatiques en vente directe.

En effet, bien qu'il n'existe pas de code ou de loi exclusivement dédié au droit de l'informatique, un grand nombre de textes et de décisions encadrent tant la propriété et la protection des produits de l'informatique que leurs conditions de commercialisation, voire d'utilisation. S'agissant de la propriété et de la protection, les logiciels et **progiciels** *(de même, d'ailleurs, que les fichiers ou les bases de données) sont constitutifs d'œuvres de l'esprit, protégées à ce titre par les dispositions du code de la propriété intellectuelle.*

La pratique contractuelle a conduit à ce que tout logiciel soit assorti d'une licence d'utilisation qui définit de manière extrêmement précise l'étendue, la nature et la durée des droits concédés à un utilisateur. Dans la plupart des cas, ces droits sont assez réduits et leur adéquation aux besoins réels de l'utilisateur ou de l'entreprise constitue un point de contrôle obligatoire dans la démarche d'acquisition. Par ailleurs, les licences d'utilisation ne s'appliquent pas uniquement aux logiciels livrés en coffres ou sous plastique. Elles peuvent aussi concerner des logiciels intimement liés aux matériels, entre autres les systèmes d'exploitation. De plus, la standardisation des produits informatiques, l'avènement et, désormais, le règne incontesté de la **micro-informatique** et de l'informatique personnelle ont permis aux **non-informaticiens** d'accéder à l'informatique et de jouer un rôle actif dans le choix des produits et le contrôle de l'adéquation à leurs besoins. Cela résulte de ce que la mise sur le marché de produits informatiques s'accompagne toujours de documentations décrivant de manière précise les fonctionnalités, voire les limites des produits. La commercialisation s'inscrit donc dans un environnement **informationnel** qui permet à l'utilisateur de s'impliquer dans son choix, voire d'en prendre personnellement toute la mesure.

Mise en garde

Quid alors de l'obligation de conseil qui pèse traditionnellement sur tous les vendeurs et les **prestataires** informatiques? Cette obligation a été dégagée par la jurisprudence en une époque (les années 1970) où l'utilisateur dépendait totalement des fournisseurs et, en particulier, des constructeurs. Elle fait peser sur ces derniers l'obligation de prendre connaissance, d'étudier et d'analyser l'intégralité des besoins de leurs clients et de leur préconiser la solution la plus adaptée. L'obligation de conseil, qui pèse toujours très lourd sur les fournisseurs, se trouve naturellement allégée par le renforcement des compétences des utilisateurs d'une part, le fait que les produits désormais standardisés sont largement documentés d'autre part. Cela étant, l'obligation de conseil à la charge du vendeur n'est pas totalement gommée.

Comment alors, dans un environnement aussi impersonnel que celui d'un catalogue, remplir dûment son obligation de conseil, étant précisé que celle-ci s'accompagne traditionnellement d'une obligation de mise en garde (recommandations sur l'opportunité du choix ou du moment de **l'informatisation** *...) ou d'information (caractéristiques des produits et renseignements techniques de toute nature)? Il semble difficile d'apporter une solution unique. Tout dépendra, en effet, d'une part du niveau de qualification et de compétence de l'acheteur, d'autre part de la complexité et du niveau de documentation des produits.*

Décrire le produit

Il va de soi que tout produit devra faire l'objet de la description la plus précise possible, surtout s'il s'agit d'ordinateurs ou de logiciels, de sorte que le client puisse se faire une idée extrêmement claire de ce qu'on lui propose. En outre, tout un environnement, certes à connotation juridique, de mise en garde devra être présenté dans le catalogue, soit incitant le client à téléphoner au vendeur ou à consulter un service **Minitel** d'informations, soit, comme la jurisprudence le préconise très régulièrement en informatique, recommandant et conseillant au **prospect** peu sûr de lui de s'adresser au professionnel de son choix pour l'**aiguiller** et l'assister dans l'acquisition de produits informatiques. Solution coûteuse ou irréaliste, diront sans doute certains. Qu'ils se souviennent, en particulier les constructeurs informatiques, de toutes les procédures fondées sur le manquement à l'obligation de conseil qui se sont soldées par l'**allocation de dommages et intérêts** élevés au bénéfice de l'utilisateur, et leurs réticences iront certainement en diminuant.

> Catherine Delhaye, Cabinet Alain Bensoussan
> Source : *Direct* nº 37, juin 1994

I.   Étude du vocabulaire

Des produits informatiques désigne l'ensemble des dispositifs matériels et logiciels, des outils liés à la conception des ordinateurs, des logiciels de base, des langages de programmation etc. Les **progiciels** composés d'un ensemble de programmes sont vendus sous forme de produits informatiques. En 1962, l'ingénieur français Philippe Dreyfus suggéra le néologisme **informatique** à partir des mots **information** et **automatique**.

Juridique est un adjectif qui se rapporte au droit dans son sens le plus large. La théorie **juridique** se réfère à des **règles juridiques** qui seront appliquées à un ensemble de faits. Il peut s'agir d'une consultation à donner, d'un contrat à rédiger ou d'un procès à juger. Un fait/un acte **juridique**.

Les éditeurs de logiciels commandent à un auteur un ensemble de programmes appelés **progiciels** qui leur semblent rentables et intéressants à commercialiser. Le fonctionnement de cette activité de production et diffusion de **progiciels** est comparable à celui de l'édition classique du livre. La demande croissante de progiciels prêts à l'emploi est liée à l'utilisation massive des micro-ordinateurs.

Le papier listing est un papier spécial, en général format A3, disposant de chaque coté de la feuille de bandes détachables perforées de trous. Ces trous permettent le déroulement du papier par des picots, au moment de l'impression. **Le listing** (encore appelé **listage**) sert principalement à imprimer les programmes demandés par l'utilisateur pour une application donnée.

Être en reste de/ne pas être en reste de sont des expressions vieillies qui signifient **être redevable**. Être, demeurer **en reste** (être le débiteur)/avoir **de reste** (en avoir trop).

La jurisprudence se rapporte à l'ensemble des décisions d'un tribunal. C'est l'interprétation des textes de loi par une magistrature. Dans certains cas, la **jurisprudence** peut préciser des règles juridiques qui compléteront, renforceront ou rejetteront des règles écrites.

Les progiciels sont développés et implantés sur n'importe quel type d'ordinateur. Le terme en lui-même est l'abréviation de **produit logiciel**. C'est un ensemble de programmes, commercialisé sous forme de produit et diffusé en grand nombre d'exemplaires. Il existe deux sortes de progiciels : les progiciels outils (traitement de texte, gestionnaire de fichiers . . .) et les progiciels d'application (gestion de stock, de bibliothèques etc . . .).

La pratique contractuelle est une manière de procéder dans le cadre d'un **contrat**, c'est-à-dire d'une convention par laquelle une ou plusieurs personnes s'engagent envers d'autres personnes à respecter les termes, les effets, et les résultats d'un document.

La micro-informatique désigne le langage, le procédé, la procédure et l'application organisés autour d'un micro-ordinateur, c'est-à-dire d'un petit ordinateur, peu encombrant. L'implantation et le développement de l'univers informatique se font réellement dans les années 80 même si les premiers micro-ordinateurs ont été commercialisés dans les années 70.

Informaticien désigne toute personne exerçant une fonction dans le domaine de l'informatique. C'est un technicien de l'informatique, un professionnel de la création de langage informatique.

Informationnel est un adjectif qui se rapporte à **l'information**, c'est-à-dire à tout ce qui fait l'objet de connaissance ou de mémoire ainsi qu'à tout ce qui peut être transmis par un ou plusieurs signaux. Un environnement **informationnel** ou le contenu **informationnel** d'un message concerne un ensemble organisé servant de support à la connaissance et à la communication.

Quid veut dire **Quoi** en latin. C'est aussi une encyclopédie remise à jour chaque année. Elle se présente sous la forme d'un seul volume de 2080 pages. Elle comporte des faits, des dates, des chiffres sur des sujets très variés tels que : l'éducation, l'astronomie, la géographie physique, la médecine, l'environnement, les transport aériens, la défense nationale etc. En 1963, le premier **Quid** était vendu en format de poche de 632 pages. Les auteurs sont Michèle et Dominique Frémy (Éditions Robert Laffont).

Les prestataires sont les personnes ou familles qui ont droit à **des prestations** qui garantissent à leurs **bénéficiaires** un certain niveau minimum de ressources. **Les prestations familiales**, par exemple, comprennent les allocations familiales, l'allocation de logement, l'allocation de rentrée scolaire, l'allocation de parent isolé, le complément familial etc. **Un prestataire de service** est une personne morale ou physique qui fournit des services payants. En informatique, **un prestataire** peut être un revendeur de progiciels ou de matériels.

L'informatisation est le processus conduisant à la conception et à la réalisation d'un ensemble de programmes informatiques destinés à automatiser le fonctionnement d'une entreprise.

Minitel est la marque déposée en 1981 de France Télécom. C'est le nom courant pour désigner le terminal **Télétel** encore appelé **Vidéotex**. **Le Minitel** est mis gratuitement à la disposition des abonnés résidant dans des zones géographiques où existe l'annuaire électronique. Il permet d'avoir accès à de nombreux services. Voir aussi texte n° 8.

Prospect est un anglicisme de même étymologie que le français **prospect** signifiant **perspective**, **paysage**, **vue**. Dans le jargon commercial, le mot **prospect** désigne un **client potentiel** qui représente une cible prioritaire. L'objectif d'une campagne publicitaire est que le **prospect** devienne un consommateur.

Aiguiller au sens premier du terme signifie "piquer avec une aiguille". Au sens figuré, **aiguiller** dans le texte veut dire **diriger**, **orienter**. Dans le langage informatique, ce verbe a la signification suivante : diriger un processus à la suite d'une proposition de choix multiples. C'est un synonyme de brancher. En programmation, c'est choisir un ensemble d'instructions parmi plusieurs ensembles possibles. **Aiguiller** une discussion (diriger)/**aiguiller** vers une direction (orienter).

Une allocation de dommages et intérêts est une expression utilisée pour désigner des prestations versées à une personne pour compenser le préjudice causé. Le terme **allocation** est en général employé dans le cadre des prestations sociales telles que les allocations de chômage, les allocations familiales, l'allocation de logement, l'allocation de parent isolé etc.

II. Compréhension

Lire attentivement le texte, puis :

1. Définissez en français les mots et expressions suivants tirés du texte : imprimante/disquette/propriété intellectuelle/entreprise/licence d'utilisation/standardisation/gommée.

III. Traduction

1. Traduire en anglais les passages en italique.

IV. Expression écrite et/ou orale

1. Expliquez pourquoi le commerce des produits informatiques s'inscrit dans un cadre juridique très strict.

2. Que pensez-vous de cette législation? Justifiez votre réponse.

3. Trouvez-vous qu'en règle générale les produits informatiques font l'objet d'une description très précise?

4. Dans quel sens la solution de mise en garde présentée dans le catalogue est-elle coûteuse ou irréaliste selon certains?

V. Les mots-pièges

Attention! Dans le texte il existe de nombreux mots qui sont des mots-pièges, c'est-à-dire que le lecteur anglais a l'impression de les comprendre en leur donnant un sens qui ne convient pas au texte. Par exemple : acteur/éditeur/revendeur/spécificité/adéquation/commercialisation/ compétence/opportunité/prospect.

(a) Pouvez-vous donner en français la définition de chacun de ces termes dans le cadre du texte?

(b) Trouvez une dizaine d'autres mots-pièges.

(c) Expliquez les nuances de ces mots-pièges.

VI. *(Un grand) nombre* + verbe + au singulier ou au pluriel

L'expression **un grand nombre** est suivi d'un verbe conjugué au pluriel. Exemple : **Un grand nombre** de textes et de décisions enca**drent** ... Par contre, dans un registre de langue élevé on peut écrire le verbe au singulier : **Un grand nombre** de textes et de décisions enca**dre** ...

(a) Trouvez des phrases complètes qui comportent les substantifs suivants comme sujet du verbe :

la majorité/la plupart/pourcentage/multitude/quantité/infinité/ partie/minorité/reste/moitié

(b) Dans quels cas pourrait-on utiliser le verbe au singulier ou au pluriel selon le registre?

VII. Remarques sur le verbe *dépendre*

Le verbe **dépendre** est suivi de la préposition **de** (ou **du**).
Par exemple :"Tout **dépendra** ... **du** niveau de qualification ..."

(a) Construisez dix phrases en intégrant d'autres verbes suivis de la même préposition.

Par exemple : Je doute de sa bonne volonté/*I doubt his good will*/Je jouis de tous les privilèges/*I enjoy all privileges*.

VIII. Observations particulières sur *s'agissant de*

Le verbe **s'agir** est **toujours** précédé de **il** (exemple : **il s'agit**) sauf dans le cas trouvé dans le texte. On dit donc : Il s'agit de/il s'est agi de/il s'agissait de/il s'agira de/il s'agit de savoir ce qu'il convient de faire/il s'agit/il s'est agi de sa bonne volonté, etc.

(a) Trouvez quatre autres verbes en français qui présentent la même particularité.

(b) Construisez quatre phrases à l'aide de ces verbes.

IX. La conjonction de subordination *de sorte que*

De sorte que est suivi d'un subjonctif lorsque l'expression indique l'intention.

En revanche, lorsque **de sorte que** implique une conséquence ou un résultat, l'expression est suivie de l'indicatif.

(a) Comparez les deux phrases suivantes :

1. Je lui ai écrit une lettre **de sorte qu'il puisse** prendre une décision tout seul.

2. Je lui ai écrit une lettre **de sorte que** l'affaire **est conclue**.

(b) Trouvez quatre phrases construites de la même façon avec **de manière que/de façon que**. Il faut remarquer que ces deux expressions s'emploient dans la langue courante de la façon suivante : **de manière à ce que, de façon à ce que**. Cet usage contesté par les puristes est en réalité couramment utilisé.

X. Structure du verbe *aller* + participe présent ou gérondif

Les derniers mots du texte "**iront** certainement **en diminuant**" forment une expression littéraire qui marque une certaine continuité dans l'action. Autres exemples : La situation **va en s'aggravant**/Sa santé **va en s'améliorant**/La route **va en s'élargissant**.

(a) Construisez six phrases avec la même structure en tenant compte du registre élevé de cette construction verbale.

Texte n° 14 : Tabac : condamnation des publicités alibis

Liste des mots-clés : Tribunal Correctionnel/société d'affichage/ centrale d'achat d'espace/infraction/déontologie/BVP/vélléité/ propagande/préjudicier/dérogation/fautive/contrat de licence de marque/société holding/indemnisation/médiatique/ dommages-intérêts

Résumé du texte n° 14

Début 1994, le Tribunal Correctionnel de Paris a pris trois décisions à l'encontre des publicités indirectes en faveur du tabac de Peter Stuyvesant Travel et Camel Boots.

La notion de publicité indirecte est stipulée dans l'article L.355–26 du Code de la santé publique.

Afin de ne pas porter tort aux marques homologues (exemples : les cycles Gitanes, les bas Chesterfield …), la loi Évin du 10 janvier 1991 fait une exception à la règle en stipulant que cette interdiction ne touche pas la publicité "en faveur d'un produit autre que le tabac …"

L'utilisation de l'exception est contestée par la jurisprudence pour la marque Peter Stuyvesant Travel sous prétexte que PS Travel est un service et non un produit.

Concernant Camel Boots, la société Salamander, fabriquant les chaussures Camel Boots, est indirectement liée à la marque de tabac.

Par conséquent, la dérogation ne peut être accordée dans les deux cas.

On se posera des questions sur l'inégalité des sanctions civiles et pénales à l'égard des différents contrevenants.

Le **Tribunal Correctionnel** *de Paris a rendu le 28 février et le 9 mars 1994 trois décisions relatives à la publicité indirecte en faveur du tabac.*

La décision rendue le 28 février était relative aux publicités Peter Stuyvesant Travel tandis que les deux datées du 9 mars visaient les publicités Camel Boots, le **C**omité **N**ational **C**ontre le **T**abagisme (CNCT) ayant agi à l'encontre de la **société d'affichage** Decaux et séparément contre la société Salamander (produisant les chaussures Camel Boots), sa **centrale d'achat d'espace** et les filiales françaises et allemandes de la société Reynolds, productrices des cigarettes Camel.

Ces décisions précisent la notion de publicité indirecte et désignent les responsables de **l'infraction**.

La notion de publicité indirecte

L'article L.355–26 du Code de la santé publique définit largement la publicité indirecte afin d'interdire ce qui avait eu cours de 1976 (loi Veil) à 1989 (loi venant interdire la publicité indirecte).

En effet, alors que la publicité pour le tabac restait autorisée après 1976, les fabricants qui invoquent aujourd'hui **déontologie** et nécessité d'autoriser une publicité informative sur le produit, ont préféré communiquer sur autre chose (briquets, allumettes, services, raids) avant de garder une liberté totale, ce au grand regret du **BVP** qui constatait que "la plupart de ces publicités pour ces services rappellent par un biais ou par un autre le produit lui-même" et que "plus d'autodiscipline aurait pu ou pourrait peut-être à long terme permettre d'atténuer les **velléités** de suppression de toute publicité dont ce secteur fait actuellement l'objet".

La loi du 10 janvier 1991 dite loi Évin pose toutefois une exception à cette interdiction générale de publicité indirecte en précisant qu'elle ne vise pas la **propagande** ou la publicité *"en faveur d'un produit autre que le tabac ou un produit du tabac qui a été mis sur le marché avant le 1er janvier 1990 par une entreprise juridiquement et financièrement distincte de toute entreprise qui fabrique, importe ou commercialise du tabac ou un produit du tabac"*, ceci afin de ne pas **préjudicier** aux marques correspondant fortuitement à une marque de tabac (exemples : les cycles Gitanes, les bas Chesterfield ou la lessive Ariel).

Néanmoins, le risque d'utilisation par les fabricants de tabac de cette exception a été immédiatement perçu puisque le texte ajoute : *"la création de tout lien juridique ou financier entre ces entreprises rend caduque cette* **dérogation**" (les publicités Peter Stuyvesant Travel, Camel Trophy, Raid Gauloise étaient expressément visées par le législateur).

C'est à cette utilisation **fautive** de l'exception par les fabricants de tabac ou leurs filiales que les décisions jurisprudentielles veulent mettre un terme judiciaire.

L'exception est refusée pour la marque Peter Stuyvesant Travel au motif que *"la marque PST est un service et non un produit puisque la société Peter Stuyvesant Travel BV a une activité d'agence de voyages"*. En effet, la loi ne vise que les produits et l'exception est d'interprétation stricte.

Pour ce qui est de la marque Camel Boots, il s'agissait bien en l'espèce d'un produit autre que le tabac, mis sur le marché avant le 1er janvier 1990. Restait la dernière condition consistant en la mise sur le marché par une entreprise juridiquement et financièrement distincte.

La juridiction relève que si la société Salamander *"a une personnalité juridique propre et n'est pas contrôlée par un fabricant de tabac"*, elle n'a pu produire ces chaussures sous ce nom qu'en vertu d'un **contrat de licence de marque** conclu avec la société américaine Worldwide Brands. Or, cette société est une filiale de la **société holding** dont l'une des filiales est la société Reynolds produisant les cigarettes Camel. Le tribunal en déduit que la société Salamander *"est ainsi indirectement liée à un fabricant de tabac"*, ce qui rend caduque la dérogation.

Une telle solution retenant la notion d'unité économique peut seule assurer l'effectivité de la loi et n'est pas contraire au principe d'application stricte du texte pénal puisque le juge doit donner à la loi son plein effet. [...]

Sanctions civiles et pénales

En ce qui concerne les condamnations, il serait souhaitable que l'**indemnisation** du préjudice soit plus caractérisée. La théorie du principe de réparation **médiatique** (pour un franc dépensé en publicité illicite, attribution d'un franc de **dommages-intérêts** en vue de campagnes sanitaires) peut y contribuer. En l'espèce, on pourra s'interroger sur la discrimination entre les différents délinquants. Ainsi, Jean-Pierre Decaux est condamné à 50 000F d'amende et à verser au CNCT 100 000F de dommages-intérêts. Pour le même sujet publicitaire dans la presse écrite, le président du directoire de Salamander est condamné à 300 000F d'amende, le PDG de la centrale d'achat à 50 000F, et tous deux solidairement à verser 400 000F de dommages-intérêts. Quant au Groupement d'Intérêt Économique Europromotion ayant réalisé une publicité pour Peter Stuyvesant Travel, il est condamné à verser 500 000F pour une publicité réalisée dans une publication périodique et au paiement d'une amende de 200 000F.

Or, l'affichage cause au CNCT, du fait de son caractère public inévitable, un préjudice supérieur à la campagne de presse écrite qui nécessite que les publications soient achetées puis lues. Pourtant la centrale d'achat se voit plus sévèrement sanctionnée civilement que la régie d'affichage. Une explication sur ce point n'aurait pas été surabondante.

Frédéric Gras, Revue Légipresse
Source : *Médias* n° 347, mai 1994

I. Étude du vocabulaire

Le Tribunal Correctionnel est une juridiction de droit commun qui statue en matière de délits avec une possibilité de recours devant la Cour d'Appel. C'est la formation pénale du tribunal de Grande Instance. Auprès du **Tribunal Correctionnel**, il existe un ou plusieurs juges d'instruction. Leur rôle principal est d'enquêter, rassembler, examiner les preuves et de statuer par voie d'ordonnances qui peuvent être déférées en appel devant la chambre d'accusation de la Cour d'Appel.

Une société d'affichage est une entreprise spécialisée dans la pose des affiches. Les formules les plus courantes de l'affichage sont : l'affichage urbain sur mobilier (Abribus, Colonne Morris), l'affichage urbain sur moyens de transport (bus, métro, tramways), les panneaux de formats différents dans les gares, les trains, l'affichage rural. Ces différents supports sont accessibles à des annonceurs très divers. Les cinq principales **sociétés d'affichage** ou les cinq principaux **afficheurs** en France sont : 1. Le groupe Decaux, 2. Dauphin Ota, 3. Avenir France, 4. Affichage Giraudy, 5. Marignan.

Une centrale d'achat d'espace publicitaire est un intermédiaire entre les annonceurs, les médias et les régies. Elle se charge de négocier avec le support pour le compte de l'annonceur. Les principales **centrales d'achat d'espace publicitaire** sont les suivantes : Carat, TMP, Eurocom, Horizons, Idémédia, Club Média, 2010 Média, EuroRSCG. Il ne faut pas les confondre avec **une centrale d'achat**, qui est un organisme dont l'activité consiste à acheter directement aux producteurs, importateurs ou aux coopératives des marchandises en grosses quantités afin d'obtenir les meilleures conditions d'achat possibles (prix, délai de livraison, modalité de paiement).

Une infraction est une violation des règles juridiques. C'est une transgression de ce qu'une institution a établi comme règle. Il existe trois sortes d'infractions : les contraventions, les délits et les crimes. **Infraction** à la loi, à une règle/commettre une **infraction**.

La déontologie désigne l'ensemble des principes, des règles et des devoirs qui gouvernent une activité professionnelle. La **déontologie** médicale/le code **déontologique** des pharmaciens, des médecins.

Le BVP est le **B**ureau de **V**érification de la **P**ublicité. C'est une association à but non lucratif. Le **BVP** prévient les agences si les messages publicitaires qu'elles souhaitent diffuser ne sont pas en conformité avec la législation en vigueur. Le Conseil d'administration du **BVP** est composé de représentants des trois secteurs les plus directement concernés par la publicité (six représentants des annonceurs, six représentants des agences Conseils en communication, douze représentants des supports), ainsi que quatre autres personnalités impliquées dans des organismes de commerce ou de consommation, un représentant du Conseil national du commerce et un représentant de l'Institut national de la consommation. L'homologue du **BVP** en Grande-Bretagne est **ASA** (Advertising Standards Authority).

Les velléités sont des intentions qui ne durent pas, qui n'aboutissent pas. Ce terme s'emploie au féminin : une **velléité**. Il provient du latin **velle** qui signifie **vouloir**.

La propagande est à l'origine un terme religieux. Cependant, ce mot désigne aujourd'hui une action exercée sous diverses formes (discours, presse orale ou écrite, affiche etc.) afin d'inciter l'opinion publique à adopter certaines positions politiques ou sociales ou à soutenir certains régimes. Les régimes totalitaires renforcent les dispositifs de répression (interdiction du multipartisme, muselage de la presse, absence de liberté civique . . .) et mettent en place d'importants moyens de **propagande**. Faire de la **propagande**.

Préjudicier est synonyme de **porter préjudice**, c'est-à-dire **causer du tort** à quelqu'un, **porter atteinte** aux droits, aux intérêts de quelqu'un. Causer un **préjudice**/porter **préjudice** à quelqu'un.

Une dérogation est l'action de manquer à une règle, une loi ou une convention. Demander/accorder une **dérogation**.

Fautive dans le texte, signifie **erronée, incorrecte**, qui comporte des fautes, des erreurs. Se sentir **fautif/fautive** (coupable).

Un contrat de licence de marque est un engagement entre deux ou plusieurs parties qui consiste à autoriser soit d'exploiter un brevet, soit de fabriquer, d'importer ou d'exporter certains produits. La licence de marque est l'utilisation de la notoriété acquise dans un secteur d'activité pour fabriquer des produits proches ou éloignés du produit d'origine.

Une société holding est une société financière qui possède et gère une part importante du capital de ses filiales afin de contrôler, coordonner, orienter et diriger leurs activités. **Le holding** conserve des participations importantes de capital dans les entreprises pour mieux les contrôler. Cette forme de regroupement d'entreprises est également utilisée dans le secteur public. On parle également de société de portefeuille, société d'investissement ou de groupe. **Le holding** est une forme que peut prendre une société-mère pour contrôler un groupe d'entreprises.

L'indemnisation suppose le paiement d'une **indemnité**, c'est-à-dire d'une **somme** pour dédommager un préjudice. Exemples : une **indemnité** de clientèle/de congés payés/de départ en préretraite/de départ à la retraite ou mise à la retraite/de départ volontaire/de licenciement ou de fin de contrat/de préavis.

Médiatique est un adjectif qui a deux sens. Le premier sens implique qui se rapporte aux **médias**, c'est-à-dire à l'ensemble de supports de communication tels que la télévision, la presse, la radio, l'affichage, le cinéma. Le second sens signifie **popularisé** grâce aux médias.

Les dommages-intérêts ou dommages et intérêts sont des indemnités allouées à quelqu'un en réparation d'un préjudice.

II. Compréhension

Lire attentivement le texte, puis :

1. Définissez en français les mots et expressions suivants tirés du texte : publicités alibis/tabagisme/biais/commercialiser/caduc/publicité illicite/campagnes sanitaires.

III. Traduction

1. Traduire en anglais les passages en italique.

IV. Expression écrite et/ou orale

1. Selon le texte, quelles sont les décisions prises par le Tribunal Correctionnel de Paris?

2. Qu'est-ce que la publicité indirecte en faveur du tabac? Donnez des exemples précis.

3. Quelle est votre opinion concernant l'interdiction de fumer dans les espaces publics?

4. Organisez un débat autour de l'usage du tabac (4 candidats pour, 4 candidats contre et un meneur de débat).

V. Les mots de liaison

Alors que exprime l'idée d'action simultanée et implique un certain contraste. Les mots de liaison peuvent être suivis soit de l'indicatif soit du subjonctif. Par exemple : **puisque/parce que/alors que/dès que/comme/aussitôt que/sitôt que/lorsque/pendant que/tandis que/en même temps que/tant que** sont suivis de l'indicatif.

> Exemple tiré du texte : "**Alors que** la publicité pour le tabac restait autorisée . . . les fabricants . . . **ont préféré** communiquer sur autre chose . . ."

En revanche, les locutions suivantes entraînent un subjonctif : **jusqu'à ce que/quoique/bien que/à condition que/afin que/pour que/avant que/ en attendant que/encore que/pourvu que/sans que/sous réserve que** :

> "**Bien que** l'annonceur de tabac **n'ait pas été** condamné, Télérama l'a été . . ."

> "La loi Évin pose une exception à l'interdiction générale de publicité indirecte . . . **afin qu'il n'y ait pas** de préjudice aux marques . . ."

Observations particulières : Lorsque **après que** se réfère au passé, le subjonctif est obligatoire.

> Exemple : "**Après que** la décision **soit** rendue . . . le CNCT a agi à l'encontre de la société d'affichage . . ."

(a) Construisez des phrases complètes en utilisant les locutions mentionnées ci-dessus à l'indicatif.

(b) Formez d'autres phrases comportant les locutions qui entraînent le subjonctif.

VI. Construction avec nom + préposition + infinitif

Par exemple : "Les fabricants invoquent la nécessité d'autoriser une publicité informative sur le produit . . ."

Dans cette phrase tirée du texte, **nécessité** est suivi de la préposition **de**. Il existe une série de substantifs qui peuvent avoir la même structure grammaticale : permission/besoin/obligation/volonté/désir/impossibilité etc. Par exemple :

"Les sociétés de tabac se voient dans **l'obligation de respecter** l'article L.355–26 du Code de la santé publique."

En revanche, d'autres substantifs sont suivis de la préposition **à** : habileté/ aptitude/ardeur/détermination/hésitation/insistance. Par exemple :

"Il faut remarquer que les fabricants de tabac ont une certaine **habileté à contourner** la loi."

Par ailleurs, il faut ajouter que certains substantifs peuvent indifféremment se construire avec la préposition **à** ou **de** : autorisation/capacité/incapacité.

(a) Construisez quatre phrases comportant tantôt la préposition **à** et tantôt **de** à partir des substantifs énumérés.

VII. Remarques particulières sur le verbe *pouvoir*

Le verbe **pouvoir**, au même titre que **savoir/oser/cesser**, se construit à la forme négative de trois manières différentes selon le registre de langue. Par exemple :

1. Le tribunal **peut pas** appliquer cette décision (langage relâché).

2. Le tribunal **ne peut pas** appliquer cette décision (construction standard).

3. Le tribunal **ne peut** appliquer cette décision (construction plus recherchée).

(a) Construisez dix phrases au passé en utilisant les verbes **savoir/oser/cesser**.

(b) Illustrez les modifications du registre de langue.

VIII. Utilisation du verbe *rendre* + adjectif

En français le verbe **rendre + adjectif** correspond à *to make + adjective* en anglais.
Exemple : Ce qui **rend caduque** la dérogation . . ./Cette condamnation **a rendu** les fabricants **moroses** . . .

(a) Construisez quatre phrases avec **rendre + adjectif**.

IX. Observation sur le mot préjudice en français

Préjudice en français a un tout autre sens que *prejudice* en anglais. C'est un faux ami. En français il signifie **perte d'un bien ou d'un avantage**.

Par exemple : Cette affaire lui **porte préjudice**/lui porte **tort**/lui cause des **dommages**/Cette injustice a été commise à **son préjudice**/à **son détriment**. En revanche en anglais le mot *prejudice* correspond au mot français **préjugé**.

(a) Trouvez quatre faux amis en anglais avec leur équivalent en français.

(b) À partir de ces faux amis construisez en français quatre phrases complètes.

X. L'emploi du subjonctif avec le verbe *nécessiter*

En français le verbe **nécessiter** peut aussi entraîner l'emploi du subjonctif.

"un préjudice supérieur à la campagne de presse écrite qui **nécessite** que les publications **soient** achetées puis lues . . ."

D'autres constructions synonymes exigent la même structure grammaticale : **exiger/demander/ordonner/insister/il est important que/il importe que/il est indispensable que/il est impératif que**. Par exemple :

Le Tribunal Correctionnel **insiste** pour que sa décision **soit respectée**.

Il est **impératif que** la publicité relative au tabac **soit interdite** pour ne pas nuire gravement à la santé du public.

(a) Construisez six phrases complètes en employant les verbes énumérés ci-dessus.

Deuxième partie :
Information et communication

Le terme **Communication** englobe l'ensemble des techniques médiatiques utilisées pour entretenir l'image de marque d'une entreprise. La communication regroupe toutes les techniques employées dans la publicité, les médias et la politique en vue d'informer ou d'influencer la clientèle potentielle. La création visuelle de toutes les techniques publicitaires appelée *design*, les relations publiques représentant une des formes de communication institutionnelle, s'adressant à des publics différents tels que les responsables de collectivités locales, les directeurs d'administration, les relations presse s'adressant aux journalistes, la publicité, la promotion des ventes, le marketing direct, etc., occupent une place importante dans l'ensemble des techniques de communication. C'est la raison pour laquelle on parle de communication globale qui réunit toutes les actions budgétaires menées par une entreprise pour acquérir une certaine notoriété et accroître ses parts de marché. On constate une évolution dans le langage publicitaire. On a d'abord parlé de réclame, puis de publicité, et enfin de communication.

Dans le cadre d'une entreprise, les principaux interlocuteurs du **dir**ecteur de la **com**munication (DIRCOM) sont les agences-conseils en communication. L'association des agences-conseils en communication, créée en 1972 sous le sigle AACC, constitue le syndicat français le plus important. Son principal objectif est de promouvoir la publicité en général, de défendre les intérêts de ses adhérents et de les représenter auprès des pouvoirs publics. Les nouveaux médias sont porteurs de changements radicaux dans les pratiques de communication.

En France, l'installation de réseaux informatiques, du service Télétex permettant la transmission numérique de textes, du Minitel, se généralise. L'usage le plus répandu du Minitel se situe principalement au niveau de l'annuaire électronique, des services bancaires, du téléachat, des jeux, de l'information et des messageries. Le visiophone ou vidéophone (téléphone équipé d'un écran de télévision) reste actuellement au stade expérimental. L'influence exercée par la télévision sur l'opinion publique est de plus en plus importante. En France, dans la seconde moitié des années 80, on a assisté à la création de programmes spécialisés, à l'ouverture de chaînes et de canaux thématiques avec Canal Plus (chaîne cryptée), le réseau câblé installé en zone urbaine, et le satellite dans les zones rurales ou peu urbanisées.

8 Les moyens de l'information (réseau informatique, télématique)

Texte n° 15: Les invendus: un mal nécessaire?

Liste des mots-clés : les invendus/exemplaires/quotidiens/
publications/titre/parution/dépôt/diffuseur/flux aller/
montant fort/éditeurs/fournis/ventes/NMPP/intervenants/
outil d'audit/dépositaires/atout majeur/comptabilisés/
les manipulations inutiles/concrètement/lecture optique/logiciel/
transparence comptable/basculer/le fichier des NMPP/auditeurs/
sur le terrain/instances coopératives/parallèlement/au plan national/
déclaratif/la déclaration hebdomadaire/journalière/Minitel/
gommer/moyen terme/boire la tasse avec les bouillons/remise à
plat/occulter/la loi Bichet/chiffre d'affaires/brebis galeuses/
bouillonner/allers retours/les pornos/clones/à la va-vite/
faire le ménage/tricher/bénéficier/observatoire

Résumé du texte n° 15

Les invendus représentent un coût financier énorme dans le réseau de distribution.

Les Nouvelles Messageries de la Presse Parisienne proposent aux acteurs de la chaîne de distribution un plan de réforme quadriennal qui simplifie les procédures de traitement et de transmission des informations, de stockage dans les bases de données et d'analyse.

Ce document contractuel permet de développer la transparence comptable des déclarations des dépositaires grâce au logiciel Presse 2000.

Une équipe spécialisée en audit, rattachée à la Direction Invendus des NMPP, assurerait le bon fonctionnement des procédures et la qualité des données.

Le système de déclaration des invendus va être simplifié dans le but de connaître très vite le montant des ventes à l'échelle nationale et d'épargner de l'argent.

On s'interroge sur l'efficacité de ce plan de réforme qui, au détriment des éditeurs, profite aux dépositaires qui enregistrent un taux d'invendus supérieur à 90%. Au même titre, on se pose des questions sur l'utilité d'une cellule autonome de contrôle.

En volume, **les invendus** représentent encore aujourd'hui 948 millions d'**exemplaires** annuels (**quotidiens** et **publications**) à traiter en tant qu'information (**titre**, **parution**, prix, **dépôt** et **diffuseur**), à transmettre, à stocker dans les bases de données et à analyser. Tout cela représente une moyenne de 40% du **flux aller**, soit 2,7 milliards d'exemplaires. En **montant fort**, les invendus font à eux seuls 12 milliards de francs à gérer, donc un coût financier considérable dans l'équilibre économique de la chaîne de distribution.

En décidant de mieux maîtriser la célèbre formule arithmétique chère aux **éditeurs** *:* *"**Fournis** −invendus = **ventes**", les* **NMPP** *offrent aux différents* **intervenants** *du* *réseau de distribution un contrat permettant enfin de formaliser les procédures qui n'existaient jusqu'ici que dans les faits.*

Avec ce plan de réforme étalé sur quatre ans, la presse dispose désormais d'un document contractuel dont le but essentiel est avant tout la simplification du système. Loin d'être un simple **outil d'audit** pour les délégués, ce texte serait un véritable "guide d'auto-contrôle" pour tous les **dépositaires**, soit un millier au total au lieu de 2 000 en 1990. Dans les quatre ans, le nombre des dépositaires devrait tomber entre 300 et 400, **atout majeur** qui faciliterait notablement la réforme.

En somme, cette charte propose simplement d'améliorer la qualité et la rapidité de la remontée des informations sur les invendus **comptabilisés** dans les dépôts et de réduire au maximum **les manipulations inutiles** sur ces invendus. **Concrètement**, cela se traduit par l'harmonisation chez les principaux dépositaires de la saisie des invendus par **lecture optique** associée au **logiciel** Presse 2000, outil-clé dans le dispositif de la réforme des invendus, et par le développement de la **transparence comptable** qui permet à chaque dépositaire de **basculer** sur **le fichier des NMPP** les déclarations de chacun des diffuseurs.

De plus, une cellule d'"**auditeurs** invendus" garantirait le bon respect des procédures et donc la qualité des informations. Pilotée depuis Paris par la Direction Invendus des NMPP, cette équipe composée de six spécialistes ira **sur le terrain** partout en France. Dans le cadre des **instances coopératives**, les éditeurs pourront demander un audit sur un site particulier.

*Parallèlement, afin d'obtenir plus rapidement les résultats des ventes **au plan national**, le système **déclaratif** va être uniformisé : d'ici à la fin de l'année, **la déclaration hebdomadaire** des invendus sera supprimée, les 500 dépositaires concernés par cette nouvelle pratique étant ramenés à une déclaration **journalière**, saisie directement, via **Minitel**.*

L'objectif à atteindre pour les NMPP est de **gommer** certains excès passés. Pour 1992, le coût du flux a été de 240 millions de francs, la réforme élaborée devant permettre de réaliser des économies d'environ 50%, à **moyen terme**.

Qui boit la tasse avec les bouillons?

Cette **remise à plat occulte** néanmoins le problème de certains abus liés à **la loi Bichet**. Solidarité, jusqu'où? C'est bien la question. Quand on sait que 100 titres réalisent 92% du **chiffre d'affaires** des NMPP (hors quotidiens), cela veut dire qu'il y a un certain nombre de **brebis galeuses** parmi les 2 400 titres restants. Notamment ceux qui "**bouillonnent**" avec des taux d'invendus dépassant les 90%, et qui reçoivent malgré tout des avances en trésorerie de la part des NMPP. Est-il normal que ceux qui se vendent mal, malgré une forte présence terrain, pénalisent les autres en profitant du fait que le coût des **allers retours** soit supporté par la collectivité des éditeurs? Parviendra-t-on à abaisser le taux de distribution en imposant une phase de lancement avec un contrôle strict de certains titres (tels **les pornos**) ou des **clones** lancés **à la va-vite**? Qui est prêt à **faire le ménage**, sans pour autant pénaliser les petits éditeurs qui apportent leur contribution à la richesse de la presse française? Comme la plupart des éditeurs **trichent** avec les invendus, on se demande bien à qui pourrait **bénéficier** la mise en place sans cesse souhaitée et toujours remise, d'un **observatoire** réellement indépendant.

Source : *Médias* n° 345, mars 1994

I. Étude du vocabulaire

Les invendus sont les marchandises ou les objets qui n'ont pas été vendus. Exemples : Stock **invendu**/marchandises **invendues**/journaux ou livres **invendus**. **Invendu(e)** peut être considéré comme adjectif ou comme nom. Un éditeur de presse imprime plus d'exemplaires qu'il n'en est vendu. Le nombre d'exemplaires **invendus** s'appellent **le bouillon**. Les journaux **invendus** sont retournés aux diffuseurs pour être pilonnés et utilisés comme papier recyclé.

Un exemplaire, dans le domaine de la presse, est un seul numéro d'une publication. Les **exemplaires** gratuits sont destinés aux journalistes et à la promotion d'un titre de presse. Locutions à retenir : imprimer un livre ou tirer un journal à dix mille **exemplaires**/reproduire des objets à des milliers d'**exemplaires**.

Les quotidiens sont les journaux qui paraissent tous les jours. En France, on distingue la presse quotidienne nationale (PQN) de la presse quotidienne régionale (PQR). La PQN est une presse d'idées alors que la PQR est une presse d'informations. La PQN et la PQR ont vu leur diffusion baisser sous l'influence de la télévision et des radios locales privées.

Les publications : locution qui porte sur la manière de publier tout écrit (ouvrages, documents, textes). Locutions à retenir : la **publication** d'une loi (promulgation)/la **publication** d'un livre (parution, sortie)/un ouvrage en cours de **publication**/l'enregistrement des **publications**.

Le code ISBN (**I**nternational **S**tandard **B**ook **N**umber) permet d'identifier tout écrit publié dans le monde en mentionnant le numéro de l'éditeur, de l'ouvrage et toutes les indications utiles pour établir les statistiques.

Un titre est un nom donné à un ouvrage ou à une œuvre littéraire. Dans le domaine de la presse, le terme **titre** est utilisé dans le sens de **manchette**, c'est-à-dire le **titre** en gros caractères à la première page d'un journal, d'où les expressions suivantes : faire le **titre** de la "une"/"être à la une d'un journal"/"faire la une". Ces expressions signifient que l'équipe de rédacteurs d'un journal a souhaité mettre en avant un événement ou une information particulière.

La parution désigne la date à laquelle un livre, un article ou une revue sont publiés. C'est le moment de la **publication** ou de la **sortie en librairie**. Expressions courantes : la date de/la cadence de/le rythme de **parution**/les dernières **parutions**.

Un dépôt désigne ce qui est remis au dépositaire pour être gardé et restitué ultérieurement. **Le dépôt légal** est le fait de remettre ou de déposer cinq exemplaires à la Bibliothèque Nationale et un exemplaire au Ministère de l'Intérieur de toute production littéraire ou artistique. En France, pour tout éditeur et imprimeur, le dépôt légal est obligatoire. Celui-ci comporte en fin d'ouvrage : le mois, l'année, le numéro de l'éditeur et le numéro de dépôt. **Un diffuseur** est une société qui se charge de la **diffusion** des livres. En matière de presse, la diffusion est le nombre d'exemplaires distribués d'un titre de PQN, PQR, magazines ou revues spécialisés. Exemple : la **diffusion** des ouvrages en librairie. La **diffusion** des programmes de radio ou de télévision est assurée par réseau hertzien, câble ou satellite.

Le flux désigne l'écoulement (le **flux** artériel)/l'abondance (le **flux** de paroles)/le mouvement ou le déplacement (**flux** monétaires). **Le flux aller** est la marque du mouvement d'un lieu dans un autre. C'est le parcours fait en allant à un endroit précis, par opposition à retour.

En montant fort est une expression à rapprocher de francs lourds, francs **forts**, c'est-à-dire en valeur réelle.

Un éditeur est une personne ou une société responsable de la publication et de la mise en vente d'ouvrages imprimés. En France, les éditeurs les plus importants sont Hachette; le groupe de la Cité qui est l'une des plus grandes entreprises françaises d'édition comprenant Larousse, Nathan, Bordas, Dunod, Presses de la Cité etc.; la **C**ompagnie **E**uropéenne de **P**ublication (CEP) qui est un groupe français de presse et d'édition spécialisée dans la presse professionnelle (*L'Usine Nouvelle, Industries et Technique,* etc.). **Un éditeur de livres** se charge de la fabrication, de la publication et de la diffusion de livres. Un **éditeur** responsable (directeur de la publication)/un **éditeur** de texte (en informatique, c'est un programme permettant de composer des textes sur ordinateur). Il faut ajouter qu'un **éditeur** est un faux ami partiel en ce sens qu'il correspond également à l'anglais *editor* [of a book or series of articles]. Mais pour la plupart des Français, **éditeur** a seulement le sens de *publisher*.

Les fournis, par opposition aux **invendus**, sont les exemplaires ayant fait l'objet de la livraison par le grossiste. **Fournis** provient du verbe **fournir**. Locutions courantes : se **fournir** chez un commerçant (s'approvisionner)/ **fournir** quelque chose à quelqu'un (donner)/**fournir** des renseignements à quelqu'un (procurer)/**fournir** un effort considérable (faire un gros effort).

Les ventes représentent une opération commerciale par laquelle on vend une marchandise. Locutions courantes : procéder à la **vente** de/un lieu de **vente** ou un point de **vente** signifie **un magasin, une boutique**/mettre en **vente** ou commercialiser/une **vente** en gros ou au détail/une **vente** par correspondance (VPC)/une **vente** aux enchères/une **vente** en viager (*for a life annuity*).

Les NMPP sont les **N**ouvelles **M**essageries de la **P**resse **P**arisienne. Elles constituent un regroupement de cinq coopératives d'éditeurs de journaux et de la société Hachette. Cette entreprise française détient le monopole de la distribution dans les maisons de la presse, en kiosques etc.

Des intervenants sont des personnes qui agissent ou jouent un rôle spécifique dans une institution. Un(e) **intervenant(e)** se rapporte à une personne qui prend part à un débat ou à une discussion. Ce terme peut être soit adjectif soit nom. Il provient du verbe **intervenir**. Locutions courantes : un **intervenant** extérieur/**intervenir** dans un procès, dans les affaires d'autrui.

Un outil d'audit est un instrument d'observation, d'analyse et d'évaluation d'une situation. (Le terme **audit** est à l'origine un terme de vérification comptable.) En communication par exemple, l'audit sert à mesurer toutes les actions publicitaires réalisées préalablement et à faire le bilan de toutes les actions menées (répartition budgétaire, graphique, emballage). L'audit peut porter sur l'image et la notoriété d'une entreprise par rapport à ses concurrents.

Un dépositaire est un commerçant qui vend des marchandises qui lui ont été remises par un **déposant**. Expression courante : le **dépositaire** d'une lettre/d'une marque.

Un atout majeur est une chance considérable. Le mot **atout** est emprunté aux jeux de cartes. Expression courante : avoir/mettre tous les **atouts** dans son jeu.

Comptabilisés signifie **inscrits dans la tenue des comptes,** inclus dans la **comptabilité**.

Les manipulations inutiles désignent la manière ou l'action de manier et transporter sans aucun intérêt des marchandises, des journaux invendus. Locutions courantes : une **manipulation** chimique/des **manipulations** radioactives/la **manipulation** de l'opinion publique/des paquets.

Concrètement est un adverbe qui signifie **en fait, en pratique, d'une manière concrète**.

La lecture optique se fait par un système intégré dans un appareil de lecture d'une image appelé **scanner**. Celui-ci permet de sélectionner les couleurs d'une illustration pour les transformer en trame plus ou moins fixe. Dans les grandes surfaces, les caissières disposent de scanners de **lecture optique** de code-barre pour la facturation, la gestion et les statistiques de vente nécessaires aux études de marché.

Un logiciel est un terme technique, utilisé dans le langage informatique. Il désigne l'ensemble des instructions données à un ordinateur pour résoudre un problème particulier (logique, analyse, traitement de texte, calcul de données numériques, programmation etc.). Voir aussi le texte n° 13.

La transparence comptable est la qualité de ce qui laisse paraître les comptes clairement. Autres locutions courantes : la **transparence** du cristal, du teint, de l'eau/effets par **transparence**.

Basculer signifie ici **passer rapidement sur le fichier** qui est l'outil de base dans la politique de commercialisation.

Le fichier des NMPP comprend la liste des coordonnées de personnes ou d'entreprises ayant des points communs. Cette liste des NMPP qui "demeurent la clé de voûte du paysage de la presse en France" est surtout utilisée dans les opérations de marketing direct. Les **fichiers** peuvent être créés par compilation à partir des annuaires professionnels, les abonnements de journaux etc.

Un auditeur est une personne qui écoute. Comme par exemple : les **auditeurs** d'un conférencier/d'une émission de radio/un **auditeur** libre. C'est également une personne chargée de vérifier et de contrôler la comptabilité et la gestion d'une entreprise. (Un "auditeur invendus" contrôlerait la gestion des journaux invendus.)

Sur le terrain est une locution qui signifie **sur place**. Autre locution courante : être sur son **terrain** ou son domaine familier.

Les instances coopératives sont les institutions basées sur la coopération, la solidarité, le travail d'équipe. Locutions courantes : une affaire en **instance** (en cours)/être en **instance** de divorce/un jugement en première **instance**/se montrer **coopératif**.

Parallèlement ou en même temps.

Au plan national ou au **niveau national**, à l'**échelle nationale**. Locutions courantes : mettre quelque chose au premier **plan**, au second **plan**, sur le même **plan**/exécuter un **plan**/laisser quelqu'un en **plan** (abandonner)/un **plan** d'austérité.

Déclaratif est un adjectif qui signifie **relatif à une déclaration**, qui donne déclaration de quelque chose. Par exemple : un acte **déclaratif**/un jugement **déclaratif** de . . ./un verbe déclaratif comme **annoncer**, **affirmer**.

La déclaration est l'action de faire connaître, de dévoiler, d'annoncer quelque chose. Locutions à retenir : faire sa **déclaration** d'impôts/une **déclaration** de faillite/la **déclaration** des droits.

Hebdomadaire peut être considéré soit comme un nom soit comme un adjectif. Il signifie : qui paraît une fois par semaine. Locutions à retenir : une revue **hebdomadaire** ou **un hebdomadaire ou** un **hebdo** (familier)/le repos **hebdomadaire**.

Journalier est un adjectif qui signifie **quotidien**, qui se produit chaque jour. Par exemple : un travail **journalier**/une tâche **journalière** ou quotidienne.

Via Minitel signifie **par la voie du Minitel, en utilisant le Minitel**. **Minitel** est une marque déposée par France Télécom du terminal de consultation de banques de données. C'est un système de transmission d'informations qui peuvent être visualisées sur un écran. Ce petit terminal permet l'accès à l'annuaire électronique de France Télécom (n° d'appel : 3611), aux renseignements et réservations SNCF (n° d'appel : 3615 code SNCF), aux banques de données, aux messageries, à la vente par correspondance etc.

Gommer veut dire **effacer, estomper, faire disparaître**.

À moyen terme signifie **une limite fixée dans le temps, à moyenne échéance**. Locutions courantes : à court/à long **terme**.

Boire la tasse avec les bouillons est une expression métaphorique empruntée à la fois à la locution courante (**boire une tasse/la tasse** qui veut dire **avaler de l'eau sans le vouloir** en se baignant) et à **boire un bouillon/le bouillon**, qui peut avoir la même signification. Au sens figuré, cette expression signifie **essuyer un échec cuisant, une perte considérable** à cause d'une mauvaise spéculation. Dans le texte, nous avons un jeu de mots puisque **le bouillon** désigne l'ensemble des invendus d'une publication. Le **bouillon** de onze heures (boisson empoisonnée)/un **bouillon** de culture (milieu favorable).

La remise à plat est le fait de mettre ou de remettre une question ou un problème à plat, c'est-à-dire de reconsidérer une situation dans le détail.

Occulter signifie **rendre peu visible, cacher, dissimuler**.

La loi Bichet est une loi qui date de 1947.

Le chiffre d'affaires est le montant total des ventes de biens et de services réalisées pendant la durée de l'exercice par une société.

Brebis galeuse est une locution courante qui désigne une personne redoutable dont la présence n'est pas souhaitée dans un groupe.

Bouillonner signifie **former des bulles** en parlant d'un liquide en ébullition. Au sens figuré, **bouillonner de rage** veut dire **s'agiter, être énervé** ou **furieux**. Dans le texte, **bouillonner** signifie **avoir de nombreux exemplaires invendus**.

Des allers retours s'emploie pour désigner l'idée de va-et-vient, un mouvement alternatif.

Un aller et retour désigne un parcours double ainsi que le billet de transport correspondant.

Les pornos est une expression abrégée et familière de **pornographique**, c'est-à-dire relatif à la **pornographie**. Par exemple : des revues/des photos **pornos**/une boutique **porno**.

Des clones sont des multiplications identiques obtenues par **clonage** qui est un processus biologique de reproduction d'un individu, d'une cellule, d'un gène ou d'un fragment d'ADN (élément essentiel des chromosomes).

À la va-vite est une locution adverbiale qui signifie (faire les choses) **hâtivement** en faisant preuve de négligence.

Faire le ménage au sens propre du terme veut dire **astiquer** et **ranger une maison**. Au sens figuré, **faire le ménage** signifie **réorganiser, réaménager, restructurer une entreprise**.

Tricher est synonyme de **tromper, mentir, frauder, enfreindre directement les règles d'un jeu** afin d'être vainqueur. Locutions courantes : **tricher** au jeu/aux examens/sur les prix/sur la qualité/sur le poids, avec quelqu'un.

Bénéficier signifie **être bénéficiaire** d'un avantage, d'un droit ou d'un privilège, **profiter** de quelque chose. Exemples à retenir : **bénéficier** d'une remise/de prestations familiales/d'un traitement de faveur/de circonstances atténuantes/**bénéficier** à une classe sociale (apporter un profit à).

Un observatoire est une institution qui se consacre aux observations scientifiques, astronomiques, météorologiques.

II. Compréhension

Lire attentivement le texte, puis :

1. Définissez en français les mots et expressions suivants tirés du texte : le prix/les bases de données/une chaîne de distribution/une formule arithmétique/la presse/un document contractuel/en somme/un outil-clef/une cellule/recevoir des avances de trésorerie.

III. Traduction

1. Traduire en anglais les deux passages en italique.

IV. Expression écrite et/ou orale

1. Trouvez les noms et adjectifs correspondant à la cadence de parution d'une publication d'un journal, d'une revue ou autre pour les périodicités suivantes : tous les trois mois/quatre fois par an/deux fois par an/tous les deux mois/tous les mois/deux fois par mois/une fois par semaine. Exemples : **une fois par an** correspond à l'adjectif **annuel**, **une fois par jour** à **quotidien**.

2. Donnez des titres de journaux français de la **P**resse **Q**uotidienne **R**égionale (PQR) et de la **P**resse **Q**uotidienne **N**ationale (PQN).

3. Le Minitel est considéré comme un gadget par certaines personnes. Qu'en pensez-vous? Pourriez-vous établir une liste d'instruments utilisés fréquemment dans notre société moderne?

4. Les invendus représentent chaque année un nombre impressionnant d'exemplaires. Quel serait selon vous le système à adopter pour éviter ce problème?

V. Synonymes

(a) Analysez le sens de **en somme** et trouvez des synonymes.

(b) Construisez six phrases à partir de ces synonymes ou locutions.

VI. Mots composés

Remarque : Le "s" est facultatif au pluriel pour le mot composé **outil-clé**. Exemple : Un outil-clé/**des outils-clé(s)**

(a) Trouvez une liste de mots composés avec le terme **clé** ou **clef**.

(b) Construisez des phrases à partir de ces mots composés **utilisés au pluriel**.

VII. Locutions courantes

(a) Cherchez des expressions courantes comportant le mot **terme**.

(b) Construisez trois phrases complètes en intégrant ces locutions courantes.

VIII. Transcriptions des chiffres en toutes lettres

Attention! En anglais, la virgule correspond à mille. Exemple : £2,000 = 2 000 Livres Sterling

(a) Quelle différence y a-t-il entre la transcription de 2,7 milliards de francs et 2,7% en anglais et en français?

(b) Écrivez ces chiffres en toutes lettres.

IX. Construction avec le préfixe *in*

En français, un grand nombre d'adjectifs se construisent avec le préfixe **in** qui donne une connotation négative. Exemple : **in**vendu/**in**croyable/**in**visible.

(a) Dressez une liste d'adjectifs ayant la même structure.

(b) Expliquez l'usage de ces adjectifs.

X. Particularité du mot *information*

Remarque : En français, le mot **information** a le sens de *a piece of information/some information*. On dit donc : J'ai une **information** pour vous (I have *a piece of information/some information* for you).

Par contre, en anglais, le mot *information* est invariable et ce n'est pas le cas en français. Exemple : Il me faut des **informations** précises (I need precise *information*).

Autres exemples : **Mettre son pyjama/son pantalon** *To put on one's pyjamas/one's trousers*.

(a) Trouvez quatre phrases avec la même construction.

(b) Analysez le contraste dans les deux langues.

Texte n° 16 : Des comptes très domestiques

Liste des mots-clés : Cortal/Minitel/rentable/guichets/encours gérés/cocooning/charentaises/placements/Sicav/SCPI/chéquier/ un serveur vocal/consultation/ virements/connexions/Le CCF/ utilisateurs/Crédit du Nord/abonnés/Crédit Lyonnais/recenser/ pratiquer des tarifs/concurrence/Robeco/particuliers/ les frais de gestion/ les actifs/consœurs/titres en Bourse/ droits de garde/ligne d'actions/inciter/banque à distance/ désengorger/ordre de Bourse/compte courant/portefeuille/livrer/ devises/chèques de voyage/contrat d'assistance

Résumé du texte n° 16

La banque Cortal ne possède ni agences ni guichets. Selon le vice-président de cette banque à domicile, les clients effectuent leurs opérations par Minitel, téléphone ou courrier.

L'idée de banque à domicile est fort prisée en France alors qu'elle semblait expérimentale au début des années 80. Les épargnants détiennent Sicav, SCPI, assurance-vie etc.

Actuellement le CCF, le Crédit du Nord, le Crédit Lyonnais enregistrent une progression régulière du nombre d'abonnés ayant recours au serveur vocal et au Minitel.

Le vice-président de Cortal justifie le succès de sa banque par des relations privilégiées et une équipe disponible jusqu'à 20 heures, y compris le samedi.

L'absence de guichets permet à Cortal de faire profiter au client des économies ainsi réalisées. Cette banque a mis en place une tarification particulièrement compétitive.

Les banques à réseau comme le CCF et le Crédit du Nord encouragent la clientèle à utiliser les centres serveurs.

Chez **Cortal**, tout se règle par courrier, **Minitel** ou téléphone. Un concept **rentable** qui est passé dans les mœurs.

Pas d'agences ni de **guichets** à chaque coin de rue, mais 113 000 clients et 16,5 milliards de francs d'**encours gérés** : Cortal est la preuve que les Français apprécient la banque à domicile. *"Avec nos clients, tout se passe par téléphone, par courrier ou par Minitel. On ne se voit jamais. Cortal est la banque cocooning, la banque en charentaises de ceux qui n'ont pas envie de sortir de chez eux pour s'occuper de leurs placements personnels,"* affirme Olivier Le Grand, vice PDG de Cortal.

Révolutionnaire au début des années 80, le concept de banque à domicile est passé dans les mœurs. Mais seule Cortal va jusqu'au bout de son application, en l'utilisant comme mode exclusif de relation avec sa clientèle. Il faut dire que sa gamme est limitée à des produits d'épargne (**Sicav**, **SCPI**, assurance-vie, etc.) – à l'exception, peut-être, du compte rémunéré Optimal, accompagné d'un **chéquier**. "Pour nos clients, nous sommes généralement une seconde banque," reconnaît Oliver Le Grand.

Aujourd'hui, toutes les banques à réseau proposent **un serveur vocal** et un service Minitel qui permettent d'effectuer les opérations courantes (commande de chéquier, **consultation** de compte, **virements**, etc.). Le nombre d'abonnements et de **connexions** est en constante progression. **Le CCF**, pionnier en la matière, annonce 100 000 **utilisateurs**, soit deux fois plus qu'il y a deux ans et demi, et 500 000 connexions mensuelles. Au **Crédit du Nord**, où l'on considère également le serveur Norvidéo+ comme un produit phare, on compte 150 000 **abonnés** (contre 100 000 il y a deux ans) et 300 000 appels par mois (220 000 en 1992). Quant au **Crédit Lyonnais**, il **recense** 300 000 abonnés et 1,4 million d'appels par mois (soit une progression de 50% en deux ans).

Les raisons du succès? *"Le client bénéficie d'avantages qu'il ne peut pas trouver dans une banque à réseau comme, par exemple, l'ouverture jusqu'à 20 heures ou le samedi,"* explique Olivier Le Grand. Ensuite, *"ne pas avoir de réseau permet de **pratiquer des tarifs** défiant toute **concurrence**,"* affirme Renaud de l'Eprevier, du groupe **Robeco** spécialiste du placement financier par marketing direct, qui gère en France 10 milliards de francs pour plus de 20 000 clients, **particuliers** et institutionnels. *"Chez nous, **les frais de gestion** sur **les actifs** gérés ne sont que de 0,30% en moyenne,"* poursuit-il. Pas d'agence, donc pas de frais fixes : la gestion du client ne coûte quasiment rien.

Cortal prend ainsi beaucoup moins que ses **consœurs** en frais d'achat de **titres en Bourse** (1,15%) ou en **droits de garde** (0,15% + 15 francs par **ligne d'actions**). Ce qui ne l'empêche pas d'être, avec un bénéfice de 24 millions de francs en 1993 pour la troisième année consécutive, l'une des banques les plus rentables de France.

Certaines banques à réseau, CCF et Crédit du Nord en tête, font d'ailleurs tout pour **inciter** leurs clients à utiliser les services vocaux et Minitel. *"Au CCF, le pourcentage de clients qui utilise notre serveur est passé de 12,5% à 25% depuis septembre 1991 et nous comptons l'augmenter à 33% d'ici à deux ans,* explique Gilles Gasperment, responsable de la stratégie **banque à distance** du CCF. *Le service Minitel est d'abord un moyen de **désengorger** les agences ainsi qu'un produit de conquête qui vise à fidéliser la clientèle en l'incitant à tout faire chez nous."*

Des réductions sont donc souvent accordées à ceux qui utilisent le Minitel pour effectuer certaines opérations comme, par exemple, le passage d'**ordre de Bourse** (—20% au CCF sur les frais, —30% au Crédit du Nord sur les frais d'achat d'actions). Et la gamme de services offerts par Minitel s'élargit au-delà de la simple gestion du **compte courant** ou du **portefeuille**.

Exemple : avec le Bancoscope du CCF, lancé en octobre dernier, on peut commander et se faire **livrer** chez soi des **devises** ou des **chèques de voyage**, ainsi qu'un **contrat d'assistance** avant de partir en vacances. Dès mai 1994, on pourra même acheter un billet d'avion (avec réduction par rapport aux tarifs des lignes régulières) . . .

O O'M.

Source : Challenges, avril 1994

I. Étude du vocabulaire

Cortal est une banque qui fonctionne sans guichet. Cet établissement bancaire offre un service appelé "Centrale des placements". Son siège social est à Paris. La Banque Cortal est une filiale de la Compagnie Bancaire et du Groupe Paribas. C'est le premier groupe européen spécialisé dans les services financiers. En janvier 1984, la Compagnie Bancaire a créé Cortal, spécialisée dans les placements et l'épargne.

Minitel : voir chapitre 8, texte n° 15 : "Des invendus : un mal nécessaire?" page 102.

Rentable est un adjectif qui signifie **produire un revenu** ou **un bénéfice supplémentaire**. Expressions à retenir : une exploitation **rentable** (fructueuse)/un travail **rentable** (payant : familier).

Un guichet est une ouverture dans une porte ou dans un mur par laquelle le public communique avec les employés d'une administration, d'un bureau, d'une banque. Le mot est également utilisé pour désigner un simple comptoir séparant les employés du public. Exemples : se présenter au **guichet** de la poste/l'employé du **guichet** (guichetier)/le **guichet** automatique d'une banque ou la billetterie, le distributeur de billets.

Les encours représentent le montant des sommes d'argent acceptées par une banque, non arrivées encore à échéance. NB : **encours** ou **en-cours** (deux orthographes sont possibles). Exemple : les **encours** de crédit ou **encours** impliquent le montant des crédits utilisés par un client auprès de sa banque; ou pour une banque, c'est le montant de l'ensemble des crédits utilisés par sa clientèle.

Gérer veut dire **administrer** les intérêts, les affaires d'une société, d'une collectivité. Par exemple : **gérer** un commerce/un domaine/des fonds/une affaire bien ou mal **gérée**.

Cocooning est un anglicisme qui apparaît dans la langue française en 1988. C'est la situation d'une personne qui recherche le confort, la sécurité. Le terme anglais *cocoon* veut dire **cocon**. Expressions à retenir : **cocon** de ver à soie/dévider un **cocon**/s'enfermer, se retirer dans son **cocon** (s'isoler).

Des charentaises sont des pantoufles en tissu molletonné à carreaux. L'adjectif **charentais** s'applique aux départements de la Charente et de la Charente-Maritime. Le nom **Charentais** ou **Charentaise** désigne une personne qui habite les Charentes ou qui en est originaire.

Des placements sont des investissements, des dépôts d'épargne ou à terme des mises de fonds. Exemples à retenir : un **placement** financier/à revenus fixes/à terme/à vue/faire un bon **placement**/un **placement** avantageux.

Sicav ou S.I.C.A.V. est l'abréviation de **S**ociété d'**I**nvestissement à **C**apital **V**ariable. C'est l'ensemble de valeurs mobilières, détenu par des épargnants et géré par un établissement bancaire ou une société anonyme. **Sicav** est un substantif qui se prononce [Sikav], en un seul mot. En outre, il s'agit d'un nom féminin qui est invariable. Expressions à retenir : acheter/vendre des **Sicav**/souscrire à une **sicav** à court terme/**Sicav** obligataires/monétaires/**Sicav** de trésorerie/de capitalisation.

SCPI est le sigle de **S**ociété **C**ivile de **P**lacement **I**mmobilier. Elle a pour objectif l'acquisition et la gestion d'actifs immobiliers. Elle peut faire des appels publics à l'épargne avec l'autorisation de la **C**ommission des **O**pérations de **B**ourse (COB).

Un chéquier est un carnet de **chèques**. Locutions à retenir : payer par **chèque**/toucher/tirer/émettre/endosser/libeller/faire un **chèque**.

Un serveur vocal est un ordinateur spécialisé relié à un réseau de communication. Il reçoit des demandes émanant d'abonnés souhaitant accéder à des fichiers informatiques ou à des lignes. Le serveur vocal gère ces demandes et y répond. L'horloge parlante est un **service vocal** utilisant une voix recomposée par ordinateur. À l'heure actuelle, de nombreuses applications existent dans divers domaines : informations par téléphone, promotion des ventes, numéro vert (*free phone number*), **S**ervice **A**près **V**ente (SAV), service consommateurs. C'est ce que l'on appelle la synthèse vocale. Elle permet de restituer la voix humaine.

Une consultation est l'action de consulter, d'examiner, de lire un document pour y chercher une information.

Un virement est un transfert de fonds effectué d'un compte bancaire à un autre. Expressions à retenir : un **virement** bancaire/un paiement par **virement**/faire ou effectuer un **virement**.

Une connexion est une liaison d'un appareil à un circuit. Autres expressions : la **connexion** des faits/des idées/des parties d'un organe.

Le CCF (**C**rédit **C**ommercial de **F**rance). Les nationalisations bancaires ont été effectuées conformément à la loi du 11 février 1982. Toute banque dont le montant des dépôts ou des placements dépassait un milliard de francs au 2 janvier 1981 était nationalisée. En 1983, on procède à de nouveaux regroupements bancaires. Le **C**rédit **C**ommercial de **F**rance (**CCF**), l'**U**nion des **B**anques à **P**aris (**UBP**) et l'Européenne de Banque (ex-**Banque Rothschild**) forment la Compagnie Financière du **CCF**; la maison-mère des trois banques est le **CCF**. Le Crédit Commercial de France a été privatisé le 27 avril 1987.

Un utilisateur est une personne qui se sert d'une machine, d'un appareil. **Un usager** est une personne qui utilise un service public comme par exemple : les **usagers** de la route/l'**usager** d'un service public.

Le Crédit du Nord est un établissement financier. La libéralisation de la loi des finances par Michel Debré en 1966/67 provoque une lutte entre banques d'affaires pour le contrôle de banque de dépôts. La Banque de Paris et des Pays-Bas s'oppose au groupe Suez pour le contrôle du Crédit du Nord et du Crédit Industriel Commercial. Finalement c'est Paribas qui parvient à la fusion du Crédit du Nord et de la Banque de l'Union Parisienne en une banque de dépôts avec un réseau de 600 agences.

Abonné(e) peut être considéré comme participe passé ou nom, par exemple : il s'est **abonné** à une revue ou il a pris un abonnement/elle s'est **abonnée** à un périodique/les **abonnés** du téléphone.

Le Crédit Lyonnais est un établissement financier fondé à Lyon en 1863 par Henri Germain. Cet organisme a commencé à développer une activité de banque universelle. Par la suite, il s'est rapidement orienté vers une spécialisation à court terme et il est devenu la banque de dépôts la plus importante en France. Le **Crédit Lyonnais** a été nationalisé en décembre 1945 avec trois autres grandes banques de dépôts. Il occupait le second rang après la BNP (**B**anque **N**ationale de **P**aris) jusqu'à la fin des années 80.

Recenser signifie **évaluer/compter/énumérer**. Locution à retenir : **recenser** la population d'un pays.

Pratiquer des tarifs veut dire **mettre un prix à une marchandise** ou **à un produit**. Expressions courantes : **pratiquer** une méthode/un métier ou exercer/**pratiquer** un sport (jouer)/**pratiquer** des prix élevés ou bas/**pratiquer** une intervention chirurgicale.

La concurrence est la rivalité entre plusieurs personnes qui cherchent à avoir l'avantage sur leurs adversaires. Locutions à retenir : prix défiant toute **concurrence** ou très bas/**concurrence** déloyale/le jeu de la **concurrence**/fonder une **concurrence**/(se) faire **concurrence**/jusqu'à **concurrence** de ou jusqu'à une certaine somme.

Robeco est un trust financier. Sa date de fondation remonte à 1933. Les actions de **Robeco** sont introduites en 1938 en Bourse de Rotterdam. Le groupe **Robeco** compte quatre filiales importantes : **Rolinco** (créée en 1965 à Rotterdam), **Rorento** (créée en 1970, siège à Curaçao), **Rodamco** (orientée vers l'immobilier), **Roparco** (créée fin 1981).

Particulier peut être adjectif ou nom, comme par exemple : un culte **particulier** (spécifique, propre)/des intérêts **particuliers** (privés)/une manière **particulière** de voir les choses/un **particulier** (un individu).

Les frais représentent les dépenses occasionnées. Locutions à retenir : les **frais** de gestion/de transport/d'entretien/les **frais** fixes/répartir/payer/supporter/les **frais**/faire des **frais**/rentrer dans ses **frais**.

La gestion est l'action de gérer les affaires. Expressions à retenir : la **gestion** du patrimoine/d'une entreprise/des biens/la **gestion** publique.

L'actif, dans un bilan comptable, correspond aux emplois ou aux biens constituant **l'actif**, c'est-à-dire la partie gauche du bilan. La partie droite est composée du **passif**, c'est-à-dire l'ensemble des sources de fonds. **Les actifs** peuvent être les frais d'établissement, les valeurs d'exploitation, les valeurs disponibles. Le bilan se présente sous la forme d'un tableau de deux colonnes (à gauche l'**actif**, à droite le **passif**).

Une consœur est une femme appartenant à une profession libérale, à une société ou à un corps constitué. Le mot **consœur** a aussi le sens de **religieuse** appartenant à une confrérie. Au masculin on utilise le terme **confrère**.

Un titre en Bourse signifie une **valeur mobilière**, c'est-à-dire un titre représentatif de créances ou de droits de propriété. Tous les titres cotés sur la bourse française sont des valeurs mobilières.

Les droits de garde correspondent à la rémunération des établissements habilités à tenir des comptes de titres.

La ligne d'actions désigne le nombre d'actions, c'est-à-dire de valeurs mobilières ou de titres cotés en bourse.

Inciter signifie **pousser** quelqu'un à faire quelque chose ou **encourager, entraîner**. Expressions courantes : **inciter** quelqu'un à agir/**inciter** à l'action/à la débauche.

Banque à distance signifie une **banque sans guichet**. Cortal est une banque à distance.

Désengorger ou faire cesser d'être **engorgé**, c'est-à-dire **déboucher**. Par exemple : **désengorger** un tuyau/**l'engorgement** à l'entrée de la ville/ **l'engorgement** des capitaux. **Engorger** signifie **obstruer, encombrer, congestionner**.

Un ordre de Bourse est un mandat donné à une banque ou un autre intermédiaire lui permettant de réaliser une opération sur les marchés boursiers.

Un compte courant désigne le compte bancaire ou postal sur lequel est placé un dépôt ou un paiement. Ce compte permet une mobilisation immédiate de la monnaie par une écriture. Il autorise le découvert bancaire avec l'accord préalable du banquier.

Un portefeuille est l'ensemble des biens ou des effets de commerce détenu par une personne ou une société. Locutions à retenir : le **portefeuille** d'une banque/ministre sans **portefeuille**/titre en **portefeuille**/gérer son **portefeuille**/avoir un **portefeuille** bien garni ou être riche/obtenir un **portefeuille** ministériel. Bien sûr, **portefeuille** a aussi le sens de *wallet*.

Livrer est synonyme de **remettre**. Locutions courantes : **livrer** quelqu'un à . . ./**livrer** la place à . . ./**livrer** un secret ou **confier**/**livrer** une marchandise/**livrer** à domicile/**livrer** bataille/**se livrer à** la police ou **se rendre**/**se livrer à** un travail ou **effectuer**.

Devises est un terme qui désigne une monnaie convertible. Toutes les monnaies des pays occidentaux sont convertibles. Ce qui n'est pas le cas de certains pays de l'Est ou des pays en voie de développement. Expressions à retenir : acheter des **devises** étrangères/le cours officiel des **devises**/une **devise** forte. Le sens premier de **devise** exprime un slogan, par exemple : la **devise** de la France est "Liberté, égalité, fraternité".

Des chèques de voyage sont des **ordres de paiements** au profit du signataire du **chèque**. Ils sont payables en espèces dans un pays étranger. Les mentions du **chèque** outre la signature du bénéficiaire sont la date, le montant en lettres et en chiffres, le nom du tireur. Lorsque le tireur demande le règlement d'un **chèque** de voyage, il doit normalement s'acquitter d'une commission.

Un contrat d'assistance offre au titulaire une couverture sanitaire. En cas d'accident ou de maladie, les frais de secours, d'hospitalisation et le rapatriement sont assurés pour le signataire du **contrat** et pour sa famille. Certaines cartes de crédit comportent un **contrat** d'assurance qui couvre le détenteur contre des risques pendant les vacances. Par exemple, Visa a passé des accords avec Europ-Assistance. Il existe aussi des **contrats d'assistance** technique pour le dépannage des appareils électriques, électro-techniques ou électroniques. Autre expression courante : un **contrat d'assistance** informatique.

II. Compréhension

Lire attentivement le texte, puis :

1. Définissez en français les mots et expressions suivants tirés du texte : Une banque à domicile/passer dans les mœurs/la clientèle/une gamme de produits d'épargne/les assurances-vie/un compte rémunéré/une commande/commander/un produit-phare.

III. Traduction

1. Traduire en anglais les passages en italique.

IV. Expression écrite et/ou orale

1. Que pensez-vous de ce nouveau concept de banque à domicile?

2. Dans quel sens ce système constitue-t-il une menace sur les futurs emplois?

3. Préférez-vous régler au comptant un achat tel qu'un téléviseur, un caméscope, une voiture, ou faire une demande de prêt à votre banque? Justifiez votre réponse.

4. Quels sont les avantages et les inconvénients de l'achat à crédit du point de vue du consommateur d'une part, et de celui du vendeur d'autre part?

5. Quel est, selon vous, le rôle essentiel du service Minitel?

V. Expressions courantes avec le mot *bout*

Exemple : être au **bout** du rouleau, c'est-à-dire **être épuisé**.

(a) Trouvez une liste d'expressions courantes avec le mot **bout**.

(b) Donnez-en la signification.

VI. Construction de mots avec scope

Dans ce texte, nous avons le terme **bancoscope** créé à partir de **banco** qui signifie **comptoir de banque** et **scope** du grec *skopos*, qui veut dire **observer** et qui s'applique aux instruments ou aux techniques d'observation.

(a) Cherchez une liste de mots avec la même racine grecque.

(b) Construisez des phrases à partir de ces mots.

VII. Emploi du verbe *être* et du verbe *avoir*

"Le concept de banque à domicile **est passé** dans les mœurs ..." : **a passé** est l'ancienne forme de **est passé**. Nous constatons donc une évolution de l'usage de ce verbe.

(a) Trouvez d'autres verbes qui se conjuguent soit avec **être** soit avec **avoir**, selon leur sens et usage.

VIII. Les adjectifs numéraux

Souvent, on ne fait plus clairement la distinction entre **deuxième** et **second**. Par exemple, on emploie indifféremment en **deuxième/seconde** mi-temps/ voyager en **deuxième/seconde** classe/au **deuxième/second** étage.

Par ailleurs, il faut ajouter que le mot **second** a une connotation légèrement plus littéraire que **deuxième**. Par contre, il existe des locutions fixes avec **second** et **deuxième** comme par exemple : un **second** souffle/en **second** lieu/le **Second** Empire.

À la **deuxième** personne (en grammaire)/le **deuxième** sexe/un **deuxième** essai/la **deuxième** symphonie de Beethoven.

(a) Traduisez en français les phrases suivantes en utilisant **second** ou **deuxième** :

1. He took the examination a **second** time.

2. If he wins the **second** set, they will have to go to a third set.

3. The **Second** Empire was a moment of great artistic production in France.

4. She had completed ten laps and suddenly got her **second** wind.

(b) Indiquez dans ces phrases si l'alternative est possible.

IX. Structure du verbe *se faire* + infinitif

Se faire + infinitif n'a pas d'équivalent direct en anglais. Par exemple : **se faire livrer**.

Souvent, l'expression se traduit par *get* ou *got/have* ou *had* :

Elle s'est fait livrer dix caisses de champagne.

She got/had ten cases of champagne delivered.

Il s'est fait renverser par une voiture.

He was/got run over by a car.

(a) Construisez cinq phrases complètes avec la même structure verbale en français.

X. Emploi du verbe *inciter*

Attention! Le verbe **inciter**, en français, peut être employé soit avec un sens positif soit avec un sens négatif. Il a le sens de **encourager**. Par exemple : Sa mère l'a **incité** à travailler/Il l'a **incitée** à faire des bêtises. Par contre, en anglais, *to incite* n'a que le sens négatif, c'est-à-dire, **inciter** quelqu'un à faire quelque chose de mal.

(a) Trouvez cinq verbes en français qui ont la même racine en anglais mais avec un sens plus large en français.

(b) Intégrez ces cinq verbes dans des phrases complètes.

(c) Expliquez la différence d'usage entre l'anglais et le français.

9 La communication audiovisuelle (Arte: chaîne de télévision européenne, nouvelles technologies: câble, satellite)

Texte n° 17 : Arte : fidèle à elle-même

Liste des mots-clés : Arte/fidèle à elle-même/communautaire/ télévisuelle/La Sept/Arte Deutschland TV/La centrale de Strasbourg/pôles/disposer de/milliard/foyers/diffusée/TDF 1/2/ Télécom 2B/Kopernicus 3/le paysage audiovisuel/PDM/audimat/ fiction/films d'auteurs/Bertolucci/*Mouchette*/documentaires/ actualité/reportages/grille/films de 20 H 30/fédératrices/audience

Résumé du texte n° 17

Arte est une chaîne culturelle de télévision européenne. Son siège est localisé à Strasbourg. Elle regroupe La Sept et Arte Deutschland TV. Cette association conçoit les programmes et les diffuse par l'intermédiaire de trois satellites.

Actuellement, 17 millions de familles françaises environ, 11 millions de familles allemandes et 1,6 million de familles belges captent cette chaîne.

Arte se propose de créer une chaîne culturelle de qualité. Pour l'année 1993/94, elle accorde une place prépondérante aux films de fiction, aux documentaires, aux reportages et à la musique.

Les films programmés à 20 H 30 sur Arte remportent un vif succès. Le profil des téléspectateurs de cette chaîne communautaire est différent de celui des autres chaînes. La structure de l'audience est définie par une population plus masculine et légèrement plus jeune que celle des chaînes traditionnelles. Arte s'accapare environ 3% de part de marché sur ce public.

Première expérience **communautaire** de création **télévisuelle**, Arte est un groupement européen d'intérêts économiques implanté à Strasbourg qui rassemble à parité **La Sept** et **Arte Deutschland TV**. **La centrale de Strasbourg** assume la conception générale des programmes et leur programmation en collaboration avec les **pôles** nationaux.

*En 1993, la chaîne culturelle européenne **dispose** d'un budget global de 1,740* **milliards** *de francs. Ce budget, entièrement formé de ressources publiques, inclut 444 millions de francs destinés à la centrale de Strasbourg. Les budgets de Arte Deutschland TV et de la Sept sont essentiellement consacrés au financement des programmes : 969 millions de francs au total.*

Aujourd'hui près de 17 millions de **foyers** français reçoivent la chaîne ainsi que 11 millions de foyers allemands et 1,6 million de foyers de la communauté française de Belgique. **Diffusée** par trois satellites : **TDF 1/2**, **Télécom 2B** et **Kopernicus 3**, sa zone de diffusion dépasse largement celle des pays fondateurs.

Après près de deux ans d'antenne nationale, Arte s'est fait une petite place bien méritée dans le paysage audiovisuel avec 1% de PDM. Loin des stratégies en matière d'audimat, la chaîne franco-allemande s'est donné pour but premier de maintenir le cap d'une télévision d'exception haut de gamme. Parmi les programmes phares de la chaîne, certains comme les soirées thématiques font figure de valeurs sûres.

L'offre de programmes pour la saison 93/94 donne une place importante à la **fiction** avec notamment des **films d'auteurs** ou des grands classiques comme *Le Conformiste* de **Bernardo Bertolucci** (jeudi 3 février 94) ou *Mouchette* de Robert Bresson (mercredi 16 février 94). Les **documentaires** consacrés à l'**actualité**, à l'art, aux grands penseurs; les magazines, les **reportages** et la musique avec Macadam et Mégamix se partagent le reste de la **grille**.

Les succès sur Arte sont pour la plupart des **films de 20 H 30**. Pas étonnant que les soirées du lundi soient de loin les plus **fédératrices**, juste avant le mardi, consacré aux documentaires. Le mercredi réalise les scores les plus bas avec les soirées de musique classique, l'**audience** devient alors très confidentielle. Ces émissions présentent toutes une très forte affinité avec la cible ISCP+.

De façon plus générale, son profil d'audience se détache de celui des chaînes traditionnelles : légèrement plus jeune et nettement plus masculin. Son offre programme est en très forte affinité avec la cible des habitants des agglomérations dépassant les 100 000 et celles des individus CSP+. La chaîne représente du reste sur cette population près de 3% de part de marché.

Source : *Médias* n° 345, mars 1994

I.   Étude du vocabulaire

Arte est en fait un sigle qui signifie **A**ssociation **R**elative aux **T**élévisions **E**uropéennes (voir texte n° 10).

Fidèle à elle-même implique qui ne change pas, qui garde ses qualités. Expressions courantes : rester **fidèle** à quelqu'un/être **fidèle** à un fournisseur/à ses habitudes/à soi-même/être **fidèle** à ses promesses/à ses engagements/à sa parole/au poste/à ses idées/une cliente **fidèle**/un compagnon **fidèle**.

Communautaire est un adjectif qui se rapporte à communauté, qui concerne la Communauté Européenne. Par exemple : le droit **communautaire**/les pays **communautaires**.

Télévisuel(le) est un adjectif qui concerne la télévision en tant que moyen artistique. Par exemple : une création **télévisuelle**/un langage **télévisuel**.

La Sept/Arte. En 1985 Georges Filloud, Secrétaire d'État à la Communication, demande à Pierre Desgraupes d'imaginer des programmes pour les satellites TDF 1/2. En février 1986, **La Sept** est créée. C'est une société anonyme : une société d'édition et de programmation de télévision. En octobre 1988, le satellite de télévision Directe TDF1 est lancé pour retransmettre les programmes de la 7 en Europe. Cependant le matériel de réception est trop coûteux et peu satisfaisant au niveau technique. En mars 1989 **La Sept** prend le nom de Société Européenne de Programmes de Télévision. Le 2 octobre 1990, le traité franco-allemand pour la création d'**Arte** est ratifié. Mars 1991 marque la date de création du pôle germanique de coordination "**Arte Deutschland TV**". Le Groupement d'Intérêt Économique (GIE) est créé à Strasbourg le 30 avril 1991. Le 28 septembre 1992, Arte est lancé en France sur le réseau hertzien. Le siège de **Arte** se trouve à Strasbourg, celui de **La Sept** à Paris et celui de **Arte Deutschland TV** à Baden-Baden.

La centrale de Strasbourg désigne le Groupement d'Intérêt Économique (GIE) qui inclut La Sept/Arte et Deutschland TV.

Un pôle est une structure qui joue un rôle important dans une transformation. Autres expressions courantes : le **pôle** Nord/les **pôles** géographiques/un **pôle** d'attraction/un **pôle** de croissance/de développement.

Disposer de est un verbe transitif indirect qui signifie **avoir à sa disposition, jouir de**. Par exemple : **disposer d'**une somme d'argent/d'un véhicule de fonction/de quelques minutes/**disposer de** quelqu'un, c'est-à-dire s'en servir.

Un milliard est égal à mille millions ou 10^9 (dix à la puissance neuf).

Un foyer est un lieu où habite une famille. C'est également la famille elle-même. Par exemple : les **foyers** français ou allemands. Autres expressions courantes : une femme **au foyer** ou sans activité professionnelle/fonder un **foyer** ou se marier/un **foyer** de jeunes travailleurs/de personnes âgées/des lunettes à double **foyer**/un **foyer** tuberculeux, c'est-à-dire le siège de la maladie.

Diffuser signifie **transmettre par** ondes hertziennes utilisées en radiocommunication. Au sens figuré, **diffuser** veut dire **propager, répandre**. Par exemple : **diffuser** la chaleur/la lumière/une nouvelle/des idées.

TDF 1/2 sont des satellites de télévision directe. **TDF1** a été construit en collaboration avec Matra, l'Aérospatiale et Thomson et lancé en 1988. Les téléspectateurs équipés d'une antenne parabolique peuvent recevoir directement des images. **TDF2** a été lancé en 1990. Il existe quatre satellites de télévision directe : TDF1 et 2 (France)/TVSAT 1 et 2 (RFA).

Télécom est un satellite français de télécommunications. **Télécom 1** a été lancé en juillet 1984 par la fusée Ariane. Il était destiné aux communications d'entreprises (visio-conférences, transmission de données). **Télécom 2** a été lancé en mai 1985. Depuis 1988 **Télécom 1C** assure en orbite géostationnaire la transmission des programmes de la 5 et de M6 avec **Télécom 1A**, remplacé par **Télécom 1B** tombé en panne. **Télécom 2A** a été lancé le 16 décembre 1991 pour diffuser A2, Canal+ et les chaînes thématiques. **Télécom 2B** est un satellite utilisé pour la diffusion de programmes de TV en langue française pour la France. **Télécom 2B** (5° ouest) : TF1, France 2, Canal J, Canal Jimmy, Canal+, Arte, M6.

Kopernicus 3 est un satellite international de radiocommunications. Pour l'Allemagne, **DFS Kopernicus 1** a été lancé par la fusée Ariane le 5 juin 1989. **Kopernicus 2** a été lancé le 24 juillet 1990 par Ariane et **Kopernicus 3** a été lancé par Delta de Cap Canaveral.

Le Paysage Audiovisuel Français (PAF) représente l'ensemble des entreprises travaillant dans les moyens de communication audiovisuels. Leur pouvoir est si étendu que l'on a créé en 1981 la Haute Autorité, devenue en 1986 la CNCL (**C**ommission **N**ationale de la **C**ommunication et des **L**ibertés), et en 1990 le CSA (**C**onseil **S**upérieur de l'**A**udiovisuel). Cet organisme de contrôle est chargé d'attribuer les fréquences hertziennes; de nommer les responsables des chaînes publiques; et de contrôler le pluralisme des courants de pensée. Le **PAF** est lié à la structure, l'organisation et la réglementation de la communication audio-visuelle en France.

PDM est une abréviation qui signifie **part de marché**.

Audimat signifie audiomètre automatique. C'est un appareil placé sur un récepteur de radio ou de télévision, servant à recueillir le taux d'écoute des émissions de radio ou de télévision. Il est relié par téléphone à un centre informatique. **Audimat** est une marque déposée. L'enquête **Audimat** est menée auprès d'un échantillon de 2 300 foyers.

La fiction est une forme de récit cinématographique qui raconte une histoire grâce à des interprètes, des acteurs ou des comédiens. C'est la création de l'imagination. Elle permet de faire passer un message à partir des événements de l'existence réelle. Locutions courantes : un livre, un roman de **fiction**/la science-**fiction**.

Les films d'auteurs sont des productions cinématographiques réalisées par des créateurs d'une œuvre littéraire ou artistique. En France, les auteurs sont protégés par la loi du 11 mars 1957 relative à la protection littéraire et artistique. Toute création publicitaire rentre dans le cadre de cette loi. Le créateur a le droit de divulgation sur son œuvre ainsi que les droits de reproduction. Les sociétés françaises les plus importantes de protection des droits des auteurs sont : La SACEM (**S**ociété des **A**uteurs, **C**ompositeurs et **É**diteurs de **M**usique)/La SACD (**S**ociété des **A**uteurs et **C**ompositeurs **D**ramatiques)/La SCAM (**S**ociété **C**ivile des **A**uteurs **M**ultimédias).

Bernardo Bertolucci est un cinéaste italien né le 16 mars 1941 à Parme, fils d'un poète et critique de cinéma. En 1961, il réalise et signe son premier film intitulé *La commare secca*. Le film obtient un grand succès critique au festival de Venise. Bertolucci est l'auteur du scénario de *Il était une fois dans l'Ouest* de Sergio Leone, 1969-1970. En 1970, il réalise *Le Conformiste* avec Jean-Louis Trintignant, Stefania Sandrelli, Dominique Sanda, Pierre Clémenti, Gastore Moschin et Yvonne Sanson. Le cinéaste a réussi d'après ce roman d'Alberto Moravia à reconstituer le milieu des exilés antifascistes avant 1939. Au début des années 1990, il réalise *Un Thé au Sahara* (*The Sheltering Sky*).

Mouchette est un film français réalisé par Robert Bresson en 1967, d'après le roman de Georges Bernanos. L'histoire de Mouchette est simple. Cette adolescente âgée de 14 ans est fille d'ivrogne. Un soir d'orage, elle se perd dans les bois et rencontre Arsène le braconnier qui la ramène dans sa cabane. Arsène viole Mouchette. Elle rentre chez elle où sa mère agonise. Repoussée par ceux qui entourent sa mère défunte, la jeune fille confirme l'alibi du braconnier, suspecté par le garde-chasse d'avoir dynamité l'étang. Mouchette habillée de blanc se laissera glisser sur l'étang pour mourir.

Un documentaire est un film didactique, présentant des documents authentiques. Il est en général tourné sans acteur. Les entreprises y ont souvent recours pour les relations publiques.

L'actualité est l'ensemble des événements, des faits qui touchent l'époque actuelle. Locutions courantes : **l'actualité** d'un problème/ce n'est plus d'actualité /l'actualité sportive/**l'actualité** politique/les **actualités** télévisées (les informations, les nouvelles, le journal télévisé).

Un reportage est l'œuvre d'un journaliste chargé de recueillir des informations visuelles. Locutions courantes : faire un **reportage** photographique/filmé/télévisé/publicitaire.

La grille est le tableau présentant la répartition des programmes de radio ou de télévision. Locutions courantes : une **grille** de programmes de radio/de télévision/une **grille** d'horaires des trains/une **grille** des salaires/de mots croisés/de cage.

Les films de 20 H 30 sont les œuvres cinématographiques programmées à 20 H 30.

Fédérateur(trice) peut être pris soit comme un adjectif soit comme un nom. Les soirées les plus **fédératrices** sont celles qui tendent à former une association de plusieurs comités, clubs, partis politiques, syndicats ou sociétés, placée sous un groupement commun. Un(e) **fédérateur(trice)** aspire à constituer une fédération, un état fédéral.

L'audience désigne le public touché par un moyen de communication (lecteurs, auditeurs, téléspectateurs). **L'audience instantanée** est le nombre de personnes à l'écoute des programmes de la radio ou de la télévision pendant une tranche horaire déterminée.

II. Compréhension

Lire attentivement le texte, puis :

1. Définissez en français les mots et expressions suivants tirés du texte : rassembler à parité/les programmes/programmer/programmation/une zone de diffusion/maintenir le cap/le profil d'audience/confidentiel/la cible.

III. Traduction

1. Traduire en anglais les deux passages en italique.

IV. Expression et/ou orale

1. Faites une analyse critique du film *Le Conformiste* de Bernardo Bertolucci.

2. Que savez-vous du réalisateur français Robert Bresson? Donnez quelques titres de films qu'il a réalisés.

3. Aviez-vous déjà entendu parler de Arte? Que pensez-vous de cette expérience communautaire?

4. Quels sont les films de science-fiction qui vous semblent les meilleurs du genre? Rédigez un paragraphe d'une dizaine de lignes en justifiant votre choix.

V. Locutions courantes avec le mot part

Exemple : Avoir la **part** belle, c'est-à-dire la **meilleure part**.

(a) Trouvez des expressions courantes avec le mot **part**.

(b) Donnez-en la signification.

VI. Transcription des chiffres en toutes lettres

(a) Transcrivez en toutes lettres les chiffres suivants : 1993/1,740 milliard de francs/1 000 000 000 de francs/444 000 000 de francs/17 000 000 de foyers/1 00 000 habitants.

(b) Lisez ces chiffres à voix haute.

VII. Sens du verbe disposer de

Dans le deuxième paragraphe nous lisons "la chaîne culturelle européenne **dispose** d'un budget . . .". Il est clair que le verbe **disposer de** n'a pas la même valeur que *to dispose of.*

(a) Quel est le sens de **disposer de**?

(b) Comment diffère-t-il de *to dispose of?*

VIII. Emploi du participe passé

Dans les deux phrases tirées du texte :

"Arte **s'est fait** une petite place bien méritée . . ."

"La chaîne franco-allemande **s'est donné** pour but premier de . . ."

il n'y a pas d'accord entre le sujet et le participe passé.

(a) Expliquez-en la raison.

Dans la phrase "Elles se sont battues" l'accord est nécessaire.

(b) Pourquoi cet accord est-il nécessaire?

(c) Construisez six phrases au passé composé en employant un verbe pronominal dont le pronom réfléchi est tantôt direct tantôt indirect. Exemples : Elle s'est **taillé** la part du lion/Ils se sont **battus** pour obtenir le droit de garde.

IX. Analyse de films

Selon le CNC, le total des films diffusés en 1992 par les chaînes de télévision se distribue comme suit :

Canal+	449
F3	192
M6	191
F2	188
TF1	170
La Sept/Arte	44

(a) Analysez ce tableau.

(b) Rédigez un petit paragraphe sur la programmation de chacune de ces chaînes.

X. La spécificité culturelle de Arte

En ce qui concerne Arte "son profil d'audience se détache de celui des chaînes traditionnelles : légèrement plus jeune et nettement plus masculin . . .".

(a) Comment expliquez-vous ce phénomène?

(b) Dans quelle mesure peut-on parler de la spécificité culturelle de Arte?

Texte n° 18 : Câble ou satellite : que choisir?

Liste des mots-clés : le petit écran/épidémie/la téléphagie/se raccorder au câble/souscrire un abonnement/le son/les polyglottes/ non-raccordables/la télé/les plus mordus/équiper/collectivités/ département de Seine-Saint-Denis/La Seine/en cours de câblage/ abonnement/les antennes en râteau/capter/le réflecteur/recueillir/ transmises/zapping/foyers hexagonaux/monégasque/RTL TV/TMC/ les grand-messes/rediffusées/TV5/Euronews/thématiques/Eurosport/ documentaires à gogo/culte/Série Club/MCM/MTV/Canal J/les boulimiques de films/Ciné-Cinéfil/compatibles/un boîtier interface/ le serveur/câblo-distributeur local/coordonnées/raccordement/ adresses câblées/chaîne cryptée/faire des petits/l'investissement en capital/Canal+/Télécom 2A/Canal Satellite/décodeur

Résumé du texte n° 18

À l'heure actuelle, il existe deux techniques pour recevoir des chaînes étrangères : la transmission par câble et celle par satellite. En ce qui concerne le câble, il faut une prise et il faut s'abonner (comme pour le téléphone). Pour les habitants de communes non-raccordées au câble, il faudra choisir la parabole dont le coût est plus onéreux mais dont l'image est satisfaisante. Le cumul des deux techniques est possible.

En France, on compte environ 350 communes, ce qui représente 5 millions de foyers à pouvoir être câblés.

La parabole est essentielle pour recevoir les chaînes transmises par satellite. On évalue à près de 600 000 le nombre de foyers captant ce genre de chaînes.

Le phénomène lié aux développement du nombre de chaînes françaises et étrangères touche 1,3 million de foyers en France.

La chaîne à péage Canal+ a reproduit huit chaînes à l'aide de Télécom 2A.

*Comment recevoir toutes ces chaînes qui inondent **les petits écrans** du monde entier et participer à cette nouvelle **épidémie : la téléphagie** galopante? Deux techniques coexistent actuellement : la transmission par câble et celle par satellite. Pour **se raccorder au premier**, c'est aussi simple que pour le téléphone. Il suffit de faire installer une prise et de **souscrire un abonnement**. Encore faut-il avoir accès au réseau et subir le choix de chaînes effectué par l'opérateur. Les puristes du **son** et de l'image, les collectionneurs de chaînes (jusqu'à 200!), les **polyglottes** et, bien sûr, les **non-raccordables** opteront pour la parabole individuelle. Le coût est plus élevé, mais on est maître chez soi et c'est techniquement la meilleure **télé**. Et rien n'empêche **les plus mordus** de cumuler les deux!*

Câble : état des lieux

Aujourd'hui, 5 millions de foyers français, dans près de 350 communes, peuvent être raccordés au câble. La plupart des grandes villes sont déjà partiellement, ou complètement, **équipées**. Toutefois, certaines **collectivités** comme Calais, La Rochelle, Le Havre, Limoges, Poitiers et **le département de Seine-Saint-Denis** font encore de la résistance. Les petites et moyennes municipalités **en cours de câblage** sont près d'une centaine. Selon l'endroit, l'offre peut varier considérablement : choix des programmes proposés, prix de **l'abonnement** (de 45 à 160 francs par mois) et nombre de chaînes (de 15 à 35).

Satellite : parabole indispensable

***Les antennes en râteau** ne captent pas les ondes émises par les satellites. La parabole est donc nécessaire. **Le réflecteur** sert à **recueillir** les signaux du satellite; plus ils sont faibles, plus le diamètre de la parabole doit être grand. On estime à environ 600 000 le nombre de foyers recevant en France des chaînes **transmises** par satellite.*

Le zapping du câblé

1,3 million de **foyers hexagonaux** ne vivent plus tout à fait comme les autres : la prise télé de leur salon leur apporte quinze à vingt programmes en français, plus quelques curiosités étrangères. Avec le câble, nul besoin d'être lorrain ou **monégasque** pour capter **RTL TV** ou **TMC**. Fini la peur de rater **les grand-messes** de 20 heures : elles sont **rediffusées** après 21 heures sur **TV5**. Et **Euronews**, c'est un journal toutes les demi-heures. Autres spécialités, les chaînes **thématiques** : sport en tout genre sur **Eurosport**, **documentaires à gogo** sur Planète, séries **cultes** – et moins cultes – sur **Série Club**, musique sur **MCM** ou **MTV**. Les enfants ne sont pas oubliés avec **Canal J**, et **les boulimiques** de films voient leur passion rassasiée par Ciné-Cinémas et **Ciné-Cinéfil**. La plupart des téléviseurs sont **compatibles avec** le câble; si tel n'est pas le cas, l'opérateur fournit **un boîtier interface**, et le tour est joué. Renseignements : 3615 Câble suivi du nom de la ville. On est dirigé sur **le serveur** du **câblo-distributeur local** où l'on trouve ses **coordonnées**, les conditions de **raccordement**, la liste des **adresses câblées**, etc.

Les huit filles de Canal+

Au fil des ans, la **chaîne cryptée** a **fait des petits** : outre **l'investissement en capital**, la plupart des chaînes thématiques du câble sont dirigées par des hommes de **Canal+**. Logique, donc, qu'ils aient eu l'idée de se regrouper sur un même satellite (**Télécom 2A**), afin de rendre ces nouvelles chaînes accessibles à tous. C'est chose faite depuis novembre 1992, et 100 000 abonnés reçoivent déjà les huit chaînes (cryptées) de **Canal Satellite** à l'aide d'une antenne parabolique.

Abonnement à Canal Satellite (Canal J, Canal Jimmy, Eurosport, MCM, Paris Première, Planète) : 136 francs par mois. 50 francs de plus pour Ciné-Cinéfil et Ciné-Cinémas et 31 francs de réduction aux abonnés de Canal+ utilisant le même **décodeur**.

Tél. : 44-25-10-00 et 3615 Canalsat.

Source : *Challenges*, avril 1994

I. Étude du vocabulaire

Le petit écran désigne la **télévision**. Par opposition, le terme **grand écran** se rapporte au cinéma.

Une épidémie est l'apparition d'un grand nombre de maladies qui se propagent par contagion comme par exemple : l'**épidémie** de choléra, de rougeole, de grippe. Au sens figuré, une **épidémie** signifie "une mode" qui touche un grand nombre de personnes en se propageant comme une maladie contagieuse.

La téléphagie est une expression formée de **télé** pour télévision et de **phagie**. Le terme **phagie** est emprunté au grec *-phagos* qui signifie **mangeur**. Il entre dans la formation de nombreux mots savants et donne l'idée de consommation, d'indigestion. Exemples à retenir : aéro**phagie** (pathologie qui se manifeste par l'absorption d'air)/anthropo**phagie** (le fait de consommer de la chair humaine)/omo**phagie** (habitude de manger de la viande crue)/zoo**phagie** (instinct des animaux qui mangent de la chair d'animaux).

Se raccorder au câble veut dire **se relier par un raccord au câble de télévision** (se rattacher à, se raccrocher à).

Souscrire un abonnement signifie **s'engager à payer, en signant**. Autres exemples à retenir : **souscrire** un contrat (approuver, signer)/**souscrire** un billet à quelqu'un/**souscrire** à une publication (prendre l'engagement d'acheter)/**souscrire à** un emprunt (prendre une part d'un emprunt public)/je **souscris à** ce que tu dis (adhérer, accepter)/**souscrire aux** exigences de quelqu'un (admettre, consentir).

Le son se rapporte à une sensation auditive comme par exemple : le **son** de la voix/le **son** musical/le **son** d'un moteur/d'une cloche/un **son** de cloche (locution qui, au sens figuré, signifie **opinion sur un événement**)/émettre/produire/rendre/faire/entendre un ou des **sons**.

Les polyglottes sont les personnes qui parlent plusieurs langues. Le préfixe **poly**, du grec *polus*, signifie **nombreux, abondant**. *Glotto* en grec signifie **langue**. Par exemple : un guide/une traductrice **polyglotte**.

Les non-raccordables sont les ménages français qui ne peuvent être **raccordés au câble**, c'est-à-dire ceux qui ne bénéficient pas du réseau de télévision par câble.

La télé est l'abbréviation de **télévision**. Ce mot est utilisé dans un langage familier comme par exemple : regarder la **télé**/une émission de **télé**/voir un film à la **télé**/une vieille **télé** (poste de télévision ou téléviseur).

Les plus mordus sont les personnes qui ont un goût extrême pour la télévision ou pour autre chose. Expressions courantes : c'est un **mordu** du football (il est fou de)/c'est une **mordue** de jazz (elle est fanatique, fervente)/il est **mordu**, bien **mordu** (amoureux).

Équiper a tout d'abord le sens d'**embarquer**, ensuite **pourvoir** (un navire) de tout ce qu'il faut pour la manœuvre, la subsistance, la défense, le personnel (équipage) et le matériel. Exemples à retenir : **équiper** une armée ou un régiment/**équiper** quelqu'un contre le froid/être bien ou mal **équipé**/**équiper** une cuisine/un magasin/une école/une usine (moderniser)/**équiper** une région d'un réseau routier ou d'un réseau électrique/**équiper** un quartier d'un réseau de télévision par câble (développer).

Les collectivités signifient des **groupes d'individus**, des **communautés**. Au singulier le terme **la collectivité nationale** est utilisé pour désigner la **nation**. Expressions courantes : les **collectivités** locales/publiques/professionnelles.

Le département (de Seine-Saint-Denis) est une division administrative du territoire français placée sous l'autorité du préfet assisté par le Conseil Général. On compte quatre-vingt-quinze départements en France métropolitaine. Les quatre départements d'Outre-Mer (appelés DOM) sont la Guadeloupe, la Martinique, la Réunion et la Guyane. Le département est lui-même subdivisé en arrondissement, canton, commune.

La Seine est un long fleuve qui prend sa source au plateau de Langres (Haute-Marne). Il traverse Paris et se jette dans la Manche par un vaste estuaire. En 1790, lors de la constitution des départements français, Paris et sa banlieue ont formé le département de la Seine. En 1964, au cours de la réorganisation de la région parisienne, le département réduit à la capitale a pris le nom de Ville de Paris.

En cours de câblage s'applique à certains quartiers en cours de câblage, c'est-à-dire sur le point de recevoir un équipement technique dans le cadre du développement de la télévision par **câble**. Le **câblage** est la mise en place d'un réseau de télécommunications permettant des échanges d'informations avec l'extérieur.

Un abonnement est le fait d'abonner quelqu'un ou de s'abonner à un service régulier moyennant le versement d'une somme d'argent. Expressions à retenir : prendre/souscrire/renouveler un **abonnement** à un journal/**abonnement** à l'électricité/au gaz/au téléphone/régler l'**abonnement**.

Les antennes en râteau sont des tiges métalliques servant à capter ou à diffuser les ondes électromagnétiques. Ce sont des antennes de télévision en forme de râteau placées sur le toit des immeubles ou des maisons.

Capter signifie tout d'abord **chercher à gagner** (la bienveillance de quelqu'un) de façon intéressée, puis **retenir** ou **obtenir** quelque chose. Exemples : **capter** (retenir) l'attention/**capter** (obtenir) les suffrages/**capter** (canaliser) l'eau d'une rivière/**capter** (intercepter) la chaleur solaire/**capter** (recueillir) les ondes/**capter** (recevoir) un message.

Un réflecteur est un appareil destiné à **réfléchir** les ondes ou les signaux lumineux au moyen de miroirs métalliques. **Réfléchir** implique **renvoyer par réflexion** dans une direction différente (refléter, briller, luire, miroiter).

Recueillir les signaux veut dire **capter** les sons ou les rayons lumineux, **enregistrer**.

Transmis(es) est l'adjectif ou le participe passé du verbe **transmettre**, c'est-à-dire faire passer d'un endroit à un autre ou d'une personne à une autre. Il convient d'ajouter que **transmettre** s'emploie beaucoup plus que *to transmit*.

Le zapping est concurrencé par le terme **zappage**, qui n'est autre que la francisation du mot américain. Dans le contexte de la télévision, *to zap* et *zapping* sont liés à la télécommande. C'est l'opération par laquelle on change de chaîne. En français, le verbe **zapper** s'applique de façon globale à tout changement fréquent de programme. Au Québec le terme **pitonner** est très utilisé pour les ordinateurs, les télécommandes (d'où les mots **pitonner/pitonnage**).

Les foyers hexagonaux désignent de façon ironique ou péjorative **les Français**. En 1934, De Gaulle parle de l'**Hexagone** en faisant allusion à la France métropolitaine, à cause de la forme de la carte géographique du pays.

Monégasque peut s'employer comme adjectif ou comme nom. Il signifie relatif à la principauté de Monaco. Un, une **Monégasque**/la population **monégasque**.

RTL TV Radio-Télé-Luxembourg Télévision est la première chaîne commerciale lancée en 1955 en Europe.

TMC Télé-Monte-Carlo appartient à la société spéciale d'entreprise qui exploite la concession de télé attribuée à Radio-Monte-Carlo par l'État monégasque depuis novembre 1954.

Les grands-messes est une expression en français ancien peu employée de nos jours. On retrouve sous la forme masculine, au féminin : la **grand**-rue (la rue principale), la **grand**-route/-messe/-croix.

Rediffusé(es) est le participe passé du verbe **rediffuser**, c'est-à-dire **diffuser à nouveau à la radio** ou **à la télévision**.

TV5 ou **T**élé-**V**ision **5** est une chaîne de TV francophone internationale créée en 1984 pour promouvoir la francophonie.

Euronews est une chaîne européenne d'informations en continu multilingue (5 langues) dont l'idée est née en 1986. Elle a commencé à diffuser ses programmes à partir du 1er janvier 1993 à Lyon par Eutelsat vers toute l'Europe.

Thématique(s) est un adjectif qui signifie **relatif à un thème précis**. Par exemple : un catalogue ou une table **thématique** (où se trouvent les premières mesures de chaque morceau musical).

Eurosport a démarré en mai 1991. C'est une société d'exploitation en commun à parts égales entre TF1 (qui a succédé à SkyTV) et le consortium Eurosport (17 chaînes membres de l'UER/la BBC/la RAI ...) diffusée en allemand, anglais, italien, néerlandais et français. UER : **U**nion **E**uropéenne de **R**adiodiffusion créée en 1950.

Documentaires à gogo. Ce sont de nombreux courts ou longs métrages dont les prises de vues n'utilisent pas d'acteur et dont la mise en scène s'effectue à posteriori. Locutions à retenir : un **documentaire** de court/de moyen/de long métrage/à titre **documentaire** (à titre de renseignement)/recherche **documentaire** (bibliographie)/**à gogo** (abondamment)/avoir tout **à gogo**.

Culte se rapporte à un hommage religieux rendu à Dieu ou à ses saints. C'est également des pratiques religieuses pour rendre hommage à Dieu. Par exemple : le **culte** chrétien/divin/célébrer le **culte**/assister au **culte**/changer de **culte** (changer de religion).

Série Club, MCM et MTV sont des chaînes européennes qui diffusent principalement de la musique.

MCM est une chaîne musicale créée en 1989. Elle diffuse des programmes musicaux de 7 H 30 à 0 H 30. **MTV** est une chaîne spécialisée dans la musique rock.

Canal J est une chaîne française réservée aux réseaux câblés mais recevable aussi par satellite. Les programmes sont destinés aux enfants. Elle fonctionne de 7 H à 20 H, 21 H 30 mardi, samedi et pendant les vacances. Elle a été mise en service en décembre 1985 et compte plus de 500 000 abonnés.

Les boulimiques de films sont les personnes atteintes de **boulimie**, c'est-à-dire atteinte d'un désir intense de voir des films. Au sens premier du terme, la **boulimie** est l'exagération pathologique de l'appétit.

Ciné-Cinéfil est une chaîne française réservée aux réseaux câblés. Les programmes qu'elle diffuse sont les films de répertoire. Elle a été mise en service en janvier 1991. C'est une chaîne cryptée, c'est-à-dire qui brouille volontairement ses programmes (voir ci-dessous **chaîne cryptée**). La diffusion des films noirs et blancs se fait entre 22.00 H et 1.00 H.

Compatibles avec veut dire : **qui peut s'accorder** avec autre chose ou **exister en même temps**. Le contraire de **compatible** est **incompatible, inconciliable**. Exemples : **matériels compatibles** (pouvant fonctionner ensemble)/des caractères **compatibles**/des médicaments **compatibles** (pouvant être administrés en même temps).

Un boîtier interface est un appareil qui sert à mettre en communication directe des systèmes, des organes ou des machines qui, à l'origine, n'ont pas été conçus pour communiquer ensemble.

Un serveur ou un centre serveur est un centre informatique de gestion de services vidéotex (télétexte, télétel, Minitel). Ce terme désigne aussi une société de service qui gère l'ensemble des fichiers informatisés appartenant à un secteur donné. Les abonnés au centre **serveur** disposent de **b**oîtes **a**ux lettres électroniques (BAL). Ils payent un abonnement ainsi que les frais de connexion téléphonique.

Le câblo-distributeur local est un terme d'audiovisuel utilisé dans les années 80. Il est composé de câble et de distributeur d'après le terme **câblodistribution** (télédistribution). C'est un technicien ou une technicienne qui installe les câbles pour la diffusion d'émissions télévisées (par câbles). C'est aussi le procédé utilisé pour des réseaux d'abonnés à domicile ou en circuit fermé.

Les coordonnées sont les nombres qui déterminent la position d'un point dans l'espace en mathématiques. En géographie, les **coordonnées** représentent le système relatif à la latitude et à la longitude. Au sens figuré et familier, les **coordonnées** s'emploient pour préciser une adresse, un numéro de téléphone ou tout autre élément permettant de situer une personne.

Un raccordement est une méthode d'établissement d'un raccord, c'est-à-dire d'une liaison qui permet une continuité visuelle dans l'image ou entre deux choses ou deux parties.

Les adresses câblées signifient **les adresses relatives au réseau câblé**, c'est-à-dire à la distribution des signaux de télévision empruntant des réseaux constitués de câbles métalliques ou de fibres optiques.

Une chaîne cryptée est une chaîne qui brouille volontairement les programmes publics qu'elle émet par voie hertzienne ou par câble. Ce brouillage lui permet d'établir un droit de péage sous forme de location mensuelle. Canal+, par exemple, utilise le système de **cryptage**.

Faire des petits est une locution familière qui signifie **se reproduire, se multiplier**. Le terme **petit** s'emploie pour les jeunes animaux. Expression à retenir : **se faire petit** ou **tout petit** (éviter de se faire remarquer).

L'investissement en capital représente de manière générale le moteur de toute croissance économique. Ce sont les ressources financières et humaines utilisées pour accroître le capital de l'entreprise.

Canal+ est une chaîne à péage. Elle est brouillée à certaines heures d'écoute, d'où la nécessité d'avoir un **décodeur** pour supprimer le brouillage. Cette 4ème chaîne a été mise en service le 4 novembre 1984. C'est une société anonyme ayant une concession de service public pour 12 ans (du 6 décembre 1983 au 6 décembre 1995).

Télécom 2A est un satellite TV européen lancé le 16 décembre 1991. Il diffuse Antenne 2, Canal+ et les chaînes thématiques MCM, Planète, TV sport, Canal J, Canal Jimmy, Ciné-Cinémas, Ciné-Cinéfil.

Canal Satellite est une filiale de Canal+. Elle commercialise sept chaînes thématiques francophones. Il s'agit d'une diffusion classique en Secam.

Un décodeur est un appareil indispensable au **décodage,** c'est-à-dire à la suppression du brouillage de l'information par l'utilisation d'un procédé de lecture du code particulier et connu. Par exemple : les **abonnés** de Canal+ disposent d'un **décodeur**.

II. Compréhension

Lire attentivement le texte, puis :

1. Définissez en français les mots et expressions suivants tirés du texte : câble/satellite/subir le choix des chaînes/l'image/une parabole/l'état des lieux/municipalités/les ondes/câblé.

III. Traduction

1. Traduire en anglais les deux passages en italique.

IV. Expression écrite et/ou orale

1. Pourquoi certaines collectivités locales font-elles de la résistance au câble?

2. Que pensez-vous de la possibilité de disposer de 15 à 35 chaînes?

3. Si vous aviez le choix entre le câble ou le satellite, quelle serait votre préférence? Justifiez votre réponse.

4. Les nouvelles technologies vous permettent-elles de regarder davantage la télévision ou de mieux préciser votre choix des programmes?

V. Locutions courantes avec le mot *prise*

Exemple : **prise** en charge/**prise** de position

(a) Dressez une liste de locutions avec le mot **prise**.

(b) Expliquez le sens de ces locutions.

Locutions courantes avec le verbe **prendre**. Exemple : prendre le taureau par les cornes, c'est-à-dire s'attaquer aux difficultés en étant déterminé.

(c) Dressez une liste de dix locutions qui comprennent le verbe **prendre**.

(d) Donnez la signification de ces locutions.

VI. Utilisation du préfixe *télé*

(a) Trouvez trois verbes construits avec le préfixe **télé**.

Exemples : **télé**graphier/**télé**phoner

(b) Construisez trois phrases avec ces verbes.

VII. Pronom indéfini

Remarque : en français, **la plupart** est toujours suivi d'un pluriel, sauf dans un cas particulier, "**la plupart** du temps". Il faut ajouter que l'on dit :

la plus grande partie/la majeure partie du pain/du vin.

(a) Construisez quatre phrases avec le pronom indéfini **la plupart**.

VIII. Construction de verbes à partir de *mettre* et de *prendre*

(a) Utilisez des préfixes tels que **per/ad/sou** et faites une liste de huit verbes comme par exemple :

Mettre : **ad**mettre/**per**mettre/**sou**mettre

Prendre : **ap**prendre/**sur**prendre/**mé**prendre

(b) Construisez huit phrases à l'aide de ces verbes.

IX. Synonymes

(a) Trouvez une dizaine de synonymes de l'expression **à gogo**.

(b) Construisez dix phrases à partir de chacun de ces synonymes en respectant leur registre.

X. Le verbe *servir* et ses prépositions

(a) Quelles sont les prépositions que l'on peut utiliser avec le verbe **servir**?

(b) Construisez cinq phrases en intégrant ce verbe et les différentes prépositions qui s'y rattachent.

10 Les outils du multimédia

Texte n° 19 : Reliez votre ordinateur au reste du monde

Liste des mots-clés : modem/fax/messagerie/serveur/boîtier/
télécopie/fourchette/fichiers/bit/télécharge/protocoles/données/
mention/fiabiliser/racheter/performantes/France-Télécom/
l'environnement Macintosh/interface/PC/souris/en-têtes

Résumé du texte n° 19

Le modem créé en 1956, est un boîtier indispensable pour relier un ordinateur à d'autres machines grâce au réseau téléphonique traditionnel.

Pour accéder aux centres serveurs, il suffit que son ordinateur soit branché sur une ligne téléphonique grâce à ce boîtier.

Les utilisations d'un modem sont nombreuses. Il permet de se brancher sur le réseau Minitel, d'envoyer et de recevoir des fax, de se relier à d'autres machines ou serveurs. L'éventail des prix de cet outil varie de 500 à 4 000 francs selon les caractéristiques, les fonctions, la vitesse de transmission du modèle.

En choisissant ce matériel, il faut savoir que les modèles étrangers que l'on trouve sur le marché français ne sont pas agréés par France Télécom qui vend des modems plus chers tout en respectant la norme Minitel.

Compte tenu de ses fonctions multiples et précieuses le modem est devenu nécessaire.

Choisir un modem, pour faire communiquer son ordinateur à d'autres machines ou serveurs via le réseau téléphonique classique

Un modem pour quoi faire? Quel modem choisir? **Fax**, Minitel, liaison entre votre ordinateur portable et l'ordinateur de votre entreprise, **messagerie** électronique sur un **serveur** etc. Les utilisations immédiates sont multiples et très intéressantes, le modem n'est pas un gadget pour "branchés". Après avoir été créé en 1956, il est devenu une extension naturelle de votre ordinateur, en vous reliant instantanément au reste du monde.

Dans la rubrique communication du premier numéro de *Génération Multimédia*, nous avons évoqué les serveurs remplis d'informations, de programmes, ou de forums de discussion. Pour y accéder il faut que votre PC ou votre Mac soient reliés à une ligne téléphonique par un **boîtier** appelé "Modem" ("MODulateur-DEModulateur") qui va modifier le signal "analogique" transmis par le téléphone pour le rendre "numérique", c'est-à-dire compréhensible par votre machine.

En fait, pour que les choses soient claires, on devrait parler de Modem-Fax-Minitel quand ces deux dernières fonctions sont intégrées au modem. Un modem est composé d'un boîtier, comportant éventuellement un petit haut parleur de contrôle, avec deux prises : une pour le fil du téléphone, l'autre pour l'alimentation électrique branchée sur le secteur. Ceci est valable pour les modems externes, mais il existe aussi des modems internes très fins conçus pour être placés dans un ordinateur portable.

À quoi sert un modem? À se connecter sur le réseau Minitel, à envoyer et (quand l'ordinateur est allumé) recevoir des **télécopies**, à se connecter à un autre ordinateur, ou à un serveur. Un simple coup d'œil sur les publicités montre des prix variant dans une **fourchette** de 1 à 8, soit de 500 à 4 000 F. Ces différences s'expliquent par les possibilités plus ou moins limitées qui sont proposées, ainsi que par la vitesse maximum de transmission.

*Certains modèles se limitent à la fonction Minitel, plus la transmission de **fichiers** ou la connexion sur un serveur en vitesse lente. Ces vitesses sont exprimées en **bits** par secondes (bps). Plus la vitesse de transmission est élevée, moins la durée de connexion sera longue, moins la facture de téléphone sera élevée. Cela compte quand on transmet de gros fichiers, des images ou des sons par exemple, ou quand on **télécharge** un programme à partir d'un serveur.*

Les vitesses lentes sont plus de celle du Minitel (1 200 bps) les standards 2 400 et 4 800 bps. La vitesse moyenne est 9 600 bps. Les hautes vitesses sont 14 400 bps et même la nouvelle norme en cours d'agrément 28 800 bps. Il faut ajouter à la vitesse la présence ou l'absence de systèmes appelés "**protocoles**" de compression de **données** ou de corrections d'erreurs. Pour utiliser un modem "Haute vitesse" il faut naturellement que l'ordinateur que vous contactez bénéficie d'un modèle aussi rapide que le vôtre. Mais rassurez-vous, votre modem s'adaptera automatiquement à la vitesse de son interlocuteur.

Toutes ces caractéristiques correspondent à des normes internationales qui vous permettent de passer les frontières sans problèmes. La seule norme qui ne soit pas internationale est celle du Minitel français autrement appelée "V23". C'est un détail qui doit compter dans votre choix car les modems qui sont agréés par France Télécom coûtent généralement plus cher mais ils intègrent obligatoirement la norme Minitel. Ce n'est pas toujours le cas des modèles étrangers, vendus sur le marché français sans agrément, avec la **mention** un peu hypocrite "Réservé à l'exportation".

En plus des problèmes de vitesse, il faut tenir compte aussi des protocoles de compression de données et de corrections d'erreurs qui **fiabilisent** les transmissions de données.

*Il existe peu de marques françaises, car le marché est dominé par des marques américaines. US Robotics **a racheté** le français PNB, mais l'Hexagone n'en possède pas moins des entreprises innovantes et **performantes**. Apple propose en collaboration avec **France-Télécom** un modem simple et élégant l'Apple Djinn, malheureusement limité en vitesse. Dans **l'environnement Macintosh** deux des leaders sont américains et réputés pour leur fiabilité sans être pourtant agréés : Supra et Global Village. Les* Teleport de Global Village, abrités dans un boîtier en plastique gris qui peut être couché ou debout, intègrent la fonction Minitel, et disposent d'une **interface** pour fax simple et conviviale. Les Supra, installés dans de solides boîtiers métalliques plats, existent aussi en **version PC**. Ils offrent un affichage digital indiquant en façade la vitesse de transmission en clair et des informations pendant la connexion. Les deux marques atteignent pour le haut de leurs gammes respectives, la vitesse de 14 400 bps, et annoncent déjà le 28 800 bps, avant même que cette vitesse ait été internationalement agréée. [...]

Comme on le voit, les modems sont des matériels sophistiqués, et très utiles, quasi indispensables. Le télécopieur intégré à un ordinateur permet de recevoir et de stocker directement des fax sur un disque dur, pour les renvoyer à un autre correspondant d'un seul coup de **souris**, sans même avoir besoin de l'imprimer. Vous pouvez créer vous-même des **en-têtes** pour vos fax qui, rappelons-le, seront reçus sans aucun problème par n'importe quel télécopieur classique. Un bon logiciel de fax est très utile pour des envois en nombre à des correspondants différents. Il vous donnera une liste précise des fax transmis avec succès, en attente ou qui butent sur une ligne occupée, avec un véritable journal de bord. Plus besoin de faire des numéros à n'en plus finir, ou d'insérer une dizaine de feuilles avant de recommencer parce que l'une d'elles n'est pas passée. Au bureau ou chez vous la fonction fax suffit souvent à justifier l'achat d'un modem, car la télécopie devient d'une simplicité enfantine.

G. K.

Source : *Génération Multimédia* n° 2, septembre 1994

I.   Étude du vocabulaire

Modem est l'abréviation de **modulateur–démodulateur**. C'est un appareil qui est utilisé pour transmettre des données sur des circuits analogiques. Il comporte à la fois la fonction de modulation et la fonction de démodulation de signaux. Il sert à la télécommunication entre ordinateurs. Il existe un grand nombre de **modems**. Certains **modems** sont de la taille d'une carte de crédit.

Fax est une abréviation américaine de facsimilé. C'est une technique permettant la transmission à distance de documents (comprenant des textes ou des images) par l'intermédiaire de terminaux normalisés appelés **télécopieurs**. Le parc mondial de **fax** croît à une grande vitesse. En 1991, le Japon a inauguré son premier **fax** par satellite destiné à envoyer un message **faxé** sur un bateau. La société japonaise Sony commercialise, depuis la fin 1992, le premier fax en couleur aux États-Unis. Voir aussi **télécopie** plus bas.

Une messagerie électronique est un service qui utilise les techniques de transmission et de manipulation de données pour assurer le système d'échange de messages électroniques. La **B**oîte **a**ux **L**ettres électronique (BAL) est **une messagerie électronique**.

Un serveur est un système informatique composé de matériels et de logiciels. Il fournit des services aux stations du réseau informatique. Il exploite un système qui permet à un utilisateur de consulter et d'utiliser directement une ou plusieurs banques de données.

Un boîtier est une partie de certains appareils en bois, en métal ou en plastique, destinée à ranger certains objets : un **boîtier** de montre/de lampe de poche/d'appareil photo.

La télécopie est un procédé de transmission à distance d'informations écrites, de documents comprenant des textes, des graphiques ou des images, au moyen d'un appareil appelé **télécopieur** connecté à une ligne téléphonique du réseau de communication. Cet appareil peut transmettre et recevoir des documents.

Une fourchette est un écart entre une valeur minimale et une valeur maximale : **la fourchette** des prix/des salaires.

Les fichiers constituent un ensemble de fiches organisé, composé de données, d'informations enregistrées et ordonnées pour en faciliter l'exploitation par un programme informatique. On distingue plusieurs types de **fichiers** : le **fichier** client, le **fichier** d'image, le **fichier** son, le **fichier** d'adresses, le **fichier** sur disques, le **fichier** d'archives, le **fichier** central (des thèses). L'ensemble des informations du **fichier** sont enregistrées sur des supports tels que les bandes magnétiques, les disques magnétiques, les disquettes, les **d**isques **o**ptiques **n**umériques (DON).

Bit/Byte sont deux valeurs à ne pas confondre. **Bit** est la contraction de **bi**nary digit, c'est-à-dire un chiffre binaire en français. C'est la plus petite unité informatique. Sa valeur binaire est 0 ou 1. **Le bit** est utilisé pour exprimer une mesure. **Le *byte*** en anglais correspond à un octet en français. C'est un élément d'informations composé de huit **bits**. C'est une unité de base que l'on utilise pour mesurer les capacités mémoires d'un ordinateur.

Télécharger veut dire **transférer** à travers un réseau de communication, des logiciels ou des données pour les stocker sur la mémoire d'un système informatique par l'intermédiaire d'un ordinateur.

Les protocoles sont des règles ou des conventions indispensables à la communication entre deux appareils ou entre un utilisateur et un réseau. **Les protocoles** sont utilisés pour gérer et contrôler les échanges d'informations.

Les données sont des notions ou des informations représentées à l'aide de codes utilisés en informatique de façon à en faciliter le traitement. On distingue les **données** d'entrée et les **données** de sortie. Expressions courantes : les **données** brutes/le traitement des **données**.

Mention signifie une brève observation fournissant un renseignement. Dans le texte, on donne la précision suivante : "Réservé à l'exportation".

Fiabiliser signifie **rendre fiable**. **La fiabilité** est l'une des mesures de la qualité d'un système informatique. C'est la probabilité de fonctionnement sans panne et sans risque d'erreur d'un dispositif matériel ou logiciel. Par exemple : **fiabiliser** un système.

Racheter un groupe ou une entreprise signifie **acheter de nouveau** une société à quelqu'un qui l'a lui-même achetée. C'est également procéder à **un rachat**. **Le rachat** est un contrat par lequel un vendeur s'engage à accepter en règlement de sa créance tout ou une partie de sa production. C'est aussi l'action de **racheter** ou d'**acheter à nouveau**.

Performant[es] est un adjectif qui se rapporte à **performance**. Un sujet ou un objet **performant** est capable de hautes **performances**. Des entreprises **performantes** sont des entreprises **compétitives**, c'est-à-dire qui peuvent faire face à la concurrence du marché. **La performance** est le degré de réalisation d'un but, d'un objectif, d'un plan ou d'un programme que s'est fixé une entreprise. C'est aussi le résultat obtenu par un sportif, un élève lorsqu'on parle de réussite, de succès. Expression à retenir : réussir une belle **performance**.

France-Télécom est depuis janvier 1991 une entreprise publique. Un contrat lie **France-Télécom** au gouvernement français et fixe ses orientations stratégiques, économiques et sociales. En 1992, **France-Télécom** était le quatrième opérateur mondial de télécommunications. Cette entreprise publique compte deux filiales : **T**élédiffusion **de** France (TDF) et Cogécom S.A. **France-Télécom** est également un groupe multimédia.

L'environnement Macintosh désigne l'univers **Macintosh**, du nom de la gamme de micro-ordinateurs qui a fait le succès du constructeur **Apple** dans les années 80. Les "Macs" occupent un marché solide (université, édition, presse, télévision, cinéma ...).

L'interface est un appareil ou dispositif qui permet de communiquer directement avec un autre système. C'est l'ensemble des moyens matériels et logiciels permettant à l'utilisateur d'échanger des données avec son système.

Un PC est un type d'ordinateur personnel. **PC** est l'abréviation de *Personal Computer*. Le terme **PC** est utilisé pour désigner les micro-ordinateurs dérivés du **PC** conçu par le constructeur américain en informatique IBM (International Business Machines). Il existe une large gamme d'ordinateurs fabriqués sur le même modèle sous licence. L'appellation la plus courante est **les compatibles PC**.

La souris a été un élément particulier du Macintosh au moment de son lancement. Elle est constituée d'un **boîtier** contenant une boule et un, deux ou trois boutons. On déplace la boule ou bille pour positionner le curseur sur l'écran et on presse ou on clique sur le ou les boutons pour sélectionner la zone où le curseur est positionné.

Les en-têtes désignent l'ensemble de règles de correspondance placées au début d'un fichier, d'un enregistrement, pour préciser le contenu, l'origine, le destinataire, le type de convention, les références etc.

II. Compréhension

Lire attentivement le texte, puis :

1. Définissez en français les mots et expressions suivants tirés du texte : ordinateur/branché/haut-parleur/prise/Hexagone/affichage digital/ journal de bord.

III. Traduction

1. Traduire en anglais les passages en italique.

IV. Expression écrite et/ou orale

1. Quels sont les avantages et les inconvénients que présente l'utilisation du fax?

2. Comment percevez-vous l'utilisation du fax ? Est-il un gadget ou un outil indispensable à la communication?

3. Quelle est la différence entre le fax et le modem?

4. Comment peut-on expliquer la prédominance des marques américaines en ce qui concerne les PC et les fax? Peuvent-elles à un moment ou à un autre être supplantées par des marques françaises ou japonaises, par exemple?

V. Rédaction d'un paragraphe en français

(a) Tenez compte de la liste de mots et expressions suivants : **modem/ordinateur/recevoir/stocker/disque dur/imprimer/en-tête/fax/insérer/logiciel/transmettre/télécopie.**

(b) Rédigez un dialogue d'une quinzaine de lignes. Ce dialogue a lieu dans un bureau entre un chef de service (femme) et un(e) collègue de travail.

(c) Dans ce dialogue, utilisez le plus souvent possible le passé composé.

VI. Forme elliptique avec les conjonctions *pourquoi?/pour quoi?/comment?/quel(le)?/combien?/que?*

1. Ces conjonctions sont souvent suivis du verbe à l'infinitif dans des expressions elliptiques. Exemples :

"... Un modem **pour quoi** faire? ..."

"... **Quel** modem choisir ... ?"

Pourquoi ne pas essayer ce modèle?

Comment procéder pour convertir cette disquette?

Que faire en cas de panne?

(a) Trouvez six phrases en utilisant les conjonctions ci-dessus + l'infinitif.

2. Il faut ajouter qu'en français l'infinitif s'emploie dans d'autres cas où, en anglais, il n'est pas employé. Par exemple, lorsqu'un auteur fait un renvoi à un chapitre, à un bas de page ou autre, il écrit : (voir chapitre II).

Une autre phrase en langage plus soutenu : J'ai demandé à mon frère ce qu'il pensait de cette analyse et lui de répondre à cela.

VII.   Observations particulières sur les verbes *lier* et *relier*

Quelquefois les deux verbes sont présentés comme synonymes, mais en fait, ils ne le sont pas.

Le premier sens de **lier** correspond à l'anglais *to bind* ou *to tie up*.
Exemples : Ils avaient pieds et poings **liés/lier** de la paille en bottes.

Le deuxième sens de **lier** correspond à l'anglais *to link up* ou *to join up*.
Exemple : Tous ces événements sont étroitement **liés**.

Le troisième sens de **lier** correspond à l'anglais *to bind* ou *to unite*.
Exemple : Ils sont **liés** par l'amitié.

Or, le verbe **relier** ne peut pas s'employer dans ces exemples. Par contre, **relier** s'emploie de la manière suivante : Grenoble et Paris sont **reliés** par le TGV (*linked*)/Nous sommes **reliés** au studio par voiture émettrice/Ce livre est **relié** en cuir.

Lier ne peut pas remplacer **relier** dans ces cas.

(a) Traduisez les phrases suivantes, en utilisant soit le verbe **lier** soit le verbe **relier** :

1. She **connected** the modem to the computer.

2. Those two ideas **are not related**.

3. He **was bound** by his promise.

4. They are going to build a motorway **connecting** Marseille to Bordeaux.

VIII.   Place de l'adjectif *dernier* par rapport à un chiffre

En français, l'adjectif **dernier** suit le chiffre, alors qu'en anglais c'est le contraire. Par exemple : Ces deux **dernières** fonctions sont intégrées au modem. D'autres adjectifs se construisent de la même manière. Exemples avec **premier/prochain** :

Les quatre **premiers** numéros du magazine ont été reliés pour être mis en rayon.

Les dix **prochaines** séries comporteront des thèmes plus spécialisés.

(a) Traduisez en français les quatre phrases suivantes :

1. He had to rewrite the **first four** pages.

2. Over the **past four** years she managed to run the company.

3. They will be able to market it in the **next three** months.

4. The **last two** printers have worked perfectly.

IX.   Utilisation du subjonctif avec l'adjectif *seul*

En français, dans un langage soutenu, l'adjectif **seul(e)** peut être suivi d'un subjonctif. Par exemple : "La **seule** norme qui ne **soit** pas internationale est celle du Minitel français …"

Le mode du subjonctif s'emploie de la même manière avec **premier**, **dernier**, ainsi qu'avec tous les adjectifs ayant valeur de superlatifs.

C'est **le premier/le dernier** prototype du genre qui **soit** sur le point d'être commercialisé.

C'est **le meilleur** modem qui **soit** lancé sur le marché.

C'est **la pire** des marques que je **connaisse** dans ce secteur.

C'est **le plus avantageux** et le **plus fiable** des appareils que je connaisse.

Il convient d'ajouter que la forme négative **ne ... que** se construit de la même façon. Par exemple : Il **n'**y a **que** cette marque qui **soit** recommandable.

(a) Construisez six phrases complètes en utilisant tous ces adjectifs et superlatifs qui entraînent le subjonctif.

X. Différence entre *disque* et *disquette*

(a) Analysez ces deux termes en distinguant leurs usages respectifs et les mettant en contexte.

Texte n° 20 : Un CD multimédia pour apprendre l'anglais

Liste des mots-clés : ludique/écoles supérieures/CD-ROM/ l'environnement Windows/Indeo/Mo/standard MCI/ boîte de dialogue/fenêtres/cliquer/descriptif/bases de données/ scanner/traitement de texte de type Word/nasillement/lecteur

Résumé du texte n° 20

Le multimédia est destiné tant au jeu qu'à l'éducation. Une méthode d'apprentissage de l'anglais sur CD-ROM conçue par la maison d'édition britannique Longman et lancée sur le marché français nous prouve ce double objectif.

Interactive English Dictionary est un outil précieux non seulement au niveau de l'usage mais aussi au niveau du contenu (textes, sons, images ...).

L'installation du CD se fait très rapidement sur le disque dur. Il est nécessaire d'avoir Windows et une carte sonore pour démarrer le travail.

Cet instrument de travail interactif permet à l'utilisateur d'acquérir le vocabulaire, la prononciation, la phonétique, l'image sur un même support.

En outre, des séquences vidéo permettent à l'apprenant d'écouter et de voir de vrais dialogues de la vie pratique et courante.

Ce CD-ROM est la solution adaptée pour le perfectionnement en langue anglaise.

*Le multimédia n'est pas uniquement réservé au domaine **ludique**, mais également à l'éducation. Le tout dernier CD de la société anglaise Longman en est une nouvelle preuve. Sur ce média, cohabitent en parfaite harmonie textes, sons, images et séquences vidéo.*

S'il faut au moins maîtriser une langue étrangère, nul doute qu'il s'agit de l'anglais avec sa liste de verbes irréguliers et ses quelques "faux amis". Nous avons tous souffert sur les bancs d'école, du lycée et même de la fac ou des **écoles supérieures** et les méthodes diverses et variées n'ont rien fait pour améliorer la situation. En conclusion, le Français a la fâcheuse réputation de n'être pas très doué pour les langues. Pourtant, la disponibilité de plus en plus large des micro-ordinateurs multimédia a toutes les chances de bouleverser cet état de fait, avec en particulier, la toute récente disponibilité d'un **CD-ROM** élaboré par la société anglaise Longman, et commercialisé en France par *Euro-CD Diffusion : Interactive English Dictionary*.

Un niveau de 3è au minimum

Bien qu'il n'utilise pas un mot de français, cet outil est une merveille tant au niveau de l'usage que du contenu. Réservé à **l'environnement Windows** couplé à **Indeo**, le CD s'installe en quelques minutes sur votre disque dur dont il accapare un espace de **12 Mo**. Le cas échéant, il place également une version d'Indeo. Attention, la présence d'une carte sonore est indispensable. Peu importe le modèle, depuis la Sound System de Microsoft jusqu'à la plus sophistiquée de Creative Labs, Mediavision ou autre, du moment qu'elle respecte le **standard MCI**.

Une fois lancé, le CD, véritable outil de travail interactif, ouvre une **boîte de dialogue** dotée de plusieurs **fenêtres**. La plus importante correspond à une liste alphabétique de mots. Il suffit de la faire défiler, de **cliquer** sur l'un d'entre eux pour obtenir selon le terme choisi, un **descriptif** court ou long. Si vous le souhaitez, le mot peut être prononcé oralement, mais avec l'accent d'outre-Manche. Dans certains cas, la phonétique est affichée à l'écran.

Pour les verbes, vous pourrez demander la visualisation de leurs diverses conjugaisons en fonction des temps employés dans la langue anglaise.

Mais *l'Interactive English Dictionary* ne s'arrête pas en si bon chemin. En fait, l'utilisateur dispose sur un même média de plusieurs **bases de données** toutes imbriquées les unes avec les autres.

Dessins, grammaire et vidéo

Ainsi, pour bien comprendre la signification d'un mot, un double clic entraîne l'apparition d'un dessin fait à la main ou **scanné**, en couleur ou en noir et blanc, qui permet de se faire une idée exacte des multiples parties d'un insecte, d'un bureau informatique ... Plus d'une centaine d'illustrations sont ainsi stockées sur le média optique. Côté grammaire, ce dictionnaire dispose, dans une base de données, de toutes les règles qui régissent cette langue, accompagnées d'explications claires. De plus, tous les faux amis ainsi que toutes les fautes les plus communes sont disponibles à tout instant. Chacun et chacune est couplé avec un exemple de phrase incorrecte et sa solution. Ce CD-ROM est donc non seulement un dictionnaire, mais également une aide précieuse et permanente, que l'on peut coupler avec toute application sous Windows telle qu'un **traitement de texte de type Word**. Il devient ainsi le partenaire idéal d'un étudiant mais également d'une secrétaire, d'un apprenti traducteur ou même d'un responsable d'entreprise qui souhaite rafraîchir ses connaissances. La dernière partie est l'un des points forts de ce titre. En effet, non content de savoir prononcer les mots, de savoir les placer de manière juste dans une phrase, vous allez pouvoir écouter et visualiser des conversations qui correspondent à de véritables mises en situation : location de voitures, commande d'un menu dans un restaurant, comportement pour un premier emploi, explications routières … *Au total, 8 séquences vidéo de 2 à 3 mn vont vous permettre de bien vous familiariser avec l'accent britannique. Car ici, pas question de changer pour le **nasillement** américain. Mais il est vrai que l'Angleterre est notre plus proche voisin. Notons que les films sont diffusés soit dans une fenêtre à taille variable, soit en plein écran. De plus, le texte des dialogues peut être affiché selon les besoins de chacun. Attention toutefois, pour que le son soit en parfaite synchronisation avec l'image, il est préférable de disposer d'un **lecteur** de CD-ROM double vitesse, ou plus, si vous êtes riche.*

Interactive English Dictionary est donc idéal pour tous ceux qui désirent se perfectionner en anglais ou disposer d'une aide permanente pour leurs propres besoins.

B. N.

Source : *Génération Multimédia* n° 2, septembre 1994

I. Étude du vocabulaire

Ludique est un adjectif qui se rapporte au jeu. Par exemple, des activités **ludiques** sont des activités qui concernent le jeu. Ce mot provient du latin **ludus**. **Les jeux éducatifs** contribuent au développement physique et mental de l'enfant.

Les écoles supérieures ou **les grandes écoles** sont des établissements de très haut niveau. Toutes ne dépendent pas du Ministère de l'Éducation Nationale. Certaines relèvent du Ministère de l'Agriculture (École nationale supérieure agronomique, École nationale des industries agricoles et alimentaires, École nationale supérieure d'horticulture), d'autres du Ministère des Armées (École nationale supérieure du génie maritime, École nationale supérieure de l'aéronautique, École polytechnique). Voici quelques abréviations courantes de grandes écoles : ESC (**É**cole **S**upérieure de **C**ommerce)/ESA (**É**cole **S**upérieure des **A**ffaires)/ENS (**É**cole **N**ormale **S**upérieure)/ENI (**É**cole **N**ationale d'**I**ngénieurs)/ENA (**É**cole **N**ationale d'**A**dministration).

CD-ROM est l'abréviation anglaise de *Compact Disk – Read Only Memory*. La traduction en français de **CD-ROM** est mémoire morte sur disque compact. Il existe différents types de disques compacts qui sont utilisés pour la reproduction du son (CD audio), pour la reproduction d'images (Photo-CD), pour la mémoire informatique (CD-Rom) etc. Chaque type d'application professionnelle ou grand public dispose de son propre matériel (disque et lecteur). Le **CD-ROM** est un support destiné à la lecture d'informations. Le développement des **CD-ROM** est important en matière de dictionnaires (*Le Grand Robert*, l'*Oxford Dictionary* …) de références bibliographiques, de magazines. Le premier modèle de disque compact fut lancé au début des années 80 aux États-Unis.

L'environnement Windows se rapporte à un ensemble de produits situés autour d'un programme **Windows**. Il existe plusieurs versions de **Windows** qui est un logiciel d'utilisation graphique conçu par *Microsoft*. La traduction littérale de **Windows** est **fenêtres**. La version 1 de **Windows** est sortie en 1985. Cependant elle a connu un échec commercial avec l'interface du *Macintosh* (son principal concurrent). Plus tard, la version 2 et d'autres versions **Windows** gagnent du terrain.

Indeo est l'abréviation de l'Intel vidéo. **Intel** est un constructeur américain de matériel informatique, spécialisé dans la fabrication de semi-conducteurs. Dans le domaine du multimédia, **Intel** a conçu un système de compression et de décompression pour les images animées appelé **Indeo**.

Mo est l'abréviation de **Mega-octet**. Elle correspond à l'anglais *MB* (*megabyte*). C'est une unité de mesure correspondant à un million d'octets.

Le standard MCI est une technique qui sert de valeur de référence, dont la conformité à une norme de fabrication rend des appareils compatibles entre eux.

Une boîte de dialogue est un système composé d'une unité qui permet de stocker les informations à diffuser d'un micro-ordinateur. **Une boîte de dialogue** contient les données à communiquer et gère le dialogue avec l'utilisateur.

Les fenêtres correspondent à un espace d'affichage et de dialogue attribué à un programme. C'est une zone rectangulaire définie sur l'écran qui permet de visualiser ou de saisir des informations ou des données portant sur chacune des applications concernées. La notion de **fenêtre** est devenue dans les années 80 une des notions essentielles de la micro-informatique. L'interface d'utilisation la plus connue, conçue par l'éditeur américain de logiciel Microsoft, s'appelle **Windows** (fenêtres).

Cliquer est un verbe qui provient de l'anglais *to click* : faire **un clic** (onomatopée). **Un clic** correspond à un changement d'état. Il est obtenu après avoir appuyé ou pressé sur le bouton d'un appareil de saisie informatique (souris, boule, ou télécommande). Cette action permet à l'utilisateur de sélectionner un symbole graphique appelé **une icône**.

Un descriptif est un document qui décrit un sujet ou un objet au moyen d'un mode de représentation conventionnel (plans, schémas . . .).

Les bases de données constituent un ensemble de **données** à la disposition d'un public. Elles portent en général sur un sujet spécialisé. Elles se composent d'un fichier ou plus et sont définies pour une application ou un système déterminés.

Scanner provient de l'anglais *to scan* : explorer, examiner, scruter. Le verbe **scanner** signifie **utiliser un scanner** ou **passer au scanner**. **Un scanner** encore appelé **numériseur** est un dispositif qui consiste à représenter sous une forme numérique des documents (photographie, livre, disque, microfiche etc.). Cet appareil dispose d'un système mécanique de balayage automatique comparable au photocopieur.

Un traitement de texte désigne l'ensemble des techniques et des procédés s'appliquant à la création et modification de textes. Le **traitement de texte** se fait au moyen de machines à clavier qui permettent la saisie, la structuration, la mise en forme des données, la mémorisation des textes dactylographiés et l'impression des textes. Les logiciels de traitement de texte les plus utilisés sont **Word** de *Microsoft*.

Type Word ou comparable à **Word** désigne le nom commercial de l'un des plus célèbres logiciels de traitement de texte conçu par la société américaine Microsoft. Cette société est devenue le premier éditeur mondial de logiciels. Elle propose de nombreux produits tels que Word, Excel, Access etc.

Le nasillement est l'action de **nasiller**, c'est-à-dire **parler du nez**.

Un lecteur est un appareil utilisé pour retrouver un son, une information enregistrés sur une mémoire auxiliaire. Par exemple : un **lecteur** de disques (tourne-disques, platine)/un **lecteur** de cassettes (magnétophone, magnétoscope)/un **lecteur** de CD-ROM/de vidéo-disques/de disquettes/ de bandes magnétiques.

II. Compréhension

Lire attentivement le texte, puis :

1. Définissez en français les mots et expressions suivants tirés du texte : maîtriser/accaparer/interactif/Outre-Manche/point fort/location de voiture/comportement pour un premier emploi.

III. Traduction

1. Traduire en anglais les passages en italique.

IV. Expression écrite et/ou orale

1. Quels sont les domaines qui touchent le multimédia?

2. Quels sont les supports multimédia interactifs?

3. En quoi consiste la méthode élaborée par Longman?

4. Que pensez-vous du multimédia comme principal support pour maîtriser une langue étrangère?

V. Abréviation de mots

Dans la langue parlée, il existe d'innombrables abréviations de mots. Cette tendance à utiliser des mots en abrégé va en augmentant. Exemple dans le texte : la **fac** pour **faculté**.

Voici d'autres expressions courantes : ce produit est en **promo** (**promotion**)/cette action publicitaire est menée par des **ados** (**adolescents**)/dans le cadre du multimédia on prévoit une **expo** (**exposition**) internationale.

(a) Trouvez une dizaine de mots en abrégé relatifs à la communication.

(b) Construisez dix phrases complètes avec ces mots.

VI. Locutions adverbiales

En fait est une locution adverbiale qui renforce l'idée exprimée.

> "**En fait**, l'utilisateur dispose sur un même média de plusieurs bases de données ..."

Attention! Ces locutions ne s'emploient pas toutes de la même façon.

(a) Analysez les locutions adverbiales suivantes en donnant des exemples dans des phrases :
en effet/en réalité/c'est-à-dire/voire/certes/en vérité/à vrai dire.

VII. Place de l'adverbe bien + infinitif

L'adverbe **bien** précède l'infinitif dans la phrase suivante tirée du texte :
"Ainsi, pour **bien comprendre** la signification d'un mot ..."

(a) Analysez les phrases suivantes en expliquant la place de l'adverbe **bien** :

1. Pour **bien** le comprendre, il faut écouter attentivement son exposé.

2. Pour le **bien** comprendre, il faut écouter attentivement son exposé.

3. Pour **bien** parler une langue, il faut séjourner dans le pays.

4. Pour parler **bien** le français, il faut travailler sérieusement.

5. Pour parler français extrêmement **bien**, il faut aller dans le pays et garder des contacts avec des francophones.

VIII. Adjectifs de couleur

Lorsque l'adjectif est qualifié par **foncé** ou **clair**, l'adjectif + **clair/foncé** est invariable.
Exemple : une robe **bleu clair**/une voiture **vert foncé**.

(a) Traduisez les phrases suivantes :

1. He wore a **dark blue** tie.

2. She wore a **light green** skirt.

3. The **dark red** clouds announced a thunderstorm.

IX. Synonymes de multiples

Multiples suggère un grand nombre. Voici une liste de mots et d'expressions qui sont synonymes de **multiples** mais qui s'emploient de façons différentes : **innombrable/nombreux/beaucoup de/bon nombre de/bien des/plein de/en pagaille/une multitude/une foule de/un flot de/quantité de/des tas de**. Exemple : En été, la ville de Grenoble reçoit **une multitude** de touristes.

(a) Trouvez douze phrases en utilisant les synonymes de **multiples** énumérés ci-dessus.

Attention! Le registre de certaines expressions telles que **en pagaille** est différent de celui de **multiples**.

X. Emploi de la préposition *de* après *content*

Contrairement à l'anglais qui emploie *with* ou *in*, en français la préposition **de** est fréquemment utilisée. Par exemple dans le texte nous avons : "En effet, non content **de** savoir prononcer les mots, **de** savoir les placer de manière juste dans une phrase, vous allez pouvoir écouter . . .".

(a) Traduisez les expressions suivantes en employant la préposition **de** : in a happy or sad voice/in a strange way/in John's opinion/in our time/ with all my heart/with all my strength/with a trembling hand/with her right hand.

11 La politique de communication (analyse de l'image de marque)

Texte n° 21 : Les entreprises préférées des Français

Liste des mots-clés : Canal+/Bull/Paul Valéry/rééditer/fiabilité/
affiner/rentable/le haut du pavé/l'Oréal/BSN/LVMH/
Pernod-Ricard/Saint-Gobain/Coca-Cola/Carrefour/Auchan/
Matra/huppé/Ipsos/bonnets d'âne/SNCF/RATP/Prouvost/
Elf-Aquitaine/Intermarché/Rhône-Poulenc/Paribas/Usinor-Sacilor

Résumé du texte n° 21

Les cadres supérieurs classent les grandes entreprises dans différents secteurs d'activités selon leur image de marque qui se présente désormais comme une valeur stratégique dans les enquêtes du magazine *L'Expansion*.

En 1993, la conjoncture économique bouleverse les positions des groupes les plus importants et remet en question les réputations les plus solides. *L'Expansion* a mené une enquête avec la collaboration de Compagnie Corporate.

Classée première dans l'enquête, Canal+ est une société de services qui devance l'Oréal, BSN, LVMH, Pernod-Ricard et Saint-Gobain. Coca-Cola occupe le second rang et Hermès le troisième.

Les vingt premières entreprises couvrent un large éventail d'activités qui va de l'alimentation avec Nestlé à l'industrie automobile avec Renault en passant par l'informatique avec Compaq et Apple, les loisirs avec le Club Med et Matra avec la haute technologie.

Quant aux entreprises publiques telles que la SNCF, la RATP, elles figurent parmi les dernières en termes d'image de marque.

*2700 cadres supérieurs classent 191 grandes entreprises dans dix-huit secteurs d'activité. Première : **Canal+**. Dernière : **Bull**.*

La forme, c'est le fond qui remonte, disait **Paul Valéry**. L'image d'une entreprise, elle aussi, est une expression de la réalité. Bien qu'immatérielle, changeante et subjective, elle pèse aussi lourd que la dernière ligne du bilan. Cette constatation n'est pas nouvelle, notamment à *L'Expansion* qui, depuis longtemps et à intervalles réguliers, publie des enquêtes approfondies pour analyser, mesurer et comparer ce que les entreprises – et leur environnement – considèrent comme une valeur stratégique.

*En cette année 1993, caractérisée par une crise qui bouscule les groupes les plus puissants et remet en cause les réputations les mieux établies, il était particulièrement utile de **rééditer** l'opération. En l'améliorant : pour renforcer la **fiabilité** d'une enquête dont nous connaissons l'impact, surtout par les temps qui courent, nous avons **affiné** notre méthodologie tout en nous assurant le concours de Compagnie Corporate.*

Ce n'est pas un hasard si c'est une entreprise jeune, **rentable**, innovante et naturellement médiatique, Canal+, qui décroche la première place. Signe des temps, il s'agit d'une société de services, caractéristique qui n'est pas forcément un atout dans un pays où les vedettes de la grande industrie ont longtemps occupé **le haut du pavé**. Et l'occupent encore, comme en témoignent les places d'honneur de **l'Oréal**, **BSN**, **LVMH**, **Pernod-Ricard** ou **Saint-Gobain**. Deuxième du classement général, **Coca-Cola** récolte les dividendes d'une notoriété exceptionnelle et d'une marque qui résiste superbement à l'usure du temps. Le troisième, Hermès, capitalise à la fois le prestige d'une grande maison de luxe et le sérieux d'une entreprise bien gérée, un exercice dont l'Oréal, en quatrième position, se tire également fort bien, ainsi que – dans une moindre mesure toutefois – Chanel, LVMH, Guerlain et Cartier.

Toujours parmi les vingt premiers, on trouve des valeurs sûres comme Nestlé, leader mondial de l'alimentation, BSN notre champion de 1990, Sony, ambassadeur omniprésent de l'innovation japonaise, **Carrefour** et **Auchan**, les rois de la grande distribution, Compaq et Apple, ces jeunes informaticiens turbulents et conviviaux qui ont mis IBM à genoux, **Matra** héraut de la technologie tricolore, le Club Med, pionnier du bonheur à la carte, Pernod-Ricard, le roi du pastis, et enfin Saint-Gobain, le chêne toujours vert de l'industrie française. Une seule surprise, ou plutôt une nouveauté : l'irruption de Renault, naguère considéré comme mourant, dans ce club particulièrement **huppé** qu'est le top 20 de l'image.

Autant dire que, dans leur grande sagesse, les cadres interrogés par **Ipsos** n'ont pas distribué au hasard les couronnes de lauriers. Même observation en ce qui concerne les **bonnets d'âne**. Prenons le cas de Bull, bon dernier. Malgré les efforts de ses dirigeants et le talent de ses ingénieurs, le champion français de l'informatique n'est jamais parvenu à valider sa stratégie ni à imposer ses produits, y compris lorsque le marché était porteur. Depuis que celui-ci s'est effondré, au moins pour certains types de matériels, c'est de catastrophe qu'il faut parler. Même motif, même punition pour Olivetti, Unisys et ICL, également très mal placés. Au moins ces malheureux ont-ils la consolation de constater qu'IBM, vedette incontestée pendant plusieurs décennies, s'enfonce à son tour dans les profondeurs de notre classement.

*Personne ne s'étonnera non plus de découvrir quatre entreprises publiques en queue de peloton : les Charbonnages et l'Entreprise minière et chimique (EMC), condamnés à gérer un déclin irréversible, la **SNCF** et la **RATP**, jouets d'une lutte incessante entre technocrates et syndicats dont les clients font les frais. La présence de VEV et de Fiat parmi les dix derniers s'explique également sans peine : ultime avatar de l'empire **Prouvost**, la société textile ne parvient pas à rebondir, quant au constructeur italien, il subit à la fois les retombées de ses propres difficultés et celles d'un environnement politique meurtrier dans son pays.*

Bien entendu, tous les cas de figure se retrouvent entre le groupe de tête et la cohorte de traînards. Grande est la tentation, pour les analyser, d'établir des comparaisons avec le classement de 1990. Mais les changements intervenus entretemps dans la méthodologie et dans la composition des secteurs limitent la portée d'un tel exercice. Difficile toutefois de ne pas noter les remontées d'**Elf-Aquitaine**, de Clarins, d'**Intermarché** et de **Rhône-Poulenc** ou les plongeons de **Paribas**, d'Air France, de Bidermann et d'**Usinor-Sacilor** …

Hervé Jannic

Source : *L'Expansion*, 23 septembre–6 octobre 1993

I. Étude du vocabulaire

Canal+ est la première chaîne de télévision française cryptée avec abonnement. C'est une chaîne de diffusion qui nécessite l'utilisation d'un **décodeur**. Elle a été créée en 1982 et ce n'est que deux ans après, le 4 novembre 1984, qu'elle est mise en service. Elle a le statut de société anonyme ayant une concession de service public pour douze ans (jusqu'au 6 décembre 1995). Le groupe Havas, la Générale des Eaux, la Caisse des Dépôts, la Société Générale, la BNP, le CCF sont actionnaires de cette chaîne à péage, brouillée. Cette chaîne diffuse des films récents, des manifestations sportives et des émissions événementielles.

Bull est un groupe créé en Europe en 1931. Il est implanté en Europe et aux États-Unis. Il est spécialisé dans la technologie et la gestion de l'information. La société **HW Egli Bull** est créée en 1931 pour fabriquer les tabulatrices **Bull**. En 1933, elle change de nom et devient la compagnie des machines **Bull** fondée par Georges Vieillard.

Paul Valéry (1871–1945) est un personnage de la littérature française. Il est né à Sète le 30 octobre 1871 et est mort à Paris le 20 juillet 1945. Il est inspiré par Léonard de Vinci. Son premier poème *Rêve* est publié en 1889. En 1927, **Paul Valéry** est nommé à l'Académie Française. Parmi ses œuvres majeures on peut citer : *Monsieur Teste* (1896), *Charmes* (1922), *Eupalinas ou l'architecte* et *l'Âme et la Danse* (1923), quelques extraits de ses cahiers : *Rhumbs* (1926), *Analecta* (1927), *L'Idée Fixe* (1932), etc.

Rééditer est synonyme de **faire paraître**, **publier** et **mettre en vente de nouveau** (**rééditer** un ouvrage).

La fiabilité est le caractère d'une chose qui fonctionne bien, ou d'une personne qui est digne de confiance, sérieuse, crédible. La **fiabilité** d'un système/d'une méthode.

Affiner, au sens figuré du terme, signifie **rendre plus fin**, **plus perspicace**. **Affiner** une analyse/une méthodologie/un jugement.

Rentable signifie qui **apporte un gain, un profit** dans une entreprise. Une opération **rentable** est une opération qui produit une **rente**, c'est-à-dire un revenu provenant de la terre, d'une ressource rare ou de placements. Une entreprise/une affaire/une exploitation **rentable** (qui donne des résultats avantageux).

Le haut du pavé est une expression qui désigne une situation sociale élevée ou **du côté** des riches. Prendre/disputer/occuper/tenir **le haut du pavé** (occuper le premier rang)/être/mettre/jeter/tomber sur **le pavé** (être sans domicile fixe et sans ressource).

L'Oréal est un groupe français, leader mondial de la création, production et commercialisation de produits cosmétiques et pharmaceutiques. Le groupe compte 294 filiales et 163 unités de production implantées dans 150 pays. Il est connu à travers des marques réputées telles que Elnett, Kérastase, Printil, Obao, Eau jeune, Lancôme, Biotherm, Vichy, Phas, Gemey, Cacharel, Guy Laroche, Paloma Picasso . . . En 1907, Eugène Schueller, ingénieur chimiste, fabrique une teinture capillaire appelée **Auréole**. Il fonde la "Société française des teintures inoffensives pour les cheveux" qui prendra plus tard le nom de **l'Oréal**. En 1928, Schueller rachète Monsavon, et lance sur le marché le shampooing Dop. Depuis 1988, cette multinationale est dirigée par l'homme d'affaires gallois Lindsay Owen-Jones. La moitié des parts de cette firme française est détenue par la fille du fondateur de **l'Oréal**, Mme Bettencourt.

BSN (**B**oussois **S**ouchon **N**euvesel) est née en 1966 de la fusion de deux entreprises verrières : Souchon Neuvesel et Boussois. Cette société est le premier groupe alimentaire français, organisé en sept secteurs (produits frais, épicerie, pâtes et plats cuisinés, biscuits, bière, emballage et eau minérale). **BSN** occupe le premier rang mondial des produits laitiers frais et des eaux minérales. Le groupe **BSN** possède une cinquantaine de sociétés en France et en Europe et plus d'une dizaine en Amérique et en Asie. Parmi ces sociétés, les plus connues sont Kronenbourg, Evian, Gervais-Danone, Panzani, Amora, Heudebert, Lu.

LVMH (**L**ouis **V**uitton **M**oët-**H**ennessy) occupe la première place de l'industrie du luxe. Bernard Arnault crée **LVMH** en 1987 suite à une offre publique d'achat (OPA). Le groupe maintient une longue tradition de marques prestigieuses de champagne, cognac, bagages, parfums et haute couture. Les bagages Vuitton remontent à 1854, Moët et Chandon à 1743 et le Cognac Hennessy date de 1765. LVMH réalise près de 50% de son chiffre d'affaires dans les champagnes et spiritueux, 25% dans les bagages et la maroquinerie et 25% dans les parfums et la couture.

Pernod-Ricard est né de la fusion en 1975 de deux sociétés françaises de spiritueux anisés. En 1924, la société **Pernod fils**, en liquidation judiciaire, se rapproche d'Heinard, un fabricant d'anisette. En 1928, **Pernod fils** fusionne avec **Félix Pernod**, un concurrent homonyme. Fondée en 1932, la société Ricard lance "le vrai pastis de Marseille". En 1951, Pernod lance le "Pastis 51" sur le marché. Le groupe **Pernod-Ricard** est le leader mondial de l'anis. Il est également le troisième groupe de vins et spiritueux dans le monde. C'est aussi l'un des principaux producteurs de boissons sans alcool en France.

Saint-Gobain est un groupe qui a construit la Pyramide du Louvre et l'Arche de la Défense. Il contrôle 89 sociétés françaises et 140 entreprises étrangères. Ses principales activités industrielles sont vitrage, isolation, canalisations, matériaux de construction, papier-bois, céramiques industrielles, etc. **Saint-Gobain** est la plus ancienne des grosses entreprises industrielles françaises. C'est en 1688 qu'est créée dans un ancien château dans l'Aisne une fabrique de glaces qui, après plusieurs fusions, devient en

1692 manufacture royale de miroiterie. C'est elle qui a fabriqué la galerie des glaces du Château de Versailles à la demande du Roi Louis XIV.

Coca-Cola est une firme américaine dont l'histoire remonte à 1886, lorsqu'un pharmacien d'Atlanta, le docteur John Pemberton, découvre un nouveau sirop qu'il commercialise sous le nom de **Coca-Cola.** En 1928, **Coca-Cola** parraine les Jeux Olympiques d'Amsterdam et multiplie les ventes de la boisson. Pendant la seconde guerre mondiale les soldats américains font connaître la boisson en Europe. **Coke** est déposé comme deuxième nom de la marque. En 1965 la **Coca-Cola Company** lance une campagne publicitaire en soixante langues. Au cours des décennies suivantes la firme américaine s'implante en Chine, en Union Soviétique, en Inde, au Vietnam et en Albanie.

Carrefour occupe le premier rang des hypermarchés en Europe. C'est le numéro 1 français de la grande distribution depuis 1974. Marcel Fournier, commerçant de prêt-à-porter et maroquinerie à côté d'Annecy, a commencé à ouvrir un sous-sol alimentation en 1960 qu'il appelle avec son associé Denis Defforey "Le carrefour". Le premier grand magasin de la famille Fournier-Defforey ouvre ses portes dans la banlieue parisienne, à Sainte-Geneviève-des-Bois, en 1963. Le succès pousse la société à agrandir ses magasins en offrant de très grandes surfaces, de vastes aires de stationnement et en pratiquant une politique de bas prix. En l'espace de vingt ans, **Carrefour** réalise un chiffre d'affaires considérable. Entre 1974 et 1994 son CA est multiplié par plus de 18. Le groupe s'implante en Espagne, au Brésil, en Asie, aux États-Unis.

Auchan est un centre commercial fondé le 6 juillet 1961 par Gérard Mulliez. En 1994, on enregistrait 49 hypermarchés **Auchan** dans quatre régions en France, 23 hypermarchés à l'étranger dont 20 en Espagne baptisés "Al Campo", 2 en Italie et 1 aux États-Unis.

Matra (**M**écanique **A**viation **Tra**ction) est une société créée en 1945 par Marcel Chassagny. Elle a d'abord été spécialisée dans la conception et la fabrication des missiles et armements aéronautiques et ensuite d'engins spatiaux. Le groupe est spécialisé dans trois secteurs d'activité : défense-espace, télécommunications et traitement de l'information, automobile et transport. Depuis 1993, **Lagardère groupe** est la nouvelle désignation de **Matra-Hachette** dont la fusion a eu lieu en 1992.

Huppé est un terme familier synonyme de **haut rang**, **riche**. Les gens **huppés** de la ville (la crème).

Ipsos : on parle de **baromètre Ipsos** qui est un indicateur qui tient compte de diverses prévisions économiques pour percevoir l'orientation de la conjoncture.

Les bonnets d'âne sont des coiffes ou coiffures confectionnées en papier. Ils représentent une tête d'âne avec deux longues oreilles et symbolisent l'ignorance, la sottise, la bêtise. On déguisait les écoliers paresseux et nuls de **bonnets d'âne** pour les humilier.

SNCF est l'abréviation de **S**ociété **N**ationale des **C**hemins de **F**er **F**rançais. Elle a été créée en 1937. Le 1er janvier 1993, par la suite de la loi d'orientation des transports intérieurs du 30 décembre 1982, la SNCF est devenue un établissement public industriel et commercial. Les grands projets de la **SNCF** s'organisent autour de l'élaboration du réseau TGV, du développement de nouvelles méthodes pour le transport des marchandises (rail/route/mer), de la modernisation des transports régionaux de voyageurs. Elle lance le réseau des **T**rains à **G**rande **V**itesse (TGV) : TGV Sud-Est en 1981, TGV Atlantique en 1989 et TGV Nord en 1993.

RATP est le sigle de **R**égie **A**utonome des **T**ransports **P**arisiens. Cette régie française assure les voyages sur les lignes de métro, de RER (**R**éseau **E**xpress **R**égional) et un important réseau d'autobus.

Prouvost est un groupe fondé par Jean Prouvost (1885–1978), industriel du textile. Soutenu par le groupe sucrier Béghin, Prouvost achète *Paris-Midi* en 1924, puis *Paris-Soir* en 1930. Il crée de nombreux journaux dont *Match* (illustré) et *Marie-Claire*.

Elf-Aquitaine est le premier groupe pétrolier français. Il supervise 770 sociétés et détient des participations dans 330 autres. Il exerce ses activités dans le domaine des hydrocarbures, de la chimie, de la santé, beauté et bio-activités. Il est implanté dans une centaine de pays. Son activité première était le pétrole et le gaz. Ce groupe industriel français a été privatisé en 1994.

Intermarché (ITM Entreprises) est une société de commerce et distribution. En 1992, elle compte de grands canaux de distribution : 153 supérettes, 1700 supermarchés et 47 hypermarchés. Elle réalise un chiffre d'affaires de 117,4 milliards de francs en 1993.

Rhône-Poulenc est un groupe français qui occupe le septième rang mondial dans l'industrie chimique et pharmaceutique. Le principal axe de travail du groupe repose sur les sciences de la vie appliquées à la santé humaine et animale ainsi qu'à la protection des cultures. Il est numéro 1 mondial pour les vaccins (Pasteur-Mérieux). En 1858, un pharmacien parisien, Poulenc, fabrique des accessoires pour la photographie. En 1894, Mérieux fonde un institut de bactériologie à Lyon. Par la suite, des industriels lyonnais lancent les Usines du Rhône. Les Usines du Rhône et les établissements Poulenc fusionnent à la veille de la crise de 1929 et forment la **SUCRP** qui devient **Rhône-Poulenc** en 1961.

Paribas est une banque, filiale de la compagnie financière **Paribas**. Elle est présente dans cinquante pays. C'est une banque commerciale et d'affaires au service des entreprises surtout. En 1994, c'est le deuxième holding français. La Banque de Paris et des Pays-Bas (BPPB) a été créée en 1872 sous forme de SA (société anonyme). En 1968, **Paribas** devient l'actionnaire principal du Crédit du Nord. **Paribas** a connu quelques modifications puisqu'elle a été nationalisée pendant cinq ans (1982–1987).

Usinor-Sacilor est un groupe spécialisé dans l'acier. C'est le deuxième producteur mondial d'acier après *Nippon Steel*. **Usinor** est le sigle de **U**nion **Si**dérurgique du **Nor**d et **Sacilor** celui de **S**ociété des **Aci**éries de **Lor**raine. À la suite de diverses acquisitions, **Usinor–Sacilor** représentait en 1992 91,6% de la production d'acier brut en France.

II. Compréhension

Lire attentivement le texte, puis :

1. Définissez en français les mots et expressions suivants tirés du texte : cadre supérieurs/enquête/vedette/valider/queue de peloton/avatar/cohorte de traînards.

III. Traduction

1. Traduire en anglais les passages en italique.

IV. Expression écrite et/ou orale

1. Parmi les entreprises énumérées dans le texte, quelles sont celles que vous connaissez? Quelle est l'image de ces entreprises dans les pays anglo-saxons?

2. Que pensez-vous de la première marque mondiale Coca-Cola?

3. Que pouvez-vous dire de Chanel/Guerlain et Cartier?

4. Classez les grandes entreprises qui figurent dans le texte par secteurs d'activités. Exemples : Chanel (les parfums de luxe) Matra (les voitures, l'aéronautique).

V. Adjectif ayant valeur d'adverbe

Lourd est un adjectif qui, dans la phrase suivante tirée du texte, s'emploie comme adverbe. Par conséquent, cet adjectif ayant valeur d'adverbe est invariable.

"Elle pèse aussi **lourd** que la dernière ligne du bilan . . ."

D'autres exemples à retenir : chanter faux ou juste/voir clair/sentir bon ou mauvais

(a) Trouver six adjectifs qui sont employés comme adverbe.

(b) Construisez des phrases complètes à l'aide de ces adjectifs servant de compléments adverbiaux.

VI. Structure des phrases dans un style journalistique

La phrase suivante :

"Et l'occupent encore, comme en témoignent . . ."

ne contient pas de proposition principale (*main clause*). Elle ne représente donc pas une phrase complète. L'intention de l'auteur est de produire un impact sur le lecteur par un style précis et élliptique.

(a) Trouvez dans le texte d'autres phrases du même type.

VII. Remarques particulières sur le verbe assurer

Dans le texte nous avons :

"Tout en **nous assurant** le concours de Compagnie Corporate . . ."

Dans cette phrase le **nous** est un complément d'objet indirect.

Voici un autre exemple : Le responsable de l'entreprise a **assuré au** personnel que le stage de formation aurait lieu.

En revanche, le verbe **assurer** peut aussi s'employer avec un complément d'objet direct. Exemples : Je vous assure **de** ma bonne foi/Le patron a **assuré** son collègue **de** sa coopération.

En utilisant le verbe **assurer** :

(a) Construisez deux phrases comportant un complément d'objet direct.

(b) Trouvez deux phrases avec un complément d'objet indirect.

VIII. Analyse du terme *usure*

(a) Trouvez des mots de la même famille que **usure**.

(b) Donnez les mots équivalents en anglais.

IX. Observation sur le verbe *capitaliser*

Le verbe **capitaliser** en français n'est pas suivi d'une préposition, contrairement à l'anglais : Exemple : Hermès **capitalise** le prestige . . . et le sérieux d'une entreprise . . .

(a) Construisez deux phrases complètes en utilisant l'expression **capitaliser des intérêts/une rente**.

X. Différence entre les mots *décennie* et *décade*

(a) Trouvez les différences entre les mots **décennie** et **décade**.

(b) Construisez deux phrases complètes en distinguant l'usage de ces termes.

Texte n° 22 : Comment bien gérer son capital-image

Liste des mots-clés : palmarès/l'actif de leur bilan/poids lourds/ lanternes rouges/état des lieux/période faste/collectivités territoriales/Leclerc/repreneur/valeur d'actif/bonne renommée vaut

**mieux que ceinture dorée/conjoncturel/n'en déplaise à ceux/
dégonfler la baudruche/EDF/la vista**

Résumé du texte n° 22

En France, c'est sur la qualité de leur image que les entreprises seront appréciées.

Compagnie Corporate, un groupe de communication en collaboration avec *L'Expansion*, entreprend une étude qui recense et analyse les sociétés françaises privilégiant l'image.

Tout d'abord, l'image sert à surmonter les difficultés en période de récession et à stimuler la croissance en période de prospérité.

Une image sérieusement élaborée dure plusieurs années et quelquefois plus longtemps qu'une entreprise.

L'étude indique que l'image repose sur des critères objectifs et mesurables.

Les entreprises sont estimées par rapport à la qualité de leurs produits et de leurs services, à leur capacité d'adaptation à une conjoncture économique difficile.

La communication et l'engagement public n'occupent pas un rôle stratégique. Pour les cadres interrogés, il est primordial que l'entreprise produise et se développe. L'image d'un secteur d'activité est essentielle pour l'image de l'entreprise. L'enquête permet de faire l'inventaire par secteur d'activité et de guider le choix des entrepreneurs.

Une professionnelle de la communication, Christiane Quénard, tire les leçons de notre **palmarès**.

En France, les entreprises n'inscrivent pas encore leur image à **l'actif de leur bilan**. Pour la plupart d'entre elles, les investissements "image" sont considérés comme des dépenses annuelles. C'est pourtant sur la qualité de leur image qu'elles seront jugées. Et ce jugement résiste au temps. Positif ou négatif, il s'accroche au cœur du patrimoine.

Parmi les **poids lourds** de l'économie française, quels sont les champions de l'image? Et quelles sont les **lanternes rouges**? Pour un groupe de communication, il était tentant de disposer d'un **état des lieux**, et de l'analyser. Voilà pourquoi Compagnie Corporate s'est associé à *L'Expansion*. Nous n'avons pas été déçus. L'étude révèle quelques belles surprises, et délivre un certain nombre de leçons bonnes à prendre.

Mais d'abord à quoi sert l'image?

À atténuer les difficultés en cas de crise (c'est "l'effet parachute"), et à accélérer les développements en **période faste** (c'est "l'effet boom booster"). La bonne mine d'une organisation lui attire les talents et les meilleures recrues. La confiance qu'elle inspire l'aide à convaincre banquiers et investisseurs. Sa renommée lui permet de s'imposer dans toutes sortes de négociations, lors d'un rachat, face aux pouvoirs publics, ou aux **collectivités territoriales**. Diversification, motivation, marketing . . . la liste des pouvoirs de l'image peut s'étendre et se ramifier.

Combien de temps dure une image?

Plusieurs années, comme tout capital ou investissement. Une image solidement construite ralentit les effets destructeurs d'une crise d'opinion, face au même risque (l'effet nocif de son produit sur la santé). Perrier a presque oublié toute trace de sa crise américaine grâce à un capital d'image qui a joué un "effet parachute", alors que l'entreprise de rillettes mise en cause chez **Leclerc** *va devoir changer de marque rapidement. Une image dure parfois même plus longtemps qu'une entreprise, elle peut être cédée à un* **repreneur**, *telle une* **valeur d'actif**.

Peut-on contrôler une image?

L'image est souvent considérée comme une valeur subjective et non quantifiable. Or, l'étude prouve qu'elle se construit sur des critères objectifs et mesurables. Comme une image de film constituée de 24 images par seconde, l'image globale d'une entreprise est composée de sous-images différentes et variables.

Pour mieux les mesurer et pouvoir ensuite les travailler, nous en avons dégagé huit. La question était de savoir si l'image reposait plus sur ce que l'on croit couramment (la personnalité des dirigeants, la communication . . .); ou bien sur des critères plus concrets tels que les produits, les services, les résultats financiers. Enfin, il était important de savoir si le nouveau contexte de crise et la capacité d'une entreprise à la maîtriser étaient devenus des facteurs d'image.

Sur quels critères juger les entreprises?

Une surprise, plutôt réjouissante . . . **bonne renommée vaut mieux que ceinture dorée**. C'est sur la qualité de leurs produits et de leurs services que toutes les entreprises, sans exception, sont d'abord jugées. Les périodes de crise se révèlent propices au bon sens. Si le premier critère était structurel, le second est **conjoncturel** : les entreprises sont appréciées en fonction de leur capacité à s'adapter à la crise. L'époque est doublement raisonnable.

La communication compte peu, et l'engagement public très peu. Comment comprendre ces résultats?

Comme des révélateurs. En cinquième position, la communication trouve sa juste place. **N'en déplaise à ceux** qui en ont fait une panacée et qui ont oublié l'importance de "l'autre communication", dite *corporate*, qui fait connaître les autres critères (tempérament face à la crise, management, hommes, résultats financiers).

L'engagement pour une cause d'intérêt général arrive en dernière position. Ce qui vient **dégonfler la baudruche** de "l'entreprise citoyenne" et la vogue du mécénat. Seules les entreprises de service public (comme **EDF**), ou directement concernées par la santé et l'environnement (comme l'industrie chimique et pharmaceutique) ou en prise directe avec la culture (comme les médias) gagnent à s'engager. Pour les cadres interrogés, le devoir de l'entreprise est avant tout de remplir sa fonction "naturelle" : produire et se développer.

L'image du secteur influence-t-elle celle de l'entreprise?

Oui. Un secteur en crise entraîne toutes ses entreprises dans sa chute. À priori, les secteurs en difficulté du moment – textile, transport, industrie lourde, informatique . . . – n'ont pas bonne image, quels que soient les efforts accomplis. Voilà qui peut expliquer les scores de Bull ou de Cap Gemini. Ce qui vaut pour les perdants n'est pas forcément vrai pour les gagnants. Si certains leaders entraînent leur secteur, il ne suffit pas d'appartenir à une activité en plein développement pour être bien considéré. En témoigne le bel écart qui sépare Canal+ de TF1.

Alors, docteur, que faire?

L'étude permet de dresser, secteur par secteur, un diagnostic image. Forts de cette analyse, nous avons dressé une ordonnance pour chacun : savoir de quoi parler plus, ou parler moins, comment équilibrer ses messages, répartir son budget image . . . Les ordonnances qui figurent tout au long des pages suivantes ne prétendent pas délivrer le secret de la **vista***. Mais elles sont des pistes pour réfléchir à sa stratégie d'image autrement (ou plus objectivement) et plus globalement.*

Christiane Quénard

Source : *L'Expansion*, 23 septembre–6 octobre 1993

I. Étude du vocabulaire

Le palmarès désigne la liste des vainqueurs d'une distribution de prix, d'un concours ou d'une compétition. C'est également la liste des succès remportés par une personne ayant participé à un événement sportif ou autre. Le **palmarès** des meilleurs succès/avoir plus d'une victoire à son **palmarès**.

L'actif de [leur] bilan correspond à la répartition des avoirs ou à l'ensemble des biens d'une personne ou d'une entreprise dans la partie gauche du **bilan**. En comptabilité privée, un **bilan** est un document qui se présente sous forme de tableau. La partie gauche du tableau désigne **les avoirs** (actif) et la partie droite fait l'inventaire des **dettes** (passif) d'une société ou d'un particulier. Avoir à son **actif** (locution ironique signifiant **compter comme exploit**).

Les poids-lourds dans le langage courant se dit des **camions**. Dans les catégories d'athlètes on parle de **poids lourd** pour désigner un homme gros et grand. Par métaphore ou au sens figuré les **poids lourds** de l'économie française sont les entreprises **importantes**, **influentes**, qui **pèsent d'un grand poids**. **Un poids lourd** est une personne ou un groupe qui occupe une place prépondérante dans un domaine économique, social ou politique. **Un poids lourd** de la distribution/**un poids lourd** du syndicalisme.

Les lanternes rouges font allusion aux entreprises qui sont à la traîne, qui arrivent en dernière position. Cette métaphore s'applique également au sport. Exemple : Ils ont été **lanternes rouges** pendant des années avant de remporter la première division. Autres expressions courantes à retenir : éclairer **la lanterne** de quelqu'un (lui fournir des renseignements pour comprendre une situation, un fait)/prendre des vessies pour des **lanternes** (se tromper, commettre une erreur).

Un état des lieux est un **inventaire** ou un **récapitulatif** que l'on fait à un moment donné pour décrire une situation. Dans le cadre d'une location d'un appartement ou d'une maison, le propriétaire établi un **état des lieux** qui indique l'état de conservation du logement à l'entrée d'un nouveau locataire. Établir un état **des** lieux ou **de** lieux.

Une période faste est un **moment favorable**, **propice**, **heureux**.

Les collectivités territoriales sont des espaces délimités (communes, départements et territoires d'Outre-mer) qui sont confiés à des élus pour en assurer la gestion. On fait la distinction entre **collectivités territoriales** et **collectivités locales**. La constitution du 27 octobre 1946 fait allusion aux **collectivités territoriales**, et celle du 4 octobre 1958 introduit la notion de **collectivités locales**.

Leclerc est le nom d'une chaîne de centres commerciaux. Edouard Leclerc, né en 1926, ouvre sa première boutique dans le Finistère en 1949. Il tente de convaincre des entrepreneurs en France pour le suivre dans sa démarche en vendant le moins cher possible. Les premiers centres **Leclerc** ouvrent d'abord en Bretagne puis dans toute la France. La famille de Leclerc est engagée dans de nombreux secteurs d'activités (alimentation, textile, librairie . . .). Sa femme Hélène Leclerc dirige le textile. Sa fille Isabelle Collombet dirige le secteur culturel (rayon livres), et son fils Michel Édouard est co-président des centres distributeurs Leclerc.

Un repreneur est un *raider* en anglais, c'est-à-dire une personne qui rachète une entreprise qui bat de l'aile ou qui périclite. **Le repreneur** réalise des plus-values en revendant les actions. Il peut également diviser l'entreprise pour la revendre par fraction. C'est aussi un investisseur qui essaie de contrôler une entreprise cotée en bourse, en lançant une OPA (**o**ffre **p**ublique d'**a**chat). Un **repreneur** de haut vol.

Une valeur d'actif désigne sur un marché financier la valeur actuelle de l'ensemble des flux qui sont constitués de la rémunération de l'actif (des avoirs) et de sa valeur de revente.

Bonne renommée vaut mieux que ceinture dorée est un proverbe qui a le sens de "mieux vaut avoir une bonne image de marque, une bonne réputation, plutôt que d'avoir une bourse remplie d'or". En d'autres termes, l'opinion favorable que les gens ont de quelqu'un est plus importante que la richesse.

Conjoncturel est un adjectif qui se rapporte à la **conjoncture économique**, c'est-à-dire à la situation économique du moment, ou à l'ensemble des facteurs qui concourent simultanément à définir une situation donnée. Politique **conjoncturelle**.

N'en déplaise à [ceux] est une formule ironique qui sert à introduire des propos déplaisants, désagréables aux personnes à qui l'on s'adresse. L'expression correspond à **que cela vous plaise ou non**, étant donné que les paroles blessantes sont toujours exprimées.

Dégonfler la baudruche ou **crever la baudruche** est une expression imagée qui signifie illusion, ou une théorie légère, facile à contredire. Un ballon de **baudruche** (ballon très léger)/c'est une **baudruche** (personne sotte, faible, fragile).

EDF est le sigle de **É**lectricité **d**e **F**rance. C'est une entreprise publique créée par la loi du 8 avril 1946. Après la guerre, **EDF** s'engage dans un grand projet d'équipement afin d'obtenir de l'électricité hydraulique (le barrage de Tignes [1952], le barrage de Donzère-Mondragon [1952], le barrage de Serre-Ponçon [1958]). **EDF** s'est diversifiée dans l'ingénierie, le traitement des déchets, l'éclairage public etc.

La vista désigne la vue, l'image, la perspective, de nouveaux horizons. Ce mot d'origine espagnole est utilisé en sport pour décrire une bonne vision du jeu, du geste à effectuer.

II. Compréhension

Lire attentivement le texte, puis :

1. Définissez en français les mots et expressions suivants tirés du texte : investissements/patrimoine/nocif/panacée/mécénat/dresser/ordonnance.

III. Traduction

1. Traduire en anglais les passages en italique.

IV. Expression écrite et/ou orale

1. Quelles sont les raisons pour lesquelles les entreprises s'intéressent à bien gérer leur capital-image?

2. Qu'entend-on par "l'effet parachute"? Expliquez cette expression à partir du texte.

3. Quels sont les critères qui contribuent à définir l'image d'une entreprise?

4. Dans quelle mesure l'image d'un secteur économique influence-t-elle la performance de l'entreprise?

V. Remarques particulières sur le verbe *délivrer*

Le verbe **délivrer** ne s'emploie pas dans le même contexte que **livrer**. Dans le texte on a : "L'étude **délivre** un certain nombre de leçons bonnes à prendre ..." Autres exemples :

1. Les truands viennent **délivrer** (*set free*) leur camarade.

2. On a **délivré** à l'entreprise un brevet de qualité.

3. Le facteur **a délivré** (*delivered*) des dizaines de lettres à l'entreprise.

4. Le coupable a été **livré** (*handed over to*) à la police.

5. Ce pays est **livré** (*is given over to*) à l'anarchie totale.

6. Le ministre de la défense a dû **livrer** (*disclosed*) un secret de la plus haute importance à son premier ministre.

7. L'agent de Chronopost a **livré** plusieurs colis à la secrétaire dans les 24 heures.

(a) Construisez six phrases en tout, en tenant compte du contexte, et en utilisant les verbes **délivrer** et **livrer**.

VI. Étude du genre

Parachute est du genre masculin même si on dit **une chute**. En revanche, **recrue** est du genre féminin bien que ce mot puisse se rapporter au sexe masculin.

(a) Voici une liste de mots dont vous devez déterminer les genres : **abîme/antidote/artère/astérisque/atmosphère/calme/casque/charme/ cible/circulaire/dynamo/extase/formulaire/insecte/masque/oasis/ orbite/organe/pétale/pédale/toux/trophée/vice/vis.**

(b) Analysez les particularités des noms suivants : **bébé/camarade/chercheur/dupe/élève/enfant/espèce/gens/président/ recrue/secrétaire/sentinelle/victime.**

VII. Remarques particulières sur le verbe *contrôler*

En français, le verbe **contrôler** a deux sens.

Le premier sens signifie **soumettre** à un contrôle, **inspecter**, **vérifier**. Exemple : Les inspecteurs des impôts ont **contrôlé** les comptes de l'entreprise.

Le deuxième sens signifie **maîtriser** ou **dominer**. Exemple tiré du texte : "Peut-on **contrôler** une image? . . ." Autres exemples : Elle avait du mal à **contrôler** ses gestes/Elle venait juste d'avoir son permis de conduire et elle **contrôlait** mal son véhicule.

(a) Construisez quatre phrases complètes qui illustrent les deux sens du verbe **contrôler**.

VIII. Remarques sur le verbe *reposer*

Dans le texte, le verbe **reposer** est employé de manière intransitive. Il s'emploie au sens figuré : La question était de savoir si l'image **reposait** plus **sur** ce que l'on croit couramment . . .

Au sens littéral du terme, le verbe **reposer** s'emploie à la voix pronominale ou au sens réfléchi. Exemple : Elle était tellement fatiguée qu'elle a dû **se reposer**.

En français, il existe toute une série de verbes qui se construisent soit de manière intransitive soit à la voix pronominale. Exemples : Elle **approche** la quarantaine/l'heure **approche**/L'ennemi **s'approche** de la ville. Dans le premier cas du verbe **approcher**, il ne s'agit pas d'une intention précise. En revanche, dans le second cas, il s'agit d'une intention bien précise.

(a) Voici une série de verbes à partir desquels vous devez construire des phrases selon le même modèle : **(se) fermer/(s)'ouvrir/(se) coucher/ (s)'arrêter/(se) loger/(s)'incliner**.

(b) Expliquez les différences entre les deux constructions.

IX. Étude des proverbes en français

Les proverbes expriment sous une forme imagée une idée reçue ou une expérience vécue. Parfois, il n'y a pas d'équivalent en anglais ou l'anglais n'utilise pas la même métaphore. Dans le texte nous avons "**Bonne renommée vaut mieux que ceinture dorée**". Cette locution n'a pas d'équivalent direct en anglais.

(a) Trouvez une série de six proverbes en français qui s'utilisent fréquemment.

(b) Donnez leurs équivalents en anglais s'il y a lieu.

X. Le mode du subjonctif après *quel*

Le subjonctif s'emploie toujours après les expressions **quel que/quelque/où que/qui que/si + adjectif** lorsqu'il exprime l'idée de *however, whatever, wherever, whoever*.

Dans le texte, nous avons "**quels que soient** les efforts accomplis ...". **Quel** en tant qu'adjectif s'accorde en genre et en nombre avec le sujet. Autres exemples :

Quel que (*whatever*) **soit** l'effort accompli.

Quelle que (*whatever*) **soit** votre intention.

Quelles que (*whatever*) **soient** vos idées.

Quelque (*however*) rentable **que soit** l'entreprise.

Où que (*wherever*) le consommateur **aille** il ne trouvera pas meilleur produit.

Qui que (*whoever*) ce **soit** peut bénéficier d'un rabais important.

Si importants **que soient** (*however*) les bénéfices, il faut toujours trouver de nouveaux marchés.

(a) Construisez six phrases complètes en utilisant **quel que/quelle que/quelque/où que/qui que/si + adjectif + subjonctif**.

12 La maison d'édition (pratique et structure, fabrication et commercialisation)

Texte n° 23 : On annonçait la mort de l'édition: Gutenberg fait de la résistance

Liste des mots-clés : Gutenberg/Gallimard/Maxi-livres/Axis/broyer du noir/chaisière/s'observer le nombril/raz-de-marée/demande/offre/grand cimetière sous la lune/Le cercle des éditeurs disparus/sous l'égide de la G7/Groupe de la Cité/rachat/fusion/Groupe Hachette/Fixot-Laffont/Calmann-Lévy/Flammarion/Masson-Belfond/Albin Michel/Seuil/PME/ode/personne physique/quadras/NDLR/Larousse/thuriféraires/loi Lang/Insee

Résumé du texte n° 23

Le Président du Syndicat National de l'Édition, Serge Eyrolles, souligne que le livre connaît depuis vingt ans un essor constant de son chiffre d'affaires malgré la crise qui a marqué les années 1991 et 1992.

Les maisons d'édition ne cèdent pas sous l'effet de la crise. Elles font de la résistance à la vidéo-télé-électronique.

Le secteur du livre montre une certaine résistance et une capacité d'adaptation. Il enregistre une augmentation de son activité. On peut comparer son chiffre d'affaires, qui s'élève à 14 milliards de francs, à celui des jeux vidéo qui représente 4 ou 5 milliards de francs.

La production du livre se stabilise autour de 380 millions d'exemplaires par an. La production en matière de titres est en hausse constante. En France, le monde du livre produit 40 000 titres par an. Ce chiffre n'est pas énorme si on le compare à celui de l'Allemagne (70 000) ou à celui de la Grande-Bretagne (65 000).

D'aucuns estiment que l'édition offre un spectacle d'agonie, car elle subit les inconvénients de la modernité.

Il ne reste pas un seul éditeur-fondateur des années 60, mais les maisons d'édition existent au sein d'autres groupes.

Christian Brégou a fondé le Groupe de la Cité en moins de dix ans grâce à la concentration d'entreprises par rachats et fusions.

Face à la modernité, l'édition a surmonté l'évolution de l'électronique et du multimédia.

Elle a réussi en matière de création, d'innovation et d'adaptation.

Toujours capable de s'adapter, le vieux Gutenberg! De la collection Découvertes de **Gallimard** *au livre à 10 francs, de* **Maxi-livres** *à l'encyclopédie* **Axis***, des gens qui innovent et des produits qui marchent.*

Serge Eyrolles arbore un teint rose comme peu de responsables de syndicats professionnels par les temps qui courent. "Il y avait un monde fou prêt à nous enterrer, voilà un an : la crise allait nous achever. Eh bien, l'année se termine, la crise est toujours là, mais l'édition devrait enregistrer une hausse de son activité de l'ordre de 6%." Pas mal, en effet, pour des moribonds. Mais, en vérité, ils n'étaient pas les derniers à **broyer du noir**. Le monde du livre a son côté **chaisière**, aimant ressasser les mauvaises nouvelles plutôt que les bonnes, et chausser des lunettes juste utiles à **s'observer le nombril**. Or, fait remarquer le président du SNE (Syndicat National de l'Édition), "si 1991 et 1992 ont été deux années difficiles, l'édition vit depuis vingt ans sur une croissance régulière de son chiffre d'affaires. En fait, nous résistons à tout, y compris au **raz-de-marée** de la vidéo-télé-électronique!".

Exact. Avec un peu de recul, on s'aperçoit que le secteur offre plutôt un bon exemple de résistance et d'adaptation. En dépit de deux accidents de croissance au début des années 80, puis 90, son activité reste ascendante, et ses 14 milliards de francs de chiffre d'affaires sont à comparer, par exemple, aux 4 ou 5 milliards des jeux vidéo ... Bon an, mal an, sa production en nombre d'exemplaires publiés se maintient autour de 380 millions ; quant à la production en nombre de titres, elle connaît une augmentation importante et régulière – quoique interrompue actuellement – ce qui pose la question quasi rituelle : les éditeurs font-ils trop de livres? A quoi l'on répondra qu'il s'agit d'un phénomène universel, et que partout la tendance est de répondre à la **demande** par une **offre** de plus en plus fine. Avec leurs 40 000 titres annuels, les Français sont en tout cas dans des ordres de grandeur qui n'ont rien d'excessif par rapport aux Allemands (70 000), aux Britanniques (65 000) ou aux Espagnols (40 000).

Alors, si les tendances longues sont saines et si la croissance est même de retour, pourquoi l'édition prend-elle si aisément des airs de **grand cimetière sous la lune**? Parce que les héritiers de Gutenberg encaissent les chocs de la modernité. Et que cela ne va pas sans soubresauts.

"**Le cercle des éditeurs disparus**", titrait mélancoliquement l'ex-éditeur Pierre Belfond, pour une chronique envoyée naguère au *Monde*. Il citait les noms de cette génération des années 60 dont "ne subsiste plus un seul éditeur-fondateur demeuré maître chez lui" : où sont-ils, en effet, les Jean-Jacques Pauvert, les André Balland, les Jean-Claude Lattès? Et vous, Robert Laffont, Claude Nielsen, François Maspéro, Olivier Orban? Eh bien, Belfond, par exemple, tient une galerie d'art; et Balland écrit ses Mémoires dans son petit appartement de l'île Saint-Louis ... Mais leurs deux maisons continuent. La première au sein du Groupe Masson; l'autre **sous l'égide de la G7** d'André Rousselet. "Citez-moi une seule maison d'édition d'un peu d'importance et qui ne survive pas quelque part," défie Serge Eyrolles. On meurt peu, dans le livre. On est "concentré"...

Concentration. Dans la rencontre avec la modernité, c'est le principal choc. "Les petites maisons connaissent depuis dix ans ce que la presse a traversé dix ans avant et l'industrie vingt ans plus tôt," juge Christian Brégou, n° 1 du secteur et grand concentrateur lui-même, puisqu'il a monté son **Groupe de la Cité** en moins d'une décennie par **rachats** et **fusions** successifs. Le phénomène de concentration dans l'édition est ancien. Ce qui l'est moins, c'est la confirmation de ce que l'économiste François Rouet appelle "l'esquisse d'un duopole" (*Le Livre,* à La Documentation Française). Sur 80 entreprises réalisant plus de 20 millions de francs de chiffre d'affaires en 1985, écrit-il, "16 sont aujourd'hui contrôlées par le **Groupe Hachette** et 9 par le Groupe de la Cité." Le phénomène s'est encore accéléré ces derniers mois, avec la fusion de **Fixot-Laffont** (la Cité) ou la prise de contrôle d'Hachette chez **Calmann-Lévy**. Bref, et bien que les statistiques du syndicat professionnel soient difficiles à exploiter, on peut estimer que les deux grands groupes, Cité et Hachette, réalisent maintenant à eux seuls la moitié environ du chiffre d'affaires de l'édition française, une fois déduites leurs activités internationales ou non purement éditoriales (diffusion). Derrière eux, une poignée de maisons moyennes et plutôt solides, autour et au-dessous du milliard de francs, disposant de leur propre organisation de diffusion (Gallimard, **Flammarion**, **Masson-Belfond**, **Albin Michel**, **Seuil**, etc.). Puis l'armée des **PME**, des grosses aux minuscules.

Mais ce qui est tout à fait neuf, c'est que ce phénomène de concentration semble en quelque sorte maîtrisé par ses acteurs.

Terminée, l'**ode** aux éditeurs disparus. "Il ne faut pas confondre, dit Jean-Etienne Cohen-Séat, président de Calmann-Lévy, les **personnes physiques** qui décident d'arrêter leur activité pour une raison ou pour une autre, et les éditeurs qui choisissent de continuer dans des structures plus vastes. Ce n'est pas un hasard si des **quadras** qui réussissaient brillamment, comme François Bourin, Olivier Orban ou Bernard Fixot, ont fait le choix de grandes structures (**NDLR** : le Groupe de la Cité). Le fait est qu'il est de plus en plus difficile de vivre de façon autonome."

L'autonomie des filiales permet de concilier l'espace de création et la solidité capitalistique

Conclusion : Calmann-Lévy est désormais chez Hachette, et Cohen-Séat encore le patron. "Je sais que j'ai en face de moi un actionnaire plus soucieux des résultats. Mais qui a toujours eu pour politique d'investir et de soutenir des filiales autonomes et concurrentes entre elles, dirigées par des personnalités fortes comme Jean-Claude Fasquelle ou Claude Durand. Être renforcés capitalistiquement va nous permettre d'être plus ambitieux. Cela se verra dans l'année." Autre exemple révélateur, celui d'un tout petit éditeur, Olivier Cohen : dès la création de sa maison l'Olivier, en 1990, il a choisi de se placer sous l'aile du Seuil. "Ceux qui se lancent dans l'activité éditoriale ont généralement bien intégré ses aspects économiques," estime Marianne Grangié, qui occupe un excellent poste d'observation à la rédaction du magazine professionnel *Livres-Hebdo*. "Par rapport à leurs devanciers, ils se sont professionnalisés."

La modernité présentait au secteur deux autres défis : d'abord celui de l'électronique et du multimédia, qui a terriblement agité les esprits ces dernières années. Or, les premiers produits sont arrivés sur le marché et se vendent bien, comme le **Larousse** électronique ou l'encyclopédie Axis d'Hachette à CD-ROM. Mais surtout, la plupart des éditeurs ont retrouvé la sérénité : ils sont désormais convaincus que les problèmes résidaient moins dans les techniques ou les supports que dans l'art de faire travailler des équipes de créatifs – l'essence de leur métier! "C'est nous les éditeurs, héritiers des techniques anciennes, qui écrirons les scénarios du futur," lance Pierre Marchand, président de Gallimard Jeunesse.

*L'autre défi était celui du prix du livre. Car, quoi que chantent ses **thuriféraires**, la* *loi **Lang** sur le prix unique du livre a eu un effet inflationniste évident. Depuis 1982, mois après mois, le livre a augmenté moitié plus que la moyenne des 295 postes suivis par l'**INSEE**. Mais l'époque réclame désespérément des bas prix et du discount, et un certain nombre de réussites récentes dans le livre – à commencer par la montée irrésistible des livres en format de poche – récompensent des initiatives prises en ce sens, tels le "livre à 10 francs" ou les "livres neufs à prix réduit" de Maxi-Livres.*

Comme quoi le vieux Gutenberg se montre toujours capable de créer, d'innover et de s'adapter. Et Serge Eyrolles n'a pas tort de garder le teint rose.

Roger Alexandre
Source : *L'Expansion*, 20 décembre 1993/janvier 1994

I. Étude du vocabulaire

Gutenberg (vrai nom Johannes Gensfleisch) est un imprimeur allemand qui, en 1439, inventa à Strasbourg le procédé d'impression en relief à l'aide de caractères mobiles en plomb ou en bois. Ce procédé de composition manuelle dura plusieurs siècles, jusqu'à l'invention en 1887 par **Mergenthaler** d'un procédé de composition mécanique.

Gallimard est un éditeur de littérature générale : essais, poésie, théâtre, roman, récit . . . **Antoine Gallimard** édite aussi des ouvrages sur les sports : la navigation à voile, les voiliers, les courses maritimes . . . Il publie des revues, entre autres *Les Temps Modernes, Nouvelle Revue de psychanalyse, Le Messager européen* . . . Parmi les collections les plus importantes on peut citer "Blanche", "Folio", "Les Essais", "Bibliothèque de la Pléiade", "Série Noire", "L'Imaginaire" . . . **Gallimard** est une maison d'édition qui satellise plusieurs filiales : Denoël, Mercure de France, SEDE (participation).

Maxi-livres est une chaîne de librairies en France. Le réseau de points de vente existe depuis 1981. C'est **une franchise** du groupe Profrance. **La franchise** est un système de commercialisation de biens et de services basé sur une étroite collaboration entre entreprises distinctes et indépendantes du point de vue juridique et financier.

Axis est la première encyclopédie multimédia en langue française. Elle a été lancée sur le marché en Mai 1993 par le Groupe Hachette. Elle est composée de 6 volumes de dictionnaire encyclopédique, 10 volumes de dossiers thématiques, un atlas, un index, un CD-ROM et six vidéocassettes. **Axis** doit son succès aux professions libérales, équipées en ordinateurs et en lecteurs de CD-ROM.

Broyer du noir est une locution employée pour décrire un état dépressif. Cette locution est synonyme de **avoir des idées noires/le cafard/le blues/le bourdon**.

Une chaisière est une personne qui loue des chaises dans un jardin public par exemple. Dans le texte, **avoir un côté chaisière** est une métaphore qui évoque un côté "**concierge**" (personne bavarde, indiscrète et légère dans les propos qu'elle tient). Le monde du livre présente une face sous laquelle on répète sans cesse "les mauvaises nouvelles plutôt que les bonnes".

S'observer le nombril est une expression qui affiche le comportement d'une personne manifestant de l'égoïsme, de la vanité, du nombrilisme. **Se regarder/se contempler le nombril/se prendre pour le nombril du monde** (être orgueilleux, prétentieux, égocentrique).

Un raz-de-marée au sens figuré du terme est un mouvement qui balaie tout sur son passage. Au sens strict du terme, c'est une catastrophe qui correspond au fort courant lié aux niveaux de la mer.

L'offre et **la demande** sont déterminées par de nombreux facteurs économiques. **L'offre** représente la quantité de produits que le vendeur souhaite écouler à un prix donné. Une baisse de prix implique un accroissement de **la demande**. **La demande** est liée à la quantité de produits que l'acheteur veut acquérir à un certain prix.

Grand cimetière sous la lune est une image qui évoque la mort de l'édition. L'expression **sous la lune** est employée ironiquement et représente des images de mort qui inspire une profonde tristesse, un sombre désespoir et renforce le côté morbide.

Le cercle des éditeurs disparus est une allusion au film triste et sombre de Peter Weir; *Dead Poets' Society*, traduit en français par *Le cercle des poètes disparus*.

Sous l'égide de signifie **sous la protection de**.

La G7 est dirigée par André Rousselet. C'est une Compagnie de taxis parisienne. André Rousselet occupe la fonction de PDG (**P**résident **D**irecteur **G**énéral) de la Société nouvelle des autoplaces G7 de 1962 à 1967 et depuis 1972. Ne pas confondre **la G7** et **le G7** (le groupe des sept), c'est-à-dire l'ensemble des sept pays développés à économie de marché les plus puissants (États-Unis, Japon, Allemagne, France, Italie, Grande-Bretagne, Canada).

Le Groupe de la Cité est l'une des plus importantes entreprises françaises d'édition. Le groupe existe depuis 1988 grâce au rapprochement des Presses de la Cité et Bordas et du groupe Larousse-Nathan constitué en 1984. Bordas passe sous le contrôle des Presses de la Cité en 1985. En février 1993, **le Groupe de la Cité** procède au rachat des éditions Fixot créées par Bernard Fixot en 1987.

Le rachat est une opération financière qui permet à une entreprise d'en **racheter** une autre ou de prendre le contrôle d'une autre société. Le **rachat** des actions.

La fusion désigne le mouvement de concentration d'entreprises spécialisées dans le même secteur d'activité, ou dans des branches ayant intérêt à se regrouper. C'est une opération juridique qui consiste à regrouper plusieurs sociétés en une seule et unique.

Le Groupe Hachette est né au milieu du XIXème siècle. C'est le premier groupe français de communication. Il est structuré autour de quatre secteurs : l'édition, la presse (magazine et quotidienne), l'audiovisuel, la distribution et les services. Le groupe détient la moitié des parts des NMPP (**N**ouvelles **M**essageries de la **P**resse **P**arisienne).

Fixot-Laffont est une fusion des éditions Bernard Fixot et des éditions Robert Laffont. Fixot est un nouvel éditeur de la littérature de qualité, des sports et des loisirs pour grand public. Quant aux éditions Robert Laffont, elles occupent le quatrième rang de la littérature française.

Calmann-Lévy est un éditeur de littérature générale. Il publie des romans, des récits, des essais de la littérature française et étrangère de qualité.

Flammarion (Librairie Ernest) est un éditeur de la littérature générale et des documents pour tout public. Il publie entre autres la collection des albums du Père Castor.

Masson-Belfond est une fusion de deux maisons d'édition. Les éditions **Pierre Belfond** sont passées sous la coupe du groupe **Masson** qui est un grand éditeur de littérature, de sciences occultes, de sciences politiques, économiques et d'histoire.

Albin Michel est un grand éditeur de littérature classique et de fiction. Il possède un département baptisé **Albin Michel Jeunesse**, **Albin Poche** qui publie des albums haut de gamme pour enfants.

Seuil (éditions du) publie des œuvres de création littéraire de qualité s'adressant au grand public et aux spécialistes. C'est un éditeur de sciences humaines et littérature.

PME est l'abréviation de **P**etites et **M**oyennes **E**ntreprises. En France, ce sont des établissements qui comptent moins de 500 salariés. Les petites entreprises en emploient moins de 10. Les entreprises sont classées selon divers critères. Les deux principaux critères sont le chiffre d'affaires et l'effectif.

L'ode désigne en littérature un poème qui exprime les sentiments profonds d'un poète au moyen de rythmes et d'images poétiques. **Une ode** est destinée à être chantée avec accompagnement musical. Elle est inspirée de la poésie grecque.

Une personne physique est un être humain, un individu ayant des droits et des obligations. Certaines associations ou organisations sont formées par la réunion de **personnes physiques**.

L'État, les départements, les communes, les établissements publics sont des **personnes morales** de droit public. Les associations, les syndicats, les sociétés civiles et commerciales sont des **personnes morales** de droit privé.

Des quadras désignent l'abréviation de **quadragénaires**, c'est-à-dire des personnes dont l'âge se situe entre quarante et cinquante ans.

NDLR est l'abréviation de **N**ote **d**e la **R**édaction. Ce sigle introduit un commentaire, ou un renvoi comme élément de compréhension.

Larousse est une maison d'édition française, créée en 1852 à Paris par Pierre Larousse et Augustin Boyer. Elle publie des ouvrages scolaires, de nombreux dictionnaires bilingues, spécialisés, des encyclopédies, des revues périodiques. En 1984, la librairie Larousse fusionne avec les Éditions Nathan et forme Le Groupe Larousse. Depuis 1988, le Groupe Larousse appartient au **Groupe de la Cité**.

Thuriféraire au sens premier du terme indique dans diverses pratiques religieuses un porteur **d'encensoir**. Au sens figuré, un **thuriféraire** est un flatteur.

La loi Lang est une loi du 10 août 1981 instaurant le prix unique des livres, quel que soit le mode de diffusion de la librairie à la grande surface. Elle est entrée en vigueur le 1er janvier 1982. Elle émane de l'initiative de **Jack Lang**, Ministre de la Culture de 1981 à 1986 puis de 1988 à 1992. Depuis la **loi Lang** relative au prix du livre, lorsqu'un ouvrage est réédité pour être diffusé par correspondance, son prix doit être au moins égal à celui de la première édition pendant une période de neuf mois.

INSEE est le sigle de **I**nstitut **N**ational de la **S**tatistique et des **É**tudes **É**conomiques. Cet organisme public, créé en 1946, fournit de nombreuses informations économiques. C'est lui qui gère le fichier des entreprises françaises et publie diverses études relatives à la conjoncture économique. Il édite une revue mensuelle intitulée *Économie et statistique*.

II. Compréhension

Lire attentivement le texte, puis :

1. Définissez en français les mots et expressions suivants tirés du texte : arborer/moribond/encaisser/rédaction/devancier/défi/multimédia.

III. Traduction

1. Traduire en anglais les passages en italique.

IV. Expression écrite et/ou orale

1. Comment peut-on expliquer la crise dans le monde du livre?

2. Pourquoi le livre à dix francs est-il un sujet de contestation auprès de certains enseignants?

3. Qu'entend-on par fusion? Quels sont les avantages et les inconvénients d'une telle pratique?

4. Quels sont les défis auxquels les grandes maisons d'édition sont confrontées?

Learning Resources
Centre

V. Remarque particulière sur le mot français *édition*

En français, **l'édition** se rapporte à l'activité d'une maison qui publie des livres, c'est-à-dire, à *publishing* en anglais. Le deuxième sens du mot **édition**, qui s'emploie dans un sens plus restreint, signifie **l'ensemble des exemplaires** d'un ouvrage publié, soit *edition* en anglais. Par conséquent, **édition** est un faux ami partiel. Par contre, *an editor* est un faux ami.

(a) Trouvez le mot français qui correspond à *an editor* et développez son activité.

(b) Trouvez les mots de la famille **édition**.

(c) Expliquez-en le sens.

VI. Invariabilité ou accord du participe passé avec le nom

Dans le texte nous avons : "En fait, nous résistons à tout, **y compris** au raz de marée de la vidéo-télé électronique ! . . ." Dans ce cas, **y compris** se rapporte à **raz de marée** au **masculin**, donc le problème d'accord ne se pose pas.

Si on avait un nom au féminin, par exemple : **Y compris** la vidéo, **y compris** se rapporte à **vidéo** au féminin mais aucun accord n'est possible. Il existe d'autres expressions qui sont invariables lorsqu'elles sont antéposées au nom. Par exemple : **vu/étant donné/excepté/mis à part/ci-joint**.

En revanche, ces expressions peuvent être postposées. Dans ce cas, elles s'accordent automatiquement avec le nom. Veuillez trouver **ci-joint** les pièces justificatives au dossier/Veuillez trouver les pièces **ci-jointes** . . .

NB : Avec l'expression **y compris**, lorsqu'elle est postposée, le **y** disparaît. Exemple : la vidéo **comprise**.

(a) Construisez huit phrases avec les locutions **vu/étant donné** etc. Dans quatre phrases ces expressions doivent précéder le nom; dans les quatre autres, elles doivent suivre le nom.

VII. Recherche de synonymes autour du mot *livre*

Le mot **livre** a de nombreux synonymes qui comportent chacun des nuances.

(a) Trouvez une dizaine de synonymes de **livre**.

(b) Construisez dix phrases complètes qui illustrent l'usage de ces mots.

VIII. Emploi du subjonctif

Dans le texte, nous avons la phrase suivante : "Citez-moi une seule maison d'édition d'un peu d'importance et qui **ne survive** pas quelque part" défie Serge Eyrolles . . . Le verbe **survivre** est au subjonctif parce qu'il dépend d'un antécédent indéterminé. C'est un registre de langue élevé. Dans un langage relâché on emploierait l'indicatif **survit** au lieu du subjonctif **survive**. Autres exemples :

Trouvez-moi une maison d'édition qui **ait** déjà publié dans ce domaine précis.

Donnez des exemples qui **soient** parfaitement intelligibles.

Je ne connais personne qui **soit** plus compétent que cet éditeur.

Le subjonctif s'emploie également, toujours dans un langage soutenu, lorsque la proposition principale (*main clause*) est négative.

Par exemple : Je **ne** crois (pense) **pas** que l'entreprise te **fasse** une telle remise/Il n'y a **aucune** raison que le chef de service **revienne** sur sa décision.

(a) Traduisez en français les phrases suivantes :

1. Do you know an author who has written on the history of printing?

2. I'm looking for a publisher who could take responsibility for this document.

3. It would be inconceivable that anyone you know had been to China.

4. Would it be possible to meet someone who could give me the necessary details?

5. The government doesn't think that we have a right to an increase in salary.

6. There is no one here who can deal with your order today.

7. There is no subject in which he is not competent.

8. I can't find a single company who has published a book on that topic.

IX. Remarque sur l'expression en français *de façon*

Dans le texte nous avons : "Le fait est qu'il est de plus en plus difficile de vivre **de façon** autonome . . ." Le mot **façon** est précédé de la préposition **de**. En revanche, en anglais on dirait *in* (*in a different way* : de façon différente).

La même observation s'applique à **manière**. Exemple : Il faut présenter cet ouvrage **de manière** différente. Dans les deux cas on pourrait dire : **d'une façon autonome/d'une manière différente**.

Si les mots **façon** et **manière** sont précédés d'un adjectif possessif, la préposition correspondant à cette structure sera **à**. Exemples :

Rédige ton texte **à ta manière**.

Il a imposé les choses **à sa façon**.

(a) Construisez six phrases complètes avec les deux prépositions **de** et **à** + **façon/manière**.

X. Conjugaison du verbe *convaincre*

(a) Conjuguez à la 3ème personne du singulier et du pluriel le verbe **convaincre**, aux temps de l'indicatif (présent/futur/passé simple/passé composé/imparfait).

Texte n° 24 : Seuil Jeunesse accentue sa présence

Liste des mots-clés : Seuil/sous la houlette de/maison mère/ escompter/la très cotée biennale/un rythme de croisière/plus de poche/on tombe dans l'industriel/pop up/coup de tirette/ maquette/facsimilés/coéditer/temps forts

Résumé du texte n° 24

Le responsable de Seuil Jeunesse, Jacques Binsztok, a élaboré une bonne image du département auprès des libraires et du public. En l'espace d'un an, les soixante titres produits ont réalisé les ventes prévues.

Jacques Binsztok se fixe pour objectif de réaliser un chiffre d'affaires de 40 à 50 millions de francs. Il souhaite ne pas dépasser ce montant pour éviter une expansion trop rapide qui altérerait la façon de travailler.

L'ambition et la diversification paraissent indispensables pour Seuil Jeunesse, et les trente nouveaux titres à l'automne reflètent les caractéristiques du département.

Le *Pop up* occupe une place importante et constitue une nouvelle approche du documentaire scientifique.

En matière documentaire, Seuil Jeunesse promeut trois livres d'activités de Dorling Kindersley particulièrement recherchés.

Ces nouveautés feront l'objet d'une campagne publicitaire en octobre et novembre dans la presse.

En janvier, un journal tiré à 30 000 exemplaires annoncera les titres du semestre et les faits déterminants.

Après avoir pris sa place dans les librairies, Seuil Jeunesse travaille désormais à installer durablement ses collections.

Sous la houlette de Jacques Binsztok, Seuil Jeunesse nouvelle manière a aujourd'hui tout juste une année de production. Avec une relative autonomie vis-à-vis de la **maison mère**, le département s'est déjà construit une solide image auprès des libraires et du public puisque la plupart des soixante titres édités dans cette période ont atteint les ventes **escomptées**. Ainsi parmi les créations, *L'Année des Débloks*, paru au printemps, totalise 6 300 exemplaires et *Eugénio*, de Marianne Cockenpi Lorenzo Mattotti, dépasse les 6 000. Parmi les ouvrages traduits, *Comment on fait les bébés*, de Babette Cole, a été vendu à plus de 20 000 exemplaires. Seuil Jeunesse s'est aussi distingué en obtenant le Grand prix 93 de **la très cotée biennale** de Bratislava pour *Eugenio*. Enfin, tous les albums créés l'année dernière ont été achetés par des éditeurs étrangers.

Prévoyant au départ un chiffre d'affaires de 30 millions de francs au bout de deux ans mais discret sur ses résultats, Jacques Binsztok s'affirme aujourd'hui "sur la bonne voie".

"Il faut savoir ne pas dépasser le point d'équilibre"

Son problème serait même plutôt d'éviter de grandir trop vite, l'idéal étant pour lui d'atteindre **un rythme de croisière** de 40 à 50 millions de francs : "Je n'ai pas vocation à diriger un énorme département. J'aime travailler, comme aujourd'hui, avec une petite dizaine de personnes motivées, au courant de tout ce que nous faisons. Nous prévoyons, avec un peu **plus de poche**, soixante-dix à soixante-quinze titres en 1995 dont les trois quarts seront des créations, mais il faut savoir ne pas dépasser le point d'équilibre au-delà duquel notre mode de travail est transformé et où **on tombe dans l'industriel**."

Trente nouveautés à l'automne

Cohérents avec le travail entrepris l'année dernière et les objectifs qui avaient été énoncés – construire un département ambitieux et largement diversifié pour les jeunes, adolescents compris – les trente titres du programme de l'automne traduisent bien les lignes de force que Jacques Binsztok compte approfondir. Il confirme sa présence dans le domaine des albums pour les 5–10 ans avec sept créations à paraître en septembre et octobre où l'on retrouve les noms de Lorenzo Mattotti (*Le Soleil lunatique*), Thierry Dedieu (*Yakouba*), Miles Hyman et Jean-Luc Fromental (*Le Cochon à l'oreille coupée*), Loustal et Philippe Paringaux (*Dune*), appuyés de quelques nouveaux venus, comme Anne Buguet qui illustre *Les Trois Calumets*, Fabienne Burckel pour *Grand-mère avait connu la guerre*, et Alain Gauthier qui illustre *Quatre contes* de Michel Tournier.

"Une autre façon de traiter le documentaire scientifique"

*Autre genre cher à Jacques Binsztok, les **pop up** figurent bien entendu au menu, parmi lesquels plusieurs titres sérieux pour petits et grands qui représentent, pour le responsable de Seuil Jeunesse, "une autre façon de traiter le documentaire scientifique". Équations résolues **en un coup de tirette**, constructions géométriques surgissant de la page, secrets de la trigonométrie révélés par deux petites manipulations : sans aucun doute, Maths, de Bob Gardner et Ron Van Der Meer, à paraître le 26 octobre et vendu 250 F, fera date.*

Dans le domaine documentaire, Seuil Jeunesse annonce pour le 26 octobre *Astronomie en kit*, *Dinosaures en kit*, *Pyramides en kit*, trois livres d'activités très convoités de Dorling Kindersley. Présentés sous forme de boîtes cartonnées au format 31,5 x 24,5 contenant un livre, un jeu, une **maquette** à construire et des **facsimilés** de documents, ces ouvrages inaugurent la collection d'art pour les jeunes **coéditée** avec la réunion des musées nationaux, "Salut l'artiste", une *Bible* de 432 pages illustrée par Pierre-Olivier Leclers, un nouveau Kveta Pacovska (*Rond Carré*), une chronologie illustrée, *Chronos*, de Chris Scarre, qu'Olivier Barrot présentera à "Un livre, un jour" mi-septembre, quelques livres pour les tout-petits, en attendant de plus lourdes créations pour 1995.

Un journal tiré à 30 000 exemplaires

Pour faire connaître cette nouvelle production, une campagne de publicité sera organisée en octobre et novembre dans la presse éducative et pédagogique. Seuil Jeunesse prévoit également, pour le Salon du livre de Montreuil, d'importantes animations, une exposition d'illustrateurs et de nombreux auteurs, dont Babette Cole.

Par ailleurs, en janvier, un petit journal tiré à 30 000 exemplaires présentera, à la façon de son aîné le 27, *rue Jacob*, mais en couleurs, l'ensemble de la production du semestre, ses **temps forts** et les événements.

Christine Ferrand
Source : *Livres Hebdo* n° 126 2 septembre 1994

I. Étude du vocabulaire

Seuil (Les Éditions du Seuil) est une maison d'édition française, créée en 1936 par Jean Bardet et Paul Flamand. Elle est surtout organisée autour des spécialités suivantes : Beaux-arts, Biographies, Jeunesse, Linguistique, Littérature, Livres de poche, Mémoires et Souvenirs, Musiques, Philosophie, Poésie, Religion, Revues et Périodiques, Sciences Économiques, Sciences Humaines, Sciences Politiques, Théâtre, Urbanisme, Vie pratique (voir texte n° 23).

Sous la houlette de signifie **sous la direction de**. Cette locution est souvent utilisée de façon ironique. Le sens propre de **houlette** est *crook* (d'un berger) ou *crozier* (d'un évêque).

Une maison mère ou **une société mère** est une entreprise qui contrôle plus de la moitié du capital d'une ou de plusieurs autres sociétés connues sous le nom de **filiales**.

Escompter a plusieurs sens. Voici quelques exemples : **escompter** un billet à ordre (**payer**)/**escompter** son avenir (compromettre)/**escompter** la venue de quelqu'un (compter sur, prévoir, attendre).

La très cotée biennale est une manifestation ou une exposition particulièrement appréciée qui a lieu tous les deux ans. Exemples : une exposition **biennale**/un prix **biennal**/**La Biennale** de Venise.

Un rythme de croisière est une allure normale d'activité après une période de mise en route. Quelques expressions à retenir : un régime/une allure/une vitesse **de croisière**. Au sens propre, **rythme de croisière** signifie *cruising speed*.

Un peu plus de poche est une expression familière qui s'applique à davantage de livres au format de poche. **Un livre de poche** est un livre de petit format, à grand tirage et bon marché. **Le livre de poche** est le livre de la seconde génération.

On tombe dans l'industriel suggère un passage assez brusque d'une situation valorisante (travail en comité restreint : "une petite dizaine de personnes motivées") à une situation fâcheuse qui relève d'une activité **industrielle**, c'est-à-dire organisée à grande échelle.

Les pop-up sont utilisés sans l'aide d'un réseau de distribution, c'est-à-dire dans le cadre du marketing direct. **Le pop-up** est un imprimé plié qui se déplie au moment de l'ouverture du prospectus pour créer un effet de surprise.

En un coup de tirette : en tirant sur une tirette (*tab*) pour révéler la solution cachée.

Une maquette est un document sur un support opaque destiné à la photogravure. C'est également l'ébauche d'une publication d'ouvrage ou autre qui donne une idée générale du travail final. **Une maquette** est synonyme d'un croquis, d'une esquisse.

Des facsimilés sont des reproductions exactes de l'ensemble d'un document ou d'une partie de documents.

Coéditer signifie **éditer** un ouvrage avec un ou plusieurs éditeurs, soit **reproduire** une œuvre littéraire, artistique ou musicale. Dans le domaine de l'édition, on parle de **coédition**, c'est-à-dire d'un accord pour la traduction et l'adaptation d'un ouvrage conçu par un éditeur qui détient le droit exclusif d'exploiter une œuvre et qui en cède à un ou plusieurs homologues étrangers les droits d'édition.

Les temps forts situent les moments les plus importants d'un événement, d'une évolution, le point culminant de quelque chose.

II. Compréhension

Lire attentivement le texte, puis :

1. Définissez en français les mots et expressions suivants tirés du texte : autonomie/image/énoncer/calumet/documentaire/animations/ exposition.

III. Traduction

1. Traduire en anglais les passages en italique.

IV. Expression écrite et/ou orale

1. Quelles sont les maisons d'édition françaises que vous connaissez?

2. Quelles sont les stratégies menées par Seuil Jeunesse pour commercialiser ses collections?

3. Comment peut-on expliquer la relative autonomie de Seuil Jeunesse vis-à-vis de la maison mère?

4. Quelle est la période la plus importante pour une maison d'édition en France? Comment se manifeste-t-elle?

V. Le verbe avec ou sans préposition + l'infinitif

Le sous-titre du texte indique :"Seuil Jeunesse **travaille** désormais **à installer** durablement ses collections . . ." Au milieu du texte nous avons :"Son problème serait même plutôt d'**éviter de grandir** trop vite . . ." Les structures suivantes : **travailler à** + infinitif/**éviter de** + infinitif nous montrent que la préposition utilisée pour relier le verbe à l'infinitif n'est pas obligatoirement la même.

Il faut par ailleurs signaler qu'il existe une troisième structure sans préposition, c'est-à-dire verbe + infinitif. Exemple tiré du texte :". . . les lignes de forces que Jacques Binsztok compte approfondir . . ." Exemples pour les trois structures :

1. Les jeunes **s'amusaient à lire** les *Trois Calumets*.

2. Les adolescentes **se plaisaient à faire** le tour des librairies.

3. Seuil Jeunesse **a choisi de développer** une nouvelle collection de livres d'art.

4. La maison mère **ne regrette pas d'avoir donné** une certaine autonomie à Seuil Jeunesse.

5. La société **espérait obtenir** d'excellents résultats.

6. De nombreux auteurs ont **préféré se rendre** à l'Exposition plutôt que de parler de leurs ouvrages à la télévision.

(a) Traduisez les phrases suivantes :

1. The company limited itself to publishing books for young people.

2. Don't commit yourself to invest in a market that you don't know very well.

3. She finished writing the last chapter of her novel and sent it immediately to her publisher.

4. They dreaded receiving the half-yearly results because all booksellers spoke of a decline in sales.

5. They counted on publishing a whole range of books in the Autumn.

6. The bookseller thought it was better to sell the titles at a discount than not to sell them at all.

VI. Usage de la préposition *sous* et de ses variantes

La préposition **sous** et ses variantes, **en dessous, par-dessous, au-dessous,**

dessous, correspondent à l'anglais *under*. Exemple tiré du texte : "**Sous la houlette** de Jacques Binsztok . . ."

Sous la houlette est une locution toute faite. Par conséquent, elle ne peut être remplacée par ses variantes.

Par contre, l'exemple suivant : Le chien est **sous** la table peut être remplacé par "le chien est **en dessous de** la table".

Par-dessous indique l'idée de passage. Exemple : Le chien est **passé par-dessous** la table.

Dessous est un langage plus relâché. Exemple : Le chien est **dessous** la table.

Au-dessous exprime un langage plus soutenu. Le chien est **au-dessous** de la table.

(a) Trouvez une série d'expressions métaphoriques avec **sous** qui ne peuvent pas être remplacées par ses variantes, par exemple : **sous l'égide de**.

VII. Prépositions qui se rapportent aux mois de l'année et aux saisons

Les prépositions qui se rapportent aux mois de l'année et aux saisons sont utilisées de façon particulière. Exemples à retenir : **au** printemps/**en** été/**en** automne/**en** hiver.

Il faut remarquer que **à** l'automne se réfère précisément à la période de l'année qui arrive. Lorsque la saison est qualifiée, la préposition disparaît. Exemple : *It was in the winter of 1949*/c'était l'hiver **de l'année** 1949. On dit "au mois **de**"/**en** septembre/"au mois **de**"/**en** juillet. Mais attention! Dans un style plus relâché on entendra : début août/fin octobre/mi-juin.

Par rapport à ces derniers exemples, un langage plus soutenu exigerait : au début du mois d'août/à la fin du mois d'octobre/à la mi-juin.

(a) Rédigez un paragraphe d'une dizaine de lignes en racontant des événements qui se déroulent au fil de l'année.

(b) Utilisez les prépositions qui conviennent.

VIII. Remarque particulière sur les verbes *vendre à* (plus de 20 000 exemplaires) et *tirer à* (30 000 exemplaires)

Attention! Cette construction en français n'a pas d'équivalent littéral en anglais. En fait, il faut procéder à un remaniement complet de la phrase pour arriver à une traduction correcte.

(a) Traduisez les phrases suivantes en utilisant la construction ci-dessus :

1. 20,000 copies of this novel were sold in the first week.

2. Although 30,000 copies of the work were printed it still was not enough.

3. Millions of copies of the Bible have been published over the years.

IX. Étude du préfixe *re–* et de ses variantes + verbes

Dans le texte, nous avons le verbe **re**trouver, dont le sens est **trouver à nouveau**. Le préfixe **re** se réduit à **r** devant une voyelle (**r**assurer) ou un **h** muet (**r**habiller).

Voici une liste de verbes qui peuvent prendre le préfixe **re** et ses variantes : **ra**ccrocher/**ra**ppeler/**re**couvrir/**ré**écrire/**ré**crire/**re**définir/**re**descendre/**re**dire/ **re**dresser/**re**hausser/**re**joindre/**re**monter/**re**transmettre/**re**fondre/**re**voir.

(a) Relevez les verbes qui n'expriment pas toujours l'idée de répétition.

(b) Construisez une dizaine de phrases avec **re + verbe** à partir de la liste de verbes énumérés.

Ajoutons que *again* se traduit en français de plusieurs manières : **à nouveau, de nouveau, encore, encore une fois, une nouvelle fois, une fois de plus** ou avec un verbe plus le préfixe **re**.

X. Les faux amis dans le texte et leur signification

(a) Relevez cinq faux amis dans le texte.

(b) Définissez en français chacun de ces termes.

13 L'informatisation des systèmes documentaires

Texte n° 25 : Les spécificités du marché français

Liste des mots-clés : intervenir/SIGED/conférence/spécificités/
GED/pays de la communauté/taux/milliards/MF/CA/
dossiers papier/ergonomie/graphe/démarche/technocrates/
pragmatique/communicante/d'entrée de gamme/
cahiers des charges/une remise à niveau

Résumé du texte n° 25

Cet article rapporte le dialogue entre deux interlocuteurs, Isabelle Perriault d'*Archimag* et Sébastien Soubbaramayer, consultant spécialisé dans la gestion électronique de documents. Ce consultant international traite des spécificités du marché français de la GED.

Le marché de la GED connaît en France une croissance faible. Il représente le taux le plus faible en Europe occidentale. Les perspectives pour 1993 et 1994 sont décevantes.

Cette situation s'explique par le fait que le modèle d'organisation français ne convient pas. La GED implique un type d'organisation collectif pour transmettre facilement des dossiers.

Au niveau européen, le premier secteur de la GED est le tertiaire (banques, assurances, administrations . . .).

Pour comprendre le fonctionnement de la GED, il faut s'inscrire dans la logique métier et la logique technologique.

Le troisième écueil est l'aspect théorique, trop développé en France.

La GED connaîtra un essor en France si elle est conçue comme un outil de bureautique à faible coût.

*Sébastien Soubbaramayer est un consultant international spécialisé dans la gestion électronique de documents en Allemagne, Espagne, Suisse et Italie ainsi que dans les pays scandinaves. En France, il **intervient** aux côtés des organisateurs d'entreprise Jean-Louis Pineau et Catherine Leloup. Interviewé au **Siged'93** – lors d'une **conférence** sur les applications dans les banques, les compagnies d'assurances et les services publics – il nous parle des **spécificités** françaises de la GED.*

Archimag

Le marché de la GED est en hausse seulement de 5% en France. En est-il de même dans les autres pays de la communauté?

Sébastien Soubbaramayer

La France enregistre en effet cette année une croissance faible. Elle figure parmi les **taux** les plus bas en Europe occidentale. Et les perspectives pour 1993 et 1994 ne sont guère encourageantes. La France, en effet, ne dépasse pas le cap du milliard comme cela avait été prévu. Les autres pays de la communauté enregistrent les résultats suivants : **2,5 milliards** en Allemagne, 1,5 milliard en Angleterre, 1,5 milliard en Italie, **600 MF** en Espagne et 600 MF en Suisse. La France – qui devrait être dans le peloton de tête – génère seulement un **CA** de 931 MF alors que la Suisse représente 2/3 du marché français.

Quelles sont les principales raisons?

Les causes à rechercher sont profondes. D'abord, les modèles d'organisation français sont inadaptés. La GED en général, le workflow en particulier, suppose un mode d'organisation collectif pour faciliter la circulation des dossiers. Or, ce type d'organisation – qu'on retrouve dans les pays d'Europe du Nord – n'existe pas en France. En France, on constate dans les organisations une prédominance du modèle hiérarchique. Le développement d'applications autour de la notion de "groupe de travail" devient alors complexe. Combien de dirigeants trouvent en effet dégradante l'idée d'utiliser un poste de travail!

Quel est le premier secteur de la GED au niveau européen?

En premier lieu, le secteur tertiaire, c'est-à-dire les banques, les assurances, les organismes sociaux et les administrations. En Allemagne, en Angleterre, en France et en Italie, la GED pénètre environ 50% des sites GED. 38% des applications de la GED sont des opérations d'archivage électronique contre 25% d'applications transactionnelles.

Quelles sont les autres raisons?

Du fait que les administrations travaillent depuis longtemps avec des **dossiers papier**, il paraît plus difficile de les faire changer d'habitude là où la "culture papier" est très ancrée. Les fonctionnaires n'ont pas non plus d'approche du poste de travail. Ils ne connaissent pas les concepts "d'entité dossier", "d'**ergonomie** du poste de travail" et "de **graphe** des flux de documents".

De quelle manière appréhender la GED?

Pour comprendre la GED, il faut adopter deux logiques : la logique métier (verticale) et la logique technologique (horizontale). La première consiste à définir, détailler et dresser une liste des tâches successives d'un métier donné alors que le but de la seconde englobe les différentes technologies pour y arriver. Pour avoir une **démarche**, il faut avoir une couche verticale et des applicatifs horizontaux.

Voyez-vous un troisième obstacle?

Oui, la théorie. Il y a trop de théorie en France. On n'a pas besoin de changer en profondeur l'organisation pour mettre en œuvre une solution GED. L'expérience démontre que – même à organisation constante – les améliorations sont évidentes.

D'autre part, cela évite les chocs en profondeur. Il faut se méfier des **technocrates** *de l'organisation et privilégier l'approche* **pragmatique**.

Est-ce à dire que le marché français ne décollera pas?

En réalité, les raisons d'espérer sont nombreuses. La GED doit se développer en France si elle est intégrée comme un outil de bureautique **communicante**, c'est-à-dire comme un produit **d'entrée de gamme** à bon marché, et si elle a vocation de gérer, rechercher et diffuser des documents dans une optique de groupe de travail. Si elle aborde un document par sa finalité. Enfin, si elle est installée à des coûts raisonnables respectant les standards du marché.

C'est bien l'orientation qui semble se dessiner aujourd'hui. On assiste en effet à une multiplication des **cahiers des charges** sur des projets denses et structurés. Ceci laisse envisager **une remise à niveau** du marché français.

Propos recueillis par Isabelle Perriault

Source : *Archimag : Les technologies de l'information* n° 70, décembre 1993–janvier 1994

I. Étude du vocabulaire

Intervenir signifie **jouer un rôle**, **prendre part à** une activité afin d'exercer une influence sur une chose, un groupe ou une personne.

Le SIGED est un salon annuel où les grands constructeurs informatiques exposent leurs nouveautés. C'est un lieu de rencontre des professionnels de la gestion électronique de documents.

Une conférence est une réunion au cours de laquelle des personnes s'entretiennent sur un sujet précis.

La spécificité est le caractère de ce qui est particulier à quelque chose.

GED (**G**estion **É**lectronique de **D**ocuments). L'équivalent en anglais est *ODDSAR* (***O**ptical **D**isk **D**ocument **S**torage **a**nd **R**etrieval*). Ce terme désigne les systèmes d'information qui intègrent les différents supports optiques. Ce système assure les fonctions de stockage-archivage et de consultation-diffusion.

Les pays de la Communauté regroupaient, jusqu'en 1994, 12 États-membres de la Communauté Économique Européenne (CEE) : L'Allemagne, la Belgique, la France, l'Italie, le Luxembourg, les Pays-Bas, la Grande-Bretagne, l'Irlande, le Danemark, la Grèce, l'Espagne et le Portugal. Ce n'est qu'en janvier 1981 que la Grèce entre dans la **Communauté** et en janvier 1986 que l'Espagne et le Portugal font de même. D'autres pays demandent à s'associer à la CEE. Actuellement, on parle de "l'Europe des quinze" puisque les candidatures de l'Autriche, de la Finlande, de la Norvège ont été retenues. Leur entrée dans **l'Union Européenne** s'est faite au 1er janvier 1995.

Les taux peuvent exprimer un quotient, un pourcentage, un coefficient ou encore une proportion, d'un élément quantifié.

Un milliard correspond à mille millions, soit dix à la puissance neuf : 10^9.

MF dans le texte est l'abréviation de **Million de Francs**. En réalité, le sigle **MF** peut être utilisé dans un autre contexte de façon différente : **M**odulation de **F**réquence, **M**oyenne **F**réquence, **M**ère au **F**oyer, **M**éga **F**ranc, **M**arque de **F**abrique, **M**arine **F**rançaise, **M**ark **F**inlandais.

CA est le sigle de **C**hiffre d'**A**ffaires. Celui-ci reflète l'activité de l'entreprise. Il équivaut au montant des affaires réalisées par l'entreprise au cours d'une période donnée.

Les dossiers papier représente des documents manuscrits ou imprimés classés dans des chemises en carton (de papier fort). Les papiers d'un **dossier** est une expression différente de les **dossiers** de papier ou en papier. **Les dossiers papier** s'opposent au système de gestion électronique de documents. Un **dossier** de presse.

L'ergonomie constitue l'ensemble de recherches et d'applications multidisciplinaires. Elle vise à étudier aussi bien les conditions de travail que l'amélioration de la productivité. La physiologie, la psychologie expérimentale et sociale sont les disciplines les plus importantes de ces études qualitatives et quantitatives. On parle **d'ergonomie** des logiciels, c'est-à-dire de leur capacité à être employés efficacement et agréablement.

Un graphe est une représentation graphique, c'est-à-dire un ensemble de lignes qui désigne le cheminement d'un processus à l'aide de lignes fléchées. Exemple : **le graphe** d'une fonction (tracé de la courbe).

Une démarche désigne une attitude, un comportement, une conduite.

Les technocrates sont des dirigeants qui possèdent un savoir technique. Ce sont des hauts fonctionnaires de l'État, des hommes ou des femmes politiques qui prennent des décisions en fonction de données techniques ou économiques. **La technocratie** représente le pouvoir nouveau exercé par des **technocrates**. Ce terme est souvent employé de façon péjorative.

Pragmatique est un adjectif synonyme de pratique. Il se rapporte à une activité concrète.

Communicante est un adjectif qui se dit de quelque chose qui transmet un mouvement, une énergie, une qualité à un autre élément.

D'entrée de gamme signifie **dès le début, dès le commencement**.

Un cahier des charges est un recueil écrit qui sert de référence. Il comporte l'ensemble des objectifs et des contraintes à respecter dans le cadre d'un projet.

Une remise à niveau est le fait de mettre de nouveau quelque chose (ici le marché intérieur) dans la situation où il se trouvait antérieurement. Le mot **remise** s'emploie dans quelques expressions telles que : **remise en** état/ **en** place/**en** marche/**en** ordre/**en** question/**en** jeu/à neuf/**en** compte/ **de** peine.

II. Compréhension

Lire attentivement le texte, puis :

1. Définissez en français les mots et expressions suivants tirés du texte : dépasser le cap/peloton de tête/dossier/choc en profondeur/privilégier/décoller/produit.

III. Traduction

1. Traduire en anglais les passages en italique.

IV. Expression écrite et/ou orale

1. Quelles sont les spécificités du marché français?

2. Qu'est ce que la GED?

3. Définissez le secteur tertiaire. Par ailleurs, qu'est-ce-que le secteur primaire et secondaire?

4. Pourquoi la "culture papier" est-elle très ancrée dans les administrations?

V. Usage du participe passé en français et le participe présent en anglais

Là où le français utilise souvent le participe passé, l'anglais emploie le participe présent. Exemple du texte : "Sébastien Soubbaramayer est un consultant international **spécialisé** (*specializing*) dans la gestion électronique de documents en . . ."

Autres exemples : Le consultant international **était adossé** (*leaning back in*) sur son fauteuil pendant qu'il expliquait les spécificités du marché français. Elle était **agenouillée** (*kneeling*) comme si elle priait.

(a) Construisez six phrases complètes à partir des participes passés suivants : **accoudé/accroupi/appuyé/assis/affalé/affaissé/blotti/couché/juché/ penché/pendu/perché/tapi**.

VI. Construction de *en hausse* + préposition *de*

Le marché est en **hausse de** 5% équivaut en anglais à : ***The market** has climbed **by 5%**. Par opposition : Le marché est en **baisse de** 5% correspond à : **The market** has gone down **by 5%**.* Là où le français emploie la préposition **de**, l'anglais emploie **by**. L'expression, **être en hausse de** ou **être en baisse de** correspond aux verbes **augmenter** ou **baisser**.

Le gouvernement **a augmenté** les salaires **de** 2%.

L'inflation des prix à la consommation **a baissé de** 3%.

Les verbes suivants requièrent la même préposition : **avancer/majorer/élever/ réduire/diminuer/chuter/tomber/dégringoler/s'effondrer/descendre**.

(a) Construisez dix phrases complètes avec ces verbes en utilisant la préposition **de**.

VII. Adjectifs se rapportant aux quatre points cardinaux, par exemple en Europe Occidentale

L'expression Europe Occidentale correspond à l'Europe de l'Ouest.

(a) Quels sont les quatre points cardinaux?

(b) Trouvez les adjectifs correspondant aux quatre points cardinaux.

(c) Construisez quatre phrases complètes en utilisant les adjectifs relatifs aux quatre points cardinaux.

VIII. Usage des quatre points cardinaux : *Nord/Sud/Est/Ouest* dans certaines expressions figées

Exemple : "dans les pays d'Europe **du Nord** . . ." L'expression **du Nord** en français correspond à *Northern* en anglais. Elle peut également correspondre à *North*. Autres noms de pays et de provinces : L'Afrique **du Sud**/L'Europe **de l'Est**/L'Allemagne **de l'Ouest**/En Caroline/Dakota **du Nord**/En Caroline/Dakota **du Sud**.
Attention! Ne pas confondre :

1. **L'Afrique du Sud** ne correspond pas à **l'Afrique Australe. L'Afrique du Sud** est une seule entité politique alors que **l'Afrique Australe** est un regroupement de plusieurs pays africains : **la Namibie, le Botswana, le Mozambique et l'Afrique du Sud**. Contrairement à **l'Afrique du Sud, l'Afrique du Nord** comprend plusieurs pays, c'est-à-dire **l'Algérie, le Maroc, la Tunisie**. Le terme **Afrique du Nord** a été remplacé par le **Maghreb** ou les pays du **Maghreb. L'Afrique du Nord** ne correspond pas à l'anglais **North Africa** qui inclut également la **Libye** et l'**Égypte**.

2. **Le Nord de la Caroline** ne correspond pas nécessairement à **la Caroline du Nord**. C'est en fait la partie **Nord** de l'une ou l'autre province.

IX. Observations particulières sur le verbe *pénétrer*

Le verbe **pénétrer** peut s'employer aussi bien au sens littéral du terme qu'au sens figuré. Exemple tiré du texte : "la GED **pénètre** environ 50% des sites GED . . ." Ici le verbe **pénétrer** a un sens figuré. En revanche, ce verbe est suivi de la préposition **dans** lorsqu'il a un sens littéral. Exemple : Elle a **pénétré** dans la maison.

(a) Construisez quatre phrases complètes en indiquant la nuance du verbe à chaque fois.

X. Étude des synonymes de *poste de travail* (*job*)

(a) Trouvez une dizaine de synonymes de **poste de travail**.

Attention! Un poste (de travail) est différent de **la poste (services postaux)**.

(b) Construisez dix phrases qui distinguent ces synonymes tout en indiquant le registre de langue.

Texte n° 26 : La documentation de presse se met en ligne

Liste des mots-clés : se mettre en ligne/interne/externe/GED/ booléen/*Le Monde*/Hachette/*La Croix*/L'AFP/*Le Républicain Lorrain*/ ad hoc/*Paris Match*/*Télé 7 jours*/*Première*/IBM/*Les Échos*/ photocomposition/Radio France/bureautique/*Vidéo 7*/ le logiciel Darwin/*Elle*/*Elle-Décoration*/*Elle-International*/*L'Équipe*/ Arte/Sygma/*L'Express*/*L'Étudiant*/*Libération*

Résumé du texte n° 26

La documentation de presse organise son activité grâce à l'informatisation. Les journaux se servent du Minitel pour transmettre le texte intégral de leurs articles. Les photothèques ont recours à l'automatisation. La gestion électronique de documents est une technique qui appartient au futur.

À la fin des années 70, La Nouvelle République du Centre-Ouest informatise son centre de documentation grâce à l'indexation au moyen d'un thésaurus et à l'aide d'un logiciel. En 1983, une association constituée des responsables documentaires de la grande presse mène une étude comparative en Europe pour identifier le logiciel adéquat et le genre d'indexation à exploiter.

En 1984, La Croix du Groupe Bayard-Presse puis le Groupe Hachette sont les précurseurs de la recherche en texte intégral grâce à un thésaurus pour les mots-clés.

En 1987, *Le Monde* adopte le logiciel Basis pour définir le thème essentiel des articles à indexer. L'informatisation présente un avantage énorme.

Cependant, les dossiers thématiques subsistent car ils permettent de saisir un sujet sous différents aspects.

Les rédactions des périodiques tels que *Vidéo 7*, *Télé 7 jours*, *Première* vont être équipées de postes multimédia combinant textes et images.

Le texte intégral et les bases de données constituent un outil moderne et fondamental pour la presse car la GED est coûteuse.

*Les centres de documentation de presse s'informatisent de plus en plus. Les journaux mettent le texte intégral de leurs articles en ligne, en **interne** ou en **externe**, par la voie du Minitel. Les photothèques n'échappent pas à l'automatisation. Les bases de données deviennent le crédo de la presse et la **GED** l'avenir.*

Le premier journal à avoir informatisé sa documentation est *La Nouvelle République du Centre-Ouest* à Tours. Dès la fin des années 70, le centre de documentation indexe les articles du journal grâce à un thésaurus et à l'aide d'un logiciel maison gérant la recherche **booléenne** et multi-critères. En

1983, une association regroupant les responsables documentaires de la grande presse (*Le Monde*, **Hachette**, *La Croix*, **L'AFP**, *Le Républicain Lorrain*, *etc.*) entreprend une étude comparative européenne afin de diagnostiquer le logiciel **ad hoc** et le type d'indexation à utiliser. Si tous les journaux – en cours d'informatisation – sont partisans du texte intégral des articles, ils sont unanimes à penser qu'une indexation doit expliciter et pondérer le texte de l'article; et éviter du "bruit".

Les précurseurs du texte intégral

Le quotidien *La Croix* du groupe Bayard Presse a été le premier à se lancer en 1984 suivi par le Groupe Hachette (***Paris Match, Télé 7 jours, Première***). *La Croix* choisit le logiciel Basis qui possède une recherche en texte intégral doublée d'un thésaurus pour les mots-clés. Pour sa part, Hachette s'est tourné vers Stairs, le logiciel full-text d'**IBM** que venait d'adopter *Le Provençal*. *Le Monde* différait son projet, quoique penchant pour Basis.

Du côté des informations de presse française disponibles sur serveur, c'était le désert. Pour dire vrai, seule l'AFP était consultable, avec un abonnement pour la banque de données Ascii, directement par l'intermédiaire du Minitel. Désormais, on peut également interroger **Les Échos**, *Le Monde et La Croix.*

En 1987, *Le Monde* sélectionne définitivement Basis pour constituer une base de données sur l'ensemble de ses articles à partir de la bande de **photocomposition**. A l'instar de *La Croix*, les documentalistes du *Monde* indexent les articles pour en définir le sujet principal.

Dans les deux cas, l'accès au texte intégral indexé se substitue aux anciens fichiers manuels par auteur, entreprise, personnalité et thème. L'intérêt de l'informatisation est considérable. Là où les documentalistes rédigeaient une douzaine de fiches cartonnées à classer, chercher et reclasser, une seule indexation permet l'accès au bon article sans souci de reclassement.

En revanche, l'informatisation n'a pas entraîné la disparition des dossiers thématiques (constitués par dépouillement de nombreux titres extérieurs). Si la base de données concerne le titre lui-même, on ne peut se passer d'une couverture documentaire large qui permet d'appréhender toutes les facettes d'un sujet. En attendant la numérisation de ces articles et la mise à disposition des dossiers grâce à la gestion électronique de documents!

La GED tente une percée

Mais pour l'heure, le coût est prohibitif et seules quelques entreprises de presse ont investi dans la GED. **Radio France** est la première avec son système DON baptisé Donald, développé autour de la technologie et des juke-boxes de Filenet. *Le Quotidien du Médecin* (pour ses propres articles) a choisi, depuis 1993, Archis Documentation de Softcore pour numériser les textes et les indexer. Les documentalistes s'appuient sur un thésaurus géré par Archis Documentation. TF1, avec le système Docubase, a entrepris depuis 1992 une vaste opération de numérisation et envisage même d'intégrer un jour les images animées. Une particularité de son approche est la volonté de doter les journalistes d'un poste intégré sur lequel ils pourront, en sus des fonctions **bureautiques**, voir défiler les dépêches AFP, les interroger et dans l'avenir, accéder à l'ensemble de la documentation, textes et photographies.

Cette notion de poste de travail intégré est reprise à l'intérieur du groupe Hachette. MIS, filiale informatique du groupe, vise à mettre en place une documentation multimédia mêlant la photothèque et le centre de documentation. Les rédactions des périodiques tels *Vidéo 7*, *Télé 7 jours*, *Première*, seront dotées prochainement de postes multi-fonctions accédant aux textes et images. *Le Monde* et *Ouest-France* se tournent eux aussi vers la GED, mais en complément du texte intégral. Le centre de documentation de *Ouest-France* possède un système documentaire fondé sur l'interrogation en langage naturel avec **le logiciel Darwin**. Ce dernier, développé par la société Cora, pilote désormais des disques optiques et des scanners. Dans le futur, pour restituer aux journalistes l'image de l'article où le nombre de colonnes, l'illustration, les caractères du titre sont autant d'informations, l'opportunité d'un système GED est étudié.

Pour l'heure, la possibilité pour les 60 rédactions régionales d'interroger directement le serveur de la rédaction centrale est un avantage indéniable. Certaines rédactions ont vu diminuer les délais de réponse de deux jours à 10 minutes.

Le Monde est plus avancé. Avec Dorotech, il travaille sur le projet Matis (Monde associant texte et images scannérisées) pour intégrer les graphiques et les dessins en complément du texte.

Les photos en complément du texte

En ce qui concerne les photothèques, Hachette achève la modernisation des fonds de *Elle*, *Elle-Décoration*, *Elle-International*, à l'aide d'un système GED.

De fait, l'informatisation d'une photothèque – ou d'une agence photo – correspond à deux cas de figure. Dans le premier cas, c'est l'indexation et la recherche qui sont informatisées. Les documentalistes indexent les reportages qui sont ensuite rangés et pourvus d'un code de classement. C'est ainsi que travaille *L'Équipe* et l'agence de presse Sipa. C'est aussi la méthode d'**Arte** avec le logiciel Taurus.

Dans le deuxième cas de figure, les photos sont numérisées, ce qui rend l'investissement important. C'est la voie qu'a choisie l'agence Kipa. L'agence Reuter, RTL vont également vers la numérisation de la photo (et son indexation) avec Phraséa ; ainsi que l'agence **Sygma** pour laquelle travaille Dorotech.

Mais la GED n'est pas encore la solution d'actualité, contrairement au texte intégral et aux bases de données qui se multiplient. L'adoption du logiciel Full-Text de Fulcrum par *L'Express*, celle du Basis par *Les Échos*, les bases de *L'Étudiant* et les projets de *Libération* le confirment, si besoin était.

M. L.

Source : *Archimag : Les technologies de l'information*
n° 77, septembre 1994

I.   Étude du vocabulaire

Se mettre en ligne peut avoir des sens différents en fonction du contexte.

Par exemple : **se mettre en ligne** (se brancher, se connecter à un ordinateur central)/**se mettre en ligne** pour le départ d'une course (s'aligner).

En interne est une expression qui signifie **en ligne intérieure**, c'est-à-dire une ligne de réseau de télécommunication qui relie deux postes téléphoniques installés chez le même abonné, souvent dans le même bâtiment.

En externe est, au contraire de **en interne**, une expression qui désigne une ligne qui vient de l'extérieur.

GED (**G**estion **É**lectronique de **D**ocuments). En anglais l'équivalent est ODDSAR (**O**ptical **D**isk **D**ocument **S**torage and **R**etrieval). La gestion électronique des documents inclut les fonctions d'archivage, de recherche documentaire et de communication externe sur un réseau. Elle a pour objectif le traitement informatique de documents. Voir texte n° 25.

Booléen, booléenne ou encore **boolien, boolienne** est un adjectif qui se dit d'une variable pouvant prendre deux valeurs s'excluant mutuellement (0 et 1). Cet adjectif trouve son origine dans le nom du mathématicien et logicien britannique **George Boole**.

Le Monde est un quotidien français fondé à Paris le 18 décembre 1944 par une équipe rédactionnelle composée de Hubert Beuve Méry, René Courtin, Christian Funk-Brentano et André Chêne-Benoît. Le premier numéro fut tiré à 140 000 exemplaires et en 1995, le tirage du *Monde* se fait à plus de 500 000 exemplaires. La mise en page de ce quotidien exclut les photographies. *Le Monde* se veut indépendant vis à vis des idéologies politiques et économiques. La plupart des lecteurs sont des cadres, des intellectuels. *Le Monde* publie périodiquement "**Dossiers et Documents**" sur des sujets d'actualité politique ou économique, des suppléments hebdomadaires sur l'économie, les sciences, les techniques, les livres, la littérature, les arts et les spectacles, les loisirs. À cela, il faut ajouter trois mensuels : *Le Monde des Philatélistes*, *Le Monde Diplomatique*, et *Le Monde de l'Éducation*.

Hachette est un diffuseur, distributeur et grossiste de maisons d'édition de livres. Le Président Directeur Général est Jean-Luc Lagardère. **Hachette** possède de nombreux réseaux spécialisés, de diffusion générale, de grande distribution. Les collections Jeunesse offrent un panorama de la littérature pour les jeunes : Albums Disney, Babar, Bibliothèque rose (7–9 ans), Bibliothèque verte (9–12 ans), Grandes œuvres (11 ans) et Guide Atlas (9–12 ans), etc . . .

La Croix est un quotidien français. Ce journal catholique français a été fondé en 1880 par Pierre Emmanuel d'Alzon. Tout d'abord c'était un mensuel, puis *La Croix* est devenu un quotidien à partir de 1883. C'est un journal d'information générale et de reportages qui laisse une grande place à l'actualité religieuse. Son tirage tourne autour de 125 000 exemplaires.

L'AFP est le sigle de l'Agence France Presse. **L'AFP** est la principale agence de presse française, fondée le 30 septembre 1944, à partir de l'ancienne Agence Havas. **L'AFP** compte de nombreux bureaux permanents à l'étranger, plusieurs directions régionales françaises. Elle diffuse ses dépêches en six langues : français, anglais, allemand, espagnol, portugais et arabe. La plupart des quotidiens français sont abonnés à **l'AFP**.

Le Républicain Lorrain est un quotidien régional. Il est diffusé dans les départements de Meurthe-et-Moselle, Moselle, Luxembourg. Ce quotidien régional d'informations a été fondé à Metz en juin 1919 par Victor Demange. Il se présentait en français et en allemand pour les lecteurs de Lorraine et du Luxembourg. Son tirage fut interrompu pendant la seconde guerre mondiale. À la fin des années 70, ce quotidien est tiré à 220 000 exemplaires. Ce grand régional indépendant est le deuxième quotidien de l'Est de la France.

Ad hoc est une locution latine qui signifie à cet effet, pour cela. Une commission **ad hoc** (compétente, qualifiée)/un argument **ad hoc** (positif).

Paris Match est un magazine hebdomadaire illustré. Il parut tout d'abord sous le titre de *Match*, consacré principalement au sport au moment de son lancement en 1926. La revue fut rachetée en juillet 1938 par Jean Prouvost. Le tirage passa rapidement de 80 000 exemplaires à 450 000, puis à 1 400 000 en l'espace de douze mois. *Paris Match* se consacre à des reportages photographiques sur l'actualité qui est traitée de façon événementielle.

Télé 7 jours est une publication hebdomadaire des programmes de radio, télévision et spectacles.

Première est une revue périodique de la presse spécialisée. Cette revue du Cinéma a été créée en 1976.

IBM (International **B**usiness **M**achines) est une firme américaine qui succède en 1924 à la CTC (**C**omputing **T**abulating **C**ompany) fondée par Herman Hollerith. **IBM** domine le marché dans de nombreux secteurs de l'informatique (vente de disques, d'unités centrales, d'écran, de systèmes de bases de données etc.). Dans les années 50, **IBM** se lance dans la commercialisation de machines sur le marché civil jusque dans les années 70. Les difficultés d'**IBM** commencent au début des années 80. Malgré le succès du Personal Computer (**PC**), **IBM** entre en concurrence sérieuse avec *Microsoft*.

Les Échos est le titre d'un quotidien français de l'économie. La fondation de ce journal par les frères Schreiber remonte à 1908 à Paris. En 1988, ce quotidien économique est racheté par le groupe de presse britannique Pearson, l'éditeur du *Financial Times*.

La photocomposition est une technique qui permet d'imprimer des textes produits par un ordinateur sur un support photographique. Ce système a remplacé dans la presse les anciennes machines mécaniques.

Radio France est une société nationale de radiodiffusion sonore et de télévision. **Radio France** est chargée de la conception et de la programmation d'émissions de radiodiffusion sonore. Ses principales ressources proviennent de la redevance annuelle. Cette société dispose d'importants moyens techniques, 124 studios d'enregistrement dont 71 en province. France Inter, France Culture, France Musique, France Info, Radio Bleue, FIP et d'autres radios locales sont les stations de **Radio France**.

La bureautique correspond en anglais à *Office Automation* et concerne tout ce qui se rapporte à l'utilisation de l'informatique de bureau. Elle englobe toutes les techniques de copie, télécopie, photocopie et de stockage de textes. La combinaison de ces moyens permet de gérer des messages et des informations dans une entreprise tout en rentabilisant le travail des salariés.

Vidéo 7 est une revue de presse de l'audiovisuel.

Le logiciel Darwin est un outil informatique capable d'organiser et de produire des textes administratifs. Il contient un système d'indexation automatique; depuis janvier 1994, la Banque de France a recours au **logiciel de texte intégral Darwin** qui permet de gérer l'ensemble des décisions réglementaires de la Banque.

Elle est un hebdomadaire français créé en 1945. Ce magazine illustré de photos s'adresse aux femmes en particulier et traite des sujets relatifs à la mode, la beauté, la maison, l'éducation et des problèmes sociaux actuels. Il a été fondé par Hélène Gordon-Lazareff.

Elle-Décoration (voir *Elle*). *Elle-International* est un magazine illustré de photos. Il est édité dans de nombreux pays entre autres en Belgique, en Suisse, en Yougoslavie et au Japon.

L'Équipe est un quotidien français qui consacre ses rubriques au sport. Il a été fondé en 1946. En 1967, c'est *Le Parisien libéré* qui assure le contrôle du quotidien sportif.

Arte est le sigle de l'**A**ssociation **r**elative aux **t**élévisions **e**uropéennes. C'est une chaîne publique de télévision franco-allemande. Cette chaîne culturelle est entièrement financée par des fonds publics (voir texte n° 17).

Sygma est une agence de presse spécialisée dans les reportages photographiques. Elle a été fondée en 1973 par Hubert Henrotte puis rachetée en 1990 par Oros Communication. Le groupe **Sygma** compte de nombreuses filiales : Kipa-Interpress, Sygma-USA, Londres, Budapest-Paris.

L'Express est un hebdomadaire français. Il a été créé en 1953 à Paris par J.J.S.S. (**J**ean-**J**acques **S**ervan **S**chreiber) avec la collaboration de Françoise Giroud. Cette revue s'adresse aux cadres, aux intellectuels, aux professions libérales. En 1977, *L'Express* est racheté par la Générale Occidentale. La revue consacre des rubriques aux reportages politiques et économiques sur la France et les pays étrangers, à la littérature, aux spectacles, à la vie sociale, à la mode et aux loisirs.

L'Étudiant est le titre d'un journal destiné aux étudiants. C'est un mensuel qui consacre des rubriques aux études, aux métiers, à la lecture, à la musique et au cinéma. C'est un guide pratique de l'étudiant.

Libération est un quotidien français du matin. Il a été fondé à Paris le 22 mai 1973 par Jean-Paul Sartre qui dirigea le quotidien pendant un an. Au départ, *Libération* regroupe les courants de pensée issus de mai 1968. Suite à des difficultés financières et idéologiques le tirage du quotidien est interrompu le 21 février 1981. Ensuite le quotidien réapparaît dans un style plus classique le 13 mai 1981.

II. Compréhension

Lire attentivement le texte, puis :

1. Définissez en français les mots et expressions suivants tirés du texte : texte intégral/crédo/thésaurus/à l'instar de/documentaliste/appréhender/ défiler.

III. Traduction

1. Traduire en anglais les passages en italique.

IV. Expression écrite et/ou orale

1. Que pensez-vous de l'informatisation et de l'automatisation des centres de documentation de presse?

2. Quel est l'intérêt de l'informatisation et de l'automatisation?

3. Expliquez pourquoi la GED tente une percée.

4. Quel est le rôle des photothèques?

V. Étude du verbe *échapper*

Le verbe **échapper** peut s'employer avec les prépositions **à** ou **de**.

(a) Analysez la différence entre ces deux usages.

(b) Donnez des exemples précis.

VI. L'emploi du verbe *être* + adjectif + préposition *à* + verbe à l'infinitif

Dans le texte nous avons :

1. "ils **sont unanimes à** penser qu'une indexation doit expliciter et pondérer le texte de l'article ..."

2. "**Le premier** journal **à** avoir informatisé sa documentation **est** *La Nouvelle République du Centre-Ouest* **à** Tours ..."

3. "Le quotidien *La Croix* du groupe Bayard Presse **a été le premier à** se lancer en 1984 suivi par le Groupe Hachette ..."

Il existe d'autres adjectifs qui entraînent la même structure. Exemples : **seul/deuxième/troisième/dixième/dernier/nombreux/lent/long/habile**.

(a) Construisez dix phrases complètes avec ces adjectifs en respectant la structure des phrases tirées du texte.

VII. Nuances entre les verbes *expliciter* et *expliquer*

(a) Analysez la différence entre les verbes **expliciter** et **expliquer**.

(b) Construisez quatre phrases complètes en montrant les différences entre ces deux verbes.

VIII. Étude de synonymes

Dans le texte nous avons : "*Le Monde* **différait** son projet, quoique penchant pour Basis."

(a) Expliquez cette phrase en utilisant vos propres termes.

(b) Donnez sept synonymes du verbe **différer** en construisant sept phrases complètes.

(c) Classez ces synonymes selon le registre.

IX. Observations particulières sur le verbe *se substituer à*

Dans le texte nous avons la phrase suivante : "L'accès au texte intégral indexé **se substitue aux** anciens fichiers manuels . . ." Dans cette phrase, le verbe correspond à l'anglais *to be substituted for* et non pas au verbe *to be substituted by* qui veut dire en français **être remplacé par**.

(a) Traduisez les deux phrases suivantes en français :

1. This old computing system **has been substituted by** a highly sophisticated new one.

2. This software **has been substituted for** the old files.

X. Remarques sur le mot *opportunité*

En français le mot **opportunité** signifie à l'origine, **la qualité de ce qui est opportun**, c'est-à-dire qui vient à propos. Exemple tiré du texte : "**L'opportunité** d'un système GED est étudiée . . .". Dans cette phrase, **opportunité** correspond en anglais à *timeliness/opportuneness/appropriateness*.

En outre, le second sens de **opportunité** en français a le sens de **occasion favorable** depuis le 18e siècle, du fait d'un glissement du mot anglais *opportunity*. Cet usage est contesté par les puristes.

(a) Construisez quatre phrases complètes qui illustrent ces nuances.

14 L'organisation et la gestion des fonds de documents dans les bibliothèques

Texte n° 27 : Bibliographie : informatisation du catalogue de Jussieu

Liste des mots-clés : Bibliothèque/Jussieu/chercheurs/campus/
faculté/urbanisme vertical/Universités de Paris VI et VII/
universitaires/concours/grandes écoles/Hewlett-Packard/postes/
Ile-de-France/Renater/Internet/à terme/palier/booléens/
si un ouvrage est entré ou sorti

Résumé du texte n° 27

Un instrument de recherche bibliographique appelé OPAC est adopté par la bibliothèque interuniversitaire scientifique de Jussieu (BISJ). Le système OPAC est le premier répertoire d'ouvrages universitaires en France. Il concerne chercheurs et étudiants.

Fondée en 1964, la faculté de Jussieu est différente des autres universités par son architecture. Elle possède 20 bibliothèques dont 14 constituent la BISJ.

La BISJ comprend également 8 bibliothèques réservées aux chercheurs. Jussieu représente la plus importante Université en Europe. Elle compte 35 000 étudiants en Sciences et 3 000 enseignants.

L'informatisation du catalogue de Jussieu s'est déroulée compte tenu des nombreuses consultations du service bibliographique.

Les chercheurs peuvent correspondre avec 50 laboratoires parisiens et échanger des informations au niveau national et international.

Plus tard, le catalogue de Jussieu adoptera le multimédia. Pour l'instant, la consultation est possible grâce au Minitel.

Mise en service le 1er février 1994, l'application sur Minitel devrait être élargie à 256 postes de consultation.

*La **bibliothèque** interuniversitaire scientifique de **Jussieu** vient d'inaugurer le système OPAC, premier catalogue universitaire de références bibliographiques en France. Consultable sur micro-ordinateur et sur Minitel, il intéresse le public des **chercheurs** et des étudiants.*

Le **campus** de Jussieu vient de fêter son trentième anniversaire. Créée en 1964 par Edouard Albert, la **faculté** de Jussieu se distingue des autres universités par son **urbanisme vertical** et sa tour centrale symbolisant "*La matérialisation de la pensée scientifique*". Héritières du fonds de la faculté des Sciences de la Sorbonne, les **Universités de Paris VI et VII** comptent 20 bibliothèques dont 14 formant la Bibliothèque Interuniversitaire Scientifique de Jussieu (BISJ).

Bibliothèque pour les étudiants (6 au total), la BISJ englobe aussi 8 bibliothèques de recherche destinées aux chercheurs. En effet, Jussieu est un établissement pluridisciplinaire enseignant une quarantaine de matières mais également un lieu de recherche. Formant la plus grande université européenne, elle accueille quelque 35 000 étudiants en mathématiques, informatique, physique, chimie, sciences de la terre, santé et sciences humaines. Et le nombre d'**universitaires** s'élèvent à 3 000 enseignants.

*La faculté de Jussieu propose un important service bibliographique. Ce fonds est notamment très consulté pour les **concours** d'entrée aux **grandes écoles**. C'est la raison pour laquelle la direction des bibliothèques de Jussieu a décidé d'informatiser son catalogue, référençant jusqu'à 80 000 notices à l'aide du logiciel de gestion Dynix. Ainsi, 150 terminaux sont installés dans 14 salles de lecture.*

Connectés à un serveur Unix de marque **Hewlett-Packard**, ces **postes** sont architecturés selon le mode client/serveur. De leur côté, les chercheurs ont la possibilité d'échanger des références avec 50 autres laboratoires parisiens abonnés au réseau Rérif, Réseau de recherche en **Ile-de-France**, et de communiquer au niveau national via le réseau **Renater** et le réseau international **Internet**.

À terme, le catalogue de la BISJ sera multimédia. Il contient déjà 66 000 références d'ouvrages et 14 000 notices de périodiques. Il intégrera prochainement les références des thèses (au nombre de 100 000), puis celles de 30 000 cartes géographiques. Pour l'heure, le catalogue de Jussieu est consultable sur Minitel via le **palier** 3614 code BibJussieu. Il permet de rechercher une référence bibliographique grâce à des mots-clés et opérateurs **booléens**.

C'est le même menu qui apparaît indifféremment sur les postes des étudiants, chercheurs et consultants externes. Ce système offre plusieurs options dont les horaires des 14 salles de lecture, des flash d'information sur la parution d'ouvrages et l'accès aux réseaux Internet/Renater. Cette dernière fonction est ouverte uniquement aux scientifiques. Cet instrument de recherche bibliographique a été baptisé OPAC pour "Catalogue accessible au public".

Extension à 256 postes

Les notices ont été dès le départ informatisées, mais seuls les bibliothécaires pouvaient y avoir accès. Aujourd'hui, les étudiants ont la possibilité de savoir **si un ouvrage est entré ou sorti**. *Les chercheurs n'avaient pas non plus une connaissance précise des fonds des huit bibliothèques de recherche, les étudiants de passage se déplaçaient plusieurs fois afin de rechercher une information.*

Inaugurée le 1er février 1994, la partie vidéotex devrait fonctionner dans les semaines à venir. Et l'application, être étendue à 256 postes de consultation. Concernant Internet, la connexion au réseau se fait normalement, mais le nombre de notices augmentant chaque semaine, le système reste en mouvement. De plus, la base est un peu lourde à exploiter car elle contient les références de plus de 11 millions d'utilisateurs connectés à Internet.

Isabelle Perriault

Source : *Archimag : Les technologies de l'information* n° 73, avril 1994

I. Étude du vocabulaire

Bibliothèque désigne le plus souvent un établissement qui dispose d'une grande collection organisée d'ouvrages. Dans une **bibliothèque**

municipale une ou plusieurs salles sont réservées à la lecture des enfants (**bibliothèque pour enfants**). En France, **la bibliothèque pédagogique** du CRDP (**C**entre **R**égional de **D**ocumentation **P**édagogique) est utilisée par les enseignants. N'importe quelle école primaire élémentaire possède une bibliothèque. **Une bibliothèque universitaire** est un établissement d'enseignement supérieur.

Jussieu est l'une des plus importantes universités européennes. Elle est présidée par le recteur de l'Académie de Paris. L'Université de **Jussieu** est encore appelée Paris VII. Les formations dispensées à Jussieu sont les suivantes : sciences exactes, biologiques, médicales et humaines, lettres.

Les chercheurs sont en général des enseignants ou des spécialistes qui travaillent dans le cadre de la recherche scientifique. Certains chercheurs travaillent à temps plein dans un organisme de recherche tel que le CNRS (**C**entre **N**ational de la **R**echerche **S**cientifique).

Un campus est un espace intégré autour d'une université. Il est en général bâti à proximité d'une grande ville ou d'un grand centre. **Un campus** est destiné tant au fonctionnement des universités qu'à la résidence des étudiants. **Un campus** universitaire.

La faculté est un terme qui désigne une institution d'enseignement supérieur. Elle est habilitée à enseigner et à délivrer des diplômes. En France, les universités sont divisées en **facultés**. Depuis 1968, la loi d'orientation (dite loi Edgar Faure) a transformé les **facultés** en **UER** (**U**nités d'**E**nseignement et de **R**echerche). Les **UER** sont devenues **UFR** (**U**nités de **F**ormation et de **R**echerche). **Faculté** de droit/de médecine/de sciences économiques.

L'urbanisme vertical désigne l'art d'organiser des villes, des quartiers, et d'aménager des espaces urbains verticalement, c'est-à-dire en construisant des immeubles, des tours, des bâtiments plus ou moins élevés.

Universités de Paris VI et VII : depuis février 1972, l'Académie de Paris a été réorganisée en trois académies distinctes : Paris, Versailles et Créteil. Chacune est dirigée par un recteur et présidée par le recteur de l'Académie de Paris. Paris compte 13 Universités (Paris I–XIII). **Paris VI** correspond à l'Université Pierre et Marie Curie. Les matières étudiées à l'Université de **Paris VI** sont sciences exactes et naturelles, médecine. **Paris VII** : sciences exactes, biologiques, médicales et humaines, lettres.

Les universitaires représentent le corps enseignant qui appartient à l'université. Un ou une **universitaire** peut être contractuel(le), maître de conférences ou professeur. Cf. une ville/un diplôme **universitaire**.

Un concours est un examen ou une série d'épreuves que les candidats passent en vue d'obtenir un poste, un titre ou une entrée dans une école. Un nombre limité de candidats est admis, selon un ordre de classement, pour l'entrée à l'École Normale, pour le CAPES, ou pour l'agrégation qui sont les principaux **concours** du Ministère de l'Éducation Nationale. Se présenter à un **concours**/passer un **concours**/un **concours** de recrutement/une bête à **concours** (étudiant dont le travail est régulièrement couronné de succès) (langage familier).

Les grandes écoles désignent des établissements d'enseignement supérieur. Un nombre important de **grandes écoles** ne relèvent pas du Ministère de l'Éducation Nationale. Quelques exemples de **grandes écoles** : l'École Polytechnique, Les Écoles Normales Supérieures, L'École Nationale d'Administration.

Hewlett-Packard (HP) est le septième constructeur mondial d'informatique. Ce constructeur américain s'est d'abord spécialisé dans le domaine de l'instrumentation et de la mesure. La création d'**HP** remonte à 1939. Outre l'informatique, l'activité du groupe repose sur quatre secteurs importants : tests et mesure, matériel médical, analyse chimique et composants. En 1991, on assiste à la création de TNO (**T**elecommunication **N**etwork **O**peration) qui vise à développer les produits spécifiques au marché mondial des télécommunications.

Les postes constituent l'ensemble des appareils prêts à fonctionner. Dans le texte, il s'agit de **terminaux**, c'est-à-dire du matériel informatique (écran, clavier, imprimante).

L'Ile-de-France désigne la région parisienne. **Ile-de-France** est une expression attestée depuis le début du 14ème siècle. La région ainsi appelée comprend la Seine, l'Oise, l'Aisne et la Marne.

Renater est le **Ré**seau **na**tional de télécommunications pour la **t**echnologie, l'**e**nseignement et la **r**echerche. Ce réseau français d'échange d'informations a été conçu d'après le modèle américain **Internet**. **Renater** est mis en service en France depuis octobre 1992. Les six partenaires fondateurs de **Renater** sont le **C**ommissariat d'**É**nergie **A**tomique (CEA), le **C**entre **N**ational de la **R**echerche **S**cientifique (CNRS), le **C**entre **N**ational d'**É**tudes **S**patiales (CNES), l'**I**nstitut **N**ational de **R**echerche d'**I**nformatique et d'**A**utomatique (INRIA), l'**É**lectricité **d**e **F**rance (EDF) et le Ministère de l'Enseignement et de la Recherche.

Internet est le sigle de *International Network*. Ce moyen de transmission international relie plus de 20 000 réseaux et 20 millions d'utilisateurs à travers le monde entier. Parmi les utilisateurs on compte des sociétés, des instances gouvernementales, militaires, de recherche, des groupes d'échanges d'informations et un nombre énorme et toujours croissant d'individus.

À terme indique que la réalisation, l'application ou la fin correspond à une date fixée. Un paiement/un achat/une vente **à terme**/un emprunt **à terme**.

Un palier est une **phase**, une progression.

Booléens : voir texte n°26.

Si un ouvrage est entré ou sorti renvoie à l'informatisation du système de la bibliothèque qui permet à l'étudiant de savoir si un ouvrage est disponible (**s'il est entré**) ou si un ouvrage a été emprunté (**s'il est sorti**).

II. Compréhension

Lire attentivement le texte, puis :

1. Définissez en français les mots et expressions suivants tirés du texte : fonds/enseignant/proposer/informatiser/multimédia/thèse/bibliothécaire.

III. Traduction

1. Traduire en anglais les passages en italique.

IV. Expression écrite et/ou orale

1. En quoi consiste le système OPAC?

2. Décrivez le type d'université qu'est Jussieu.

3. Comparez le système d'organisation et de gestion des fonds de documents dans les bibliothèques françaises et anglo-saxonnes.

4. Que pensez-vous de l'informatisation des fonds de bibliothèque? Quels sont les avantages et les inconvénients d'une telle informatisation?

V. Utilisation de la préposition *en* pour spécifier le type d'études

En français, lorsqu'on parle de la discipline qu'un étudiant a choisie dans son cursus universitaire, on dit : un étudiant **en** mathématiques/**en** informatique/**en** chimie/**en** sciences humaines. Par ailleurs, il faut remarquer que dans un registre de langue moins soutenu on entend dire : un étudiant **de** mathématiques/**d'**informatique/**de** chimie etc.

(a) Trouvez d'autres exemples de disciplines en utilisant les deux prépositions.

VI. Différence entre *décider de* et *se décider à*

Le verbe **décider de** suggère l'idée d'une prise de décision subite, alors que **se décider à** évoque une décision prise après mûre réflexion. Il existe d'autres verbes construits dans le même ordre d'idée : **refuser de/se refuser à/résoudre de/se résoudre à**.

(a) Construisez six phrases complètes en utilisant les trois verbes énumérés précédemment.

VII. Analyse des verbes *échanger* et *changer/chercher* et *rechercher*

(a) Expliquez les nuances de ces verbes.

(b) Donnez des exemples précis en restant dans le contexte des bibliothèques.

(c) Construisez quatre phrases complètes.

VIII. Les mots d'emprunt avec le problème du pluriel

Dans le texte, nous avons l'expression des *flash* d'information. Le mot *flash* est emprunté à l'anglais. On s'attend à ce que le pluriel de *flash* soit *flashes*, ce qui n'est pas le cas dans cet exemple. En fait, les mots empruntés à l'anglais ont leur marque du pluriel avec un "s" ou un "es" qui ne se prononce pas. Exemples : *flash-flashes / box-boxes / match-matches*

(a) Étudiez la particularité des mots empruntés à différentes langues étrangères : **confetti / graffiti / macaroni / spaghetti / gentlemen / recordmen / biftecks / rosbif / référendum / forum / critérium / médium**.

IX. Mots empruntés au latin dans la langue française

Il existe de nombreux mots ou expressions empruntés au latin dans la langue française.

Par exemple : **"via** le réseau Renater et le réseau international Internet..." **Via** implique **par la voie de, le moyen de, à travers**.

Voici une liste d'expressions latines : **a fortiori / a posteriori / de visu / ex æquo / ex-cathedra / grosso modo / illico / in extremis / ipso facto / modus vivendi / quiproquo / sine qua non / statu quo / ultra / vice-versa**.

(a) Donnez le sens en français de ces expressions latines.

(b) Classez-les selon leur registre.

X. Remarques particulières sur le verbe *apparaître*

Dans le texte nous avons : "C'est le même menu qui **apparaît** indifféremment sur les postes des étudiants, chercheurs, et consultants externes...".

(a) Conjuguez ce verbe au présent simple, au passé simple, au conditionnel et au présent du subjonctif à toutes les personnes.

(b) Commentez la conjugaison de ce verbe avec l'auxiliaire **être** ou **avoir**.

Texte n° 28 : Internet/Renater, le village planétaire

Liste des mots-clés : messagerie / IBM / MCI / relever / protocole / TCP–IP / OSI / passerelles / à l'instar de / forums / gloser / Président Kennedy / macrobiotique / véhiculer / capacités de débit / emprunter / ASCII / mot de passe / gisements / facturer / KB / s / Fht / Mo / s / Unix / Next / PC / CEA / CNRS / CNES / EDF / INRIA / Go / Gigabit / troc / détournement / AFP / Quid

Résumé du texte n° 28

Grâce au réseau d'échanges d'informations américain Internet et au réseau français

Renater, 15 millions d'utilisateurs à travers le monde communiquent entre eux.

Créé autour de 1968, Internet est une initiative du Ministère de la Défense. Des ordinateurs de plusieurs laboratoires de recherche sur des programmes militaires sont interconnectés afin de permettre aux chercheurs et aux ingénieurs de communiquer grâce au moyen d'une messagerie électronique.

Le réseau militaire en a ensuite cédé une partie au civil.

Internet est un réel village électronique mondial. Le protocole de transmission TCP-IP permet aux chercheurs et universitaires de coopérer entre eux, de partager leurs ressources, d'échanger des documents ou des fichiers, d'envoyer des messages et de diffuser des informations quotidiennes.

Internet propose trois services : la messagerie, le transfert de fichiers et l'accès à des ressources d'informations.

Internet présente l'intérêt de la gratuité des échanges. En revanche, les organismes règlent des frais d'abonnement et de connexion au réseau.

Le réseau Renater remporte un succès comparable à celui d'Internet. Cette autoroute de l'information donnera accès aux informations multimédia.

On assiste à une révolution culturelle qui nécessite des concessions pour les nouveaux utilisateurs du réseau mondial.

Les réseaux français et américains d'échanges d'informations Internet et Renater permettent à 15 millions d'utilisateurs de 92 pays de communiquer entre eux. Comme dans une ville, on y dispose d'une adresse, on y expédie du courrier et l'on consulte des bibliothèques ou des journaux.

Le réseau américain Internet est né vers 1968 d'une initiative du Ministère de la Défense. La Darpa (**D**efense **A**dvanced **R**esearch **P**rojects **A**gency) a décidé d'interconnecter des ordinateurs de différents laboratoires de recherche. Ainsi, les chercheurs et les ingénieurs qui travaillaient sur des programmes militaires pouvaient échanger plus facilement leurs informations en utilisant une **messagerie**. *La coopération et la coordination entre les équipes situées dans des lieux différents étaient grandement améliorées. Les ressources informatiques ont été partagées. Ainsi, en se connectant à un puissant ordinateur, un petit laboratoire pouvait effectuer des calculs plus rapidement qu'avec ses propres ressources. Deux millions d'ordinateurs sont ainsi interconnectés.*

Puis, la partie militaire a été détachée de l'ensemble. Le réseau Arpanet, qui était l'ancêtre d'Internet, a été confié, pour sa gestion, à la National Science Foundation (NSF), organisme non lucratif créé par **IBM** et **MCI**.

De quelques milliers d'utilisateurs, l'actuel réseau Internet permet aujourd'hui à quinze millions de personnes d'échanger des informations entre tous les points du territoire américain ou de pays à pays.

Au royaume des chercheurs

C'est au départ un réseau d'échanges entre des chercheurs et des universitaires. Désormais, la moitié des utilisateurs viennent des entreprises. De même, à sa fondation, l'information **relevait** des technologies et des sciences pures et humaines. Actuellement, 50% des données sont commerciales ou pratiques. Internet est un véritable village électronique mondial. Les échanges ont été permis grâce au **protocole** de transmission **TCP–IP**, choisi au départ par Arpanet, bien avant la normalisation **OSI**.

Grâce à ce protocole de base et des **passerelles** vers d'autres protocoles, une communication internationale a pu s'établir. Une autre base de développement d'Internet est la coopération entre les organismes, le partage des ressources, la nécessité du dialogue entre les chercheurs et les universitaires.

C'est un véritable phénomène sociologique dû à la psychologie de cet univers. A l'instar des conversations, des échanges de courrier et des réunions qui forment la vie intellectuelle des chercheurs, Internet permet des échanges de documents ou de fichiers, l'envoi de messages, des forums de discussions et la diffusion d'informations quotidiennes. Internet, c'est la traduction informatique de la communication orale, écrite ou imprimée. Chaque utilisateur y possède une adresse informatique qui s'apparente à une adresse ordinaire : nom, numéro, code postal. Ajoutez-y un code d'origine (administration, laboratoire) et vous obtenez une identification Internet.

La communication électronique

Trois grands services sont offerts. La messagerie permet bien évidemment des échanges entre personnes. Chacun dispose d'une **b**oîte **a**ux **l**ettres (BAL) comme sur les messageries Minitel. Cette messagerie permet également des forums. Ainsi, des groupes de discussion s'établissent sur la physique nucléaire ou la philosophie, les télécommunications ou la chimie, mais on n'y échange pas seulement des informations scientifiques. Il existe des groupes qui traitent de loisirs ou d'hypnose. On **glose** aussi bien sur l'assassinat du **Président Kennedy** que sur la **macrobiotique**. Chacun est libre de s'inscrire à ces groupes dont la liste est interrogeable.

3 000 groupes de discussion

Enfin, la messagerie **véhicule** les fameuses *News*, véritable kiosque planétaire où on écrit des informations collectées dans son environnement. Ces *News* correspondent aux principes fondateurs du réseau : quelqu'un doit pouvoir répondre à ma question, il faut informer, la communication doit être libre. Actuellement, près de trois mille groupes de discussion co-existent.

Le deuxième service qu'offre Internet est le transfert de fichiers rendu possible grâce au protocole TCP–IP et grâce aux **capacités de débit** qui vont de 1 à 45 Mégabits par seconde. Bref, c'est une véritable autoroute informatique qu'**empruntent** les différents documents des utilisateurs : rapports, images, cartes, photos satellites, soit sous forme **ASCII**, soit sous forme d'objets numérisés et compressés.

Le troisième service est ce qu'on appelle le *remote log-in*, c'est-à-dire, grâce à un **mot de passe**, l'accès à des **gisements** d'informations. On y trouve notamment les fichiers bibliographiques des bibliothèques universitaires fondés sur le principe OPAC (**O**pen **P**ublic **A**ccess **C**atalog). On estime à près de 1 000 le nombre de bibliothèques qui rendent leurs catalogues ainsi accessibles.

Un autre grand principe fondateur d'Internet est la gratuité de l'information et des échanges. En fait, les universités et les laboratoires paient des frais de connexion et d'abonnement. Mais ceux-ci sont peu élevés. Aux

États-Unis, l'abonnement est de 5 dollars par mois et la connexion de 2 $ l'heure. Dans notre Hexagone, France Télécom **facture** 10 connexions à Internet 14 000F. Pour Renater, une connexion à 64 **Kb/s** vaut 20 000 **Fht**. Pour un débit de 2 **Mo/s**, les frais montent respectivement à 64 000 et 29 000 Fht. Une fois votre connexion obtenue, les échanges et les consultations sont libres et circulent quelle que soit la distance ou le volume des données.

Une fois la connexion établie avec le réseau d'Internet, tout chercheur, tout enseignant ou tout ingénieur peut y accéder à partir de son réseau local. Ainsi derrière une adresse, on peut trouver un ou cent utilisateurs. On dénombre approximativement près de 60 000 réseaux locaux connectés à Internet. De multiples postes de travail peuvent se connecter : stations **Unix** ou **Next**, postes **PC** sous Windows ou Macintosh. [...]

Mise en œuvre confiée à France Télécom

En France, le réseau Renater est constitué de 200 universités ou laboratoires derrière lesquels sont raccordés 800 réseaux locaux. C'est un groupement d'intérêts publics (GIP) qui gère le réseau Renater dont la mise en œuvre a été confiée à France Télécom. En juin 92, les organismes fondateurs (**CEA, CNRS, CNES, EDF, INRIA**, universités et grandes écoles) visent, à l'aide des subventions du Ministère de la Recherche de l'Enseignement, à établir les échanges dans l'univers de l'enseignement et de la recherche. En octobre 93, Renater se subdivise en réseaux régionaux comme le Rérif, réseau de recherche de l'Ile-de-France, Alsater, en Alsace ou Aramis pour la région Rhône-Alpes.

L'autoroute de l'information

Le succès de Renater est parallèle à celui d'Internet. Un taux de croissance de 10 à 25% par mois est donné pour les deux réseaux. Renater véhicule 900 **Go** de données par mois. C'est pourquoi l'on parle désormais d'autoroute de l'information. Les futures capacités de débit devront atteindre 1 **Gigabit**/seconde. La France, comme les États-Unis, cherche à développer ce qu'on nomme "*l'Information Highway*". Cette "autoroute" permettra l'échange de données multimédia. Le nouveau projet s'appelle le National Research and Education Network (NREN).

En dehors des services "gratuits", des produits commerciaux sont proposés sur Internet. Mead Data (Nexis et Lexis), Dialog ou l'Agence spatiale européenne commercialisent leurs banques de données dans ce nouveau village électronique. Dialog vend déjà 2% de son chiffre d'affaires aux écoles ou laboratoires via Internet. En France, Questel s'est connecté à Internet, de même que le réseau Calvacom avec ses 4 000 abonnés. Une société spécialisée, Oléane, offre ses services de connexion.

Le succès d'Internet réside dans le système de **troc** qu'ont institué les chercheurs. Mais déjà, les informations gratuites cohabitent avec des données commerciales.

[...] Le **détournement** d'informations, à partir d'un CD/ROM ou du fil **AFP** d'un organisme, est également un problème à régler. Enfin, il faudra trouver un équilibre entre les subventions gouvernementales (largement pratiquées aux États-Unis pour le développement d'Internet) et la facturation des accès.

Quid du multimédia

De toute façon, une révolution culturelle se déroule actuellement sur ce réseau mondial. Il faudra trouver des compromis pour les nouveaux branchés du multimédia planétaire.

Michel Lubkov

Source : *Archimag : Les technologies de l'information* n° 74, mai 1994

I. Étude du vocabulaire

Une messagerie est une technique destinée à échanger des informations par l'intermédiaire d'un réseau électronique. Ce système informatique de communication traite de la gestion des messages. Une **messagerie** télématique (télécopie)/une **messagerie** rose (échange de messages érotiques).

IBM International Business Machines Corporation. Voir texte n° 26.

MCI est une entreprise spécialisée dans l'informatique industrielle, les réseaux informatiques, l'édition de progiciels. Elle effectue des études en électricité, instrumentation et régulation.

Relever de quelque chose ou de quelqu'un veut dire **dépendre de**, **concerner**.

Un protocole est un ensemble de conventions qui régissent et rendent possible la connexion d'un système informatique à un réseau, afin d'échanger des informations.

TCP–IP est une abréviation anglaise : Transmission Control Protocol–Internet Protocol. La Traduction littérale en français est protocole de pilotage de transmission–protocole inter-réseau. **TCP–IP** est un protocole de communication qui sert à brancher des machines sur un réseau.

OSI est le sigle de Open Systems Interconnection, c'est-à-dire interconnexion de systèmes ouverts en français. C'est un ensemble de normes et de tests de conformité qui permet de mettre en liaison les systèmes informatiques à travers le monde. Ces normes sont appelées de façon courante **normes OSI**.

Une passerelle est une partie d'un logiciel qui assure la connexion entre deux ou plusieurs systèmes. En anglais le mot employé est *gateway*.

À l'instar de est une locution signifiant **comme, de même que**.

Forum est un mot latin qui désigne une "place publique". C'est un endroit où l'on discute d'un sujet général ou des affaires politiques. Organiser un **forum**.

Gloser sur quelque chose est synonyme de se perdre dans des discours futiles, creux à propos de tout. Au sens figuré, mais en revanche vieilli, **gloser** signifie **critiquer**.

Le Président Kennedy était un Démocrate américain. La présidence de **John Fitzgerald Kennedy** (1917–1963) a marqué d'une pierre blanche l'histoire des États-Unis. Les Démocrates tentent de lutter contre la crise économique par une forte intervention de l'État en aidant les catégories sociales défavorisées. **Le Président Kennedy** est assassiné à Dallas le 22 novembre 1963. Les conditions de sa disparition bouleversent le monde et ne restent pas clairement élucidées.

La macrobiotique se rapporte à une hygiène alimentaire tendant à préserver, à améliorer la santé en pratiquant un régime qui exclut la viande, mais qui repose principalement sur l'alimentation à base de fruits, de légumes et de céréales. Un régime alimentaire **macrobiotique** (végétarien).

Véhiculer au sens figuré du terme signifie **transmettre**. **Véhiculer** un message.

Capacité de débit s'applique à la quantité d'informations transmises par unité de temps. Le **débit** est un critère important de choix du matériel dans les applications multimédias. **Débit** s'applique aussi à une quantité d'eau, etc.

Emprunter est un verbe qui peut avoir plusieurs sens. Par exemple : **emprunter** de l'argent (obtenir un prêt)/le mot *sandwich* est **emprunté** à l'anglais (tiré de)/**emprunter** un itinéraire/un passage souterrain/une autoroute (prendre).

ASCII est le sigle de **A**merican **S**tandard **C**ode for **I**nformation **I**nterchange, c'est-à-dire Code standard américain d'échange d'informations. Ce code américain remonte à 1963. Il a été conçu pour les applications de transmissions d'informations.

Un mot de passe est un code en télématique ou en informatique dont l'accès est payant ou réservé à certains usagers. Sans ce verrou électronique, il n'est pas possible de disposer d'informations confidentielles sur un programme ou d'accéder aux banques de données.

Un gisement est une source qui contient des richesses à exploiter. Un **gisement** d'informations/de renseignements/prospecter un **gisement** pétrolifère.

Facturer signifie **dresser, établir, présenter** une facture, c'est-à-dire un état de compte mentionnant la nature et le prix d'un produit ou d'un service. **Facturer** un article/un produit/une marchandise/un service.

Kb/s est l'abréviation de **Kilobytes par seconde**. **Le kilobyte** est une unité de mesure en informatique qui représente un millier d'octets.

Fht est le sigle de **Franc hors taxes**, c'est-à-dire l'unité monétaire qui n'inclut pas la part d'imposition que doit payer un individu.

Mo/s signifie **méga-octets** par seconde. Le **méga-octet** est une unité de mesure d'information qui correspond à un million d'octets.

Unix est un système d'exploitation développé par les laboratoires **Bell** dans les années 1970. **Unix** a joué un grand rôle dans le développement de l'Internet. Il existe de multiples versions (Unix sco, Unix BSD . . .). Les deux grandes branches sont **BSD** (université de Berkeley) et **System V** (Bell Labs-USL). **IBM** a proposé sa propre version d'**Unix** appelé **AIX**.

Next est une marque déposée qui porte le nom de la société **Next**. En informatique, c'est la suite du Macintosh d'Apple d'après Steve Jobs, le concepteur et fondateur d'Apple. Après avoir quitté Apple, Steve Jobs a conçu un nouvel ordinateur destiné aux universitaires et aux chercheurs. Cette machine est produite en 1989 par la société **Next**. Steve Jobs s'est orienté en 1992 vers le marché de l'informatique professionnelle.

PC est l'abréviation de *Personal Computer*, traduit littéralement par ordinateur personnel. Les **PC** sont apparus dans les années 80. Les modèles les plus courants sont les **PC** d'IBM. Les **Macintosh** construits par la firme **Apple** arrivent en deuxième position. Les **PC** sont le plus souvent appelés **micro-ordinateurs**.

CEA est le sigle de **C**ommissariat à l'**É**nergie **A**tomique. (C'est également l'abréviation de **C**ommission **É**conomique pour l'**A**frique et **C**ompte d'**É**pargne en **A**ctions.) Le **C**ommissariat à l'**É**nergie **A**tomique est un établissement public de recherche et de développement à vocation scientifique technique et industrielle créé en 1945. Il est constitué de six directions opérationnelles (applications militaires, réacteurs nucléaires, technologies avancées, etc.) et de deux unités (Institut national des sciences et techniques nucléaires, Institut de protection et de sûreté nucléaire).

CNRS (**C**entre **N**ational de la **R**echerche **S**cientifique) est un établissement public national à caractère scientifique et technologique. Il a été créé en 1939. Le **CNRS** est placé sous la tutelle du Ministère de l'Enseignement Supérieur et de la Recherche. Il compte de nombreux chercheurs, ingénieurs, techniciens et administratifs.

CNES (**C**entre **N**ational d'**É**tudes **S**patiales) a été créé en 1961. La gestion technique des lanceurs européens Ariane, Spacelab, Géos, OTS, Marots, Météosat, Aérosat est confiée au **CNES**.

EDF (**É**lectricité **d**e **F**rance) est une entreprise créée en 1946. La loi de nationalisation du 8 avril 1946 a transféré à **EDF** les biens des entreprises de production, de transport et de distribution d'électricité à des fins politiques, économiques et sociales. **EDF** détient le monopole de la distribution, mais pas celui de la production d'électricité. Voir texte n° 22.

INRIA (**I**nstitut **N**ational de **R**echerche d'**I**nformatique et d'**A**utomatique) a été créé en 1980. Les cinq centres importants se trouvent à Rocquencourt, Rennes, Sophia-Antipolis, Grenoble et Nancy.

Go est le sigle de **giga-octet**. Le **giga-octet** est une unité de mesure qui correspond à un milliard d'octets soit 10^9 octets.

Gigabits est une unité de mesure de quantité d'informations. Le préfixe **giga** indique une multiplication par un milliard de l'unité élémentaire d'information (**Bit** [**B**inary dig**it**] peut prendre la valeur 0 ou 1).

Le troc est un système économique où l'usage de la monnaie n'intervient pas. C'est un **échange direct** de produits, de marchandises, de biens ou de services contre d'autres objets.

Le détournement est l'action de **détourner, de changer de direction, de contraindre à changer de destination**. Un **détournement** d'avion/de fonds/d'informations/un **détournement** de mineur (enlèvement).

AFP (**A**gence **F**rance **P**resse) : voir texte n° 26.

Quid : voir texte n° 13.

II. Compréhension

Lire attentivement le texte, puis :

1. Définissez en français les mots et expressions suivants tirés du texte : lucratif/réseau/sciences pures et humaines/fichier/autoroute informatique/gérer/taux de croissance/multimédia.

III. Traduction

1. Traduire en anglais les passages en italique.

IV. Expression écrite et/ou orale

1. Qu'est-ce que le réseau Internet?

2. Qu'entend-on par les autoroutes de l'information?

3. Quels sont les dangers qui peuvent relever d'un système électronique mondial?

4. Pourquoi parle-t-on de révolution culturelle concernant ce programme mondial?

V. L'orthographe des mots français par rapport aux mots anglais

Dans le texte nous avons quelques mots qui peuvent induire l'étudiant en erreur quant à l'orthographe. Exemples : **adresse/courrier/développement/ environnement/ingénieur/ressources/seconde/transfert.**

(a) Trouvez une vingtaine de mots qui soulèvent le même problème.

VI. Les paronymes en français

Le terme **paronyme** s'emploie lorsque des mots sont presque identiques mais avec un sens différent. Exemple dans le texte : "La **partie** militaire a été détachée de l'ensemble ..."

On pourrait considérer comme paronymes de **partie** : **part** et **parti**. Voici une liste de paronymes à ne pas confondre : acception–acceptation/ allocation–allocution/barre–barreau/baiser–baisser/capter–capturer/ caractère–caractéristique/groupe–groupement/grosseur–grossesse/ immigrant–immigré/inclination–inclinaison/justesse–justice/jour–journée/ langage–langue/luxure–luxe/prodige–prodigue/point–pointe.

(a) Trouvez le sens de ces paronymes.

(b) Intégrez-les dans dix phrases complètes.

VII. Remarques de prononciation

Les adverbes tels que **évidemment, (in)différemment, (im)patiemment, sciemment, (in)consciemment, couramment, pertinemment** ont une prononciation particulière en français. La voyelle **a** ou **e** qui précède **–mment** n'est pas un son nasal, contrairement à l'adjectif qui correspond à l' adverbe. Exemple : évi**dent** [e v i d ã]/évide**mment** [e v i d a m ã].

(a) Construisez dix phrases complètes en utilisant les adverbes ci-dessus.

(b) Répétez-les à voix haute.

VIII. Synonymes du verbe *collecter*

Dans le texte nous avons la phrase suivante : "où on écrit des informations **collectées** dans son environnement ...". Le participe passé **collectées** signifie **réunies, rassemblées**.

(a) Trouvez une dizaine de synonymes de **collecter**.

(b) Construisez dix phrases en indiquant les nuances parmi ces synonymes.

IX. Utilisation de *soit* marquant l'alternative

Exemple extrait du texte : "**soit** sous forme ASCII, **soit** sous forme d'objets numérisés et compressés ..." En anglais **soit** ... **soit** correspond à *either* ... *or*. Autres exemples :

Dois-je utiliser les deux logiciels? Non, il faut utiliser **soit** l'un **soit** l'autre.

De nombreux postes de travail peuvent se connecter **soit** sous Windows **soit** sous Word Perfect.

Attention! Soit que ... **soit que** entraîne obligatoirement le mode du subjonctif. Autre exemple :

Soit qu'il doive convertir la disquette **soit qu'il faille** travailler sur un autre ordinateur.

(a) Construisez huit phrases en tout avec la conjonction **soit** ... **soit, soit que** ... **soit que.**

X. Construction avec le verbe *être* + la préposition *de* + indication de prix

Exemple tiré du texte :"L'abonnement **est de 5 dollars** par mois ..." Cette construction peut aussi indiquer **une durée, une distance** ou **une mesure**. L'utilisation de la préposition **de** est obligatoire dans tous ces cas.

(a) Construisez six phrases complètes exprimant ces trois unités de mesure.

(b) Respectez la construction du modèle de phrase.

Glossaire

Langage spécifique à la publicité, à la communication et à la documentation

NB : l'abréviation (m) ou (f) qui suit les mots de vocabulaire du glossaire indique le genre masculin (m) ou féminin (f) des noms.

1 Publicité/Circuits de distribution/Politique de commercialisation

à perte	at a loss
abonnement (m)	subscription
accaparer un marché	to corner a market
accroche (f)/**titre** (m)	headline
accroche (f) **publicitaire**	catchy advert
achat (m) **d'espace**	space buying
acheter un créneau horaire	to buy time on the air
acheteur (m)	purchaser/buyer
s'affaiblir, s'amenuiser	to dwindle
affaire (f) **qui périclite**	lame duck
affaire (f), **occasion** (f)	bargain
affichage (m)	billsticking/bill posting
affiche (f)	bill, poster
agence (f) **de publicité**	advertising agency
agent (m) **publicitaire**	ad man
amélioration (f), **notable remontée** (f)	upswing
analyste (m) **des médias**	media planner
annonce (f) **demi-page**	half-page ad
annonce (f) **double-page centrale**	centre-spread ad
annonce (f) **pleine page**	full-page ad
annonce publicitaire, publicité, réclame (f)	advertisement
annonce (f) **quart de page**	quarter-page ad
annonceur (m)	advertiser
annuler une commande	to cancel an order
argument (m) **de vente**	sales argument
article (m)	item
astuce (f)/**truc** (m)	gimmick
atteindre	to reach
atteindre son apogée (f)	to reach a climax
atteindre son niveau le plus bas	to bottom
atteindre son point culminant	to peak
atteindre un palier	to level off
audience (f)/**lectorat** (m)	readership
augmentation (f)	hike, increase

augmentation, poussée, relance (f)	boost
augmenter	to increase
augmenter fortement	to increase sharply
augmenter la production	to boost output
augmenter, améliorer	to enhance
augmenter, croître	to rise
baisse (f), déclin (m)	downturn/decline
baisse (f), dépression (f), marasme (m)	slump
baisser	to drop/to lower
baisser brutalement	to fall sharply
baisser légèrement, faiblement	to fall slightly
biens (m) et services (m)	goods and services
bon (m)	voucher
BVP (Bureau de Vérification Publicitaire) (m)	ASA (Advertising Standards Authority)
cadeau (m) publicitaire	free gift
campagne (f) publicitaire	advertising campaign
carrière (f) dans la publicité	career in advertising
centrale (f) d'achat	buying-house
centre (m) commercial	shopping centre
cesser, se terminer	to halt
chaîne (f) de télévision (f)	television channel/network
chiffre (m) d'affaires	turnover
chute (f)	tumble
chuter, baisser fortement	to drop sharply/to plunge/to plummet
chuter, dégringoler	to tumble
cible (f)	target
client (m) potentiel	would-be/potential consumer/ prospect
communiqué (m) de presse	press release
compenser, pallier	to offset
comportement (m)	behaviour
compter pour, représenter	to account for
conception (f), création (f)	design
concessionnaire/marchand/ négociant (m)	dealer
conclure un marché	to make a deal
conditionnement (m)	packaging
consommateur (m)	consumer
consommation (f)	consumption
couponnage (m)	couponing
couverture (f) nationale	national coverage
créneau (m)	niche/gap
criblé de dettes (f)	debt-ridden
crise (f)	crisis/depression
crise (f) mondiale	global slump
croissance (f)	growth
croissance (f) nulle	nil growth

dans le marasme	in the doldrums
débouché (m), point de vente (m)	outlet
déclencher	to trigger off
décoller, démarrer	to take off
décroître, s'effiler	to taper off
demande (f) intérieure	domestic demand
déontologie (f)	code of practice
dépasser	to outpace/to overtake/to top
dépenses de consommation des ménages	consumer spending
dépenses (f) publiques	public spending/expenditure
dépérir	to decay
dépérissement (m)	decay
détaillant (m)	retailer
dette (f)	debt
développer, mettre au point	to develop
déverser	to dump
diffuser	to broadcast
diminuer, réduire	to curtail
documentation (f)	literature
données (f)	data
donner un coup de fouet, stimuler	to give a fillip
droits (m) d'auteur	copyright
échange (m) de marchandise	bartering
échantillon (m) gratuit	free sample
échantillonage (m)	sampling
effondrement (m)	collapse
s'effondrer	to collapse
élargir	to widen
élever	to lift
emballage (m)	package
émission de radio ou de télévision (f)	broadcast
en cours	ongoing
en plein essor (m)	booming
encart (m)	insert
s'endetter	to run into debt
entreprendre une étude de marché	to carry out a market survey/research
entreprises (f)	businesses
s'équilibrer	to be in balance
espace (m) publicitaire	advertising space
esquisse (f)	rough (sketch)
s'étendre, se développer	to expand
être en baisse, baisser	to decline
être en déclin (f)	(to be) on the wane
être en expansion (f) rapide	to boom
être en faillite (f)	to be bankrupt
être endetté	to be in debt
étude (f) de marché (m)	market survey/research
expansion (f), développement (m)	expansion

fabricant (m)	manufacturer
fabriquer	to manufacture
faible	weak
faiblesse (f)	weakness
faiblir, s'affaiblir	to weaken
faillite (f)	bankruptcy
faire de la publicité	to advertise
faire face à	to cope with
faire faillite	to go bust/to go bankrupt
faire un bond, augmenter rapidement	to jump
fardeau (m), **charge** (f)	burden
fidélité à la marque	brand loyalty
fléchir, baisser	to dip
fluctuation (f)	swing
forte croissance (f)	strong growth
fournisseur (m)	supplier
gamme (f) **de produits**	product range/range of products
glisser	to slide
grand magasin (m)	department store
grossiste (m)	wholesaler
hausse (f) **sensible**	upsurge
hebdomadaire (m)	weekly
heures (f) **de grande écoute**	prime time
image (f) **de marque**	brand image
imprimé (m)	leaflet
indicateur (m) **de pression publicitaire**	GRP (Gross Rating Point)
informatique (f)	data processing, computing
insérer une annonce	to insert an ad
institutionnel	corporate
intermédiaire (m)	middleman
investissement (m)	investment
irrégulier, inégal	erratic
ligne (f) **de produit** (m)	line
locaux (m)	premises
logotype (m) **sonore d'une marque**	jingle
loi (f) **de l'offre et de la demande**	the law of supply and demand
magasin (m) **à succursales multiples**	chain store
maintenir	to sustain
se maintenir au niveau de	to keep pace with
mal en point	ailing
marchandises (f), **biens** (m)	goods
marché (m) **ralenti/peu actif/morose**	sluggish market
marge (f) **bénéficiaire**	profit margin
marque (f)	brand/trade mark
marque (f) **déposée**	registered trade mark

ménage (m)	household
mensuel (m)	monthly
message (m) **publicitaire à la radio**	
ou à la TV	radio/TV spot
mise (f) **en page**	layout
monter en flèche, s'élever, grimper	to rocket, to soar
mot (m) **à la mode**	buzz word
négocier/marchander	to bargain
nom (m) **de marque**	brand name
objectif/but (m)	goal
offre (f) **à l'essai**	trial offer
offre (f) **d'emploi**	job advert
panneau (m) **d'affichage**	billboard
panneau (m) **publicitaire**	hoarding
parrainage (m)	sponsorship
part (f) **de marché**	market share
passer une commande	to place an order
pénétrer un marché	to break into a market
pénurie (f)	shortage
percée (f), **découverte** (f)	breakthrough
période (f) **d'expansion, essor** (m)	boom
perte (f)	loss
petites annonces (f)	classified ads
plan (m) **des supports et stratégies**	media planning
politique (f) **de commercialisation**	marketing
politique (f) **de restriction**	belt-tightening policy
porter ses fruits (m)	to pay off
position (f)	stance
pousser, développer, stimuler	to boost
pouvoir (m) **d'achat**	purchasing power
prévoir	to forecast
prise (f) **de vue**	shot
prix (m) **de lancement**	launching price
producteur (m)	producer
produire	to produce
produit (m) **de luxe**	luxury product
produits (m) **de consommation**	consumer goods
programme (m) **de jour**	day-time programme
programme (m) **de nuit**	night-time programme
programme (m) **grand public**	prime-time access
promotion (f) **de/des ventes**	sales promotion
promouvoir un produit	to promote a product
prospérer	to thrive
public (m)	audience
publication (f) **spécialisée**	trade magazine
publicité (f) **commerciale**	advertising
publicité (f) **extérieure**	outdoor advertising
publicité (f) **institutionnelle**	corporate advertising
publicité (f) **mensongère**	misleading, deceptive advertisement

publicité (f) **par correspondance**	direct-mail advertising
publicité (f) **sur le lieu de vente**	point-of-sale advertising
publipostage (m)	mailing
quotidien (m)	daily
ralentissement (m)	slowdown
ralentissement (m) **des affaires**	slack
rapport (m) **qualité** (f)/**prix** (m)	value for money
rassembler des données (f)	to gather information
récession (f)	recession
redémarrer	to pick up
redressement (m), **reprise** (f), **remontée** (f)	upturn
réductions (f)	cutbacks
réduire	to cut
réduire fortement, diminuer, rétrécir, baisser	to shrink, to decrease
réduire radicalement	to slash
régulier, constant	steady
relancer, reprendre	to revive
relations (f) **publiques**	public relations
rentabilité (f)	cost-efficiency, profitability
rentable	cost-efficient, profitable
reprendre	to rally
reprise (f)	recovery
reprise (f), **relance** (f), **redémarrage** (m)	revival
retarder la croissance	to stunt growth
rotation (f) **du personnel**	staff turnover
rubrique (f)	column
saturer un marché	to flood a market
scénarimage (m)	storyboard
se serrer la ceinture	to tighten one's belt
segmentation (f) **d'un fichier**	scoring
service (m) **après-vente**	after-sales service
seuil (m), **minimum** (m)	threshold
signature (f)	base line
slogan (m)	slogan/catch phrase
sondage (m), **enquête** (f)	poll
stagnation (f)	stagnation/standstill
stagner	to stagnate
stratégie (f) **de communication**	copy strategy
subvention (f)	subsidy
subventionner	to subsidise
succursale (f)	branch
support (m), **média** (m)	medium
supports (m) **publicitaires**	advertising media
taux (m) **de croissance**	growth rate
taux (m) **en vigueur**	going rate
temps (m) **d'antenne**	air time

tendance (f) **économique**	economic trend
se tenir ferme	to hold steady
texte (m) **principal d'une annonce**	body copy
tirage(m)/**diffusion** (f)	circulation
typons (m)	films
vendeur (m)	salesman
vendeuse (f)	saleswoman
vendre au détail	to retail
vente (f) **au détail**	retail trade/retailing
vente (f) **en gros**	wholesale trade/wholesaling
vente (f) **par correspondance**	mail order
vente(s) (f)/**solde(s)** (f)	sale(s)

2 Information et Communication Radio/Presse/TV/Cinéma

à la radio	on the radio
à la télévision	on television
agence (f) **de presse**	news agency/press agency
antenne (f)	aerial
article (m) **de fond**	feature article
auditeur (m)	listener
baladeur (m)	walkman
caméscope (m)	camcorder
cassette-vidéo/audio (f)	video/audio cassette
chronique (f)	column
chroniqueur (m)	columnist
chroniqueur (m) **politique**	political columnist
cinéma (m)	cinema/movies/pictures
comédie (f) **de situation humoristique**	sitcom
communication (f)	communication
correspondant (m) **à l'étranger**	foreign correspondent
coupure (f) **de presse**	press cutting
courrier (m) **des lecteurs**	letters to the editor
couvrir un événement	to cover an event
critique (f), **compte rendu** (m)	review
débat (m) **télévisé**	televised debate
dépêche (f)	dispatch
dépositaire (m) **de journaux**	newsagent
distribution (f)	cast
divertissement (m)	entertainment
documentaire (m)	documentary
écran (m)	screen
éditorial (m)	leading article
émission (f) **en direct**	live broadcast

enregistrer en vidéo	to videotape
entracte (m)	interval
envoyé (m) **spécial**	special reporter
faire la une des journaux	to hit the headlines
feuilleton (m)	serial
feuilleton (m) **sentimental, à l'eau de rose**	soap opera
film (m) **à suspense**	thriller
film (m) **d'horreur**	horror film
grande presse (f)	national press
grandes ondes (f)	long wave
gros titres	headlines
haut-parleur	loudspeaker
heures de faible écoute	marginal time
heures de grande écoute à la télévision	peak watching hours, peak time
interprète (m)	performer
jeu (m) **télévisé**	quiz show
jeu-concours (m)	quiz
jouer	to act
journal (m) **sérieux**	quality newspaper
journaliste (m)	newsman, journalist, reporter
journaliste (m) **de la télévision/ de la radio**	TV/radio correspondent
journaliste (m) **indépendant**	freelance journalist
longueur d'onde (f)	wavelength
magazine (m) **de luxe**	glossy magazine
magnat (m) **de la presse**	press tycoon
magnétoscope (m)	VCR, videotape recorder
manchette (f)	headline
monter une pièce	to put on a play
moyens (m) **audio-visuels**	audio-visual aids
moyens (m) **de communication de masse**	mass media
nouvelles (f), **informations** (f)	news
numéro (m)	issue
ondes courtes (f)	short wave
ondes moyennes (f)	medium wave
onde radio (f)	radio wave
piste (f) **sonore**	soundtrack
poste (m) **de radio**	radio set
presse (f) **à grand tirage**	popular press

presse (f) à sensation	gutter press
presse (f) populaire	tabloid press
presse (f) quotidienne	daily press
programme (m)	programme
radio (f) d'état	state-owned radio
rédacteur (m) en chef	editor
rédaction (f)	editorial staff
rediffusion (f)	repeat
répéter	to rehearse
répétition (f)	rehearsal
reportage (m) exclusif/à sensation	scoop
représentation (f)	performance
réseau (m)	network
revue (f) professionnelle	trade journal
rôle (m)	part
rôle (m) principal	leading role
rubrique (f) des potins	gossip column
rubrique (f) nécrologique	obituary
série (f) télévisée	television serial
de sources bien informées	from knowledgeable sources
spectacle (m)	show
station (f) relais	relay station
tarif (m) d'abonnement	subscription rate
téléfilm (m)	teleplay
téléspectateur (m)	TV viewer
téléviser	to telecast
téléviseur (m)/récepteur (m) de télévision	TV set
télévision (f) par câble	cable TV
télévision (f) par satellite	satellite television
télévision, TV, télé (f)	television, TV, Telly
vieux numéro (m)	back issue
vidéophone (m)	videophone

3 Documentation/Informatique Livres/Édition/Imprimerie

affichage (m)	display
afficher	to display
annexe (f)	appendix
annuaire (m) téléphonique informatisé	electronic phone directory
appuyer sur une touche	to press a key
auteur (m)	author
automatisé	automated
autonome	off-line

base (f) de données	data base
bibliothécaire (f) ou (m)	librarian
bibliothèque (f) de prêt	lending library
branché, connecté, en ligne	wired, connected, on-line
brevet (m)	patent
bureautique (f)	office automation
caractéristique (f) technique	specification
chapitre (m)	chapter
chercheur (m)	research worker/searcher
clavier (m)	keyboard
cliquer	to click
collecticiel, synergiciel, travail de groupe (m)	groupware
concepteur (m) du jeu	game designer
conception (f) assistée par ordinateur	computer-aided design
console (f) d'affichage	display unit/VDU
courrier (m) électronique	e-mail (electronic mail)
couverture (f)	cover
crayon (m) lumineux	light pen
cyberespace (m)	cyberspace
cybercitoyen (m)	cybercitizen
cybermonde (m)	cyberworld/empire
cybercafé (m)	cybercafé
débrancher	to disconnect
découvrir un mot de passe	to crack a password
des données (f) numériques	digital information
disque (m) dur	hard disk
disque (m) souple	floppy disk
écrivain (m)	writer
éditeur (m), maison (f) d'édition	publisher
édition (f) revue et corrigée	revised edition
effectuer une tâche	to perform a task
en ligne	on line
enseignement (m) assisté par ordinateur	computer-aided teaching
équipement (m) informatique	computer equipment
faire la saisie	to keyboard/to key in
fichier (m)	file
fichier central (m)/banque (f) de données	data bank
gestion (f) électronique de documents	optical disk document storage and retrieval
gestion (f) par ordinateur	computer control
gros ordinateur (m)	mainframe computer
imprimante (f)	computer printer
imprimeur (m)	printer
industries (f) de pointe	leading industries

informaticien (m)	computer expert/programmer
informatique (f)	information technology
informatisation (f)	computerisation
informatiser	to computerise
interactif	interactive
intrigue (f)	plot
jeu (m) **vidéo**	videogame
jeux (m) **électroniques**	computer games
journal (m)	diary, journal (computing)
libraire (f) ou (m)	bookseller
librairie (f)	bookshop
livre (m)	book
livre (m) **broché/livre** (m) **de poche**	paperback
logiciels (m)	software
machine de traitement de texte	word processor
manuel (m)	handbook
manuscrit (m)	manuscript
matériel (m)	hardware
matériel (m) **très perfectionné**	sophisticated equipment
mécanisme (m)	device
mémoire (f) **morte**	read-only memory (ROM)
mémoire (f) **morte sur disque compact**	compact disk read-only memory (CD-ROM)
mémoire (f) **vive**	random-access memory (RAM)
mettre au point	to debug
note en bas de page	footnote
nouvelle (f)	short story
numériseur (m)	scanner
ordinateur (m)	computer
ordinateur (m) **numérique**	digital computer
organigramme (m)	flowchart
ouvrage (m)	work
personnage (m)	character
photocopieuse (f)	photocopier
poste (m) **de travail**	workstation
progiciel (m)	software package
programme (m) **de compilation**	compiler
programmes (m) **informatiques**	computer programs
publication (f) **annuelle**	annual
publier, éditer	to publish
puce (f) **électronique**	microchip
réalité (f) **virtuelle**	virtual reality
reconnaissance (f) **optique de caractères**	OCR (optical character) recognition
reliure (f)	binding

répertoire (m)	index
réseau (m)	network
réseau (m) **local**	LAN: local area network
roman (m)	novel
saisie (f) **de données**	data capture
satellite (m) **de communication**	com-sat
sauvegarder	to save
serveur (m)	server
souris (f)	mouse
stocker	to store
stocker des informations (f)	to store information
stylo (m) **optique**	optical pen
système (m) **d'exploitation**	operating system
système (m) **informatique**	computer system
table (f) **des matières** (f)	table of contents
tableur (m)	spreadsheet
technologie (f) **avancée**	high technology
télécommande (f)	remote control
télématique (f)	telematics
tome (m), **volume** (m)	volume
traitement (m) **de l'information** (f)	data processing
traitement (m) **de texte**	word processing
travailler dans l'édition (f)	to be in publishing
unité (f) **centrale**	central processing unit (CPU)
visualiser	to display

Réponses modèles

Observations

Ces éléments de réponses se proposent d'encourager et de favoriser la compréhension des textes choisis dans ce manuel.

Les suggestions qui suivent ne sont pas les seules réponses possibles. Elles ne prétendent pas non plus être des modèles à suivre au pied de la lettre, mais elles apportent une aide précieuse aux enseignants et aux étudiants qui peuvent les enrichir avec des approches méthodologiques personnelles, selon leur sensibilité et leur perception de la réalité.

Par ailleurs, ces annexes offrent une aide efficace afin que les étudiants anglophones qui poursuivent des études de français avec une spécialité dans le domaine des médias et de la communication puissent acquérir un sens de la communication, une bonne maîtrise de la langue, le respect des règles de base de l'expression orale et écrite, la précision de l'utilisation du vocabulaire de spécialité, la capacité de convaincre en argumentant.

En ce qui concerne les traductions, le style journalistique des textes est elliptique, incisif et allusif. Un certain effort a été fourni pour reproduire ce style caractéristique. En revanche, il n'est pas toujours possible de traduire littéralement en anglais les passages des coupures de presse. Pour éviter les maladresses de style, une paraphrase est quelquefois incontournable.

Texte n° 1 : La prime au hors-média. *Marketing Mix, juin 1993*

I.

Marketing Mix était un magazine mensuel spécialisé qui avait été remplacé par *Marketing Vente* et maintenant par *Marketing Magazine*. Il était publié par le Groupe Stratégies. Son champ d'application recouvrait les stratégies et les techniques de marketing et de vente, les études de marché, la gestion de produit, la distribution, la communication.

II. Vocabulaire

Damer le pion est une locution qui signifie **l'emporter sur** quelqu'un, **répondre victorieusement** aux attaques de quelqu'un. Expression à retenir : **Damer le pion à quelqu'un.**

Damer provient de **Dames** ou **jeu d'échecs**, ce qui implique transformer en dame, ou en pion qui atteint la dernière rangée de l'échiquier.

Junior est un terme qui peut être utilisé soit comme nom (**un junior**) soit comme adjectif (une équipe **junior**). Il s'utilise pour distinguer un frère plus jeune que son aîné (Dupont **junior**), ou encore dans le commerce pour qualifier ou désigner des personnes plus ou moins expérimentées dans une activité ou une profession.

L'agro-alimentaire est utilisé pour l'ensemble des activités économiques agro-alimentaires. Le secteur de l'agro-alimentaire concerne la transformation par l'industrie des produits agricoles destinés à l'alimentation (produits laitiers, viandes, produits de la mer, fruits et légumes, sucre, céréales, boissons, produits tropicaux etc. . . .). Expressions à retenir : Le commerce **agro-alimentaire**/Les produits **agro-alimentaires**/Un complexe **agro-alimentaire**/Un groupe ou une société **agro-alimentaire**.

Les services sont des fonctions à caractère public en général. Un **service** peut être obtenu sur le marché comme un produit. Par exemple : Le **service** des transports, des postes, les activités bancaires, le Conseil en publicité etc . . . sont des **services**. Cette activité organisée, qui est destinée à remplir une fonction, peut être liée à un produit ou à son achat. Le **s**ervice **a**près-**v**ente (SAV) d'une entreprise est chargé d'assurer la livraison, l'entretien, les réparations des produits achetés (automobile, ameublement, radio, télévision, appareils d'électroménagers). Expressions à retenir : Les **services** publics traditionnels (Défense nationale, justice, police, administration préfectorale)/les **services** sociaux (institutions publiques ou privées chargées de la protection sociale : famille, enfance, travail, santé, aide sociale)/le **Service** Militaire, National, Civil/au **service** d'une cause (pour servir).

Fidéliser les clients est une expression utilisée depuis les années 70. Elle a le sens de rendre fidèle le consommateur, d'attacher le client à une marque de produit. Expressions à retenir : Être fidèle à ses promesses/à ses engagements/à sa parole/à ses habitudes/aux traditions/Être fidèle à une marque commerciale/à un fournisseur/Rendre fidèle un client (fidéliser)/Rester fidèle à soi-même (ne pas changer).

Ignorer a un sens objectif et un sens subjectif. Le premier sens veut dire **ne pas connaître, ne pas savoir**. Par exemple : j'**ignore** tout de cette affaire/j'**ignore** les raisons de son acte.

Le second sens signifie **méconnaître, traiter quelqu'un comme si son existence ne méritait aucune considération**. Par exemple : **ignorer quelqu'un**/quand ils se croisent dans la rue, **ils s'ignorent**.

La notoriété est le caractère de ce qui est **notoire**, c'est-à-dire connu de manière certaine par un grand nombre d'individus. Expressions à retenir : **notoriété** publique (renommée, réputation)/**notoriété** d'un fait, d'une nouvelle/elle est une **notoriété** dans son pays (personnalité)/un criminel **notoire** (célèbre, très connu)/c'est un imbécile **notoire**.

III.

"Even if variations appear among the different sectors, since industries related to clothing, luxuries, health and services, together with institutional investors, still invest 40% or more in the traditional media, the development of techniques for establishing a closer contact with the public seems to be marking out a general tendency, for it is much more than a straight-forward crisis strategy" is the explanation given by Oliver Saguez, general manager of Proximité. "What is more, the conclusions of our study confirm those drawn by IREP, and follow the development of investment distribution in the USA."

"a good number of managers who were questioned did not dare say that their budget was declining".

"three quarters of all market products could improve their performance if their method of communication were directed at strengthening the brand loyalty of their consumers, and therefore at increasing their level of consumption. Have companies lost so many customers that they no longer even know which ones are loyal to them?"

"Choosing methods of communication other than the traditional media does not mean abandoning the development of public image and awareness."

IV.

1. **Un support** peut désigner une salle de cinéma, une chaîne de télévision, une station de radio, un panneau d'affichage, un journal, un magazine, ou tout autre élément matériel qui sert à diffuser un message publicitaire.

2. **La publicité** est un élément-clé de la politique de commercialisation. C'est l'art d'utiliser les moyens de communication pour informer les consommateurs potentiels ou les inciter à acheter.

   La communication est un élément essentiel de la publicité. Ce terme regroupe l'ensemble des techniques utilisées pour accroître l'image de marque et les parts de marché d'une entreprise. On a d'abord parlé de **la réclame** qui est l'ancienne appelation de **la publicité** et maintenant de **la communication**.

3. Les spécialistes du marketing adoptent différentes méthodes pour **faire connaître le produit**. **La nature du produit et du marché** détermine la stratégie de communication de l'entreprise. Le recours à **la publicité** dans les médias est indispensable.

   Les objectifs sont les suivants :

   accroître les parts de marché/réaliser le maximum de profit en un minimum de temps

   bénéficier d'une clientèle stable/créer une concurrence entre plusieurs marques dans une même gamme de produit/favoriser l'innovation/adopter une stratégie d'attraction destinée à susciter la demande pour leurs produits.

4. On peut assurer **la fidélité des consommateurs** grâce à des campagnes publicitaires fréquentes, des opérations promotionnelles répétées, des offres spéciales régulières, des cartes de fidélité, des points-cadeaux, des timbres d'achat, des cadeaux, etc. . . .

5. **L'image de marque** d'un produit est ce que ce produit symbolise. Pour en donner une **image forte**, il faut associer la marque aux **grandes occasions** de la vie, à la **valeur symbole** (luxe, distinction, sécurité), aux **bonnes valeurs** (respect de l'environnement), à **l'appartenance à un groupe** social (BCBG : **B**on **C**hic **B**on **G**enre). L'image de marque est le **patrimoine** de l'entreprise. Le nom de marque est un **capital** à gérer.

V.

(a) mettre, mise à jour/à mort/au point/en accusation/en cause/en danger/ en doute/en lumière/en mouvement/en œuvre/en place/en pratique/en route/ en scène/en service/sur orbite/sur pied

(b)

1. La **mise à jour** du dictionnaire a pris dix ans.

2. C'est un système qui n'est pas encore **mis au point**.

3. Un procès suivit la **mise en cause** de l'honnêteté de l'avocat.

4. Tu risques de **mettre en danger** le projet tout entier si tu retires les fonds.

5. Pourquoi voulez-vous **mettre en doute** une garantie de cinq ans?

6. La **mise en pratique** d'une telle idée me paraît impossible.

7. C'était une **mise en scène** spectaculaire.

8. Le train sera **mis en service** à partir du premier janvier.

9. On va **mettre en place** tous les cours après la réunion des profs.

VI.

(a) Autres expressions courantes avec **prime** : **prime** d'assurance/**primes** allouées dans un concours industriel/aide sous forme de **primes**, de subventions/en **prime** (de plus, en outre, de surcroît). Ce livre fait **prime** sur le marché, c'est-à-dire qu'il est très recherché.

(b) Une compagnie d'assurances accorde des garanties à ses sociétaires moyennant une **prime d'assurance** versée par ses assurés.
Les **primes allouées dans un concours industriel** visent à récompenser les entreprises méritantes.
L'État, une collectivité locale ou un organisme public peuvent apporter une **aide sous forme de primes**, de **subventions**.
En prime, ce sont les entreprises qui bénéficient de ces aides de l'État afin de créer des emplois, de financer la recherche, d'obtenir des déductions fiscales etc. . . .

VII.

(a) requiers/requiers/requiert/requérons/requérez/requièrent
requérais/requérais/requérait/requérions/requériez/requéraient
requis/requis/requit/requîmes/requîtes/requirent
J'ai requis etc . . .

(b) acquérir/s'enquérir/conquérir

(c) acquisition/enquête/inquisition/conquête

VIII.

(a) D'abord/d'ailleurs/en fait/d'une part . . . d'autre part/enfin/en revanche

(b) (c) **D'abord** est une locution adverbiale qui exprime "avant toute chose".
D'ailleurs est une locution adverbiale qui introduit une restriction ou une nuance nouvelle.
Certes est un adverbe synonyme de **certainement**. Il peut suggérer une concession.
Certes est un style soutenu.
En fait est une locution adverbiale qui signifie **en réalité**.
D'une part . . . **d'autre part** est une locution adverbiale qui oppose deux idées ou deux faits.
Enfin est un adverbe qui marque le terme d'une longue attente. Il sert aussi à conclure et à résumer ce qui a été dit précédemment.
En revanche est une locution adverbiale qui indique une opposition.

IX.

(a) En Belgique/au Canada/au Danemark/en Espagne/en Finlande/au Gabon/
en Hongrie/en Inde/en Israël/en Jordanie/au Kenya/en Libye/au Maroc/
en Norvège/en Ouganda/au Pérou/en Roumanie/au Salvador/en Thaïlande/
en Uruguay/au Vénézuela/au Yémen/au Zaïre

(b)

1. Elle est partie **de Belgique** ce matin.

2. Est-ce qu'il y a une agence **au Canada**?

3. Ils vendent de nombreux ordinateurs **en Espagne**.

4. Le ministre revient **du Gabon** aujourd'hui.

5. Ils sont tous allés **en Israël** visiter la Terre Sainte.

6. On recherche de nouveaux marchés **au Yémen**.

X.

(a) **Proche** est un adjectif tandis que **près** est un adverbe. **Proche** s'accorde donc
avec le nom. Par exemple : les maisons les plus **proches**. Le français standard n'accepte
pas **près** comme adjectif mais son usage existe dans un registre relâché. On entendra
dire : les maisons les plus **près**.

(b) (c) **Auprès de** n'indique plus guère l'idée de proximité. Par contre, il s'emploie
normalement dans le sens de "*with*". Par exemple : je me suis renseigné auprès du
directeur.

(d) En français, le chiffre 300 précède l'adjectif **premier** tandis qu'en anglais c'est le
contraire.

(e) **L'article premier** est un style soutenu, tandis que **le premier article** est un style
standard.

1. **La cause première** de son échec fut son indifférence.

2. **La première fois** que je l'ai vue elle était malade.

Texte n° 2 : Interdeco réinvente la régie publicitaire.
Médias, *février 1994*

I.

Médias est un magazine spécialisé dont la publication a cessé en été 1994. Ce mensuel
traitait de la publicité, du marketing, des médias et de la communication d'entreprise.

II.   Vocabulaire

Un kiosque est un terme d'origine turque (Kyöchk). En français il s'applique à une
petite échoppe ou une petite boutique sur la voie publique pour la vente de

journaux, de fleurs ou autres. N.B. un **kiosque** à journaux. Le mot **kiosque** est aussi utilisé pour désigner certains services vidéotex accessibles à partir d'un Minitel.

Un fichier est utilisé dans les opérations de marketing direct ou pour établir l'échantillon d'une enquête par sondage. Il comprend une liste de noms et d'adresses d'individus ou de sociétés commerciales ayant des caractéristiques similaires. Par exemple : un **fichier** de compilation (obtenu par diverses sources ou plusieurs annuaires)/un **fichier** administratif (liste électorale)/un **fichier** de comportements (**fichier** clientèle sur le comportement des clients d'une entreprise contenant des informations).

Héberger veut dire **servir de lieu de séjour/demeurer/recevoir**. En français, on met le "e" après le "g" lorsque celui-ci doit être suivi d'un "a" ou d'un "o". NB : nous héber**geo**ns/j'héber**gea**is/héber**gea**nt.

Un partenaire est une personne avec qui on est associé. En français contemporain, le mot **partenaire** emprunté à l'anglais *partner* signifie **associé**, personne qui partage des intérêts communs avec une ou plusieurs personnes dans les domaines du commerce ou de la politique. Le terme dérivé **Partenariat** est devenu assez usuel, en particulier dans le secteur des affaires. Exemples à retenir : un **partenaire** commercial/les **partenaires** de l'Union Européenne/des **partenaires** sociaux. Les contraires de **partenaire** : **adversaire/rival**.

Une rubrique est une catégorie d'articles sur un sujet déterminé paraissant chaque semaine, dans un magazine. Exemples : tenir la **rubrique** sportive/les **rubriques** d'une encyclopédie/la **rubrique** *Dépenses*.

Un clivage est une séparation d'un ensemble en parties. Locutions à retenir : le **clivage** social/politique/les **clivages** idéologiques/le **clivage** entre la majorité et l'opposition/le **clivage** des opinions

III.

The offer of direct marketing consists in an extension of the advertiser's media communication which appeals to readers of the group's publications through a sales pitch. It is here that we find one of the biggest innovations : for the first time the advertiser has the chance of hiring from the titles of the group a mailing list of subscribers who number 3,500,000. But on one condition: the mailing lists may only be obtained as a package if the advertiser conveys his message in all the titles making up this package.

IV.

1. Le hors-média désigne l'ensemble des opérations de communication et d'actions publicitaires autres que la diffusion de messages à travers les cinq grands supports (presse, radio, télévision, cinéma, affichage). On peut distinguer :

La promotion de vente (cadeaux, jeux, concours, offres spéciales)

La publicité directe (distribution d'imprimés, publipostage, télématique)

La publicité sur le lieu de vente (PLV) (animations, présentoirs, etc.)

Les manifestations commerciales (foires, expositions, salons).

2. Les secteurs d'activités fortement **utilisateurs** du **marketing direct** sont les suivants : les banques, les entreprises de vente par correspondance, les organismes de crédit.

Les différents **supports** du marketing direct sont : les encarts, les coupons à découper, le publipostage, les prospections groupées, les émissions et les réceptions d'appels téléphoniques avec ou sans numéro vert, les messages radio, Minitel, télévision, support, vidéo, les disquettes informatiques, la télécopie.

3. Le rôle principal des **annonceurs** est de **commander les campagnes publicitaires.** Celui des **agences** est d'**élaborer les campagnes.**
Quelques noms d'**agences importantes** : HDM/Publicis Conseil/RSCG/Bélier WCRS/Young & Rubicam/Lintas/BDDP/DDB Needham/Synergie Polaris/Ogilvy & Mather SA/Saatchi & Saatchi/Mac Cann Erikson
Quelques noms d'**annonceurs importants** : BSN/Nestlé/L'Oréal/Renault/Peugeot/Unilever/Procter & Gamble/Fiat/VAG/Mulliez.

4. Les agences-conseils en communication disposent de **commerciaux**, de **créatifs**, de **professionnels de la production** et **spécialistes des médias.**
Les **commerciaux** assurent le conseil en communication.
Les **créatifs** conçoivent les messages.
Les **professionnels de la production** réalisent les campagnes publicitaires.
Les **spécialistes des médias** choisissent et s'occupent de l'achat d'espace.

5.

Annonceurs	Secteurs d'activités
L'Oréal	Chimie, cosmétiques, parfums, beauté
Peugeot–Citroën/Renault	Automobiles, véhicules industriels
Nestlé	Agro-alimentaire
Procter & Gamble	Lessives, détergents

V.

(a) 1. L'objectif de la publicité consiste à sensibiliser le public à la valeur d'une marchandise.

2. Le projet du directeur consiste dans la mise sur pied d'une méthode innovatrice.

3. L'entreprise consiste en vingt-quatre agences implantées dans tout l'Hexagone.

VI.

Attention! **poing** est différent de **point.**
Expressions à retenir avec le mot **point** :
Marquer un **point** – prendre un avantage/faire le **point** – déterminer où l'on est dans un processus quelconque/cuisson à **point** – pour la viande entre "cuit" et "saignant"/sur le **point** de – près de/au **point** que, à tel **point** que – conséquence, tellement que/mettre les **points** sur les i – apporter des précisions/se faire un **point** d'honneur/mettre son **point** d'honneur à – considérer comme élément essentiel pour sa réputation morale/mal en **point** – situation précaire/**point** de repère – objet ou endroit précis reconnu et choisi pour se retrouver/**point** de mire – endroit où l'on veut que le coup porte/**à point** nommé – au moment opportun/**point** d'eau – source, puits/**point** culminant – crête, sommet/**point** de côté – douleur vive dans une partie du thorax, sentie surtout quand on court/**point** chaud – zone dangereuse où ont lieu des combats/un petit magasin ou échoppe où l'on vend des casse-croûtes qui sont chauds/**point** mort – position du levier où le moteur ne peut pas avancer

(*neutral*)/**point** de congélation – 0 degrés C/**point** d'ébullition – 100 degrés C/mettre au **point** – régler/**point** du jour – le moment où le soleil se lève.

VII.

(a) Trois millions cinq cent mille/cinq cent dix-huit/vingt-cinq/deux virgule dix-neuf.

(b) 1 000 450 000/3 000 250/2 000/192.

VIII.

(a) ***Media*** : Les moyens de diffusion de l'information, les moyens de communication de masse, la culture de masse, la technique de masse, le support de masse.

Package : un ensemble, une série de services.

Marketing : politique de commercialisation, mercatique, marchéage.

Sponsoring : parrainage, patronage.

(b) L'"anglicisation' et l'"américanisation" du français ont provoqué une vive polémique depuis les années 60. L'**A**ssociation **F**rançaise de **Term**inologie (AFTERM), le Comité des Termes Techniques Français et d'autres organismes s'occupent de trouver des équivalents en français pour les anglicismes ou américanismes proscrits. Les Commissions ministérielles de terminologie publient leurs décisions au *Journal Officiel*. Le problème du franglais soulève une controverse. Certains Français ont incriminé les Américains de coloniser la langue et l'économie françaises. Des anglophones ont rétorqué en soulignant que l'emprunt linguistique est réciproque. L'inventaire des mots et expressions empruntés à l'anglais britannique et américain donne lieu à réflexion et à un débat sur l'utilisation des anglicismes.

IX.

(a)   Offres d'emploi

1. Chef de publicité bilingue anglais/français

5 années d'expérience/capable de proposer, créer, gérer et mener à bien des "projets européens"/disponible pour des déplacements de courte durée

2. Chef de publicité et de la promotion

35 ans environ/Bac + 4 [années d'étude]/déterminé, méthodique, organisé/3 à 5 ans d'expérience/sens de l'initiative et des contacts humains/préparation et organisation de campagnes commerciales, de réunions/personnalité cultivée, affirmée et professionnelle

3. Secrétaire assistante

candidate dynamique, performante, capable d'assurer frappe, gestion et suivi administratif du développement des produits/sens des responsabilités, forte motivation pour les produits de luxe/3 à 5 ans d'expérience souhaitée/disponible rapidement

4. Responsable promotions

chargé(e) de concevoir, planifier et analyser les actions de marketing direct/expérience en vente par correspondance (VPC)/sens de la communication, rigueur et organisation

5. Un chef de groupe senior

au moins 4 ans d'expérience/diplômé(e) de l'École Supérieure de Paris ou équivalent

6. Un chef de publicité

diplômé(e) de l'École Supérieure de Paris ou équivalent/au moins 2 ans d'expérience

7. Un rédacteur
talent en rédaction

8. Un maquettiste/un exécutant confirmé
Pour les postes de maquettiste et d'exécutant confirmé, aucune qualité ou expérience n'est exigée sur l'offre d'emploi. Cependant, l'étudiant doit montrer dans sa lettre de candidature qu'il posséde les qualifications et une expérience requises dans un poste similaire. Il doit faire preuve d'un certain savoir-faire et d'une expertise dans le domaine.

Annonces classées

Les annonces classées sont encore appelées les petites annonces. Certaines annonces comportent un numéro de référence afin de pouvoir identifier les réponses ou les demandes d'après ce code.

Dans notre ouvrage, les annonces classées concernent : la publicité par l'objet/la proposition de partenariat/le message d'un studio de création/la location de salle/l'immobilier/le travail intérimaire.

(b) Lorsqu'on rédige une demande ou une offre d'emploi que l'on insère dans un journal, l'annonce est en général rédigée en style télégraphique comme par exemple :

Demande d'emploi
JF mariée 35 a secrétaire de direction 7 a d'exp ds le secteur
public et privé rech poste stable à tps plein ou partiel étud t pro.
Ecr Jal S/Ref 381–7495

Cette petite annonce doit être lue de la façon suivante :

Demande d'emploi
Jeune Femme mariée 35 ans secrétaire de direction avec 7 ans d'expérience dans le secteur public et privé recherche un poste stable à temps plein ou partiel étudie toutes propositions.
Ecrire au Journal sous la référence 381–7495

La même remarque s'applique à une offre de service :

Offre de service
JF 15 a d'exp frappe tt doc (rapports, thèses, devis) NB/coul, trait
text pr PME et part, perm tél, trav rapide et soigné. Tél hr 76 63
10 48

Cette **offre de** service se lit de la manière suivante :

Offre de service
Jeune Femme 15 années d'expérience frappe tout document (rapports, thèses, devis) en Noir et Blanc/couleurs, traitement de texte pour Petites et Moyennes Entreprises et particulier, permanence téléphonique, travail rapide et soigné. Téléphonez aux heures des repas au 76 63 10 48

(c) La lettre de candidature en français obéit à certaines règles différentes de l'anglais. La qualité rédactionnelle est très importante. Ce qu'il faut retenir :
. La lettre de candidature doit être manuscrite d'une manière lisible et signée/utiliser de l'encre bleue ou noire sur du papier blanc non-quadrillé/envoyer l'original et non un double au service de recrutement/soyez précis, concis et bref en rédigeant trois paragraphes et une formule de politesse classique.

Tenir compte des éléments importants de la lettre de candidature :

1. L'objet de la lettre

2. La justification de la démarche

3. L'intérêt pour l'entreprise

4. La conclusion avec une formule de politesse sobre

Mlle Pascale BENOŒT
36 Rue Lakanal
38000 GRENOBLE
FRANCE
Tél 76 42 12 05   Grenoble, le 15 septembre 19—
Objet : demande d'emploi

Parfums de Prestige International (PPI)
Service du Personnel
8 Rue Bellini
75116 Paris

Monsieur le Chef du Personnel,
Suite à votre annonce parue dans le magazine *Stratégies* n° 666, daté du 11 septembre
19—, j'ai l'honneur de poser ma candidature au poste de Secrétaire Assistante auprès
du Chef de Groupe Développement dans votre société.
A ce titre, je vous adresse ci-joint mon CV et une photographie d'identité. En effet, je
suis une candidate dynamique, ayant le sens des responsabilités et l'expérience que
vous souhaitez.
Je reste à votre entière disposition pour vous fournir de vive voix les renseignements
complémentaires au cours d'un entretien.
Dans l'attente d'une réponse favorable et assez proche, veuillez agréer, Monsieur le
Chef du Personnel, l'expression de mes salutations distinguées.

Pascale BENOÎT

Le curriculum vitæ doit comporter un ensemble d'indications relatives à l'état-civil, à
la formation, à l'expérience professionnelle et aux activités diverses. Voici quelques
conseils pratiques :
    Le CV doit être dactylographié sur une page/ne pas surcharger la rubrique de
l'état-civil.
    Citer uniquement les diplômes les plus élevés/préciser votre expérience
professionnelle et vos connaissances linguistiques/enrichir ou personnaliser votre CV
en mentionnant vos activités extra-professionnelles/spécifier l'objectif que vous vous
fixez par rapport au travail.

CURRICULUM VITÆ

Nom Patronymique : BENOÎT
Prénom : Pascale
Date et lieu de naissance : 27 septembre 1960 à PARIS
Nationalité : Française
Adresse personnelle : 36 Rue Lakanal 38000 GRENOBLE
FRANCE Tél 76 42 12 05
Adresse professionnelle : Hewlett Packard
5, avenue Raymond Chanas
38053 GRENOBLE Cedex 9

Formation

* Diplôme de l'ESCP (École Supérieure de Commerce de Paris) en 3 ans, obtenu en 1985
* DUT Techniques de commercialisation (Diplôme Universitaire de Technologie) en 1 an, obtenu en 1982
* DEUG de sciences économiques (Diplôme d'Études Universitaires Générales) en 2 ans, obtenu en 1981
* BTS bureautique et secrétariat trilingue (Brevet de Technicien Supérieur) en 2 ans, obtenu en 1979
* Français, langue maternelle

Divers

* Célibataire
* Disponible pour des déplacements fréquents
* Permis de conduire (B)
* Loisirs : natation, gymnastique, lecture, cinéma

Objectif

* Intégrer une entreprise à dimension européenne, apporter l'expérience professionnelle acquise dans le domaine du secrétariat de direction, contribuer positivement au développement de votre entreprise.

X.

Il s'agit là d'un travail de **mise en scène** qui est très enrichissant aussi bien pour le/la candidat(e) que pour les membres du jury qui sont en fait des étudiants du groupe. Pour améliorer son efficacité au cours de l'entretien, le/la candidat(e) doit **jouer le jeu**, se renseigner et s'informer sur **le contenu du poste**, sur l'**organisation de l'entreprise**. Un entretien nécessite toujours une préparation. De très nombreux recruteurs conseillent la lecture d'ouvrages spécialisés sur la question. Voici quelques consignes à respecter durant l'entretien :

Trouver des arguments solides à ce que l'on vient de dire/veiller à ce que sa tenue vestimentaire soit conforme à l'image de l'entreprise/regarder les interlocuteurs dans les yeux/poser des questions pertinentes/insister sur le fait que l'on recherche un travail stable/être simple et spontané(e)/montrer que cet entretien a été soigneusement préparé.

Les questions les plus fréquentes au cours d'un entretien :

1. Parlez-nous de votre expérience professionnelle.

2. Quelle est votre formation?

3. Quelle est votre situation familiale?

4. Comment vous perçoivent les autres?

5. Quels sont vos points forts et vos points faibles?

6. Quelles sont vos activités de loisirs?

7. Acceptez-vous de vous déplacer fréquemment?

8. Pourquoi désirez-vous quitter votre dernier employeur?

9. Êtes-vous prêt(e) à changer de résidence pour ce poste?

10. Quels sont vos objectifs à court, moyen et long terme?

11. Que savez-vous de notre entreprise?

12. Quelles expériences ont le plus aidé à construire votre personnalité?

13. Aimez-vous travailler en groupe?

14. Comment pensez-vous contribuer positivement au développement de notre entreprise?

15. Pourquoi avez-vous répondu à notre annonce?

16. Quelles sont vos prétentions de salaire?

17. Aimez-vous les responsabilités? Pourquoi?

18. Quelles sont les autres entreprises que vous avez contactées?

19. Avez-vous le profil de l'emploi?

20. Avez-vous séjourné dans les pays dont vous parlez les langues?

L'enseignant doit veiller à **la bonne préparation de l'entretien** en corrigeant le travail écrit de chaque étudiant. Ce travail servira de base à l'entretien oral.

Au cours de l'entretien, l'enseignant dressera **une fiche de notation individuelle** de façon à apporter des critiques constructives à chacun (candidat[e] et membres du jury) et de procéder au diagnostic pour trouver les choses "à ne pas faire" ou "les faux-pas" à éviter. Chaque fiche comportera les différents critères d'évaluation :

1. Pertinence des questions ou des réponses

2. Efficacité de la communication

3. Grammaire et vocabulaire

4. Qualité phonologique.

Texte n° 3 : Benetton : le bébé qui fait hurler. *Le Nouvel Observateur septembre 1991*

I.

Le Nouvel Observateur est un hebdomadaire d'informations politiques, culturelles et générales. Il s'adresse aux cadres moyens. Fondé en avril 1950 sous le nom de *L'Observateur* puis de *France Observateur* par Claude Bourdet, il a été repris en 1964 par Claude Perdriel qui l'a transformé en *News Magazine*. Cette formule est née aux États-Unis dans les années 20. Ce *News Magazine* se présente comme l'organe de la gauche intellectuelle. En novembre 1964, il prend son nom actuel avec Jean Daniel nommé directeur du journal, en 1978.

II. Vocabulaire

En matière de pub signifie en ce qui concerne la publicité ou dans le domaine de la publicité.

Socialement admis veut dire **permis, autorisé dans/par la société**.

Sociologue désigne un spécialiste de la **sociologie**, c'est-à-dire de l'étude scientifique de l'organisation des groupes et des faits sociaux.

La remontée des interdits représente le fait que des condamnations imposées par la société qui censure ou interdit un acte ou un comportement font leur réapparition ou remontent en surface.

Déboucher sur est synonyme de **aboutir à, mener à**.

Tarit toute forme de remise en question s'applique à "une sorte d'autoparalysie" qui fait cesser ou disparaître toute remise en question, c'est-à-dire tout réexamen critique de son comportement.

La polémique se dit d'une controverse, d'un débat à caractère violent ou agressif. Expressions à retenir : une attitude, un discours **polémique**/engager/entretenir **une polémique** avec quelqu'un/exceller dans **la polémique**.

III.

Nice enough as a concept, and visually daring, the Benetton ad went as far as showing a row of blood-filled test tubes labelled Mikhaïl, François, Maggie etc. to suggest that we are all equal in life and death.

A strange paradox: we live in a society which no longer has any legitimate taboos but where everything provokes a scandal. Including things which have nothing immoral about them, like this Benetton poster. Society condemns in the name of respect for other people's feelings – which goes back to the Politically Correct Movement in the United States.

IV.

1. La campagne publicitaire de Benetton *"All the colors of the world"* insiste plus sur l'image que sur le produit. Les affiches publicitaires de Benetton suscitent de vives réactions selon les pays. L'idéologie morale reprend sa place. Avec l'affaire Benetton, la communication devance les principes moraux.

Le journaliste est en réalité Claude Weill, auteur du *Sexe oublié*, Flammarion.

2. En 1984, l'une des premières campagnes publicitaires de Luciano Benetton, *"United colors of Benetton"*, est bien acceptée. Le slogan mondial, qui est reconnu, est associé à une grande abondance de couleurs chaudes, à la multiplicité des races et des produits.

En 1985, les tricots, les écharpes, les bonnets, les gants et autres accessoires sont présentés simplement. L'idée élémentaire du message publicitaire est noble puisque, au-delà des différences de races et de couleurs, les hommes sont tous égaux et unis à travers le monde grâce à la mode Benetton.

En 1986, Benetton différencie ses produits de ceux de ses concurrents. Son image de marque est excellente et le produit connaît un succès considérable.

En 1988, la représentation visuelle manifeste un changement important. Elle suscite dans l'esprit de l'individu une image forte et des symboles : "Moins de vêtements, plus de symboles".

En 1989, deux affiches publicitaires belles mais équivoques provoquent un tollé général, notamment aux Etats-Unis. L'image forte d'"une femme noire allaitant un enfant blanc" et celle de "deux mains, l'une noire et l'autre blanche, attachée avec des menottes", suscitent des réactions négatives de la part de la NAACP (National Association for the Advancement of Colored People).

En 1990, Benetton reste fidèle à sa stratégie de communication. Les images symbolisent l'égalité et la fraternité entre les peuples, particulièrement entre les Noirs et les Blancs. La communication visuelle de Benetton marque un changement profond : le produit disparaît totalement des visuels.

Jusqu'en 1990, c'est l'agence Eldorado qui prend en charge la communication publicitaire de Benetton. Par la suite, Benetton devient son propre annonceur. Luciano Benetton et son photographe Oliviero Toscani s'attirent les foudres du Vatican.

En 1991, une grande polémique s'engage au sujet des campagnes de Benetton avec l'annonce publicitaire tabou représentant "un prêtre embrassant une religieuse". Cette affiche est interdite en Italie mais elle l'emporte sur les autres affiches en Grande-Bretagne. La naissance de la petite Giusy fait l'objet de nombreuses censures à travers le monde.

En 1992, la communication visuelle n'exprime plus l'amour, la vie, la joie mais la misère et la mort. L'image de David Kirby, malade du Sida, sur son lit de mort, entouré par sa famille, et l'affiche de l'exode d'Albanais sur un cargo en partance pour l'Italie provoquent un mouvement collectif d'indignation.

Ces dernières années, le goût de la provocation de Luciano Benetton vaut à l'homme d'affaires italien une baisse des ventes et des fermetures de magasins en série. Benetton utilise les grands thèmes de la société contemporaine pour entretenir son image de marque. Au moment de la signature du premier accord israélo-palestinien, le quotidien américain *The New York Times* affichait en exclusivité mondiale une campagne signée *United Colors of Benetton* (poignée de main entre un Israélien et un Palestinien).

La firme italienne est parvenue à conférer un statut d'œuvres d'art à ses affiches publicitaires dans les musées d'art contemporain de Lausanne et de Sao Paolo.

Le 12 septembre 1995, Benetton a ouvert une boutique à Sarajevo. L'entreprise prend des risques en s'installant dans un pays en guerre, instable politiquement, au pouvoir d'achat relativement faible.

Luciano Benetton souhaite, à travers ses campagnes, pousser le public à se poser des questions sur les grands problèmes contemporains : racisme, Sida, conflits au Proche-Orient, guerre en ex-Yougoslavie.

En France, la moitié des magasins en franchise ont fait faillite , y compris la Boutique des Champs Elysées qui accuse un déficit de 9 MF.

3. Le rôle de la publicité est de :
faire connaître la marque d'un produit ou d'un service/informer le public à travers les médias/promouvoir ou vanter les produits et les services d'une société/inciter le consommateur potentiel à acheter un produit ou à utiliser un service/façonner l'attitude du consommateur potentiel vis à vis du produit.

La publicité n'a pas seulement un rôle commercial, elle peut être mise au service de causes politiques, sociales, médicales, etc.

4. Les avantages qu'offre la publicité sont de :

divertir les téléspectateurs/augmenter les ventes des distributeurs et des commerçants/aider à faire connaître de nouveaux produits ou services/permettre l'essor de la production/relancer l'économie en période de crise.

Les inconvénients que présente la publicité sont :

de susciter des besoins illusoires (la publicité est sournoise et dangereuse)/de manipuler le consommateur, l'induire en erreur (publicité mensongère)/les coûts de publicité sont impressionnants (exemple des annonces publicitaires à la télévision, le dimanche soir)/d'inciter à acheter des produits ou à utiliser des services dont on n'a pas toujours besoin/de mettre le consommateur dans une situation de frustration.

5. L'affiche publicitaire représentant "l'allaitement d'un bébé blanc par une femme noire" a provoqué, en 1989, des réactions différentes. En France, cette image est bien acceptée dans la mesure où elle symbolise une image forte et belle à la fois. Elle évoque la vie, la joie, l'amour au-delà de la couleur de la peau. En revanche, aux États-Unis, cette affiche ambiguë rappelle l'époque de l'esclavage et comporte des connotations négatives. La NAACP refuse cette annonce publicitaire et contraint Luciano Benetton à la retirer des panneaux d'affichage.

V.

(a) ancien/brave/différent/grand/jeune/pauvre.

(b)

1. C'est l'un de mes **anciens** profs (*former*)/une ville **ancienne** (*old*).

2. Ce sont de **braves** gens (*nice*)/des soldats **braves** (*brave*).

3. Il y avait **différents** (*several*) livres sur la table/les maisons étaient toutes de couleurs **différentes** (*different*).

4. C'était un **grand** homme (*great*)/un homme **grand** (*big*).

5. Un **jeune** homme (*lad, adolescent*)/un homme **jeune** (*young man, i.e. not an old man*).

6. Tu me fais pitié, mon **pauvre** (*unfortunate*) ami/c'étaient des gens **pauvres** (*indigent*) qui vivaient dans des taudis.

VII.

Certificat d'**A**ptitude au **P**rofessorat de l'**E**nseignement **S**econdaire/**C**ompagnies **R**épublicaines de **S**écurité/**Cu**rriculum **V**itæ/**D**iplôme d'**É**tudes **U**niversitaires **G**énérales/**D**épartement d'**O**utre-**M**er et **T**erritoires d'**O**utre-**M**er/**É**lectricité de **F**rance/**L**'**H**eure de la décision/**L**e **J**our fixé pour une opération militaire/**O**rganisation des **P**ays exportateurs de **p**étrole/**O**bjet **V**olant **N**on-**I**dentifié/**P**etites et **M**oyennes **E**ntreprises/**P**roduit **N**ational **B**rut/**R**éseau **E**xpress **R**égional/**R**estaurant **U**niversitaire/**S**ervice **N**ational/**T**rain à **G**rande **V**itesse/**Z**one à **U**rbaniser en **P**riorité.

VIII.

1. Certaines annonces publicitaires peuvent **venir** en aide au lecteur, à l'auditeur ou au spectateur lorsqu'elles ont un contenu informatif.

2. Un consommateur peut décider de **racheter** un produit en promotion même s'il en a déjà acheté et qu'il n'en a pas besoin dans l'immédiat.

3. Le chiffre d'affaires de cette agence de publicité permet de **donner** une indication sur le volume des affaires traitées.

4. Un patron d'agence doit s'entourer d'une équipe dynamique, créatrice qui va l'aider à **communiquer** de façon convaincante.

5. L'image de marque d'une entreprise varie au fil du temps. Elle peut **suggérer** la médiocrité puis l'excellence.

6. Cette étude de marché est entreprise pour **voir** l'influence que notre politique exerce sur le comportement du client.

7. La plupart des agences de publicité américaines ont leur siège à Madison Avenue. Cette célèbre avenue se **situe** à Manhattan (New York).

8. Il faut **admettre** que Jean-Paul Goude est un personnage important du film publicitaire français.

9. Le service comptable de l'agence rappellera demain pour **confirmer** un rendez-vous afin de déterminer un budget publicitaire précis.

10. L'avènement de la publicité moderne est **lié** à trois facteurs importants : l'essor de l'audiovisuel, la reconstruction de l'économie, l'ouverture vers l'Amérique.

11. Au début des années 1990, la communication visuelle de Benetton incita le public à **protester** énergiquement à travers le monde.

12. Le directeur de la promotion des ventes travaille en collaboration avec les chefs de produits et la direction de la communication. Il est aussi chargé de les **assister**.

13. Les campagnes de Benetton n'ont pas évolué avec les mentalités du public. De nombreuses associations ont **refusé** ses affiches crues, violentes, provocatrices.

14. Luciano Benetton et Oliviero Toscani, son photographe, ont **choqué** le public avec la campagne publicitaire du printemps–été 1992 qui affiche la misère et la mort.

15. Cette campagne publicitaire **hante** l'esprit des enfants et abuse de leur crédulité.

16. La publicité comparative est soumise à des contraintes en France. Par contre, elle est **tolérée** dans d'autres pays.

17. La réglementation **condamne** la publicité dans certains secteurs et en limite l'utilisation dans d'autres.

18. Dans le but d'attirer les clients, les publicitaires leur **remettent** gratuitement un échantillon. Cette forme de promotion est courante dans le domaine des produits alimentaires et cosmétiques.

19. Cette technique permet de réduire les coûts sans nuire à l'image de marque de la société. Ainsi, les responsables **arrivent** à leur fin.

20. Des réductions de prix sont accordées aux clients qui achètent en grandes quantités. Mieux vaut **bloquer** les commandes pour bénéficier d'un rabais élevé.

IX.

(a)
venue, avènement/rachat/don, donation/communiqué, communication/suggestion/
vue, vision/situation/admission/confirmation/lien, liaison/protestation, protestant/
assistance/refus/choc/hantise/tolérance/condamnation à mort/remise/
arrivée, arrivage/blocage, blocus

(b)

1. Sa **venue** inespérée a ému tout le monde/**l'avènement** de Jésus Christ.

2. Une dizaine de **rachats** a permis à Murdoch d'être l'un des capitalistes les plus riches du monde.

3. Son père lui a fait **don** d'une voiture.

4. Toutes les œuvres de charité vivent de **donations**.

5. La **vue**, c'est la vie.

6. Il demande une **confirmation** par écrit.

7. On a entendu de bruyantes **protestations** dans la rue.

8. Il faut faire preuve de **tolérance** si vous tenez à assister à toutes les réunions.

9. La **remise** des prix a eu lieu à la Mairie.

10. Le **blocage** des freins a provoqué l'accident.

11. Les alliés ont levé le **blocus** de l'Espagne en 1954.

X.

La publicité emploie un langage concret ou abstrait. Elle suggère des valeurs rationnelles ou symboliques d'un produit. Les couleurs, les formes, les lignes renvoient à des effets, des symboles positifs ou négatifs (voir tableau).

couleurs	effets	symboles positifs	symboles négatifs
noir	mélancolie/tristesse	cérémonie/élégance	deuil/solitude
blanc	sérénité/assurance	pureté/perfection	réserve/indifférence
violet	anxiété/malaise	sérieux/dignité	inquiétude/chagrin
jaune	émotivité/gaieté	lumière/richesse	ruse/trahison
bleu	tranquillité/charme	rêve/fidélité	crainte/froideur
vert	paix/sérénité	confiance/espoir	froideur/réserve
rouge	vivacité/dynamisme	force/amour	agressivité/violence

formes	symboles positifs	symboles négatifs
anguleuses	virilité/détermination	rigidité/agressivité
arrondies	féminité/délicatesse	nonchalance/paresse
horizontales	repos/calme	pesanteur/lenteur

lignes	symboles positifs	symboles négatifs
droites	force/stabilité	inertie/passivité
courbes	classe/bien-être	fragilité/incertitude
fines	élégance/douceur	instabilité/fragilité
épaisses	fermeté/force	dureté/brutalité

Texte n° 4 : Publicité et toiles. *Médias, février 1994*

I.

Médias est un magazine spécialisé dont la publication a cessé en été 1994. Ce mensuel traitait de la publicité, du marketing, des médias et de la communication d'entreprise.

II.   Vocabulaire

Une toile désigne un tissu fabriqué de fils de lin, de coton, de chanvre ou autres matières végétales. A l'origine, **une toile** voulait dire **un rideau de théâtre**. Ce mot tombe en désuétude. Actuellement **toile** signifie **un écran de cinéma**. Locutions à retenir : tisser la **toile**/une **toile**/une **toile** de jute/de coton/de lin/de chanvre/une **toile** d'amiante/une **toile** cirée/une **toile** de maître/en **toile** de fond (décor de théâtre)/avoir pour **toile** de fond.

NB : Le titre du texte, *Publicité et toiles*, pourrait faire penser au terme **étoile** au singulier ou au pluriel qui a le sens de vedette, de personne dont la réputation brille : **les étoiles du cinéma**.

Une filiale est une société qui bénéficie d'un statut juridique différent de celui d'une succursale. Lorsque la fraction du capital de la société mère atteint ou dépasse 50% on parle de **filiale**.

Fusionner veut dire **s'unir par fusion**. Par exemple : les deux entreprises ont **fusionné**/une **fusion** d'entreprise/le **fusionnement** de deux sociétés.

Monopolistique est un adjectif qui concerne en économie **le monopole**, c'est-à-dire une situation de marché où la concurrence n'existe pas. Locutions à retenir : une concurrence/le capitalisme **monopolistique**/des pratiques **monopolistiques**. Autres expressions avec **monopole** : capitalisme de **monopole**/le **monopole** d'un produit/m**onopole** d'état/loi contre les **monopoles** (anti-trust)/exercer un **monopole**

La concurrence désigne une situation où l'ensemble des entreprises, des commerçants sont en compétition. Les acteurs **concurrents** sont soumis à des contraintes qui les obligent à révéler leurs capacités et leurs préférences.

La Direction Générale de la **concurrence** de la consommation et de la répression des fraudes est un organisme français qui appartient au Ministère des Finances. Cette autorité protège les consommateurs contre la **concurrence** déloyale, la publicité mensongère grâce à des réglementations spécifiques.

Un cinéphile est un amateur de cinéma. L'élément **–phile** du grec *philos* signifie **ami**.

Un délai est un laps de temps accordé pour faire quelque chose. C'est un faux ami en ce sens que l'anglais *delay* correspond au français **retard**. Cependant, on dit **sans délai** (*without delay*). Locutions courantes : respecter les **délais**/être dans les **délais**/dans les meilleurs **délais**/des **délais** réglementaires/un **délai** d'attente/s'accorder des **délais**/accorder un **délai** de paiement/dernier **délai**/un **délai** de carence.

III.

What these companies do is sell advertising space, but they also edit video tapes and distribute them round the cinemas. The first company which distributed cinema advertisements was created in 1929 by Jean Mineur who then went into partnership with the Pathé Company which produced films. During the same period, Publicis and Havas created a joint subsidiary: Cinéma et Publicité.

The number of auditoriums (approximately 4,700) represents slightly more than a million seats. The fact is that towns of more than 100,000 inhabitants are the ones which attract cinema-goers. These towns only represent a quarter of cinema auditoriums, but make up more than half of the admissions. It should be emphasised that 65% of auditoriums show advertising but, at the same time, these auditoriums account for more than 80% of the admissions.

IV.

1. Quelques noms de sociétés de cinéma connues dans le monde :
Columbia/Twentieth Century Fox/Gaumont/MGM (Metro-Goldwyn-Mayer)/Paramount/Pathé Communication/RKO (Radio Keith Orpheum)/Universal/Warner Bros.

2. Les plus importants studios sont : Paramount/MGM/Warner/Fox/RKO

3. Réalisateur/talent cinématographique/films/directeur de production/tournage/techniciens/studios/décors/montage/mixage/œuvres/gros plan/cadrage

François Truffaut est un célèbre réalisateur français. Son talent cinématographique est reconnu grâce à de nombreux films : *Histoire d'eau* (1958), *Tirez sur le pianiste* (1960), *L'Amour à vingt ans* (1962), *La Mariée était en noir* (1967), *Histoire d'Adèle H* (1975), *Le Dernier Métro* (1980) etc.

Le directeur de production est chargé de contrôler le tournage du film. Il s'occupe de l'engagement des techniciens, la location des studios, la construction des décors. Il est aussi responsable de la coordination du montage et du mixage des œuvres.

Le gros plan est souvent utilisé pour le cadrage particulier d'un objet, d'un détail ou d'un personnage.

4. L'industrie cinématographique a souffert à travers les décennies. Déjà, au XIXème siècle, les frères Lumière parlaient "d'invention sans avenir". Le cinéma se démode très rapidement. Il ne se passe pas une décennie sans que l'on annonce "La mort du cinéma". Dans quelle mesure peut on parler de renouveau du cinéma?

La première crise a eu lieu dans les années 20. Ensuite, après la seconde guerre mondiale, le cinéma a pris un essor considérable.

La chute des productions nationales, la fermeture de salles et d'équipements ainsi que la désertion des salles en France ne doivent pas faire oublier que les œuvres cinématographiques bénéficient à l'heure actuelle d'une audience immense qu'elles n'auraient jamais connue dans le passé, à la différence que ces films sont regardés davantage à la télévision.

L'industrie cinématographique accroît sa production alors que la fréquentation des salles diminue. En fait, de nombreux films sont coproduits avec les filiales des organismes de télévision. On assiste à une situation paradoxale. Les films de cinéma n'ont jamais compté autant de spectateurs, mais ces derniers se retrouvent de moins en moins devant le grand écran. On pourrait penser que la télévision constitue un grave danger pour le "septième art". Le cinéma, que l'on appelle encore "septième art" (terme inventé en 1911), se situe entre l'imprimerie et la télévision, "huitième art". Les difficultés financières, les risques encourus, les exigences du marché mondial, ont imposé à l'industrie du cinéma la fusion de sociétés de production, d'exploitation et de distribution, la constitution de chaînes de salles de cinéma.

Dans une certaine mesure on peut parler du renouveau du "septième art" si on en juge par l'augmentation considérable de la production de films. En 1993, la France a enregistré une augmentation sensible du nombre de spectateurs (plus de 8% par rapport à l'année 1992) due en partie au succès extraordinaire du film *Les Visiteurs*. Il faut retenir que dans l'ensemble, l'industrie du cinéma français accuse un certain déclin qui est marqué par des difficultés de financement, un aspect mono-productif, contrairement aux sociétés américaines qui développent une politique de budgets élevés.

5. *Les Visiteurs*, *Jurassic Park*, *Germinal* ont donné un nouveau souffle au cinéma car les réalisateurs ont accompli leur mission avec ces films en remplissant les salles de cinéma.

L'enseignant doit corriger le travail de l'étudiant en tenant compte de sa capacité à rédiger une analyse critique cohérente.

Voici quelques informations utiles sur *Les Visiteurs*, *Jurassic Park*, *Germinal*.

Jean-Marie Poiré a réalisé *Les Visiteurs* en 1993 avec Jean Reno, Christian Clavier, Valérie Lemercier, Marie-Anne Chazel. Il est entré dans les annales du cinéma français. Christian Clavier a signé le scénario et le dialogue. Le film de Poiré/Clavier est une comédie française du nouveau genre (BTBM : Bon Ton Bon Marché) qui est basée sur un enchaînement de gags. Le scénario est drôle et se passe en partie au Moyen-Âge. Le film retrace l'histoire d'un chevalier et de son fidèle écuyer qui se retrouvent projetés au milieu du XXème siècle, à cause de la maladresse d'un magicien du règne de Louis VI le Gros (1081-1137). Le chevalier et son écuyer vont devoir affronter toute une série d'aventures burlesques où l'anachronisme tient une grande place : un trésor caché, des gendarmes hargneux, les conséquences fâcheuses de la Révolution Française, une nombreuse descendance de parvenus, etc.

La critique que l'on pourrait faire à ce film est que les acteurs prennent plaisir à détruire des décors coûteux et somptueux, des objets de valeur. Cela donne l'impression que les faits se résument au saccage de belles demeures. Certaines scènes insistent beaucoup trop sur flatulences et embarras gastrique.

Jean-Marie Poiré est un réalisateur français qui a mis en scène les films suivants : *Les Petits Câlins* – 1977/*Retour en force* – 1979/*Les Hommes préfèrent les grosses* – 1981/*Le Père Noël est une ordure* – 1982/*Papy fait de la Résistance* – 1983/*Twist again à Moscou* – 1986/*Mes meilleurs copains* – 1989/*Les Visiteurs* – 1993.

Jurassic Park de Steven Spielberg, avec Sam Neill, Laura Dern, Jeff Goldblum, est considéré comme une superproduction et le meilleur film que Spielberg ait réalisé depuis longtemps.

Spielberg cherche à effrayer le spectateur avec ses monstres carnivores, son gigantisme qui donnent un caractère surnaturel au film. *Jurassic Park* surprend par la qualité des trucages et des effets spéciaux. Par contre, l'efficacité incontestable des effets spéciaux est troublée par la faiblesse des personnages. Steven Spielberg soumet son image à un jeu de casse, de massacre qui génère l'horreur et la catastrophe. Le film fait peur. Il évoque la fin du monde.

L'idée du cinéaste pour enfants s'écroule puisque la sortie du film, aux États-Unis, s'est faite avec une interdiction aux moins de 13 ans.

Ce "parc d'attractions" restera dans les annales du cinéma non seulement pour son immense succès populaire à sa sortie, mais aussi pour ses nombreux gadgets, tee-shirts, tasses et autres articles marqués du logo de *Jurassic Park* .

Steven Spielberg est un producteur-réalisateur américain. Son premier film *DUEL* est en réalité un télé-film, projeté en salles en raison de son énorme succès en 1971. Spielberg est également l'auteur des films suivants : *The Sugarland Express* – 1974/*Jaws* (Les Dents de la mer) – 1975/*Close Encounters of the Third Kind* (Rencontre du troisième type) – 1977/*Raiders of the Lost Ark* (Les Aventuriers de l'Arche perdue) – 1981/*E.T.* – 1982/*Twilight Zone* – 1983/*Indiana Jones and The Temple of Doom* (Indiana Jones et le temple maudit) – 1984/*The Color Purple* (La Couleur pourpre) – 1985/*Amazing Stories* (Histoires fantastiques) – 1987/*Indiana Jones and The Last Crusade* – 1989/*Jurassic Park* – 1993/*Schindler's List* (La Liste de Schindler) – 1994

Germinal est un film de Claude Berri, avec Renaud, Miou-Miou, Gérard

Depardieu, Judith Henry, Jean Carmet. Ce film est une adaptation du roman de l'écrivain français Émile Zola (1840–1902), publié en 1855. *Germinal* raconte l'histoire du monde du travail dans le Nord de la France. Cette œuvre retrace le combat d'Étienne Lantier, jeune ouvrier qui vient d'être congédié, en raison de ses opinions politiques de gauche, des ateliers de Lille où il travaillait. La crise industrielle frappe toute la France, et Lantier doit aller à Montsou pour travailler dans les mines d'Anzin. Il se lance dans la propagande révolutionnaire à cause des souffrances et des injustices du monde ouvrier. L'œuvre raconte l'existence malheureuse des mineurs qui vivent entre l'alcool et les femmes, les conflits du travail, le problème du logement, la longue grève qui se déroule dans la misère, le désespoir, la lutte, la révolte.

L'une des critiques que l'on peut formuler est que l'on a tendance à comparer le roman de Zola au film. Ce dernier est une adaptation peu convaincante de l'œuvre d'Émile Zola. Claude Berri n'aborde pas la réalité sociale faite de luttes, de grèves, de tragédies comme l'a fait l'écrivain.

Claude Berri est un réalisateur français. Les films importants qu'il a réalisés sont : *La chance et l'amour* – 1964/*Le Vieil Homme et l'enfant* – 1966/*Mazel Tov ou le mariage* – 1968/*Le Pistonné* – 1969/*Le Cinéma de papa* – 1970/*Le Mâle du siècle* – 1975/*La Première Fois* – 1976/*Un Moment d'égarement* – 1977.

V.

(a) **Ce sont les villes** est une expression plus soutenue que **c'est** … Un puriste accepterait, pourtant, la deuxième expression. On entend beaucoup plus **c'est** …

(b)

1. **Ce sont** les auteurs classiques que je préfère.

2. **Ce sont** des valeurs démocratiques que je défendrai jusqu'à la mort.

3. **C'est pas** les trains qu'il faut supprimer, **c'est** les voitures.

4. **C'est** les élèves de troisième qui ont les meilleurs résultats.

VI.

(a) **Anglophile** – qui a ou marque de la sympathie pour les Anglais (surtout en politique). La même idée s'applique à **europhile, francophile, germanophile, russophile**. Exemple: elle visite l'Angleterre trois fois par an, tellement elle est **anglophile**.

Anglophilie – disposition d'esprit d'un anglophile. La même idée s'applique à **europhilie** etc. Exemple : La **francophilie** se justifie en ce sens que la France soutient les valeurs de l'égalité et de la fraternité.

Anglophobe – qui déteste les Anglais. La même idée s'applique à **francophobe** etc./**Anglophobie** – aversion pour les Anglais et pour ce qui est anglais.

Xénophobe – qui a une aversion pour les étrangers/**xénophobie** – aversion pour les étrangers. Exemple: le racisme et la xénophobie sont une seule et même chose.

Anglophone – qui est de langue anglaise, qui parle anglais. Exemple: les pays anglophones.

Francophone – qui parle français, qui est de langue française. Exemple: les pays francophones tels que le Maroc, l'Algérie et les autres pays/**francophonie** – ensemble des peuples francophones.

Autres substantifs ou adjectifs : biblio**phile**/hémo**phile**/hydro**phile**. Le contraire de –**phile** est **phobe** : anglo**phobe**/franco**phobe**/xéno**phobe**/claustro**phobe**/hydro**phobe**.

VII.

(a) **Le passé simple** s'emploie dans les romans, et dans les contes de fées. Son usage est donc normal dans la langue écrite. Tout comme le **passé composé**, il se réfère à un ou à des événements révolus.

Dans un style soutenu, il pourrait s'employer dans un discours ou dans une conférence, à la radio ou à la télévision, surtout en ce qui concerne des sujets historiques. Exemples: Elle **quitta** la maison, **acheta** un billet de train et **partit** sans rien dire/les discussions **eurent** lieu en décembre 1888.

Le passé composé s'emploie dans la langue parlée, mais aussi dans la langue écrite, dans les journaux et dans les lettres, par exemple. Il se réfère à un ou des événements révolus. Exemples: 1. J'**ai visité** l'Allemagne cet été./2. Le ministre **a annoncé** son intention de démissionner.

L'imparfait indique une action en voie d'accomplissement dans le passé et non achevée. Il peut indiquer aussi une habitude. Il s'emploie aussi dans la langue parlée et la langue écrite. Exemple : 1. Je **quittais** la maison quand j'ai vu/je vis le facteur./2. On **prenait** le repas tous les jours à treize heures.

(b) Son frère **entra** brusquement dans la cuisine. Il **exprima** son mécontentement parce que sa sœur **continuait** à lire le journal. "Pourquoi tu **n'as pas préparé** le repas?" **lança**-t-il. "J'**ai dû** faire des courses et maman m'**a dit** que tout le monde **revenait** à midi," **répondit**-elle. Elle **restait** assise à lire le journal. Tout d'un coup, son frère **dit**: "Je **voulais** sortir de bonne heure et ce n'est pas possible". "Mais tu **as préparé** le repas hier et, l'année dernière, tu les **préparais** tous les jours", **répliqua** sa sœur avec indifférence.

VIII.

(a) mont/montagne/monticule/montage/monter/montagnard démonter/démonté/démontage/remonter/remontage/remontée/remonte-pente vente/vendeur/vendre/mévente/revendre/revendeur concurrencer/concurrentiel/concurrent annoncer/annonce/annonceur/dénoncer/dénonciation/dénonciateur

(b) La notion de **montage** est une technique utilisée au cinéma. Elle désigne à la fois l'activité créatrice du cinéaste et le résultat artistique de son travail.

La **vente** de films aux chaînes de télévision et les recettes de l'exploitation de ces films par la vidéo (cassettes et disques) sont deux sources importantes de bénéfices.

La **concurrence** est serrée dans l'industrie du cinéma et pour promouvoir un nouveau film, le cinématographe fait appel à un **annonceur** célèbre.

IX.

(a) le vendredi treize décembre mille neuf cent quatre-vingt-treize/le lundi vingt-cinq juin mille neuf cent quatre-vingt-quatorze.

X.

(a) actuel (*present*)/agenda (*diary*)/cargo (*freighter*)/cave (*cellar*)/commando (*commando platoon*)/conducteur (*driver*)/déception (*disappointment*)/incessamment (*immediately*)/ingénu (naïve)/procès (*trial*).

(b) À l'heure **actuelle** (*present*), l'inflation est complètement maîtrisée/Elle a des centaines de bouteilles de vin dans sa **cave** (*cellar*)/Ce fut une grande **déception** (*disappointment*) que d'apprendre qu'elle ne pouvait pas venir/Elle est partie mais elle reviendra **incessamment** (*immediately*)/Le **procès** (*trial*) des trois terroristes a eu lieu à huis clos.

Texte nº 5 : La rafle Yankee. *Création, nº 90 septembre-octobre 1994*

I.

Création est un magazine spécialisé, bimestriel dont la publication a cessé. Il appartenait au Groupe Stratégies. Les thèmes abordés dans ce magazine sont la création publicitaire, le design, la production, la fabrication, la PAO.

II.   Vocabulaire

Un véhicule tout-terrain est un véhicule automobile (voiture ou camion) capable de rouler sur des sols détrempés ou accidentés.

Réalisateur désigne une personne qui assure la mise en scène d'un film au cinéma ou à la télévision. Le réalisateur dirige les interprètes et coordonne le travail des équipes de réalisation (cadreur, preneur de son, décorateur, etc.).

Temporiser veut dire attendre, ne pas se décider, ne pas agir dans l'attente d'un moment plus propice.

Onéreux signifie qui est cher, coûteux. Une location **onéreuse**/des logements **onéreux**.

Décaler signifie avancer, reculer, changer de la position normale. **Décaler** d'un rang/**décaler** un horaire.

Décoller ou prendre son essor. L'avion vient de **décoller** (s'envoler)/**décoller** une affiche (détacher)/**décoller** un concurrent (distancer).

Une aura est une atmosphère spirituelle qui entoure un individu. Une **aura** de mystère/une **aura** de sensibilité/une **aura** de sainteté.

III.

They said that advertising across the Atlantic was becoming less and less creative, and lo and behold, this year it has carried off the Grand Prix at Cannes and 31 Lions. A record of achievement which establishes two star American advertisers, Propaganda and Pytka, and a special effects studio, Digital Domain.

"Some twenty people worked on the advertising campaign. After two meetings, we were sure that we had the idea just right. The customer has understood its usefulness and persuasive effect."

"We filmed the last two scenes there to get the background in," Eric Saarineen points out. "Then we fed in the work we had done on the Digital Domain computers."

"We didn't try to use the most sophisticated special effects, but simply to take the best.

The Jeep Cherokee commercial is fantastic," declared Matt Miller, who is the national director of the AICP, "because it was planned essentially on the computer and you don't see that."

"At the moment, our film advertising department is enjoying a phenomenal success." "The cinema industry is using more special effects. So the advertiser wants to see more and more of them."

"Films influence commercials and vice versa, but at different times following an unpredictable line of development."

"New technologies provide more possibilities. But it's longer and dearer."

"Pepsi, Nike and Apple are excellent customers, I've been working with them for a very long time."

"We didn't have a script, it was completely improvised and very spontaneous."

"Each person has their specific skill," the executive producer at Propaganda Jan Wieringa points out. "We've been receiving very creative story boards for two months now."

IV.

Les éléments de réponse se trouvent dans le texte.

1. En 1994, le Festival de Cannes est riche en enseignements. Cette année la publicité américaine est reine. Le secret de la réussite réside principalement dans la personnalité et l'intelligence des concepteurs. C'est en partie ce que l'on appelle "créativité".

Eric Saarineen, le réalisateur qui a remporté le Grand Prix de Cannes, a tourné des documentaires pour *National Geographic* et le Commandant Cousteau. Plum Productions, fondée en 1984 par Eric Saarineen et un associé, a déjà travaillé pour Reebok et Nissan.

La créativité américaine connaît un nouvel essor. Un haut niveau créatif a été atteint. Ce niveau de créativité s'explique par le fait que les personnes travaillant dans le cadre de la création – l'annonceur, le directeur de la création, le directeur artistique, le concepteur-rédacteur, l'agence, le réalisateur – gèrent des idées-clés et le bon concept de communication. Ces spécialistes de la communication conçoivent, développent, suivent des idées grâce à la technique, en travaillant essentiellement sur ordinateur (logiciel de montage et de trucage). Le résultat obtenu est simple mais efficace. Ils réalisent les meilleurs effets spéciaux. Les publicitaires américains utilisent de plus en plus les nouvelles technologies qui offrent plus de moyens.

Certaines maisons de production américaines ont recours à l'improvisation et à la spontanéité. Chaque réalisateur possède sa propre spécificité, et les story-boards utilisés pour les films publicitaires sont très créatifs. La fabrication et la diffusion de vidéo-clips permettent à la production américaine de se détacher des autres concurrents et d'avoir une bonne image de marque auprès des publicitaires.

2. Le grand réalisateur américain Eric Saarineen pense que le processus européen est plus créatif. Depuis le Grand Prix de Cannes, les propositions de scénarimage en provenance de l'Europe arrivent en grand nombre au siège de Plum Productions qui se trouve à Santa Monica.

Au dernier Festival de Cannes, les Français ne se distinguent pas par une sélection exceptionnelle. Ils ne gagnent pas de prix de création. Pourtant, la France compte des réalisateurs publicitaires de stature internationale : Jean-Paul Goude, Jean-Baptiste Mondino, Sébastien Chantrel et de nombreux designers graphiques.

Les Italiens obtiennent un Grand Prix à l'Art Director Club of Europe pour l'originalité dont ils ont fait preuve dans une campagne pour les pompes funèbres Eugenio Fabozzi de Rome. En réalité, le thème de cette campagne repose sur la prévention des dangers de tous genres auxquels sont confrontés les jeunes, comme l'alcool, la vitesse, le tabac.

Les Britanniques remportent un Lion d'argent dans la catégorie "santé publique" pour une annonce presse magazine de l'agence BMP DDB Needham : "WHICH DO YOU FIND MORE ATTRACTIVE? IF YOU'RE NOT CERTAIN, READ ON." Le texte qui suit explique les risques encourus à cause du Sida (Syndrome Immuno-Déficitaire Acquis).

Les Hollandais reçoivent un Lion d'argent dans la catégorie "articles de toilette et pharmacie" pour une affiche publicitaire commandée par Weight Watchers, qui vise à sensibiliser les hommes.

Les Espagnols décrochent un Lion d'argent dans la catégorie distribution pour un message publicitaire demandé par Fotoprix.

En conclusion, une agence publicitaire ne peut se développer que si elle dispose de véritables concepteurs laissant libre cours à leurs grandes idées, à leur imagination, à leur intelligence et à leur esprit créatif.

3. L'utilisation croissante de nouvelles technologies en matière publicitaire présente des avantages et des inconvénients.

Avantages

Évolutions majeures/Technologies de plus en plus performantes/Bonne qualité de l'image/Améliorations techniques et esthétiques/Matériel plus léger/Électronique miniaturisée (caméras, appareils-photos)/Nouvelle ère dédiée au numérique.

Inconvénients

Système nécessitant un lourd investissement/Marché trop jeune/Appareils destinés à un public averti et riche/Les amateurs ne peuvent acquérir des appareils sophistiqués/Les nouvelles technologies sont réservées aux gros budgets/Leurs coûts de production sont prohibitifs pour l'instant/Les procédés techniques ne sont pas toujours maîtrisés.

L'évolution des nouvelles technologies soulève un certain enthousiasme malgré les inconvénients qu'elle comporte.

4. Joe Pytka jouit d'une grande renommée dans le monde de la production américaine. Il préfère l'improvisation aux effets spéciaux. Les effets spéciaux augmentent les coûts de production des messages publicitaires et sont lassants.

L'improvisation et la spontanéité accordent à ses films publicitaires réalisme et simplicité. On lui décerne un Lion d'or à Cannes pour son film publicitaire *Barbershop*. Ce spot publicitaire "improvisé et spontané" est jugé le meilleur par Pytka.

V.

(a) Une Peugeot/Volvo/Mercédès/Toyota/BMW/Ford/Rolls-Royce

Le Reine Marie/Reine Elizabeth/Torrey Canyon

Un Airbus/Rafale/Jaguar

Une Seiko/Longines

(b)

1. Ma **Volvo** a fait deux cent mille kilomètres.

2. Le **Reine Marie** était le plus gros paquebot du monde.

3. Le **Concorde** est un avion prestigieux mais il coûte beaucoup plus qu'un **Airbus**, par exemple.

4. Avec cette **Seiko,** j'ai une garantie de dix ans.

VI.

(a)

1. C'est une imprimante que j'ai achetée il y a trois ans.

2. Tu as vu l'usine que Ford a construite?

(b)

1. La directrice à qui la compagnie a accordé une hausse de salaire de cinquante pour cent a complètement transformé notre travail.

2. La dame à qui la direction a accordé une voiture de fonction se croit tout permis.

VII

(a)

1. Ce tissu est très beau, **aussi** coûte-t-il très cher.

2. La régie a investi plusieurs milliards l'an dernier. **Aussi** fait-elle de gros bénéfices.

3. La fabrique vend des montres et des calculatrices **aussi**.

4. Elle s'est payé non seulement un beau tailleur mais un chapeau **aussi**.

VIII.

(a)

1. L'entreprise fabrique des outils **depuis** au moins dix ans.

2. Le magasin vend des produits à Téléshopping **depuis** six ans.

3. La télé n'a pas fait de pub pour cette société **depuis** six mois.

4. L'usine a commencé **depuis** un an à confectionner des vêtements.

5. La boutique n'a pas vendu ce tissu **depuis** longtemps.

6. Nous sommes sans nouvelle **depuis** qu'elle est partie.

IX.

(a) "**Chez**" vient du mot latin "**casa**". Il signifie "dans la maison de". "**Chez**" s'emploie directement avant le nom ou pronom.

(b)

1. Tu l'as acheté(e) chez Renault?

2. J'ai contacté le garagiste qui m'a recommandé d'aller chez Peugeot-Citroën.

3. C'est là un effet de style que l'on retrouve chez Camus.

(c) **Au coiffeur** est proscrit par les puristes encore que ce soit une expression qui s'emploie assez souvent. La langue standard impose "Je suis allée chez le coiffeur," de même que le puriste exige "aller chez le médecin" ou "aller chez l'épicier", au détriment de "aller au médecin/à l'épicier" etc.

Dans le même ordre d'idées, il faut ajouter que l'on constate une évolution dans l'usage de la préposition **en**. Au lieu de dire acheter un livre **à** la librairie/consulter un ouvrage **à** la bibliothèque/acheter un médicament **à** la pharmacie, les Français ont tendance à utiliser **en** dans le langage courant (**en** librairie/**en** bibliothèque/**en** pharmacie).

X.

(a) L'**arrêt sur image** est un truquage de laboratoire qui arrête le mouvement du film.

Les **arts graphiques** sont rattachés aux modes d'expression et aux techniques permettant de réaliser toutes sortes d'effets. En France, les **Arts graphiques** sont enseignés à l'École nationale supérieure des arts décoratifs ou "**Arts Déco**". L'International Council of Graphic Design Associations accorde le prix d'excellence Icograda. C'est une récompense fort convoitée dans le domaine du design graphique.

Les **couleurs primaires** sont des couleurs qui, en étant mélangées, donnent une autre couleur par projection. Les **trois couleurs primaires** concernant la lumière sont le bleu, le vert et le rouge.

Le **créateur d'esthétique industrielle** est en général inventif et a beaucoup de talent. L'expression **esthétique industrielle** se traduit par *design* en anglais. En réalité, le mot *design* est plus souvent employé.

La **créativité** reflète un esprit inventif et créatif. Une agence-conseil en communication est jugée en partie sur son niveau de **créativité**.

L'**effet sonore** est un élément qui intervient dans un tournage en cinéma ou en vidéo. En règle générale, il est effectué en studio-son . Il s'agit d'un truquage et d'un bruitage réalisés sur la bande-son d'un film.

Le **visuel** désigne un des éléments essentiels d'un message publicitaire. C'est une illustration ou une prise de vue.

L'**accroche** (slogan/headline), le **visuel**, le **texte** (corps de l'annonce/body copy), le **logotype** et la **signature** sont les cinq composantes d'une annonce publicitaire.

Un **film publicitaire** est diffusé avant la sortie d'un film au cinéma. Dans le domaine du cinéma, ce très court film composé d'extraits d'un film de long métrage est appelé **bande-annonce**.

Le **plan d'ensemble** représente la totalité d'un décor. En fonction du décor, on peut établir un plan général rapproché, un très gros plan en cadrant un détail, un gros plan ou un plan moyen élargi.

Le **truquage**, le maquillage, les accessoires sont des éléments fondamentaux dans le montage d'un film.

Le **diaporama** est une présentation de diapositives destinées à la projection. Il est utilisé dans le cadre de conférence de façon interactive. Le conférencier peut communiquer avec son public.

(b) Petit lexique du cinéma et de la communication

Adaptateur	Cinématographique	Équipe de tournage
Adaptation	Cinéphile	Exploitant
Agfacolor	Claquette automatique	Exploitation
Arrêt sur image	Collage	Film muet
Assistant	Colleuse	Filmographie
Audio	Collure	Filtre
Auditorium	Conseiller technique	Fixage
Baffle	Copie	Fixateur
Banc-titre	Coproduction	Format
Bande annonce	Coupe	Fujicolor
Bande magnétique	Court Métrage (CM)	Gros Plan (GP)
Bande pilote	Décadrage	Générique
Bande sonore	Déchargement	Groupiste technicien
Bobine	Décorateur	Ingénieur du son
Bruiteur	Découpage	Kodacolor
Cadrage	Développement	Lampe
Cadrer	Diaphragme	Lanterne
Cadreur	Directeur de la photographie	Lecteur
Caméra	Directeur de production	Lentilles
Cameraman	Distributeur	Lumière artificielle
Cellule photoélectrique	Doublage d'un film	Machiniste
Charger un appareil	Doubler	Metteur en scène
Chariot	Doubleur	Mise en scène
Chef opérateur	Éclairer	Montage
Chef opérateur du son	Écran	Monteur
Ciné	Effets	Prise de son
Cinéaste	Effets spéciaux	Repiquage
Cinématographe	Élargir le champ	Tournage
Cinématographie	Enceinte acoustique	

(c) L'abréviation (m) masculin ou (f) féminin indique le genre des mots.

Glossary

accessoires (m) **photographiques**	photographic accessories
affichage (m) **des données** (f)	data display
affichage (m) **numérique des stations** (f)	digital frequency display
aiguilleur (m) **vidéo de production** (f)	production video switcher
aimant (m)	magnet
alimentation (f) **sur secteur** (m)	power plug
antenne (f)	antenna
appareil (m) **photo** (f)	camera
arrêt (m)	stop button
assistant(e) (m/f) **à la réalisation** (f)	script assistant
auto-inversion (f)	auto reverse
avance (f) **rapide**	fast forward
axe (m)	spindle
boîtier (m)	camera body/housing
bouton (m) **de remise** (f) **à zéro** (m)	counter reset button
boutons (m) **de réglage** (m)	tuning controls
bras (m) **de lecture** (f)	tone arm
câble de raccordement (m)	connecting cable

caméra vidéo (f)	video camera
capteur (m) **de télécommande** (f)	remote control sensor
capuchon (m)	cap
capuchon (m) **d'objectif** (m)	lens cap
casque (m) **d'écoute** (f)	headphone
cellule (f) **photoélectrique**	photoelectric cell
chaîne (f) **stéréo**	sound-reproducing system
champ (m) **magnétique**	magnetic field
chronomètre (m)	stop watch
commande d'éjection de la pile (f)	battery eject switch
commande de mémoire (f)	memory key
commande (f) **de réglage** (m) **macro**	macro-set button
commandes (f) **du magnétoscope** (m)	vcr controls
commutateur (m) **marche/arrêt** (f)/(m)	on/off switch
compteur (m)	tape counter
conseiller (m) **de production** (f)	production adviser
consolette (f) **du réalisateur** (m)	producer turret
contrôle d'enregistrement (m)	record control
contrôle (m) **de tonalité** (f) **des aigus** (m)	treble tone control
contrôleur (m) **d'images** (f)	camera control technician
cordon (m)	cable
cordon (m) **d'alimentation** (f)	power supply cord/flex
couvercle (m)	lid
crochet (m)	hanger
déverrouillage de l'objectif (m)	lens release button
diaphragme (m)	diaphragm
diapositive (f)	slide
directeur/directrice (m/f) **technique**	technical producer
disque (m)	record
disque (m) **compact**	compact disk/disc
écouteur (m)	earphone
écran d'affichage (m)	data display
écran de contrôle (m)	control panel
enceinte (f) **acoustique**	loudspeaker
enregistrement (m)	record button
faisceau (m) **laser**	laser beam
fiche (f)	plug
flash (m) **électronique**	electronic flash
grille (f)	grid
haut-parleur (m)	speaker
haut-parleur de contrôle (m)	audio monitor
horloge (f)	clock
interphone (m)	intercom station
interrupteur (m) **d'alimentation** (f)	power button
interrupteur du magnétoscope (m)	vcr power button
interrupteur du téléviseur (m)	tv power button

lecteur (m) **de disque compact**	compact disk/disc player
lecture (f)	play button
lecture (f) **rapide**	fast operation
lentille (f)	lens
logement (m) **de la cassette** (f)	cassette compartment
magnétophone (m) **à cassette numérique**	digital audio tape recorder
magnétoscope (m)	videocassette recorder
mécanisme de rebobinage (m)	film rewind system
microphone (m) **incorporé**	built-in microphone
minuterie (f)	timer
monture (f) **d'objectif** (m)	lens mount
objectif (m)	objective lens
oculaire (m)	eyepiece
opérateur/opératrice (m/f) **de régie** (f) **d'éclairage** (m)	lighting board operator
pare-soleil (m)	lens hood
pause (f)	pause button
pause (f)/**arrêt** (m) **sur l'image** (f)	pause/still
pellicule (f)	film
perche (f)	microphone boom
photodiode (f)	light sensor
pile (f)	battery
plateau (m)	platter
plateau (m) **(de télévision)** (f)	studio-floor
platine cassette (f)	cassette-tape deck
platine (f) **tourne-disque** (m)	turntable
poste (m) **de contrôle audio/vidéo**	audio/video preview unit
potence (f)	tube
preneur de son (m)	audio/sound technician
prise (f) **casque** (m)	headphone jack
prise (f) **de courant** (m)	socket
prise de télécommande (f)	remote control terminal
prise de terre (f)	ground connection
pupitre d'éclairage (m)	lighting board
pupitre de son (m)	sound desk
raccord (m)	adaptor
radio (f)	tuner
ralenti (m)	slow motion
rappel (m) **de mémoire** (f)	memory recall key
réalisateur/réalisatrice (m/f)	producer
rebobinage (m)	rewind button
recherche des canaux (m)	channel-scan buttons
réflecteur (m)	flashtube
réflecteur (m) **parabolique**	microphone boom tripod
régie (f)	control room
régie de production (f)	production control room
régie (f) **du son** (m)	sound/audio control room
régie (f) **image/éclairage** (f)/(m)	lighting/camera control area

réglage du viseur (m)	viewfinder adjustment keys
réglage du volume (m)	volume control
sélecteur (m) **de stations** (f)	tuning switch
sélecteur (m) **de vitesse** (f)	speed selector
sélecteur (m) **télé/vidéo** (f)	tv/video button
sélection (f) **des canaux** (m)	channel selector control
socle (m)	base
support (m)	saddle
système (m) **de climatisation** (f)	air-conditioning unit
technicien aiguilleur (m)	video-switcher technician
télécommande (f)	remote control
télécommunications (f) **par satellite** (m)	telecommunications by satellite
télédiffusion (f) **par satellite** (m)	broadcast satellite communication
téléinformatique (f)	computer communication
téléobjectif (m)	telephoto lens
téléphone (m) **cellulaire portatif**	portable cellular telephone
téléphone sans fil (m)	cordless telephone
téléviseur (m)	television set
tête de lecture (f)	stylus cartridge
toile (f), **écran** (m)	screen
touche de correction (f)	reset key
touche de modulation (f)	band selector
transmission (f) **hertzienne**	hertzian wave transmission
transmission (f) **par câble** (m)	distribution by cable network
trépied (m)	tripod
trépied (m) **de caméra** (f)	camera pedestal
truqueur (m) **numérique**	digital video special effects
tube-(m) **image** (f)	picture tube
viseur (m) **électronique**	electronic viewfinder
voyants de contrôle (m)/**lampes** (f) **témoins** (m)	indicators

Texte n° 6 : Histoire d'eau. *Création, septembre-octobre 1994*

I.

Création est un magazine spécialisé, bimestriel dont la publication a cessé. Il appartenait au Groupe Stratégies. Les thèmes abordés dans ce magazine sont : la création publicitaire, le design, la production, la fabrication, la PAO.

II.   Vocabulaire

Sensibiliser signifie rendre sensible, faire réagir quelqu'un à certains événements.

Inédit(e) ou qui n'a pas été édité(e). Une œuvre/une correspondance **inédite**/un document/un auteur **inédit**/un spectacle **inédit** (nouveau, original).

Interactif : qui permet une interaction, c'est-à-dire une activité de conversation entre un individu et une information communiquée par un ordinateur ou une autre machine. Les micro-ordinateurs sont des machines **interactives**. Un jeu vidéo est un programme **interactif**.

Rocambolesque veut dire digne de **Rocambole**, personnage de romans-feuilletons. Une aventure **rocambolesque** (extraordinaire, extravagante).

Une buvette est un petit local ou comptoir où l'on sert des boissons. C'est un petit café ou bar plutôt modeste.

Un **court-métrage** est un film dont la durée ne dépasse pas 20 à 30 minutes. Ce que l'on appelle **métrage** correspond à la longueur d'un film exprimé en mètres. Un **long-métrage** est un film de durée au moins égale à une heure et quart. Un **moyen-métrage** est un film de durée intermédiaire.

(s') emboîter veut dire **s'ajuster, s'adapter**.

III.

How does water find its way from its source to our taps?
By entering into partnership with Futuroscope, for the development and funding of Aquascope, the Compagnie Générale des Eaux has banked on a novel approach. The objective? to make some three million people who come every year to Poitiers to indulge in a mass of unique visual experiences aware of a particular environmental problem.

"All the rooms in the park have a dominant feature. Here we place the accent on play accompanied, as always, by large, attractive pictures".

"With Aquascope, we have sought to break away, not only from the attractions you see in American parks where the cultural input hardly exists, but also from the off-putting academic games associated with certain scientific museums. We have given a mildly educational role to this games room."

"The real technological challenge has been to allow people to enjoy themselves with a completely open and intelligible system."

"We had to write a story which brought together techniques associated with cinema, video and play, and this entailed real intellectual gymnastics."

"continuous and coherent, yet divided into sections, simple enough to be stopped and restarted after questions, without upsetting the rhythm of the sequence".

"For each story, we had to shoot two films at the same time, in two different formats, 16 and 35 mm, with two teams, never forgetting the permanent interaction between the two films, so that they would fit perfectly into each other."

IV.

1. La Compagnie Générale des Eaux devient un partenaire institutionnel du Futuroscope. Ce groupe industriel français occupe une place prépondérante dans la gestion de l'eau. On peut voir l'opération de partenariat entre la CGE et le Futuroscope de Poitiers de façon positive. En effet, la CGE s'est assigné un objectif ambitieux : "sensibiliser à un problème d'environnement les quelque trois millions de spectateurs qui, chaque année, viennent à Poitiers se gorger d'émotions visuelles inédites".

Le partenariat entre la CGE et le Futuroscope de Poitiers facilite le lancement d'une activité qui comporte risque et nouveauté en faisant appel à des technologies nouvelles et à des créateurs perspicaces.

2. Les Productions du Futuroscope et de la CGE se fixent les objectifs suivants avec Aquascope :

Créer une salle de projection sur le thème de l'eau pour trois ans/laisser place aux jeux-vidéo avec un apport culturel/permettre aux visiteurs d'avoir des connaissances de base sur l'environnement grâce à une mise en scène/offrir aux spectateurs la possibilité de s'amuser avec un système de questions–réponses dans la langue de leur choix (allemand, anglais, espagnol, français).

3. Les quatre saynètes peuvent avoir un impact différent en fonction du lecteur. Elles décrivent un récit qui relève de la science-fiction. L'action se déroule dans un avenir plus ou moins proche. Les situations auxquelles sont confrontés les deux personnages sont théâtrales et caricaturales.

4. Michèle Lemeur, responsable à Smart Move du recueil des idées et de la conception d'une mise en scène futuriste, déclare :"Le vrai défi technologique a été de permettre aux gens de s'amuser avec **un système complètement ouvert et transparent.**"

L'expression qu'elle utilise, "**un système ouvert et transparent**", est une métaphore qui évoque un élément naturel, l'eau. On peut comprendre l'importance des adjectifs **ouvert** et **transparent**. Elle illustre également un fonctionnement simple, bien présenté, clair et cohérent à la portée d'un large public.

V.

(a) Lorsque **comment** est suivi d'une inversion du verbe et du sujet, c'est le signe d'un style soutenu. On l'associe plutôt à la langue écrite. Lorsque **comment** est suivi de **est-ce que** c'est le signe d'un style standard ou plutôt relâché. On entend beaucoup moins l'inversion que l'expression **est-ce que** ...

(b)

1. Quand la Compagnie Générale des Eaux va-t-elle réduire ses factures?

2. Quand est-ce que ce journal reviendra sur sa décision de ne pas publier l'article?

3. Pourquoi la télévision passe-t-elle tant de feuilletons?

4. Pourquoi est-ce que la télé passe tant de pubs?

5. Combien de francs une minute de publicité coûte-t-elle à la télévision?

6. Combien est-ce qu'il faut payer pour l'entrée?

7. Dans quelle mesure l'édition résiste-t-elle à la concurrence des CD-ROM?

8. Dans quelle mesure est-ce que tu préfères ce parfum à l'autre?

VI.

(a)·

1. La Compagnie des Eaux Severn (ou la Severn Water Authority) est l'une des compagnies les plus importantes de Grande-Bretagne.

2. Cette méthode est l'une des meilleures pour recycler l'eau.

3. L'une des meilleures façons de sensibiliser les gens à l'environnement est de leur montrer cette vidéo-ci.

VII.

(a)

1. Ce jardin est **large** d'au moins vingt-cinq mètres.

2. Cette rivière a trente mètres **de largeur**.

3. Le poteau était **haut de** dix mètres.

4. Le poteau avait dix mètres **de hauteur**.

5. Cette ficelle est **longue de** trois mètres cinquante.

6. La ficelle a trois mètres cinquante **de longueur**.

7. Ce trou est **profond de** trente mètres.

8. Ce trou a trente mètres **de profondeur**.

VIII.

(a) **Tomber à l'eau** – s'écrouler, locution qui s'emploie en parlant d'un projet/**Être en eau** – transpirer/**Avoir l'eau à la bouche** – quand on voit quelque chose d'appétissant à manger ou à boire, l'eau vous vient à la bouche/**Un coup d'épée dans l'eau** – un geste qui ne produit aucun effet/**Mettre de l'eau dans son vin** – modérer ses prétentions/**Clair comme de l'eau de roche** – parfaitement clair/**Nager entre deux eaux** – se trouver dans l'indécision/**Se jeter à l'eau** – agir de façon décisive/**Se noyer dans un verre d'eau** – être incapable de surmonter ses difficultés/**L'eau va à la rivière** – plus on a d'argent plus on gagne/**Il y a de l'eau dans le gaz** – ça marche pas très bien (R1).

IX.

(a) **Le participe passé** de tout verbe pronominal qui possède **un complément d'objet indirect** est **invariable**. Le pronom indirect **se** dans la phrase "Ils **se** sont lav**é** les mains" ne s'accorde pas avec le participe passé parce que justement, il est **indirect**. Par contre, le participe passé d'un verbe pronominal qui possède un complément d'objet direct varie selon cet objet direct.

Remarque : Un verbe **pronominal**, c'est-à-dire un verbe qui est précédé d'un **pronom personnel réfléchi**, se conjugue avec **l'auxiliaire être** aux temps composés. Lorsque le verbe pronominal est de **sens réfléchi**, le participe passé, bien qu'il soit conjugué avec **l'auxiliaire être**, obéit aux mêmes règles que s'il était conjugué avec **l'auxiliaire avoir**. Le participe passé s'accorde en genre et en nombre avec le complément d'objet direct si celui-ci est placé avant le verbe. Dans la phrase "Ils **se** sont lav**é** les mains" le participe passé ne s'accorde pas car le complément d'objet direct est placé après le verbe. En revanche, dans "Ils **se** sont lav**és**" le pronom réfléchi est complément d'objet direct : par conséquent, l'accord du participe passé se fait.

(b)

1. Ils **se** sont battus.

2. Elle **s'**est assis**e** à nouveau.

3. Ils **se** sont donn**é** des gifles.

4. Elle **s'**est accord**é** un délai de dix jours.

X.

(a)

1. Laissez-moi tranquille, **par pitié**.

2. Elle n'a pas envoyé la lettre, **par inadvertance**.

3. Je lui ai proposé l'argent **par amitié**.

4. Ils se sont mal comportés **par ignorance**.

5. Leur mère leur a donné tous ses biens, **par amour**.

Texte n° 7 : Profonde remise en cause. *Marketing Vente, juillet–août 1994*

I.

Marketing Vente était un magazine mensuel. Il était publié par le Groupe Stratégies. Il a été remplacé par le magazine *Marketing Magazine*. Son champ d'application recouvrait les stratégies et les techniques marketing et vente, les études de marché, la gestion de produit, la distribution, la communication.

II.   Vocabulaire

La demande correspond à la valorisation d'un besoin concernant un produit, un bien ou un service. La loi de l'offre et de la **demande**.

Le repli est l'action de se renfermer, de se replier, de revenir à une position qui marque une régression, un recul. Le **repli** des valeurs boursières/une attitude de **repli** (d'isolement).

Une crise conjoncturelle est une situation qui découle d'événements particuliers au niveau économique, politique ou social. Politique **conjoncturelle/**prélèvement **conjoncturel**.

Une croissance est un développement, une augmentation progressive. Un enfant en pleine **croissance/la croissance** d'une ville/la **croissance** économique.

Gérer signifie **diriger** une affaire, des intérêts, une entreprise. **Gérer** des fonds/les affaires. **Gérer** sa vie (organiser) est une expression familière.

Une chute brutale est une diminution, une baisse imprévisible et soudaine. Faire une **chute** brutale (tomber brutalement).

Le consommateur désigne un particulier ou une entreprise qui achète des denrées, des marchandises ou un service. Les enquêtes sur les comportements d'achat des **consommateurs** orientent les créateurs vers la recherche du message publicitaire. Association de **consommateurs/**défense du **consommateur**/industrie **consommatrice** d'électricité.

III.

"The year 1993 was full of contrasts. But even if our results are worrying, the situation, which varies considerably from agency to agency, offers encouraging and hopeful signs."

"The agencies have developed in an unpredictable way," Jean-Noël Bossé points out. "Taken as a whole, however, the small and more recently founded agencies, organized on a simple basis, have recorded a more dynamic growth, while the large organizations have foundered. For, in less than two years, we have witnessed a complete turnaround in our customers' requirements, and this has caught the well-established agencies off-balance."

"The sudden contraction of our gross profit reflects very clearly the situation of a profession affected by changes in the promotional process itself. Increasingly, and largely because of the war that manufacturers and distributors are engaged in, the special offers to the consumer are by-passing agencies offering advice★."
★ Il n'y a aucun équivalent en anglais de **agence conseil**. En Angleterre, la *Advertising Association* donnerait des conseils, tandis qu'aux États-Unis ce serait le rôle de la AAAA (American Association of Advertising Agencies).

"even if last year was difficult, 1993 contains very real green shoots for 1994".

"We are already feeling in our profession some movement, a definite feverishness. For example, canvassing has already intensified. Advertisers are showing some slight signs of recovery at the moment. Furthermore, certain customers are revealing, even from today, a boldness in approving new ideas, in bringing a creative spirit back into their promotional techniques, all of which involves a commitment to risk, with respect to operations covering a number of makes, for instance."

IV.

1. La profession des agences de promotion est sérieusement remise en cause pour diverses raisons :
    Situation économique défavorable/Changement de la nature de la demande/Résultats inquiétants/Chute brusque de la marge commerciale/Transformation de la promotion/Conflit entre fabricants et distributeurs/Inadaptation de certains professionnels de la promotion.

2. L'écart des résultats des agences de promotion se situe entre −48,6% et +26,5%. La variation est importante. Lorsqu'on examine ces pourcentages contradictoires et déconcertants à la lumière du texte, on ne trouve pas d'explication cohérente. Qui plus est, pour le président de la délégation promotion de l'AACC, Jean-Noël Bossé, le bilan de l'année 1993 présente des contrastes frappants. Les agences de promotion progressent ou régressent en fonction de leur structure.

3. Ce "retournement complet de la demande a pris à contre-pied les agences plus installées" puisque les petites agences de promotion ont connu des résultats à la hausse, contrairement aux agences importantes qui, paradoxalement, ont sombré dans le déclin. Cette situation s'explique par la modification de la promotion qui a affecté toute une profession et par l'inaptitude de nombreux professionnels à accomplir leur tâche en raison d'un contexte économique difficile.

4. La position des clients par rapport aux signes de reprise semble encourageante. Ils apprécient des idées nouvelles. Ils acceptent d'intégrer la création dans leur promotion et de s'exposer à nouveau à des risques avec des opérations multimarques.

V.

(a)

1. J'ai tapé le texte sur ordinateur **en** une demi-heure.

2. Le message publicitaire passera à la télévision **dans**/d'ici quinze jours (sous quinzaine).

3. Nous espérons vendre 50 000 exemplaires **en** six mois.

4. **Dans**/d'ici neuf mois, nous lancerons une nouvelle campagne publicitaire. ("D'ici neuf mois" a le même sens que "Dans . . .".)

(b)

1. **En** six mois, c'est la plus grande campagne publicitaire jamais réalisée, à ce jour, aux États-Unis.

2. Selon le syndicat professionnel de la VPC, les vépécistes ont enregistré une croissance de 5% **en** un an.

3. **En** dix mois, le marché automobile français a marqué une baisse d'environ 6%.

4. Les réserves de change de la Banque de France ont progressé de 5% **en** une semaine.

5. **Dans** quelques mois, cette entreprise mènera des enquêtes sur le terrain et concevra des plans d'actions spécifiques.

6. De nombreuses agences de promotion sont confrontées à un marché difficile. **Dans** quatre ans, la situation se débloquera.

7. **Dans** quinze jours, l'entreprise recevra du matériel informatique d'aide à la vente qui lui permettra de suivre ses clients et de disposer d'un outil précieux.

8. Le bilan de cette société sera communiqué **dans** les six mois à venir.

VI.

(a) **En cours d'année** indique **au cours de/durant/pendant** l'année.
Le cours de l'année désigne **le déroulement** de l'année.

(b)

1. Ce travail de recherche doit être rédigé **en cours d'année**.

2. Des offres promotionnelles sont accordées **en cours d'année** pour un nouveau produit.

3. **Le cours de l'année** 1994 a été marqué par la crise économique dans tous les secteurs.

4. **Le cours de l'année** 1993 a vu les agences de promotion réussir à maîtriser une conjoncture difficile.

(c) annaliste/année lumière/annuel/annuellement/annuité/année bissextile, civile, scolaire, universitaire

VII.

(a) **Un certain fait** indique qu'on ne souhaite pas préciser de quel événement il s'agit. **Un fait certain** signifie un événement sûr, qui ne fait pas l'ombre d'un doute, un fait incontestable.

Un brave homme est une personne honnête, bonne et modeste. **Un homme brave** est un individu courageux, qui se distingue par des exploits remarquables. **Un grand homme** comporte une nuance d'appréciation morale. Il s'agit d'un personnage illustre, célèbre, de grand renom. **Un homme grand** fait référence à la taille, à la stature d'un individu. Cette expression désigne un homme de grande taille.

Ses propres paroles expriment une idée personnelle, et marquent l'appartenance et la possession. **Ses paroles propres** s'emploie dans le cadre de mots, de propos exacts, justes, précis.

Ces adjectifs ont un sens différent, selon qu'ils suivent ou précèdent le nom. Lorsque l'adjectif précède le nom, le sens est figuré en règle générale. Dans le cas de **propre**, l'adjectif placé devant le nom renforce et souligne la valeur de l'expression.

VIII.

(a) Dans les cinq premiers exemples, la position de l'adjectif ne peut varier : une voiture **américaine**/un livre **noir**/un pays **musulman**/une étude **littéraire**/une serviette **inutile**.

Dans les exemples suivants la position de l'adjectif peut varier :

Un **charmant** tableau/un tableau **charmant**

Une **forte** économie/une économie **forte**

Les **futures** générations/les générations **futures**

D'**innombrables** jeunes/des jeunes **innombrables**

La **meilleure** voiture/la voiture la **meilleure**.

Il faut signaler que lorsque l'adjectif précède le nom dans ces exemples, le registre est un peu plus élevé, et dans le cas de **meilleur**, le langage est beaucoup plus soutenu. Notez la particularité des exemples suivants : elle a les cheveux **longs**/de **longs** cheveux.

(b) Un **certain** (*certain*) fait/un fait **certain** (*unquestionable*)

Ma **chère** (*dear*) Catherine/une voiture **chère** (*expensive*)

Différents (*several*) livres/des arbres **différents** (*different*)

Diverses (*several*) opinions/des opinions **diverses** (*different*)

La **même** (*same*) machine/les enfants **mêmes** (*very*)

Sa **propre** (*own*) maison /les mains **propres** (*clean*)

Un **seul** (*only*) homme/un homme **seul** (*lonely*).

IX.

(a) (s') accorder de ou à/(se) refuser de ou à/décider de ou à/demander de ou à/

(b)

1. Les professionnels de la promotion **se refusent à/refusent de** croire au retournement de la demande de leurs clients.

2. Les annonceurs **se sont décidés à/ont décidé de** prendre des risques avec de nouvelles techniques.

3. Les répercussions sur l'activité des agences-conseil en communication **demandent à être prises** au sérieux/**demandent d'être prises** au sérieux.

X.

(a)

1. La compagnie d'assurance a **compensé** ma perte.

2. Les entreprises de l'Extrême-Orient continuent à nous **concurrencer**.

3. Je l'ai **écoutée** toute la matinée.

4. Elle s'est fait **opérer** de l'appendicite.

5. Je **désapprouve** ce que vous dites mais je vous défendrai quand même.

6. Impossible de la **raisonner**!

7. **Regarde** ce bateau qui arrive!

8. Elle a **veillé** le malade toute la nuit.

9. Les députés ont **voté** la loi hier soir.

Texte n° 8 : Cinq clefs pour réussir une opération en milieu scolaire. *L'Événementiel, octobre 1994*

I.

L'Événementiel est un magazine mensuel spécialisé. Il traite des médias, du sport, du parrainage et des entreprises.

II.   Vocabulaire

Ludique est un adjectif qui signifie **relatif au jeu**. Un instrument/une activité **ludique**. **Le ludique** se rapporte à l'activité en tant que telle, au comportement du jeu.

Un industriel est une personne qui exerce la fonction de chef d'un établissement industriel. Ce mot est synonyme de **entrepreneur, fabricant, manufacturier.** Les gros **industriels** du textile/un riche **industriel**.

Un(e) garant(e) de est une personne qui répond légalement envers une autre de l'obligation de la protéger contre un dommage éventuel. Se porter/être **garant**.

À prix coûtant est une locution qui a le sens de **sans bénéfice.** Vendre quelque chose **à/au prix coûtant** (au prix que cette chose a coûté).

Déboucher sur est synonyme de **aboutir à, ouvrir sur, donner sur, tomber dans.** La ruelle **débouche sur** une place. Les discussions ont **débouché sur** un compromis.

Éventuel signifie **possible, incertain, imprévisible, hypothétique, qui dépend des circonstances.** Une condition **éventuelle** (aléatoire)/des projets **éventuels** (possibles).

Une déception est un sentiment causé par un ennui. C'est le fait d'être trompé dans ses espoirs. Éprouver une grande, une amère, une cruelle **déception**.

III.

"After a period of friction when the Ministry of Education questioned the value of big business operating in its midst, we have developed a real partnership together."

"We inform the Ministry of Education of our activities. They support us and recommend our operations."

"The Education Department at Lyon has welcomed our partnership with the Local Education Authority in a very positive manner, because our work did not detract from their sphere of influence."

"The company can help both teachers and parents to deal with new subjects outside the school curriculum, or cooperate by assisting in developing the curriculum. All activities must be dealt with within the teacher/pupil relationship."

"Some industrialists had devised an impressive campaign but had entrusted its development to the Ministry of Education. Nothing was done."

The ideas box.

"Our role consisted both in launching and advertising the operation, and in providing heads of educational establishments with ideas."

"We are proceeding cautiously . . . We want to prove that our approach works well in one place before embarking upon a whole range of identical initiatives in other towns."

"Our activity is a well-known key operation among young people."

"We gain a lot from the very positive image we project towards parents of young people whom we reward. These young people are potential customers for, statistically, many of them return to their homes abroad."

"Working in the field produces the richest of contacts, albeit the most costly."

IV.

1. D'après l'auteur du texte, il existe cinq clefs pour réussir une opération en milieu scolaire :
Un soutien de l'Éducation Nationale/Un réel intérêt pédagogique/Une diffusion maîtrisée/Une évaluation/Une action sur le long terme.

2. En France, le système éducatif comporte des étapes différentes de l'école maternelle à l'université en passant par le collège et le lycée.

Éducation maternelle

L'école maternelle accueille les petits garçons et les petites filles âgés entre 2 ans 1/2 et 5 ans 1/2 à la demande des familles, puisque l'âge de la scolarité obligatoire est 6 ans. Dans le langage courant, on dit aussi "**la maternelle**" ou "**en classe maternelle**".

Enseignement primaire

L'école **primaire** ou **élémentaire** est un établissement qui regroupe les enfants dès l'âge de six ans jusqu'à onze ou douze ans en cas de redoublement. Il existe trois

cycles : préparatoire/élémentaire/moyen. Les cycles **préparatoires** et **moyens** durent deux ans. L'enseignement primaire se décompose de la façon suivante :

Cours préparatoire (6 ans)

Cours élémentaire première année (7 ans)

Cours élémentaire deuxième année (8 ans)

Cours moyen première année (9 ans)

Cours moyen deuxième année (10 ans)

Enseignement secondaire

Le Collège d'Enseignement Secondaire (CES), le Collège d'Enseignement Général (CEG) et le premier cycle du lycée sont des établissements scolaires de premier cycle du second degré. Ils dispensent des enseignements aux classes de 6ème, 5ème, 4ème et 3ème.

Le Brevet des collèges couronne la fin des études secondaires.

Enseignement général

Le lycée d'enseignement général, le lycée d'enseignement technique sont des établissements d'enseignement pour le second cycle du second degré. Ils regroupent les élèves de seconde, première et terminale. Certains lycées comptent des classes préparatoires aux Grandes Écoles.

La classe de **seconde**, encore appelée de **détermination**, est commune à tous les élèves. En **première**, les élèves choisissent leur orientation : **Brevet** de Technicien, **Bac** de Technicien ou **Bac** de l'enseignement du second degré (**Bac A, B, S, ou E**).

A : série Philo/Lettres/**B** : série Économique et Sociale/**S** : série Sciences (remplace le Bac C et D)/**E** : série Maths et Techniques.

Enseignement supérieur

Les universités françaises dispensent des formations comprenant des enseignements fondamentaux et pluridisciplinaires. Elles sont habilitées à délivrer des diplômes nationaux, des titres, des diplômes universitaires spécialisés et le Doctorat.

Diplômes nationaux

Diplôme d'Études Universitaires Générales (DEUG : 1ère et 2ème année à l'université)/Diplôme Universitaire de Technologie (DUT : 1ère et 2ème année en IUT. : Institut Universitaire de Technologie)/Licence (1 année après le DEUG soit 3 années d'études)/Maîtrise (1 année après la Licence soit 4 années d'études)/Diplôme d'Études Approfondies (DEA)/Diplôme d'Études Supérieures Spécialisées (DESS)/ Doctorat de Troisième Cycle/Doctorat d'État.

NB : Le **Doctorat de Troisième Cycle** et le **Doctorat d'État** ont été remplacés par un Doctorat unique appelé **Nouveau Doctorat** selon un décret de 1984.

3. Le programme de **Danone** consiste à apporter une aide à la réussite de projets éducatifs grâce à des interventions en milieu scolaire. **Danone** conçoit et distribue du matériel pédagogique. On peut s'interroger sur le véritable intérêt pédagogique de ces opérations conduites par **Danone** qui a avant tout pour vocation de fabriquer et de vendre des yaourts et des produits laitiers frais.

4. Danone engage une politique de promotion de proximité en visant les écoliers. Il faut rappeler qu'en mai 1994, le **Groupe BSN** (**B**oussois–**S**ouchon–**N**euvesel) devient **Danone**, une marque mondiale de produits laitiers frais. En outre, **BSN**

détient 270 marques connues (**Badoit/Evian/Lu/Panzani** etc.). Le milieu scolaire est-il réellement l'endroit pour promouvoir leurs produits et mener une opération commerciale? Le débat reste ouvert.

V.

(a) (b) 1. Elle **change de** vêtements/j'ai **changé** ma Ford **contre** une Toyota.

2. Il a **commencé par** exprimer sa gratitude/il a **commencé** sa conférence en disant que . . ./je **commençai à/d'**avoir des regrets.

3. **Compte avec** lui/n'ayez crainte, **comptez sur** lui/je **comptais** partir le lendemain.

4. Elle **continua** d'acheter des fruits chez le même épicier/je **continue à** penser que . . .

5. Nous avons **décidé de** partir/ils **se sont décidés à** revendre la maison.

6. Elles sont **entrées à** l'école en septembre/il est **entré** carrément **dans** le bâtiment.

7. Qu'est-ce que tu as **fait de/avec** mon livre?/elle le **fait de/par** elle-même/ils **ne faisaient que** d'entrer, il y a cinq minutes.

8. Nous **manquons de** pain/l'argent **manque à** la famille/**ne manquez pas à la** consigne/nous **avons manqué** le train.

9. Ils **ont pénétré dans** le jardin/elle **pénétra** le mystère/le marché.

10. Je **pense à** ma mère/que **pensez-vous du** film?/nous **pensions** partir en vacances.

VI.

(a)

1. La compagnie voulait être grande et elle l'est.

2. L'entreprise est plus importante que je ne le pensais.

3. "Le chiffre d'affaires de votre compagnie est-il plus important que celui de l'année dernière?" "Oui, il l'est !"

4. Comme le dit le vendeur, les affaires marchent au ralenti.

VII.

(a)
Affaire/association/commerce/coopérative/établissement/exploitation/filiale/ groupe/industrie/institution/organisation/régie.

(b) Affaire (*business*)/association (*partnership*)/commerce (*business*)/coopérative (*society*)/ établissement (*institution*)/exploitation (*concern*)/filiale (*subsidiary company*)/ groupe (*group*)/industrie (*industry*)/institution (*house*)/organisation (*organization*)/ régie (*public corporation*).

VIII.

(a) Les adverbes qui se placent entre l'auxiliaire et le verbe :

1. J'ai **mal/bien** compris la question.

2. Je ne l'ai pas **encore** terminé(e).

3. Elle a **beaucoup** étudié ce soir.

4. Nous avons **longuement** regardé le paysage.

5. J'ai **mieux** compris le texte après l'explication.

6. Ils ont **trop** travaillé la semaine dernière.

7. Je lui ai **tout** expliqué.

8. Elle a **patiemment** attendu à la porte.

Les adverbes qui suivent le verbe :

1. Je ne l'ai pas **encore** fait.

2. Elle a attendu **patiemment** à la porte.

3. Ils l'ont écoutée **sérieusement**.

Ces exemples ne sont donnés qu'à titre indicatif. Les adverbes peuvent, bien sûr, varier selon le style etc. Il est clair que bien des adverbes peuvent précéder ou suivre le participe passé. Le choix est souvent dicté par le désir de souligner l'importance de telle ou telle action, idée etc. Ce qui est certain, c'est que **mal** et **bien,** par exemple, sont normalement placés avant le participe passé.

IX.

(a) **Doit** se transforme en **devait/est conseillé** se transforme en **était conseillé/ a nommé** se transforme en **nomma/ont** se transforme en **eurent/étudient** se transforme en **étudièrent/organisent** se transforme en **organisèrent/créent** se transforme en **créèrent/a ouvert** se transforme en **ouvrit/signifie** se transforme en **signifiait/développe** se transforme en **développa.**

X.

(a) (b) **actuel** – qui se passe au moment où l'on parle.

déception – le fait d'être trompé dans ses espoirs.

fastidieux – qui provoque l'ennui, la lassitude.

éventuel – qui peut ou non se produire.

prévenir- précéder, devancer, influencer.

moral – disposition temporaire à supporter plus ou moins bien les difficultés et les dangers.

notoriété – célébrité, renom.

Texte n° 9 : Bilan IREP 1993 – Tout le monde veut croire à la reprise mais pour quand? *L'Écho de la Presse, mai 1994*

I.

L'Écho de la Presse est un magazine mensuel de presse d'information.

II.   Vocabulaire

Fléchir au sens large du terme correspond à **plier progressivement sous un poids**. Au sens figuré, comme c'est le cas dans le texte, **fléchir** est synonyme de **diminuer, baisser**. Les valeurs boursières **fléchissent** (diminuent).

Les estimations sont les appréciations données dans le cadre de la recherche de la valeur d'un ou plusieurs éléments importants à prendre en compte pour évaluer une situation. Cette situation est considérée à partir d'observations ou de sondages. Une **estimation** précise/exagérée.

L'affichage est l'un des cinq **grands médias** utilisés en publicité pour véhiculer un message à la radio, à la télévision, au cinéma et dans la presse. **L'affichage** est un support incontournable que tout individu est amené à voir dans les endroits de passage très fréquentés. En France, les formats normalisés pour **l'affichage** urbain sont :

1 m 20 x 1 m 76 (type abribus)/1 m 60 x 2 m 40/2 m 40 x 3 m 20 (affichage routier)/4 m x 3 m (affichage rotatif ou non).

La société française Jean-Claude Decaux, créée en 1955, est l'une des plus grandes sociétés d'**affichage** spécialisées dans le mobilier urbain. Un panneau d'**affichage**.

Le média phare est le véhicule principal du message publicitaire. La francisation du mot *media* apparaît dans l'orthographe de **média** (é) et le **s** ajouté au pluriel. **Le média phare** sert de guide, de modèle.

La croissance est le fait de se **développer**, de **progresser**, de **grandir**. La **croissance** d'une ville/la **croissance** économique.

Le *sponsoring* est un terme emprunté à la langue anglaise. La traduction officielle en français est **parrainage**. Il désigne une aide financière accordée par exemple à un club sportif, à des fins publicitaires.

Contester ou refuser de reconnaître quelque chose comme fondé, justifié, valable. **Contester** un fait (nier)/faire l'objet d'une **contestation**/des chiffres **contestés** (remis en cause).

III.

With 46 billion francs in advertising revenue, the main-stream media* recorded a 5% drop in 1993, settling at around −10%, and the press at 10%. So, for the first time, the press has fallen beneath the 50% band in its share of the market (as against 71.5% in 1970). As for television, its progress has slackened off considerably. According to the estimates of the Institute for Research into Advertising (IREP), the market for advertising in France amounted to 125.3 billion francs in 1993, as against 128.4 billion francs in 1992 (there has been a revaluation which takes into account the new base EAE-Services of INSEE), which means a drop of 2.4%. The activity associated with advertising agencies, intermediaries and state-owned companies decreased on an average by 6.3% (to 78.5 billion francs) in 1993 relative to 1992. On the other hand, the media for direct marketing have made considerable progress, especially direct mail where growth has settled at 11.6%. With respect to the main-stream media, there has been a sharp fall: −5% (−7.1% with an adjusted inflationary element) in 1993 as against 0.8% in 1992, down to 46 billion francs. They are now back to 1989 levels.

★Il n'y a aucun équivalent en anglais de **grands médias**. Au fond, l'expression n'ajoute pas grand'chose à **media**.

"In 1993, the Evin bill caused a drop of between −20 to −30% for some titles, and −4% for the press generally. It is difficult to believe that 1994 will see a recovery. On the other hand, you could think that the decline has now bottomed out: the first half-year ought to be identical to that of '93. Without predicting who will be the first to climb out of the recession, TV-related publications seem to be the best placed. The specialized magazine sector will probably continue to go through a bad patch."

IV.

1. La baisse du marché publicitaire français des grands médias s'explique, selon le Président de l'**A**ssociation pour la **P**romotion de la **P**resse **M**agazine (APPM), par la loi Évin qui, en 1993, a entraîné "pour certains titres une perte de −20 à −30% et pour l'ensemble de la presse environ −4%". La loi Évin, du 10 janvier 1991, stipule l'interdiction de "toute propagande ou publicité, directe ou indirecte, en faveur du tabac ou des produits du tabac".

2. Voici la manière dont les parts de marché des différents types de presse en matière d'investissements publicitaires se trouvent réparties :

La presse magazine	31,8%	Les quotidiens	30,4%
Les gratuits	21%	La presse spécialisée	16,9%

3. L'**I**nstitut de la **R**echerche et d'**É**tudes **P**ublicitaires (IREP) est un organisme professionnel français fondé en 1957. Cette association est chargée de mener des études sur la publicité.

4. Comme on le constate d'après le tableau de chiffres, l'évolution annuelle des recettes publicitaires par média est variable. On peut diviser les grands médias en cinq secteurs principaux : la Presse, la Télévision, la Publicité extérieure (Affichage), la Radio et le Cinéma.

De 1991 à 1993, la Presse et l'Affichage ont enregistré des résultats négatifs. En revanche, à la même période, la Radio et la Télévision affichent une évolution positive. En ce qui concerne le cinéma, le tableau indique une hausse de 2,9% au cours de l'année 1991/1992. Par contre, l'année suivante les recettes publicitaires atteignent une baisse relativement importante, −15%. La tendance générale indiquée sur le tableau est à la baisse pour l'année 1991/1992. Cependant pour l'année 1992/1993, nous assistons à une légère progression des résultats dans l'ensemble.

V.

(a)

1. Comment pouvez-vous croire en/à la Vierge Marie?

2. Il sera un excellent médecin parce qu'il croit vraiment à la médecine.

3. Tu crois qu'elle viendra cet après-midi? Je ne le crois pas.

4. Je crois peut-être en la Providence, mais je ne crois en rien d'autre.

5. Tu crois aux fantômes?

6. Je ne crois pas à l'efficacité de ce médicament.

VI.

(a)

Synonymes	Antonymes
reprise	chute
croissance	perte
hausse	baisse
redécollage	rechute

(b) progresser	diminuer
	passer sous la barre de
	fléchir
	être en recul
	souffrir

(c)

relèvement	(se) relever	déclin	décliner
augmentation	augmenter	écroulement	s'écrouler
amélioration	(s')améliorer	aggravation	aggraver
expansion	(se) développer	diminution	diminuer
regain	regagner	effondrement	s'effondrer
progrès	progresser	réduction	réduire
développement	développer	baisse	baisser

VII.

(a) monter en flèche/grimper/monter/augmenter/faire un bond/augmenter/monter/ monter lentement/crever le plafond/diminuer/baisser/tomber/chuter/dégringoler/ s'écrouler/s'effondrer/réduire/glisser/décliner/baisser lentement.

(b)

1. Les recettes publicitaires réalisées par la Radio **augmentent**.

2. Les parts de marché de nos principaux concurrents **sont montées** à 20%.

3. Les importations de marchandises en provenance du Japon **ont légèrement augmenté**.

4. Les actions côtées en Bourse **ont fait un bond** spectaculaire.

5. Les chiffres communiqués dépassent toute espérance. Ils **ont crevé le plafond**.

6. Les investissements publicitaires de la presse spécialisée **diminuent**.

7. Les ventes de voitures françaises **ont chuté** ces dernières années.

8. Cette année, les bénéfices de la compagnie **ont baissé lentement**.

9. Les actions Eurotunnel **se sont effondrées**.

10. Les prix de l'immobilier **se réduisent** lentement.

VIII.

(a)

1. Selon les dernières statistiques, l'inflation est maîtrisée.

2. Selon les chiffres du gouvernement, après le tremblement de terre il y aurait eu trois cents morts.

3. Selon les chiffres publiés, l'expansion serait possible.

4. Selon le Premier Ministre, des discussions auront lieu demain.

IX.

(a) **Pour mémoire** signifie "à titre de rappel", c'est-à-dire "il est intéressant de constater que . . ."

(b) Au féminin, **mémoire** signifie la "faculté de se rappeler le passé et tout ce qui s'y rapporte". Au masculin, c'est un exposé ou une requête à l'adresse de quelqu'un. Il signifie également au masculin une relation écrite qu'une personne fait des événements auxquels elle a participé et dont elle a été témoin.

(c)

1. Je ne m'en souviens pas, j'ai un trou de **mémoire**.

2. Si j'ai bonne **mémoire**, il revient demain.

3. Le Préfet adressera le **mémoire** à l'Assemblée Nationale.

4. As-tu lu les *Mémoires d'outre-tombe* de Chateaubriand?

X.

(a) **aberrant** s'emploie beaucoup plus que *aberrant*
accéder s'emploie beaucoup plus que *to accede*
**annuler/apothéose/autonomie/camarade/commencer/se désister/divers/
émettre/époque/évoluer/inscrire/intégrer/interlocuteur/interroger/
juriste/(se) manifester/multiple/pédagogique/proposer/renoncer/saluer/
transmettre/vérifier** s'emploie beaucoup plus que . . . etc.
Appropriate s'emploie beaucoup plus que **approprié**.
(To) blame/dense/disadvantage/disappointment/erratic/fragrant/magnitude/real/substantial . . .

(b)

1. S'il faut payer, j'**annule** la visite.

2. Ce moteur à essence a une **autonomie** de trois cents kilomètres.

3. Tu as postulé et maintenant tu te **désistes**?

4. Je l'ai attendue toute la matinée et voilà qu'elle **se manifeste** à seize heures!.

5. Elle **a émis** des opinions extraordinaires.

6. Je n'ai pas réussi à comprendre mon **interlocutrice**.

7. Du point de vue **pédagogique**, le livre est excellent.

8. Je vais **vérifier** les pneus.

Texte n° 10 : Blues sur les radios locales. *L'Expansion,* *3–16 mars 1994*

I.

L'Expansion est un bimensuel de presse d'information économique. Il est publié par le Groupe Expansion Magazines.

II.   Vocabulaire

L'audiovisuel touche l'ensemble des techniques combinant le son et l'image. C'est l'ensemble des méthodes d'information, de communication ou d'enseignement associant l'image et le son enregistré. Les techniques **audiovisuelles** telles que les laboratoires de langues, l'EAO (**E**nseignement **A**ssisté par **O**rdinateur) sont en pleine expansion. Le matériel **audiovisuel**/les méthodes **audiovisuelles**/les métiers de **l'audiovisuel**.

Le remue-ménage est un déplacement bruyant, un désordre complet d'objets. Faire du **remue-ménage**/un grand **remue-ménage** politique.

La viabilité est le caractère de **ce qui peut vivre, se développer**. La **viabilité** d'un projet/d'une entreprise.

La concurrence est la rivalité entre plusieurs personnes qui se disputent les mêmes intérêts. Se faire **concurrence**/se trouver en **concurrence** avec un adversaire/entrer en **concurrence** avec quelqu'un.

L'habillage est l'action **d'habiller** quelque chose ou couvrir pour décorer ou protéger. C'est un revêtement décoratif destiné à couvrir des tuyaux, des poutres, des radiateurs ou autres.

Un cadavre est le corps d'un animal mort ou celui d'un être humain. Un **cadavre** ambulant (personne très maigre)/ça sent le **cadavre** (les choses deviennent inquiétantes).

PME est le sigle de **P**etites et **M**oyennes **E**ntreprises.

III.

Neglected by the legislator, overshadowed by national networks, the small independent radio stations look to the local advertising market for a lifeline.

"Local advertising is the icing on the cake for the national networks. But for us, it's the bread winner," is the sharp response of an operator from the provinces. "And what does the Carignon bill have to say about it? Nothing, and that's just the point. Yet, the big corporations' wishes have been granted. Indeed, the new law allows them to control several networks, so long as the total number of people receiving the service does not go beyond 150 million. As against 45 million up to the present moment. "It's a stab in the back for independent local radio," fumes Daniel Perez, owner of Scoop, in Lyon, who does very well. Thirteen years after the deregulation of the airwaves, which meant that more than 2,000 radio stations appeared, certain features on the landscape of French radio have hardly changed, paradoxical as this may seem.

"Canvassing local advertisers isn't easy. Firstly, because you have to catch up on ten years' stupidity and damage," points out Bruno Delport. "Many traders got swindled by unscrupulous salesmen. The poorly developed local advertising in Paris can also be explained by the number of possible alternatives, and paradoxically, by the importance of the geographical area covered. A restaurant owner of a given district is hardly going to broadcast – and therefore pay for – a radio message covering the whole of the Ile-de-France when he only wants to reach his neighbours. This is all the more true because no one knows precisely which radio has most listeners in a particular district. This sort of brake hardly exists in the provinces. In a word, this search for sudden big profits from advertising in Paris is made even more awkward through the competition created by FM national networks which are enabled, by a special dispensation from the CSA, to hunt over the same territory. The result: Ouï FM is going to abandon its freelance status." Keeping your independence has become a heresy in terms of development," Bruno Delport says regretfully. He plans to hitch himself to a heavyweight in the sector.

IV.

1. La loi Carignon sur l'audiovisuel cause le mécontentement des radios nationales et locales. On parle d'effets pervers de la dernière loi sur l'audiovisuel car les petites radios indépendantes subissent un préjudice matériel et moral. En effet, la réglementation favorise les réseaux nationaux. Les grands groupes peuvent contrôler plusieurs réseaux qui affaiblissent les radios locales. Les stations de radio indépendantes qui veulent occuper une place prépondérante devront abandonner leur statut si elles ne disposent pas de gros moyens.

2. Les mastodontes parisiens de la télévision privée :
   TF1 : première chaîne de télévision privatisée en 1987. La société Bouygues en est le principal actionnaire.
   Canal+ : Chaîne de télévision à péage fondée en 1984. C'est une société anonyme qui avait une concession de service public jusqu'en 1995.
   M6 : chaîne de télévision créée en 1987 par la Compagnie Luxembourgeoise de Télédiffusion (CLT), la Lyonnaise des Eaux et d'autres actionnaires.

3. Dans le texte, les démarcheurs adoptent une attitude qui ne témoigne pas d'une grande honnêteté morale. Certains d'entre eux sont peu scrupuleux et n'hésitent pas à escroquer beaucoup de clients.

4. Les provinciaux sont proches de leurs médias régionaux car ils leur donnent la possibilité d'être bien informés sur la région et d'avoir une information de proximité. Les médias régionaux s'appliquent aussi bien aux **R**adios **L**ocales **P**rivées (RLP) qu'à la **P**resse **Q**uotidienne **R**égionale (PQR). Les RLP concurrencent sérieusement la PQR qui est surtout une presse d'information.

V.

(a) (b) **à l'ombre des réseaux nationaux** signifie **sous la protection de ou dominé par.** Ici il s'agit du deuxième sens.

cherchent leur planche de salut . . . cherchent leur salut

laissez-nous quelques miettes . . . un petit peu

les mastodontes parisiens . . . les grandes entreprises parisiennes

un ballon d'oxygène . . . aide apportée à quelqu'un en danger

le petit gâteau publicitaire local . . . l'ensemble des bénéfices

coup de poignard . . . coup traître

gagne-pain . . . ce qui permet à une personne de gagner sa vie

la pub est à la radio ce que le trou normand est à la gastronomie . . . un excellent moyen de réussir

placé aux commandes du vaisseau . . . placé à la tête de la compagnie

les poids lourds du secteur . . . les compagnies les plus importantes

voir le bout du tunnel . . . voir l'issue, la réussite

une image "branchée" . . . l'image d'une personne qui reflète la nouveauté

combien de cadavres pour un début de réussite . . . combien d'échecs pour . . .

un gros atout . . . un grand avantage

avoir l'embarras du choix . . . avoir d'innombrables possibilités

VI.

(a) (b) **regretter** signifie **exprimer un regret/lancer** . . . **dire brusquement/s'emporter** . . . **se mettre en colère/conclure** . . . **tirer une conclusion/remarquer** . . . **indiquer/résumer** . . . **présenter en une seule chose tous les éléments/plaisanter** . . . **dire des choses plaisantes pour faire rire/suggérer** . . . **faire penser/souligner** . . . **appuyer/insister** . . . **appuyer/interroger** . . . **questionner/estimer** . . . **déterminer la valeur/poursuivre** . . . **continuer.**

VII.

(a)

1. La compagnie a investi de grosses sommes dans l'équipement.

2. C'était un homme grand, puisqu'il mesurait presque un mètre quatre-vingt.

3. Cette **S**ociété **à R**esponsabilité **L**imitée (SARL) achète un plus gros ordinateur.

4. Il a publié de gros livres chez Gallimard.

VIII.

(a)

1. Elle **affirme avoir envoyé** la lettre.

2. La compagnie **assure pouvoir** faire encore des investissements.

3. Elle **crut voir** une lumière dans le bois.

4. Le témoin **déclare avoir vu** l'assassin.

5. Nous **pensons partir** ce soir.

6. La régie **prétend avoir** fait de gros bénéfices.

(b)

1. Ils **affirment qu'**ils l'ont vu(e).

2. Je vous **assure que** j'ai réussi.

3. Nous **croyons que** nous avons raison.

4. Je **déclare** formellement **que** je lui ai expliqué la situation.

5. Elle **pense qu'**elle a raison.

6. Chacun **prétend qu'**il détient la vérité.

IX.

(a) **Vaille que vaille** signifie **tant bien que mal**.

    Advienne que pourra . . . **malgré tout ce qui peut arriver.**

    Vive la reine . . . **que la reine ait une longue et heureuse vie.**

    Coûte que coûte . . . **malgré tout ce qui peut arriver.**

    Vienne que vienne . . . **malgré tout ce qui peut arriver.**

    Que je sache . . . **autant que je puisse savoir/en juger.**

(b)

1. Ne t'en fais pas, il le fera **vaille que vaille**.

2. **Advienne que pourra, on vaincra l'adversaire.**

3. "**Vive la reine!**" lança le roi.

4. Je vais m'en tirer **coûte que coûte.**

5. Elle va se défendre **vienne que vienne.**

6. **Que je sache**, il est toujours à Paris.

X.

(a) **se passer de** . . . signifie **vivre sans**.

(b) (c) **Faire abstinence** : Elle fait abstinence le vendredi.

S'abstenir : Elle s'est abstenue de répondre.

S'empêcher : Je ne peux pas m'empêcher de rire.

Éviter de : Ils ont évité de lui parler toute la soirée.

Se priver : Elle se priva de dessert pour ne pas grossir.

Renoncer à : Si tu renonces à tes études tu n'auras pas une brillante carrière.

Texte n° 11 : Grands médias pour une grande idée.
Marketing Vente, juillet/août 1994

I.

Marketing Vente est un magazine mensuel. Il est publié par le Groupe Stratégies. Il est remplacé par le magazine ***Marketing Magazine.*** Son champ d'application recouvre les stratégies et les techniques marketing et vente, les études de marché, la gestion de produit, la distribution, la communication.

II.   Vocabulaire

La Sécurité Sociale (Sécu) désigne l'ensemble des administrations dont la fonction est de verser des prestations sociales, à partir des cotisations provenant des assurés eux-mêmes. Elle verse des prestations correspondant à divers risques : maladie, maternité, vieillesse, invalidité, prestations familiales, allocation logement, allocation de chômage, préretraites etc. En France, les assurances sociales se développent après la première guerre mondiale. Ce n'est qu'après 1945 que s'effectue la généralisation du système de Sécurité Sociale.

Un déficit est une situation dans laquelle les dépenses sont plus grandes que les recettes. Le **déficit** budgétaire/le **déficit** public/le **déficit** de la Sécurité Sociale/combler un **déficit**/se solder par un **déficit**.

Un assuré est une personne affiliée aux assurances sociales par un contrat. On distingue trois sortes d'assurances : les assurances dommages (incendie, vol, catastrophes naturelles), les assurances de responsabilité civile (préjudice porté à une tierce personne) et les assurances sociales (accident, maladie, invalidité, retraite etc.). Les **assurés** sociaux/une carte d'**assuré** social.

Allouer signifie **accorder, donner, attribuer** une certaine somme d'argent. **Allouer** un budget/**allouer** un délai.

Facturer veut dire **porter** un produit, un bien ou un service **sur une facture**, c'est-à-dire sur un décompte indiquant la nature, la quantité, le prix des biens vendus et des services exécutés. **Facturer** est synonyme de **faire/établir/dresser une facture**.

Incontournable est un adjectif qui est synonyme de **inévitable, indispensable**.

Prime-time est un anglicisme indiquant la tranche horaire de la plus grande écoute de la télévision. Le tarif du **prime-time** est souvent le plus cher. En général, c'est après les actualités télévisées du dimanche à 20h 30 que les annonceurs recherchent la tranche horaire de forte écoute, entre le journal télévisé et le film.

III.

"We had to beat the big drum, and strike really hard to be heard . . . We had to go for advertising in a big way and create a real impact."

"After this first stage, we had to take the next step which meant going beyond a collective awareness so as to modify the behaviour of each and every individual."

"With respect to the precise method for channelling publicity, it was essential to vary the advertising medium so as to gain maximum coverage and exploit the repetitive element to the full. Since the budget allocated to us was not enormous, 30 million francs, we confined ourselves to television and the press."

"Television is absolutely indispensable in terms of impact and coverage when you aim at a target as big as ours," Michèle Bournel points out. "Nevertheless, we wanted to drive home our operation where mothers and those in the vanguard of ideas are concerned, which is why we have a media plan including clips on prime time, of course, but also during the day and late evening."

"It quickly became clear to us that the press was an indispensable complement to television, for it allows you to be more instructive , more explicit, and therefore closer to people."

"A large part of the operation was left to local initiative, for if you're going to modify a person's behaviour, you've really got to do it close to that person. So the necessary tools for broadcasting information from regional Social Security offices (film ads, radio commercials and display kits) were made available to them by headquarters."

IV.

1. La Sécurité Sociale a choisi de lancer une campagne via la presse et la TV pour les raisons suivantes :

réduire son déficit/avertir le public pour qu'il fasse preuve de responsabilité et d'esprit civique à l'égard de l'assurance maladie/inciter le public à prendre conscience de la mauvaise utilisation du système des soins et de ses conséquences pour la Sécurité Sociale/changer le comportement individuel des assurés sociaux en matière de frais médicaux et pharmaceutiques/gérer avec sagesse les dépenses de santé/améliorer et maîtriser les dépenses sociales.

2. La campagne publicitaire menée par la Sécurité Sociale à travers la presse et la télevision se révèle tout à fait probante, à cause sans doute de son caractère "très pédagogique". Le budget alloué à cette campagne s'élève à 30 millions de francs. Cette somme ne semble "pas énorme" pour l'institution, qui accuse un déficit supérieur à 100 milliards de francs.

3. Le déficit de la CNAM peut s'expliquer par le coût exorbitant du système de santé, la mauvaise utilisation du système de soins, le comportement individuel des assurés sociaux en matière de dépenses de santé, les dépenses incontrôlées de l'assurance maladie, la surconsommation médicale, la surabondance de l'offre par rapport à la demande.

Le gouvernement de Jacques Chirac engage un débat sur la réforme de la Sécurité Sociale pour maîtriser les dépenses et redresser la situation financière. Le plan de sauvetage de la Sécurité Sociale comportera des mesures d'urgence et des réformes structurelles.

Le débat organisé par le gouvernement sur l'avenir de la Sécurité Sociale et sur l'évolution de la protection sociale ne permet pas pour l'instant de faire ressortir la solution de cette crise.

4. Autres supports publicitaires : affichage/cinéma/radio.

V

(a) (b)

1. Je ne **crois** pas **à** sa version des événements (*to believe in*).

2. Les policiers ont localisé le criminel mais il **leur a échappé** (*to escape from*).

3. Qui va **participer au** jeu? (*to take part in*).

4. Tu ne fais que **penser à** tes vacances (*to think of*).

5. Je **renonce à** mes études pour gagner de l'argent (*to give up*).

6. Elle **a accouché de** jumeaux (*to give birth to*).

7. Je **dépends de** votre bonne volonté (*to depend on*).

8. Elle **s'est évadée de** prison et court toujours (*to escape from*).

9. Elle **a triomphé de** son sort (*to triumph over*).

10. La pauvre vieille était obligée de **vivre de** très peu (*to live on*).

VI.

(a)

1. Il faut **faire connaître** les résultats **à** toute la classe.

2. Je **leur ai fait connaître** l'itinéraire aussitôt que possible.

3. Je **leur ai fait savoir** comment il pourrait résoudre la question.

4. **Fais-lui savoir** le prix par lettre.

5. Comment **leur faire comprendre** que je ne peux pas y aller?

6. Ils **ont fait comprendre** au touriste les difficultés du voyage.

7. Le patron **a fait réaliser au** personnel l'importance du projet.

8. **Faire réaliser** un nouveau système **à** tous les ouvriers n'est pas facile.

9. Notre guide **a fait suivre** la même piste **à** tous les participants.

10. **J'ai fait dire à** tous les invités étrangers qu'ils étaient les bienvenus.

VII.

(a) **du point de vue** militaire/**au point de vue** politique/**en ce qui concerne** les investissements/**quant à** son attitude hostile/**sur le plan** budgétaire/**à l'échelle** européenne/**sous un angle** plus précis/**dans une perspective** économique.

VIII.

(a) (b) *spot* – annonce/message/film publicitaire à la radio, au cinéma ou à la télévision

leader – chef/dirigeant/responsable

post-test – après l'essai

prime-time – heure(s) de grande écoute/d'écoute maximum

slogan – accroche/devise.

IX.

(a)

Le jour se réfère à l'espace de temps entre le lever et le coucher du soleil. Le **jour** s'oppose à la nuit. **La journée** se réfère à la durée du jour. Il implique souvent longueur, travail, continuité.

(b)

1. Elle a travaillé **jour** et nuit.

2. Les sept **jours** de la semaine . . .

3. Il y a trois **jours** . . .

4. Ce **jour**-là elle n'est pas venue.

5. Ce sont des choses qui arrivent tous les **jours**.

6. Pendant toute la **journée** d'hier . . .

7. Ce fut une **journée** historique.

8. Elle passait des **journées** entières à regarder par la fenêtre.

9. Être payé à la **journée**.

10. Il ne fait rien à longueur de **journée**.

X.

(a)

1. Sa visite **a déplu à** ma mère.

2. Les soldats **ont résisté à** l'assaut.

3. Ils **ont donné** le livre **à** la prof.

4. Le gouvernement **leur a accordé** le droit de partir.

5. Le directeur **a défendu à** tous les élèves de sortir avant dix heures.

6. On m'**a demandé/dit** de venir.

7. Ils m'**ont commandé/ordonné** de rester.

8. Mes parents lui **ont appris** le français quand il était tout petit.

Texte n° 12 : Pourquoi la scie à lasso passe bien à la télé. *Le Nouvel Économiste, 14 octobre 1994*

I.

Le Nouvel Économiste est un magazine hebdomadaire de presse d'information économique.

II.   Vocabulaire

Le téléachat est une méthode de vente au détail dans laquelle les articles à vendre sont présentés au cours d'une émission télévisée. C'est une nouvelle forme de vente à distance qui est apparue en France en 1987. Les animateurs présentent les produits ou les services (disques, appareils électroménagers, contrats d'assurance, produits financiers etc.) au cours d'une émission de télévision. Le téléspectateur peut commander immédiatement par téléphone ou par minitel au cours de l'émission ou à l'issue de celle-ci.

Le marché est le lieu où se déterminent l'offre et la demande d'un produit. Le marché peut consister en un réseau d'information sur lequel les acteurs se branchent. Il peut aussi être constitué par l'ensemble des clients réels ou potentiels d'une entreprise donnée. Passer un **marché**/entreprendre une étude de **marché**/le **marché** boursier/financier.

Résumer signifie **reprendre** (un discours, un texte ou une discussion en abrégeant), **présenter brièvement**. **Résumer** une discussion/une situation.

Faire un flop est un anglicisme qui veut dire **subir un échec, échouer, tourner court**. **Faire flop** (tomber, chuter en produisant un bruit particulier : objet mou).

Une grande surface Encore que "de très grandes surfaces" dans le texte signifie "*very large areas*", une "grande surface" peut être une forme de distribution commerciale qui comprend les supérettes, les supermarchés et les hypermarchés.

Un filon est un moyen de s'enrichir au sens figuré et familier du terme. Découvrir, exploiter un **filon**/un bon **filon** (une aubaine, une affaire).

Un animateur est une personne qui coordonne et stimule les équipes de vente. Il est chargé d'assurer la mise en valeur des produits sur les lieux de vente. Un **animateur** de(s) ventes/de promotion/un **animateur** à la télé (un présentateur).

III.

Take all sorts of unusual and disparate objects . . . Make a skilful presentation of them on television . . . And success is guaranteed: this year, teleshopping is going to amass the equivalent of the annual turnover of a hypermarket.

Currently, two daily programmes share the market: Téléshopping on TF1 and M6 Boutique (run by Home Shopping Service, a French subsidiary of the Swedish firm Kinnevik). The products which work look really distinctive. "The product must be new, and have a clever angle to it, and you must be able to dream up a little anecdote about it," concludes Sylvie Mandron, a buyer for Téléshopping.

Among household fitments, an absolutely essential sector for téléshopping, a small radiator called Grand Nord, imported from Canada and capable of heating very large areas with a minimum of energy, has really taken off with more than 40,000 units sold since 1988. Its success was such that wholesale distributors and mail order firms got hold of it, which promptly made it less attractive . . . As a consequence, it was downgraded by the television stations. In the same vein, Dominique Prévost, head of M6 Boutique's purchasing department, is currently cashing in on a good line: the Turbo 3000, made by Calastop, of which more than 350,000 have been sold for 250 francs a time. The kit consists of two liquids to be mixed with petrol and motor oil to give an extra kick to an old car. Téléshopping, French style, will show a turnover of between 750 and 800 million francs in 1994, in other words, the equivalent of the annual sales of a hypermarket.

IV.

1. Le téléachat est une méthode de vente au détail qui présente au moyen de la télévision des marchandises à l'écran.

Avantages

Formidable opportunité pour les fabricants de marchandises/Démonstration du produit faite par un vendeur ou un animateur à l'écran/Achat sur simple appel téléphonique pendant l'émission ou après celle-ci/Droit de retour du produit sous huitaine.

Inconvénients

Faire ses achats à domicile sans bouger et sans toucher le produit/L'article est présenté le plus souvent dans un décor somptueux et ne correspond pas toujours à l'attente du client/Le prix des articles est en général élevé (méthode d'apprentissage à 595 Frs/souffleur-aspirateur-broyeur à 850 Frs)/Le produit présenté à l'écran ne répond pas forcément à un besoin réel.

Contrairement aux Américains, les Français sont réticents à l'égard du téléachat, même si cette nouvelle formule de vente va recueillir une somme équivalente au chiffre d'affaires annuel d'un hypermarché.

Préparation de l'émission

2. Un produit, quel qu'il soit, doit satisfaire le consommateur. Attention! Les caractéristiques du produit telles que la forme, le prix, la couleur vont être remarquées par l'acheteur. Le vendeur peut utiliser un ensemble d'arguments (argumentaire de vente) au cours de la présentation du produit pour satisfaire les motivations du consommateur potentiel : prix compétitifs, cadeaux, réductions exceptionnelles, parrainage, crédit gratuit, soldes.

Des **cadeaux** sont offerts en vue de lancer un nouveau produit, améliorer l'image de l'entreprise, inciter à la consommation du produit.

Les **réductions** peuvent prendre la forme de rabais, de crédit gratuit, de primes, de ventes par lots (café, biscuits, pâtes, conserves …).

Le **parrainage** est une technique promotionnelle qui permet d'offrir un cadeau à un client qui favorise une commande par un autre client.

La stratégie utilisée

Identifier les besoins du consommateur pour lui proposer les produits les plus compétitifs/Analyser scrupuleusement ces besoins pour mieux valoriser le produit et inciter à l'achat.

Cet exercice est une mise en scène. Il serait intéressant que l'enseignant fasse travailler les étudiants à tour de rôle. Chaque étudiant aura conçu un produit ou un service de son choix qu'il présentera en fonction de sa sensibilité et de sa perception des choses. Dans cette simulation de programme commercial, l'objectif de l'enseignant doit être de favoriser l'utilisation du vocabulaire technique, professionnel et l'art de convaincre et d'argumenter.

3. Pierre Bellemare crée, en 1987, la première émission de **Téléachat** sur TF1, intitulée le "Magazine de l'objet" puis "Téléshopping". C'est ce que l'on appelle le **téléachat à la française**.

"**Téléachat**" est une émission à vocation commerciale. Elle permet un contact direct avec les téléspectateurs. Les objets sont présentés à l'écran et peuvent être commandés sur simple appel téléphonique. La CNCL (**C**ommission **N**ationale de la

Communication et des **L**ibertés créée par la loi de 1986, en remplacement de la Haute Autorité) ne donna pas son approbation pleine et entière quant à cette initiative. Elle dicta ses volontés : 6 minutes de ventes seulement consacrées à la promotion de quatre produits au plus, artisanaux, de fabrication nationale ou européenne.

4. La part de la vente à distance ne cesse de croître. Le téléachat n'a pas encore supplanté le catalogue de la vente par correspondance.

Interflora, dont la maison-mère est américaine, s'accapare 70% du marché des fleurs. Elle concurrence Fleurs Éclair qui, installée à Vallauris (Alpes-Maritimes), pratique la vente de bouquets sur catalogue.

Les vépécistes, c'est-à-dire les vendeurs par correspondance, font le gros de leur chiffre d'affaires avec l'ameublement, les livres, les disques, le textile et l'habillement.

Le téléphone et la télématique ont permis de nouvelles formes de vente ou de services à distance y compris le téléachat.

Dans un proche avenir, le client ne se déplacera plus pour faire ses achats. Il passera commande à partir de son ordinateur domestique.

V.

(a) (b)

1. Une jeune fille **chaperonnée par** sa tante ...

2. Conditions **assorties de** contraintes inadmissibles ...

3. Des enfants **conduits par** une institutrice ...

4. Elle marchait **aidée de** sa canne ...

5. Elle est toujours **aidée de/par** son père quand elle fait ses devoirs.

6. **Encouragé(e) par** les spectateurs, l'athlète ...

VI.

(a)

Avantages d'un produit indéterminé

hautement performant/à la portée de tous/n'occupe pas beaucoup de place/bien conçu/économique/d'utilisation et d'entretien facile/grande fiabilité/le prix est très étudié/bon rapport qualité/prix/livraison rapide/excellent SAV (**S**ervice **A**près-**V**ente)/contrat d'entretien gratuit/délai très bref.

(b)

ÉLOGE D'UN PRODUIT

L'ordinateur est promis au plus brillant avenir. Le micro-ordinateur X est l'appareil le plus performant du monde de la micro-informatique.

Grâce à son nouveau dispositif électronique, **le micro-ordinateur X** est aujourd'hui **hautement performant** et **à la portée de tous**. De surcroît, il **n'occupe pas beaucoup de place**. Il a été **bien conçu** par trois prestigieuses sociétés du monde de l'informatique. C'est un appareil **économique** à long terme, d'**utilisation** et d'**entretien facile**. Il offre une **grande fiabilité** et des performances supérieures à celles du micro-ordinateur classique.

Véritable innovation en soi, **le prix** du micro-ordinateur X **est très étudié**. Les utilisateurs reconnaissent le **bon rapport qualité/prix**.

Pour l'achat de notre tout dernier modèle, nous vous garantissons une **livraison rapide, un excellent Service-Après-Vente (SAV), un contrat d'entretien**

gratuit. Nous pouvons intervenir dans **un délai très bref** pour effectuer une démonstration des nouvelles applications de notre produit.

Pour recevoir de plus amples informations ou connaître l'adresse de nos revendeurs, téléphonez au 16 (1) 48 89 36 10 ou tapez sur le Minitel 36 15 micro X (1,30 F/mn).

VII.

(a) **Neuf** diffère de **nouveau** en ce sens qu'il indique quelque chose qui vient d'être fait ou fabriqué et qui n'a pas encore servi. **Neuf** correspond donc à *brand new*. **Neuf** suit toujours le nom. **Nouveau** a un sens plus large. Il peut avoir le sens de **neuf** mais il peut également se référer à un article d'occasion ou à une chose différente, comme *new* en anglais.

(b)

1. Mon chapeau est tout **neuf** mais il n'était pas trop cher.

2. Elle vient de se payer une Volvo **neuve**.

3. Un produit **nouveau** a pénétré le marché.

4. Nous avons une **nouvelle** prof de gym.

5. Cette voiture est **nouvelle** mais elle a quatre ans.

VIII.

(a)

1. Si tu pars à seize heures tu **risques d'**arriver tard dans la nuit.

2. Tout le personnel doit faire les trois huit, autrement on **risque de** perdre des commandes.

(b)

1. Si tu fais ce placement maintenant, tu **risques de** faire de gros bénéfices.

2. Elle vient d'être nommée à Paris et **risque de** gravir rapidement les échelons.

IX.

(a)

1. On voyait au loin **de grands** arbres.

2. Il y avait **de grosses** pommes de terre chez l'épicier.

3. J'ai vu **de belles** voitures ce matin.

4. Il passait son temps à regarder **de belles** filles sur la plage.

"Des" peut s'employer dans les quatre cas s'il s'agit d'un style relâché.

X.

(a)

1. Les produits **que vend** cette entreprise sont très chers.

2. La directrice **que vient de nommer** la compagnie prévoit de lancer une campagne publicitaire.

3. Les ventes **que réalise** Téléshopping sont ahurissantes.

4. Le petit radiateur **qu'a importé** la compagnie se vend comme des petits pains.

Texte n° 13 : L'obligation de conseil. *Direct, juin 1994*

I.

Direct était un magazine mensuel spécialisé destiné au professionnel du marketing direct. Il était publié par le Groupe Stratégies. Ce mensuel a cessé de paraître.

II.   Vocabulaire

Une imprimante est un appareil permettant l'édition de documents. C'est une unité périphérique d'un ordinateur. Il existe différentes techniques au niveau des **imprimantes** : **l'imprimante** à aiguilles, **l'imprimante** à jet d'encre, **l'imprimante** à marguerites, **l'imprimante** thermique, **l'imprimante** à laser etc.

Les disquettes sont des éléments de transfert et de sauvegarde qui sont couramment utilisés sur les micro-ordinateurs. Les formats de ce support magnétique amovible sont 8 pouces, 5 pouces et 3 pouces. Les premières disquettes étaient flexibles. Ceci explique l'opposition aux disques durs. Actuellement, elles sont livrées dans un emballage rigide. L'orthographe **diskette** est quelquefois usitée.

La propriété intellectuelle est un droit réel qui confère toutes les prérogatives que l'on peut avoir sur un bien matériel qui se rapporte à la connaissance. C'est un ensemble de règles qui protègent le droit d'obtenir des ressources grâce à l'innovation technologique. Les **D**roits de la **P**ropriété **I**ntellectuelle (DPI) dépendent des brevets, des marques et des droits d'auteur. Jusqu'en 1993, l'**O**rganisation **M**ondiale de la **P**ropriété **I**ntellectuelle (OMPI), rattachée aux Nations Unies, était responsable de la protection des DPI. Par la suite la propriété intellectuelle est entrée dans le cadre de l'**O**rganisation **M**ondiale du **C**ommerce (OMC).

Une entreprise est un terme général qui désigne un établissement autonome qui produit et vend des biens ou des services sur le marché dans un but commercial. **Une entreprise** peut prendre des formes très différentes comme par exemple : une **entreprise** individuelle, une **entreprise** publique, une **s**ociété **à r**esponsabilité limitée (SARL), une **s**ociété **a**nonyme (SA), une coopérative etc. L'objectif principal d'une **entreprise** est la recherche de profits et de rentabilité.

Une licence d'utilisation est une facilité accordée à une entreprise fournissant le droit d'utiliser un procédé, une marque, un brevet etc., en échange du paiement d'une redevance ou de royalties. L'octroi d'une **licence d'utilisation**.

La standardisation est un anglicisme contesté par les puristes. C'est la production de modèles conformes à une **normalisation** ou à l'élaboration d'une **norme**, c'est-à-dire à un ensemble de spécifications techniques approuvées par un organisme reconnu tel que l'AFNOR, l'**A**ssociation **F**rançaise de **Nor**malisation, et qui servent de référence.

Gommée peut être un participe passé ou un adjectif qualificatif. Au sens figuré, **gommer** veut dire **atténuer, minimiser, passer sous silence**. Cf. un papier **gommé** (enduit de **gomme**)/**se gommer** les rides du visage (effacer par frottement)/**gommer** une tache (frotter avec une gomme).

III.

Dealings in different computing products, both soft and hardware, come within a very strict legal framework.

Indeed, although there exists no law or collection of laws entirely devoted to computing law, a great number of documents and decisions encompass both the ownership and protection of computing products, and the conditions for their marketing, and even their use. Since it is a question of ownership and protection, software and software packages (and this applies to files and data bases) constitute products of the intellect and are therefore protected by the law of intellectual property.

So, in a context as impersonal as that of a catalogue, how do you properly fulfil your obligations to give advice, when it is made clear that this obligation is normally accompanied by a duty to provide a warning (recommendations on the correct choice of product and the right time to computerise . . .) or information (particular characteristics of the products and technical information of all kinds)? It seems difficult to supply one simple solution. Actually, everything will depend, on the one hand, on the buyer's level of capability and competence, and on the other hand, on the complexity and level of documentation related to the products.

IV.

1. Le commerce des produits informatiques s'inscrit dans un cadre juridique très strict car le code de la propriété intellectuelle protège les logiciels, les progiciels, les fichiers et les bases de données. Le code de la propriété intellectuelle est un ensemble de dispositions qui encadre la propriété et la protection des ressources informatiques provenant de l'innovation technologique.

2. À l'issue de la lecture du texte, nous retenons que le commerce des produits informatiques entre dans le cadre d'une législation sévère. L'existence d'une loi uniquement consacrée au droit de l'informatique s'impose pour renforcer la protection des divers produits informatiques.

3. En règle générale, certains produits informatiques font l'objet d'une description relativement complexe et pas toujours accessible à l'utilisateur non confirmé. Il est intéressant d'observer que l'obligation de conseil s'applique à la préparation des catalogues de produits informatiques. Cet engagement suppose que les constructeurs doivent tenir compte des spécificités des produits et de la qualité des acheteurs (spécialistes ou non-spécialistes). La description du produit doit être intelligible si le constructeur ne tient pas à verser des prestations à l'utilisateur qui subit un préjudice causé par le manquement à l'obligation de conseil.

4. L'idée de mise en garde renvoie au bien-fondé de l'acquisition de produits informatiques. Elle serait, selon certains, une solution coûteuse ou irréaliste. En effet, cette solution cause des dépenses au sens propre du terme puisqu'on doit consacrer du temps et de l'argent à l'élaboration du catalogue ou en recommandant à l'utilisateur, confirmé ou non confirmé, tel matériel. Par ailleurs, cette solution peut avoir des conséquences fâcheuses et se traduire par le versement, à l'utilisateur, de dommages et intérêts élevés ou par une mévente des produits.

V.

(a) **acteur** – personnage qui joue un rôle important.

éditeur – personne qui publie des livres pour différents auteurs.

revendeur – personne qui achète au détail pour revendre.

spécificité – caractère unique d'une chose.

adéquation – caractère de ce qui convient. On dirait *appropriateness* en anglais.

commercialisation – vente sur le marché.

compétence – connaissance approfondie qui confirme le droit de juger ou d'agir. En anglais, on dirait *skill*.

opportunité – caractère de ce qui est opportun ou convenable.

prospect – client potentiel d'une entreprise.

(b) (c)

caution – garantie d'un engagement quand on loue une voiture, par exemple.

courtier – agent qui agit pour des clients dans les transactions commerciales et immobilières.

éventuellement – peut-être.

habileté – dextérité ou savoir-faire.

notoire – bien connu, renommé.

performant – capable de hautes performances. Se dit plutôt d'une machine ou de résultats.

rente – revenu périodique d'un bien ou d'un capital.

rétribution – argent que l'on reçoit en échange d'un service ou d'un travail; récompense.

stage – période d'études pratiques imposée à un étudiant.

starter – dispositif pour faciliter le démarrage d'un moteur.

VI.

(a) (b)

1. La majorité des ouvriers **fait/font** les trois huits.

2. La plupart des machines **sont** performantes.

3. Un pourcentage élevé d'articles **reste** invendu.

4. Une multitude d'étudiants/de visiteurs **entra/entrèrent**.

5. Quantité de spectateurs **quittèrent** le stade.

6. Une infinité de gens **se sont déversés** sur la pelouse.

7. Une partie des travailleurs **est** en grève.

8. Une minorité des employés **est/sont** en faveur de la hausse de salaire.

9. Le reste des ingénieurs **garde(nt)** le silence.

10. La moitié des directeurs **se proposent** de faire le rachat.

VII.

(a)

1. Elle **abuse de** ma bonne volonté.

2. Il **approche de** la quarantaine.

3. Je **me méfie de** ses intentions.

4. Elle ne **se doute de** rien.

5. La direction ne **répond d'**aucun vol.

6. Ils ont tous **témoigné de** son courage.

7. Je **me suis trompée de** porte.

VIII.

(a) Pleuvoir/bruiner/neiger/venter

(b)

1. Il **a plu** sans arrêt toute la semaine dernière.

2. Il **a bruiné** tout le dimanche matin.

3. Il **neige** tous les hivers à la même période.

4. Qu'il **vente**, qu'il **pleuve** ou qu'il **neige**, elle est obligée de sortir.

IX.

(a) **De** (ou **en**) **sorte que**, ou avec une détermination : **de telle sorte que**
Phrase n° 1 : **de sorte que + subjonctif** (**de sorte qu'il puisse**), le subjonctif rapproche la proposition principale de la proposition de but (**prendre une décision tout seul**). L'idée de but entraîne l'emploi du subjonctif.
Phrase n° 2 : **de sorte que + indicatif** (**de sorte que l'affaire est conclue**) indique un résultat ou une conséquence réalisée.
NB : le mode employé est en général l'indicatif.

(b)

1. Il faut revenir **de façon à ce qu'**il te **voie**.

2. Elle est revenue **de façon que** je l'**ai** vue.

3. La compagnie a fait une pub à la télé **de manière que** des millions de Français l'**ont** vue.

4. Commercialiser ce produit **de manière à ce que** les concurrents **soient** écrasés est peut-être illégal.

X.

(a)

1. Le soir, les couleurs **allaient en se dégradant**.

2. Son intérêt pour le développement du produit **allait en croissant**.

3. La foule **allait en grandissant**.

4. Avec les pluies torrentielles le fleuve **ira en croissant**.

5. La nouvelle de sa libération **allait en s'amplifiant**.

6. L'ensemble des nouvelles applications de diverses techniques à l'audiovisuel **vont en se développant**.

Texte n° 14 : Tabac : condamnation des publicités alibis.
Médias, mai 1994

I.

Médias est un magazine spécialisé dont la publication a cessé en été 1994. Ce mensuel traitait de la publicité, du marketing, des médias et de la communication d'entreprise.

II.   Vocabulaire

Des publicités-alibis ou publicités indirectes sont des moyens de communication de masse permettant de se justifier et de se disculper. La publicité cherche à attirer l'attention du client potentiel et à influencer son comportement d'achat, tout en mettant à la disposition du public des informations relatives au produit, à la marque. Certains produits, comme le tabac et l'alcool, font l'objet d'une réglementation très sévère. La loi Évin interdit "toute propagande ou publicité directe ou indirecte, en faveur du tabac ou des produits du tabac".

Le tabagisme est une intoxication liée à l'abus du tabac. La lutte contre **le tabagisme** et l'alcoolisme entre dans le cadre de la loi Évin du 10 janvier 1991. Il existe de nombreuses campagnes anti-tabac pour lutter contre **le tabagisme** passif et actif.

Un biais est une manière, un moyen détourné d'atteindre un objectif. Je ne sais par quel **biais** le prendre!/prendre quelqu'un **de biais** (de façon indirecte).

Commercialiser signifie **lancer sur le marché**, **mettre dans le circuit commercial** ou de distribution par lesquels les produits sont acheminés afin d'être accessibles à la clientèle dans les meilleures conditions.

Caduc est un adjectif synonyme de **périmé**, **démodé**, **vieilli**. Une loi **caduque** (remplacée par une nouvelle loi)/un immeuble **caduc** (en ruine).

Publicité illicite est synonyme de publicité illégale, publicité interdite par la loi. Les publicités indirectes ou directes en faveur du tabac, de l'alcool ou des produits dérivés sont **illicites**.

Les campagnes sanitaires sont des opérations ayant pour but de propager des informations portant sur la santé publique et l'hygiène. On parle aussi de campagne de presse, de campagne d'affichage, de campagne publicitaire ou de publicité, campagne commerciale. Par ailleurs, certaines activités saisonnières sont connues sous les termes suivants : campagnes agricoles, campagne de pêche, campagne touristique.

III.

On February 28 and March 9 1994 the Paris criminal court pronounced three decisions related to indirect advertising promoting tobacco sales.

"promoting a product other than tobacco or a tobacco product which was marketed before January 1 1990 by a company legally and financially distinct from any company which manufactures, imports or markets tobacco or a tobacco product".

"the creation of any legal or financial link between these companies makes this dispensation null and void".

"the PST brand is a service, not a product, since the company Peter Stuyvesant Travel BV is a travel agency business".

"is a legal person in its own right and is not controlled by a tobacco manufacturer".

"so is indirectly linked to a tobacco manufacturer".

IV.

1. Le Tribunal Correctionnel de Paris a pris trois décisions spécifiant la notion de publicité indirecte en faveur du tabac. Ces décisions concernent le jugement de la société Salamander fabriquant les chaussures Camel Boots et de la marque Peter Stuyvesant Travel qui ont commis une infraction. Par conséquent, le Tribunal Correctionnel de Paris les a condamnées à des sanctions civiles et pénales.

2. La publicité indirecte en faveur du tabac est un moyen de communication qui cherche à attirer l'attention du consommateur et qui suggère autre chose que le tabac, par exemple, les briquets, les allumettes. Elle est interdite et définie dans l'article L.355–26, du code de la santé publique. La loi Évin du 10 janvier 1991 précise que cette interdiction ne vise pas la publicité "en faveur d'un produit autre que le tabac", par exemple, les marques de produits correspondant à une marque de tabac comme les collants Chesterfield, la lessive Ariel, les cycles Gitanes. Cette loi interdit "toute propagande ou publicité directe ou indirecte en faveur du tabac ou des produits du tabac".

3. L'interdiction de fumer dans les espaces publics est une bonne décision. Par ailleurs, elle n'est pas accompagnée de mesures coercitives mais elle fait davantage appel au civisme des fumeurs.

4. Cet exercice ne s'improvise pas. Il demande une préparation des étudiants. L'enseignant doit pousser les étudiants à avoir un comportement civique, responsable et critique à l'égard de l'usage du tabac dont chacun connaît les risques cachés. L'objectif de ce débat est de :
   susciter la réflexion des étudiants/analyser une situation donnée/accorder aux étudiants un temps de parole sur un problème de société avec les outils linguistiques nécessaires/permettre un échange d'opinion/tenir compte des avis de chacun pour mieux les comprendre et faire preuve de tolérance.

Première étape

L'enseignant demande aux étudiants :

de se documenter à propos de la loi sur l'interdiction de fumer dans les espaces publics/de travailler de façon autonome chez soi, avec l'aide d'un dictionnaire, si nécessaire, afin de disposer d'un vocabulaire précis pour ce genre d'exercice/de réfléchir sur les motivations qui poussent les jeunes à fumer.

Pour certains, le tabac peut être considéré comme une source de plaisir liée au désir de séduction, d'indépendance et de vitalité. Pour d'autres, le tabac peut constituer un réel danger pour la santé, une certaine agression pour l'entourage, une drogue dont il faut se débarrasser. La discussion sur ce thème se fera à l'aide des idées de chacun et du vocabulaire fourni.

Mots et expressions : un fumeur/un gros fumeur/un non-fumeur/une zone fumeurs ou non-fumeurs/la nicotine/le goudron/à faible teneur en goudron/le tabac/une drogue/la tabacomanie/un danger pour la santé/une campagne anti-tabac/la commercialisation des cigarettes/le respect/la tolérance/la courtoisie/une agression/un danger/la pollution/une menace/des mesures anti-tabac.

Adjectifs : dangereux/toxique/égoïste/compréhensif/tolérant/intolérant/nuisible à/cancérigène/agressif/soucieux d'être en bonne santé.

Verbes : faire campagne contre/s'attaquer aux fabricants de cigarettes/limiter l'usage du tabac/fustiger les fabricants de tabac/interdire de fumer/limiter l'usage du tabac sur le lieu de travail/afficher un règlement anti-tabac/fumer ou griller une cigarette/tirer une bouffée ou des bouffées/avaler la fumée/souffler de la fumée/fumer la pipe/comporter des risques/se désintoxiquer/cesser de fumer/renoncer à fumer/arrêter de fumer/nuire à la santé/se détacher de/céder/craquer/menacer/constituer un danger.

Quelques formules utiles : je constate/j'ai observé/j'ai remarqué/je pense/à mon avis/il me semble/je propose/il conviendrait de/il serait utile de.

V.

(a)

1. **Bien que** le tribunal **rendra** sa décision cet après-midi, ce n'est pas la fin de l'affaire.

2. **Puisque** les produits pharmaceutiques **sont** trop chers, on ne les achète pas.

3. **Sitôt/aussitôt qu'**ils **ont** commercialisé l'article, ils ont fait des affaires en or.

4. **Tant que** la Sécu **existera**, il y aura toujours un déficit.

(b)

1. **Bien que** le rectorat **ait** accepté le principe d'un partenariat, ce n'est pas entièrement convaincant.

2. Il faut lutter contre la contraction de la demande **pour que** l'activité économique **reprenne**.

3. La télévision peut passer n'importe quelle pub **sous réserve que** certaines conditions **soient** respectées.

4. La violence au cinéma sera tolérée **pourvu que** les enfants soient protégés.

VI.

(a)

1. La mairie a retiré son **autorisation**/sa **permission de** faire construire une salle de cinéma.

2. Les annonceurs se trouvent dans l'**impossibilité de** respecter les délais.

3. On a reproché aux agences leur **volonté d'**introduire des pubs érotiques.

4. Leur **habileté à** persuader le public est ahurissante.

5. L'**hésitation** de la compagnie **à** faire encore des investissements s'explique facilement.

6. Je comprends mal cette **insistance** de la maison d'éditions **à** augmenter ses prix de 10%.

VII.

(a) (b)

1. Je **ne savais pas** qu'ils passaient le film ce soir.

2. La régie **ne savait pas** projeter son image.

3. Le propriétaire de ce journal **ne saurait** exploiter la documentation informatisée.

4. Elle **n'osait jamais** nager dans la piscine.

5. Elle **n'a pas osé** partir toute seule.

6. Nous **n'osions** investir dix milliards au moment de la récession.

7. Il **ne cessait pas** de pleuvoir.

8. La librairie **ne cesse de** faire des campagnes publicitaires.

VIII.

(a)

1. La nécessité économique a **rendu** les investisseurs beaucoup plus **prudents**.

2. L'informatisation du système nous a **rendus** plus **compétitifs**.

3. La baisse du prix des livres **rendrait** les libraires **vulnérables**.

4. La concurrence internationale **rendra** la compagnie plus **dynamique**.

IX.

(a) *delay* (retard)/**délai** *(deadline)*/***currently*** (actuellement)/**couramment** (*fluently*)/ ***actually*** (en fait)/***eventually*** (en fin de compte)/**éventuellement** (*possibly*).

(b)

1. Le Trésor Public lui a accordé un **délai** de paiement relatif à la taxe d'habitation.

2. Elle parle **couramment** l'espagnol car elle a vécu de nombreuses années en Amérique Latine.

3. **Actuellement**, le déficit de l'assurance-maladie préoccupe le gouvernement d'Alain Juppé qui propose un plan de sauvetage de la Sécurité Sociale.

4. Le Conseil Scientifique de l'université proposera **éventuellement** des crédits affectés aux chercheurs.

X.

(a)

1. Le gouvernement **exige qu'il n'y ait plus** de concurrence déloyale.

2. Le public **insistait pour que** les salaires de tous les PDG **soient** publiés.

3. Les employés **ont demandé que** le patron **soit** informé immédiatement de leur décision.

4. Le tribunal **a ordonné qu'**une enquête **soit** faite.

5. Il **importait que** les jeunes **soient** plus conscients de leurs obligations.

6. Il serait **indispensable que** de bonnes conditions économiques **soient** réunies pour relancer ce produit.

Texte n° 15 : Les invendus : un mal nécessaire? *Médias, mars 1994*

I.

Médias est un magazine spécialisé dont la publication a cessé en été 1994. Ce mensuel traitait de la publicité, du marketing, des médias et de la communication d'entreprise.

II. Vocabulaire

Le prix est la valeur marchande d'un objet, d'un bien ou d'un service. Synonymes : coût, tarif. Locutions courantes : le **prix** unitaire (ou à l'unité)/débattre un **prix** (marchander)/fixer le **prix**/convenir d'un **prix** (négocier)/y mettre le **prix** (ne pas regarder à la dépense)/être dans les **prix** de quelqu'un (abordable pour quelqu'un)/casser les **prix** (brader)/un **prix** élevé, excessif, exorbitant/un **prix** défiant toute concurrence/**prix** TTC (**T**outes **T**axes **C**omprises)/**prix** HT (**H**ors **T**axes)/hors de **prix** (très coûteux)/à tout **prix** (à n'importe quel **prix**/coûte que coûte).

Dans le cadre d'une promotion, le **prix** est la récompense destinée à honorer un gagnant dans un concours, un jeu ou une loterie. Le **prix** peut être une somme d'argent ou un cadeau publicitaire, un voyage ou une voiture. Exemples : attribuer le **prix** Goncourt (**prix** littéraire)/recevoir le **prix** Nobel de physique/remporter/emporter le premier **prix**/décerner/remettre un **prix**.

Les bases de données représentent l'ensemble des éléments logiquement reliés entre eux et accessibles au moyen d'un logiciel spécialisé. Ce sont des banques de données bibliographiques permettant d'accéder à des références d'ouvrages ou d'articles. Locutions à retenir : les **données** d'un problème (les hypothèses)/les **données** d'une recherche expérimentale (matériau)/les **données** statistiques/manquer de **données** (renseignements)/La banque de données (l'ensemble de fichiers informatisés accessibles par les réseaux de transmissions, les réseaux téléphoniques, les réseaux télématiques).

Une chaîne de distribution est synonyme de **circuit de distribution**, **canal de distribution** ou encore **réseau de distribution**. C'est un système intermédiaire entre le producteur et le consommateur, assurant la commercialisation des produits. Sa forme varie en fonction du nombre d'intermédiaires, de la nature et de l'organisation des magasins. La répartition des ventes d'un produit se fait selon des **chaînes de distribution** différentes : la grande distribution (hypermarchés, grandes surfaces), les grands magasins, la distribution sélective (CHR : Cafés, Hôtels, Restaurants), les concessionnaires, les magasins sous-franchise, la vente à domicile ou la vente par correspondance (VPC). Autre locutions courantes : une **chaîne** câblée/cryptée/publique/stéréo/haute-fidélité/capter une **chaîne**/changer de **chaîne** (zapper)/une **chaîne** de fabrication/de montage/une **chaîne** de magasins/d'hôtels/de restaurants.

Une formule arithmétique est un calcul pratique basé sur des opérations telles que l'addition, la soustraction, la multiplication et la division. Locutions courantes : faire une addition/soustraction/division/multiplication/**formule** d'un contrat/ **formules** de politesse/chercher la **formule** qui convient/**formule** chimique (H_2O)/sanguine/**formule** d'un médicament (composition)/c'est la **formule** idéale (solution)/une **formule** toute faite (cliché)/une **formule** publicitaire (slogan)/une voiture de **Formule 1**.

La presse désigne le moyen d'information de masse le plus utilisé par les investisseurs publicitaires. Elle inclut la presse gratuite (financée par la publicité et les petites annonces), la presse magazine (centrée sur la culture, les loisirs ou d'autres thèmes), la presse technique et professionnelle, la presse quotidienne nationale (PQN), la presse quotidienne régionale (PQR). Expressions à retenir : mettre sous **presse** (donner à imprimer)/une agence de **presse**/l'agence France-**Presse**/la **presse** écrite (les journaux)/la **presse** orale (la radio)/la **presse** télévisée (la télévision)/ des coupures de **presse**/avoir bonne/mauvaise **presse**, c'est-à-dire bonne/ mauvaise réputation.

Un document contractuel est un document stipulé par **contrat**. Locutions courantes : un **contrat** de location/de mariage/de travail/un **Contrat** à **D**urée **D**éterminée (CDD)/un **contrat** emploi-formation/un **contrat** emploi-solidarité/ une rupture de **contrat**/passer/renouveler/signer un **contrat**/remplir son **contrat**/rédiger un **contrat** en bonne et due forme.

NB : **contractuel** peut être considéré comme un adjectif ou comme un nom. Par exemple : un agent **contractuel**/un(e) **contractuel(le)** ou agent de police chargé(e) de réglementer le stationnement.

En somme est une locution à valeur d'adverbe qui signifie **tout compte fait, en conclusion, tout bien considéré, en résumé, en définitive, au total**. Autres expressions courantes : une **somme** d'argent/une **somme** algébrique/dépenser des **sommes** folles/travailler comme une bête de **somme** (durement, avec acharnement)/faire un **somme** ou piquer un **somme** (dormir).

Un outil-clé est un matériel indispensable. L'élément de formation de noms composés –**clé** signifiant **d'une importance capitale**, peut aussi s'écrire –**clef**. Exemples à retenir : un secteur-**clef**/une position-**clé**/un problème-**clé**/les mots-**clés**. Autres locutions courantes : fermer la porte à **clef**/donner un tour de **clef**/prendre la **clef** des champs (s'enfuir)/la **clé** de voûte/mettre sous **clé** (à l'abri)/**clés** en main (prêt à être utilisé)/mettre la **clé** sous la porte (partir à la dérobée)/mettre la **clé** sous le paillasson/occuper une position-**clé**/la **clef** du mystère.

Une cellule est un groupement d'individus ayant des caractéristiques propres et un fonctionnement particulier. Par exemple : la cellule familiale/la cellule d'un parti politique. Autres exemples : une cellule de prisonnier/La reproduction des cellules (tissus)/une cellule photo-électrique.

Recevoir des avances de trésorerie veut dire toucher une somme d'argent versée par anticipation. Locutions courantes : recevoir un salaire/une récompense/un appel/un message/un ordre/des compliments/des soins/recevoir des coups et blessures/recevoir quelqu'un à dîner/recevoir quelqu'un à bras ouverts/recevoir une visite, la visite de quelqu'un/être reçu à un examen, à un concours. Expressions courantes avec avance : avoir une heure d'avance/prendre de l'avance dans son travail/payer d'avance/faire des avances (faire la cour à, draguer)/faire une avance sur salaire/demander une avance/une avance sur créance/une avance sur marchandises/récupérer ses avances. Autres expressions à retenir : la trésorerie générale/d'une entreprise/avoir des difficultés de trésorerie.

III.

Following this decision to deal more competently with the well-known arithmetical formula cherished by publishers: "Copies distributed − unsold copies = sales", the NMPP offer the different operators in the distribution network a contract which finally allows for a formalization of procedures which hitherto have had only a *de facto* existence.

At the same time, so as to obtain sales results more speedily at a national level, the system announcing the state of sales will be more uniform: between now and the end of the year, the weekly announcement of unsold copies will disappear, while the 500 agents affected by this practice will be forced to make a daily statement which will be fed directly into the Minitel.

The objective that the NMPP is aiming at is the elimination of certain past excesses. In 1992, the cost of movement in capital was 240 million francs, and the reform, now prepared, is to allow for savings of approximately 50% in the medium term.

IV.

1. trimestriel (qui paraît tous les trois mois)

quadrimestriel (qui paraît trois fois dans l'année)

semestriel (qui paraît deux fois dans l'année)

bimestriel (qui paraît tous les deux mois)

mensuel (qui paraît tous les mois)

bi-mensuel (qui paraît deux fois par mois)

hebdomadaire (qui paraît chaque semaine)

2. Quelques titres de la Presse Quotidienne Régionale (PQR)
Le Dauphiné Libéré/Ouest France/Le Méridional/Les Dernières Nouvelles d'Alsace/Nice Matin
Quelques titres de la Presse Quotidienne Nationale (PQN)
La Croix/Les Échos/L'Équipe/Le Figaro/France-Soir/L'Humanité/Libération/Le Monde/Le Parisien/Le Quotidien de Paris.

3. Créé à la fin des années 70 par France Télécom, le Minitel s'applique à de nombreux domaines qui vont de la messagerie à la réservation de billets de train, de places de théâtre ou de cinéma. En 1993, France Télécom enregistre 6 millions d'abonnés au Minitel. Les services offerts par le Minitel ont énormément augmenté la consommation téléphonique. Au départ, pour encourager cette consommation, France Télécom a remis gratuitement un terminal Minitel à la plupart des abonnés. En France, le Minitel devient un outil indispensable car il est utilisé par l'Éducation Nationale et d'autres institutions publiques.

Autres instruments modernes très utilisés

Ordinateurs/fax/téléphone portable/caméscope/magnétoscope/vidéodisque/disque compact/messagerie électronique/informatique/multimédia.

4. En réalité, dans le domaine de la presse, un éditeur tire toujours plus d'exemplaires qu'il n'en vend. La diffusion totale comprend les services de presse gratuits et les exemplaires offerts dans le cadre d'opérations promotionnelles. Un des systèmes adoptés pour les bouillons est le pilonnage ou le recyclage des invendus qui seront destinés à fabriquer du carton et du papier recyclé.

V.

(a) (b)

En somme est une locution adverbiale qui introduit un résumé des propos précédents.

1. **En dernière analyse**, elle a raison.

2. **Somme toute**, la société n'a aucune preuve d'une concurrence déloyale.

3. **Après tout**, le marketing n'est pas une science exacte.

4. **En définitive**, rien n'est prouvé concernant la reprise économique.

5. **En fin de compte**, la publicité ne vise qu'à sensibiliser le public au produit.

6. **Finalement**, les ventes s'avèrent de plus en plus difficiles.

7. **Tout bien considéré**, la commercialisation de ces vêtements entraîne de gros risques.

VI.

(a) (b)

1. Il faut deviner les **mots-clefs** pour comprendre le puzzle.

2. Elle occupe une **position-clef** dans l'entreprise.

3. La fabrication des matières plastiques est une **industrie-clé**.

4. C'est là un **marché-clé** qu'il faut pénétrer.

VII.

(a) (b)

1. Il faut **mettre un terme à** ces pertes.

2. Ils ont lancé une opération **à court/moyen/long terme**.

3. **Au terme d'**un long procès, le patron fut relaxé.

VIII.

(a) En français 2 700 000 000 F   En anglais 2,700,000,000 francs
     En français 2,7%   En anglais 2.7%

(b) Deux milliards sept cent millions de francs
     Deux virgule sept pour cent.

IX.

(a) (b) **inabordable** qui n'est pas abordable/**inachevé** qui n'est pas achevé/**inactif** qui n'est pas actif/**inadmissible** qui n'est pas admissible/**inapte** qui n'est pas apte/**inattentif** qui n'est pas attentif/**incapable** qui n'est pas capable/**incertain** qui n'est pas certain/**inconnu** qui n'est pas connu/**inconvenant** qui n'est pas convenant/**inébranlable** qui n'est pas ébranlable/**informel** qui n'est pas formel/**insensible** qui n'est pas sensible/**insoumis** qui n'est pas soumis.
Cette liste est loin d'être exhaustive.

X.

(a)

1. Elle a mis son **collant**/son **short**/son **slip**.

2. La **troupe** a marché toute la journée.

3. Elle étudie la **linguistique**/la **physique**/la **politique**/la **statistique**.

4. Elle m'a donné un conseil/des conseils (*a piece of advice/some advice*).

(b) De même que le singulier en français correspond à un pluriel en anglais, l'inverse est également vrai dans certains cas. Par exemple, on dit : **sous les applaudissements de …/à ses côtés/il a perdu ses forces/les funérailles/faire des progrès/faire des révisions/les ténèbres/les violences**.
On dit également: **des fruits, des pains, des statistiques** (*a series of statistics*), **faire des recherches**. Par contre, **la recherche** signifie le concept.

Texte n° 16 : Des comptes très domestiques. *Challenges, avril 1994*

I.

Challenges est un magazine mensuel de presse d'information économique. Il appartient au Groupe Perdriel.

II. Vocabulaire

Une banque à domicile est un ensemble de services bancaires destinés aux particuliers et accessibles du domicile. Les supports principaux de cette nouvelle pratique sont le téléphone et le Minitel. Ce type de pratique permet d'économiser sur le personnel de guichet en vue de développer des activités commerciales. Exemples à retenir : **Banque** centrale/privée/agricole/industrielle/populaire/ **Banque** d'État/de France/de dépôt et d'escompte/de données. Autres expressions utilisées pour une réserve de tissus vivants ou d'organes utilisables en chirurgie ou pour des greffes : **Banque** d'organes/d'yeux ou des yeux/de sang/du sperme.

À domicile est une locution qui veut dire **dans la demeure même, chez-soi.**
Expressions à retenir : porter les lettres **à domicile**/se faire livrer un colis/
un paquet ou un repas **à domicile**/livraison **à domicile**/un travailleur **à domicile**/donner des leçons **à domicile**/des visites **à domicile**/des soins **à domicile.**

Passer dans les mœurs signifie que le concept de banque à domicile est devenu une
pratique courante dans la vie quotidienne. Expressions et locutions à retenir :
passer à l'acte/l'arme à gauche/sur le billard/un cap/à la casserole/du coq à l'âne/
l'éponge sur quelque chose/d'un extrême à l'autre/comme une lettre à la poste/
sous le nez/au peigne fin/de la pommade à quelqu'un/un mauvais quart d'heure/
un savon à quelqu'un/sous silence/à tabac.

La clientèle est l'ensemble des clients ou des acheteurs. Exemples à retenir : la
clientèle d'un restaurant/d'un avocat/d'une agence/se faire/attirer une **clientèle.**

Une gamme de produits d'épargne représente un ensemble de produits d'épargne
proposés par un établissement bancaire (dépôts en banque, achat d'actions et
d'obligations). Expressions à retenir : des produits haut de gamme (les plus chers)/
des produits bas de gamme (les moins chers)/des produits bruts/agricoles/
manufacturés/frais/laitiers/finis/alimentaires/pharmaceutiques/médicamentaux/
de base/de beauté/de luxe/de première nécessité.

Autres expressions : **p**lan d'**é**pargne **r**etraite (PER)/**p**lan d'**é**pargne **l**ogement
(PEL)/**p**lan d'**é**pargne en **a**ctions (PEA)/**p**lan d'**é**pargne **p**opulaire (PEP)/
la **C**aisse **N**ationale d'**É**pargne (CNE)/la **C**aisse **N**ationale d'**É**pargne et de
Prévoyance (CNEP).

Les assurances-vie n'ont pu se développer que lorsqu'on a pu établir des tables de
mortalité indiquant les espérances de vie des individus par âge et par catégorie
sociale. L'assurance-vie protège le cotisant contre le préjudice lié au décès d'un
proche. Elle combine l'assurance et le placement. S'il y a survie de l'assuré au-delà
de l'âge limite d'assurance, celui-ci récupère une partie du capital versé par
l'intermédiaire des cotisations. Expressions à retenir : contracter une
assurance/contrat/police d'**assurance**/compagnie d'**assurances**/portefeuille
d'**assurances**/agent d'**assurances**/**assurance** sur la vie/**assurance**-vie/-décès/-
automobile/tierce collision/multirisque-habitation/au tiers/**assurance**
scolaire/maladie/chômage.

Un compte rémunéré est un compte qui rapporte de l'intérêt, autrement dit une
reconnaissance de dette d'un établissement bancaire auprès de ses clients. Celle-ci
est établie par une écriture comptable. Cette forme scripturale rapporte des intérêts
puisqu'il s'agit d'un compte rémunéré. Par exemple : un **compte** sur livret/
à terme/un **compte** de **d**éveloppement **i**ndustriel (Codevi)/un **compte** **é**pargne
logement (CEL)/un **compte** chèque et un **compte** courant ne sont pas des
comptes rémunérés car ils ne rapportent pas d'intérêt.

Une commande est une opération par laquelle un client, un consommateur ou un
commerçant demande un service ou une marchandise à fournir dans un délai fixé.
Locutions à retenir : faire/passer/accepter/refuser/prendre/livrer/une **commande**/
sur **commande** (à la demande)/tenir les **commandes** (diriger)/passer les
commandes à quelqu'un (confier).

Commander un objet ou **en faire la commande** implique l'acheter, se le procurer
ou se le faire livrer. Locutions courantes : **commander** quelque chose par
téléphone/**commander** un travail à quelqu'un/**commander** le silence

ou imposer/**commander** quelqu'un (diriger, dominer)/**commander** une troupe ou mener.

Un produit-phare est un produit qui peut guider ou éclairer. **Un phare** est un dispositif qui envoie des radiations lumineuses. Expressions à retenir : allumer/éteindre/régler/ses **phares**/mettre ses **phares** en veilleuse/**phares** codes/anti-brouillard/à iode/faire un appel de **phares** (*to flash* someone)/être en **phares** (feu de route). **Phare** a aussi le sens de *lighthouse*.

III.

"With our customers, everything takes place by phone, mail or Minitel. There is no face to face communication. Cortal is a bank which cocoons its customers, the carpet-slipper bank for those who don't want to go out in order to deal with their personal investments."

"The customer enjoys advantages that (s)he cannot find in a high-street branch, as for example, opening times which extend to 8 o'clock in the evening or Saturdays . . . the absence of a network of branches allows us to offer service charges which are absolutely unbeatable",

"In our organization, costs of administering assets are on average only 0.3%."

"At the CCF, the percentage of customers who use our server has risen from 12.5% to 25% since September 1991, and we intend to increase it to 33% within two years . . . The Minitel service is, firstly, a means of relieving overloaded branches, as well as capturing customers whose loyalty it aims to increase by encouraging them to carry out all their transactions with us."

IV.

1. Chaque étudiant exprimera son avis sur la question. Il pourra trouver des avantages et des inconvénients à un tel concept de banque à domicile. Voir question n° 2.

2. Ce système de banque à domicile constitue une menace sur les futurs emplois à cause de l'informatisation à outrance. Ce qu'un banquier peut présenter comme un avantage se fait, en réalité, au détriment de certains emplois. Par exemple : conseillers financiers à la disposition du public, du lundi au samedi jusqu'à 20 heures (uniquement pour des renseignements par téléphone)/rapidité et simplification du suivi/ appel gratuit depuis toute la France pour encourager le client à utiliser ce service/ le déplacement est inutile/les opérations ne se font plus directement aux guichets mais par téléphone, télécopie ou courrier/l'absence de guichet signifie des postes en moins.

3. Encore une fois, ce thème permettra à chaque étudiant de donner son opinion sur l'achat au comptant ou à crédit. Les questions 3 et 4 se recoupent.

4. L'achat à crédit peut offrir des avantages et des inconvénients à la fois au vendeur et à l'acheteur :

Avantages

En accordant un crédit au consommateur ou une entreprise, un concessionnaire peuvent augmenter leurs ventes. Le crédit encourage les ventes de produits coûteux ou de luxe/Les bénéfices recueillis grâce aux ventes supplémentaires peuvent compenser le coût du prêt pour financer les ventes à crédit/La vente à crédit peut encourager un achat spontané ou impulsif/Pour fidéliser la clientèle, certains grands magasins accordent des cartes d'achats et de crédit.

Inconvénients

En cas de difficulté financière pour perte d'emploi, le consommateur peut se trouver dans l'impossibilité de payer son crédit, et le produit qu'il a acheté risque d'être saisi/Le coût du crédit est, en général, élevé et inclus des frais administratifs supplémentaires/Le consommateur peut être tenté d'acheter plus en obtenant un crédit/Un achat à crédit suppose la constitution d'un dossier qui demande du temps.

5. Les institutions françaises proposent des services d'information au public grâce au Minitel. C'est le cas de l'Éducation Nationale (3615 Edutel), de l'Assurance Maladie (3615 LA SECU).

Pour l'assurance maladie ce système peut offrir des avantages :

Avantages

Pas de file d'attente aux guichets/informations pratiques sur les remboursements de soins, les accidents du travail, les arrêts-maladies, les congés de maternité/gain de temps/consultation immédiate d'une information.

La **V**ente **P**ar **C**orrespondance (VPC) utilise également cet outil de communication, qui n'offre pas que des avantages :

Inconvénients

Un achat par Minitel présente un probléme de preuve pour le consommateur en cas de réclamation. Les paiements à distance par carte bancaire entraînent des litiges de code. (**Magis**, le nouveau Minitel, est doté d'un lecteur de carte à puce afin que les paiements à distance soient plus sûrs et plus rapides. **Magis** est un moyen de paiement par carte avec un code confidentiel utilisé à domicile. Cependant le grand public n'en est pas encore équipé.)

V.

(a) (b) **avoir du mal à joindre les deux bouts** – parvenir difficilement à boucler son budget

on ne sait par quel bout le prendre – il est d'une humeur difficile

à tout bout de champ – à chaque instant/à tout propos

être à bout de forces – être épuisé

venir à bout d'un travail – l'achever

faire un bout de chemin – parcourir une certaine distance

un bon bout de temps – un long moment

tirer à bout portant – tirer de tout près.

Autres locutions courantes : à **bout** de bras (sans aide, avec effort)/un **bout** de causette ou un brin de causette (petite conversation)/**bout** de chou (terme affectueux pour un enfant)/économies de **bout** de chandelle (insignifiantes)/avoir un mot sur le **bout** de·la langue/sur le **bout** des doigts, jusqu'au **bout** des doigts/voir quelque chose par le petit **bout** de la lorgnette/le **bout** du tunnel/être à **bout** de nerfs/à **bout** portant/de très près/prendre par le bon **bout**.

VI.

(a) Télescope/microscope/périscope/magnétoscope/horoscope.
Autres mots construits avec scope (du grec *–skopos* qui veut dire observer) : un baroscope/un électroscope/un endoscope/un kaléidoscope/un stéthoscope/un caméscope/le Futuroscope de Poitiers.

(b)

1. À l'aide du télescope, il vit le bateau à l'horizon.

2. Le microscope lui a permis d'examiner les bactéries.

3. Le commandant du sous-marin suivait le cuirassé avec son périscope.

4. Je n'arrive pas à enregistrer ce film au magnétoscope.

5. Tu crois à l'utilité d'un horoscope, toi?

VII.

(a) **monter/disparaître/paraître/apparaître/convenir** s'emploient tantôt avec le verbe **avoir**, tantôt avec le verbe **être**. Lorsque **monter** s'emploie au sens figuré, il se conjugue avec **avoir**. Exemple : les prix **ont monté**. Au sens propre, il se conjugue avec **être**. Exemple : elle **est montée** à sa chambre. Mais lorsque **monter** s'emploie transitivement, **avoir** est employé. Exemple : J'**ai monté** les bagages. On dit également : Il a **rentré** la voiture/**sorti** son portefeuille/**descendu** les bagages/**retourné** la lettre, bien que ces quatre verbes se conjuguent avec **être** quand ils sont employés intransitivement.

Lorsque **paraître** s'emploie avec **avoir** il implique une action. Exemple : ce livre **a paru** avant hier. Quand il se réfère à un état, il se conjugue avec **être**. Exemple : Ce livre **est paru** depuis longtemps. Le même commentaire s'applique à **disparaître**.

Lorsque **convenir** a le sens de *to suit*, il se conjugue avec **avoir**. Exemple : la chambre m'a convenu. Lorsque **convenir** a le sens de *to be in agreement with*, il se conjugue avec **être**. Exemple : nous **sommes convenus** de son départ. Cette distinction n'est pas respectée par la plupart des Français. À l'heure actuelle, **avoir** a presque complètement remplacé **être**.

VIII.

(a) (b)

1. Il passa l'examen une **deuxième/seconde** fois.

2. S'il gagne le **deuxième/second** set, ils devront en jouer un troisième.

3. Le **Second** Empire fut une grande période de production artistique en France.

4. Elle avait achevé dix tours de piste et, tout d'un coup, elle eut un **second** souffle.

IX.

(a)

1. Il a fait tellement de bruit qu'**il s'est fait expulser**.

2. Après avoir travaillé pour cette compagnie **elle s'est fait renvoyer** pour un rien.

3. Allez, on va **se faire prendre** en photo.

4. Ils **se sont fait envoyer** dix litres de vin.

5. Elle **se fera inscrire** à la fac par sa mère.

X.

(a) **Arrêter/assister/contrôler/dénoncer/percevoir**

(b) (c)

1. Monsieur le Maire a **arrêté** sa décision (*to establish, to fix*).

2. Des milliers de spectateurs ont **assisté au match** (*to attend*).

3. Les douaniers vont **contrôler** tout le monde (*to check*).

4. Tout chez lui **dénonçait** de belles qualités (*to reveal*). (**Dénoncer** a un sens très recherché ici.)

5. Les impôts sont **perçus** que vous soyez d'accord ou non (*to collect*).

Texte n° 17 : Arte fidèle à elle-même. *Médias, mars 1994*

I.

Médias est un magazine spécialisé dont la publication a cessé en été 1994. Ce mensuel traitait de la publicité, du marketing, des médias et de la communication d'entreprise.

II. Vocabulaire

Rassembler à parité veut dire **réunir à égalité**. Autres locutions courantes : **rassembler** ses souvenirs/ses esprits/son courage. Expressions avec **parité** : la **parité** de deux situations (ressemblance)/la **parité** de change/la **parité** de deux monnaies.

Les programmes représentent le contenu des émissions de télévision. Ils annoncent et décrivent les diverses étapes d'une production ou d'un spectacle télévisé. Expressions courantes à retenir : un **programme** radiophonique/informatique/ électoral/un **programme** de télévision/de réformes/les **programmes** scolaires/ réaliser un **programme**.

Programmer signifie **inclure dans un programme radiophonique, cinématographique ou télévisé**. Locutions courantes : **programmer** une émission/un ordinateur/un magnétoscope/un temps de cuisson/ses vacances/ un achat.

La programmation concerne l'organisation des programmes à la radio, à la télévision ou au cinéma.

Une zone de diffusion est un espace ou un secteur géographique qui est couvert par la transmission d'un programme de télévision ou de radio. Autres expressions courantes avec **zone** : une **zone** interdite/pétrolifère/libre/occupée/franche/ monétaire/industrielle/résidentielle/une **zone** d'aménagement **différée** (ZAD)/ une **zone** d'aménagement **concerté** (ZAC)/une **zone** à **urbaniser** en **priorité** (ZUP)

Maintenir le cap veut dire **garder/conserver une étape vers un but déterminé**. Locutions courantes : doubler/franchir/passer le **cap**/dépasser le **cap** de la

quarantaine/mettre le **cap** sur (se diriger vers)/changer de **cap** (de direction)/
tenir son **cap**.

Le profil d'audience est la recherche ou l'étude des caractéristiques d'un ensemble
homogène de population défini selon l'âge, le sexe, le pouvoir d'achat, la catégorie
socio-professionnelle. La structure de l'audience permet de définir les cibles et de
choisir les moyens de communication les plus efficaces pour faire passer les
messages publicitaires. Autres locutions courantes : obtenir une très large
audience/demander/solliciter/obtenir une **audience**/donner **audience** à
quelqu'un/tenir **audience**/ouvrir/suspendre/reprendre/lever l'**audience**/
une **audience** publique/une **audience** à huis clos/la courbe d'**audience**/
battre le record d'**audience**.

Confidentiel est un adjectif qui signifie **connu d'un nombre limité de
personnes, qui est** ou **doit être gardé secret, caché des autres, du public.**
Locutions courantes : un avis/un ton **confidentiel**/une lettre **confidentielle**.

La cible inclut les personnes susceptibles d'influencer un achat : acheteurs potentiels,
distributeurs, grossistes, détaillants etc.

III.

In 1993, the European cultural channel had at its disposal a total budget of 1,740
billion francs. This budget, met entirely by the public purse, includes 444 million
francs earmarked for the Strasbourg office. The budgets for Arte Deutschland and La
Sept are largely devoted to the financing of programmes: 969 million francs in total.

After about two years' broadcasting, Arte has carved out for itself a small but well
deserved place in the audiovisual landscape with a 1% market share. Unconcerned by
strategies related to numbers of viewers,★ the Franco-German Channel has devoted
itself mainly to the provision of a television service of exceptionally high quality.
Among the outstanding programmes broadcast by the channel, certain ones which
treat a particular theme throughout the whole evening set standards of very high
quality.
★Voir l'explication de **audimat** (le "t" se prononce). L'équivalent en Angleterre est
BARB (British Audience Research Bureau).

IV.

1. *Le Conformiste* de Bernardo Bertolucci est réalisé en 1970 (RFA, Italie), d'après
Alberto Moravia. *Il conformista* raconte la vie de Marcello Clerici, décédé à la suite
d'un bombardement aérien après la chute de Mussolini. Le cinéaste italien retrace
l'histoire de Marcello Clerici (interprété par Jean-Louis Trintignant), en insérant dans
le temps un voyage qu'il fait en France, en 1937, en vue d'assassiner un dirigeant anti-
fasciste installé à Paris. Bertolucci construit son film sur flash-back. Il matérialise un
passé objectif et introduit la vie et le caractère du personnage central. Il cherche à
expliquer les raisons pour lesquelles Marcello a participé à cet assasinat.
    Ce film est complexe. Il donne une interprétation du fascisme et de ses suites
psychologiques. Il introduit par le récit le conformisme des hommes.

2. Robert Bresson est un réalisateur français né le 25 septembre 1907. Parmi les
films qu'il a réalisés, voici quelques titres : *Les Affaires publiques* – 1934/*Les Anges du
péché* – 1943/*Les Dames du Bois de Boulogne* – 1944–45/*Le Journal d'un curé de campagne*
– 1950/*Un Condamné à mort s'est échappé* – 1956/*Pickpocket* – 1959/*Le Procès de Jeanne*

d'Arc – 1961–62/*Au Hasard Balthazar* – 1966/*Mouchette* – 1967/*Une Femme douce* – 1968/*Quatre nuits d'un rêveur* – 1971/*Lancelot du lac* – 1974/*Le Diable probablement* – 1977/*L'Argent* – 1983.

3. Voir Texte n° 10 pour des informations complémentaires sur Arte. Chaque étudiant exprimera son point de vue sur la question.

4. Cette question doit être préparée à la maison et présentée à l'ensemble du groupe. Ainsi, chaque étudiant aura eu le temps de réfléchir sur un film de science-fiction qu'il racontera à ses camarades.

(a) Il résumera le film/(b) Il justifiera son choix.
Un film de science-fiction : **E.T,** *The Extra-Terrestrial*
E.T est un film de science-fiction réalisé par Steven Spielberg en 1982. Le scénario raconte l'histoire d'un extra-terrestre, E.T, qui n'a pas pu rejoindre, à temps, les siens dans un vaisseau spatial. Elliott, âgé de dix ans, s'occupe de E.T en le cachant aux adultes. Une complicité s'installe entre E.T et l'enfant. Mais l'extra-terrestre E.T souhaite repartir chez lui et construit pour cela un radar afin de communiquer avec les siens. Un soir, E.T disparaît et sera retrouvé agonisant par Michael, le frère aîné d'Elliott. Les autorités récupèrent E.T et le considèrent comme mort. En fait, Elliott se rend compte qu'il est toujours en vie. Aidé de quelques enfants de son entourage, il conduira E.T sur le lieu où le vaisseau spatial a atterri pour venir le chercher après avoir reçu un message.

V.

(a) (b) **avoir la meilleure part** – avoir le plus gros/le meilleur

avoir part aux bénéfices – participer aux bénéfices

prendre part à une activité – participer à une activité

faire part à quelqu'un de quelque chose – informer une personne que

se tailler la part du lion – prendre le plus gros morceau

faire la part de – tenir compte de

à part entière – complètement.

Autres expressions courantes avec **part** : avoir la **part** belle/la meilleure **part**/**part** aux bénéfices d'une société/prendre **part** à l'élaboration d'un projet/faire **part** de quelque chose à quelqu'un/faire **part** d'une naissance/d'un mariage/d'un décès/bande à **part**/la **part** des choses/se tailler la **part** du lion/réclamer sa **part** du gâteau/diviser en **parts**/prendre quelqu'un à **part** pour discuter/pour ma **part** (en ce qui me concerne)/une **part** d'intérêt/pour une large **part** (dans une large mesure)/d'une **part** ... d'autre **part** .../de **part** et d'autre/un cas à **part**.

VI.

(a) mille neuf cent quatre-vingt-treize

un milliard sept cent quarante millions de francs

un milliard de francs

quatre cent quarante-quatre millions de francs

dix-sept millions de foyers

cent mille habitants.

VII.

(a) **disposer de** signifie **avoir à sa disposition**, **posséder**, tandis que *to dispose of* signifie **se débarrasser de**, **expédier**, **régler**.

(b)

1. Le gouvernement **dispose** d'un revenu très limité (**a**, **possède**).

2. L'argent dont l'entreprise **dispose** a été réinvesti (**a à sa disposition**).

3. Les abonnés de Canal+ **disposent** d'un décodeur (**possèdent**).

4. Le magasin pourrait faire un rabais avec les moyens dont il **dispose** (**jouit**).

VIII.

(a) (b) Dans le premier cas, **méritée** s'accorde avec **place**, mais il n'y a pas d'accord avec **Arte** parce que le pronom réfléchi est indirect, ce qui est également vrai pour la deuxième phrase.

(c)

1. La compagnie **s'est lavé les mains** de l'affaire.

2. La femme **s'est lavée**.

3. Ils **se sont construit** une nouvelle méthode pour recycler le verre.

4. Elle a connu la nouvelle méthode qu'ils **se sont construite**.

5. Elle **s'est cognée** contre le mur.

6. Elle **s'est cogné** la tête contre le mur.

IX.

(a) Ce tableau affiche le nombre de films diffusés, en 1992, sur les chaînes françaises de télévision du secteur public et privé : Canal+, F3, M6, F2, TF1, La Sept/Arte.

  Canal+ (**Canal Plus**, chaîne à péage consacrée principalement au cinéma et au sport) arrive en tête en matière de diffusion de films. **F3** (**France 3**, chaîne généraliste nationale et régionale avec douze stations) et **M6** (chaîne nationale à vocation généraliste et à forte orientation musicale) sont classés dans le même ordre de grandeur. **F2** (**France 2**, chaîne nationale généraliste) et **TF1** (Chaîne à vocation généraliste appartenant au secteur privé depuis 1987) se trouvent respectivement en quatrième et cinquième position.

  La Sept/Arte (chaîne culturelle européenne) se place en dernière position puisqu'elle diffuse moins de films que l'ensemble des autres chaînes selon le **C**entre **N**ational de la **C**inématographie (CNC).

(b) Pour avoir une idée de la programmation de chaque chaîne française de télévision, l'étudiant pourra consulter par exemple *Le Monde* ou d'autres quotidiens ou magazines hebdomadaires et se référer à la grille des programmes de télévision. Il pourra ainsi faire une comparaison avec les

programmes de la télévision britannique et ensuite en tirer les conclusions.

Canal+ diffuse des programmes quotidiens tels que les documentaires, les manifestations sportives, des films récents, des soirées thématiques, des émissions événementielles et des téléfilms. Cette première chaîne française à péage nécessite l'utilisation d'un décodeur. Elle a été créée en 1984. Le groupe Canal Plus devient en 1991 un groupe multimédia comprenant 12 chaînes thématiques françaises, 7 chaînes étrangères, la production et la distribution en cinéma, vidéo, etc.

F2 et F3 programment régulièrement des téléfilms, des documentaires, des émissions spéciales ("Envoyé spécial" et "Bas les masques" pour F2; "La Marche du siècle" et "Thalassa" pour F3). Ces chaînes publiques de télévision diffusent sur tout le territoire. Avant 1992, elles s'appelaient respectivement **Antenne 2**, créée en 1969, et **FR3 (France-Région 3)**, créée en 1973 et diffusant des informations régionales.

Depuis 1992, **France Télévision** regroupe les deux sociétés nationales en programmes **France2** et **France3**.

M6 atteint environ 12% de la part d'audience en 1992. C'est une chaîne de télévision créée en 1987 par la **C**ompagnie **L**uxembourgeoise de **T**élévision (CLT), La Lyonnaise des Eaux et d'autres actionnaires. Elle diffuse également des téléfilms, des séries policières et magazines.

TF1 est la première chaîne de télévision française. Elle a été privatisée en 1987. La société Bouygues en est le principal actionnaire. Elle diffuse un programme général qui comporte des divertissements, des films, des magazines, des journaux télévisés. Sa part d'audience moyenne atteint 44% en 1992.

La Sept/Arte est une chaîne de télévision franco-allemande. Arte a succédé à la Sept en 1992. Les programmes culturels sont diffusés en français et en allemand avec un sous-titrage. Les caractéristiques de cette chaîne reposent sur sa spécificité culturelle, son côté thématique, ses documentaires et ses soirées-débats.

X.

(a) **Arte** se veut avant tout une chaîne culturelle. Elle diffuse des programmes éducatifs et culturels. Cette spécificité lui confère une image positive et peut sans doute expliquer la particularité de son profil d'audience "plus jeune . . . plus masculin". Elle propose une programmation de qualité. En revanche, le grand public juge les programmes d'**Arte** un peu difficiles. C'est l'une des raisons pour laquelle **Arte** enregistrait une faible audience au démarrage de la chaîne, et son profil d'audience actuel est différent de celui des chaînes classiques.

(b) On peut parler de spécificité culturelle d'**Arte** dans le sens où les programmes sont nouveaux et d'actualités. Cette chaîne propose des documentaires de qualité, bien conçus et très instructifs, des soirées thématiques sur des problèmes contemporains suivies de débats.

Texte n° 18 : Câble ou satellite : que choisir? *Challenges, avril 1994*

I.

Challenges est un magazine mensuel de presse d'information économique. Il appartient au Groupe Perdriel.

II. Vocabulaire

Le câble signifie la **télévision par câbles**, le système de diffusion d'émissions par câbles. Il est utilisé pour des réseaux d'abonnés à domicile ou en circuit fermé. Expressions à retenir : poser un **câble**/envoyer un **câble** (télégraphier)/**câble** télégraphique/téléphonique/**câble** de télévision/la télévision par **câbles**/ la transmission par **câble**.

Le satellite est une technique de diffusion de télécommunications ou satellite-relais qui sert à augmenter la puissance des liaisons de radio et de télévision. Cette technique assure les relais transocéaniques. Les signaux sont transmis d'une station émettrice terrestre vers une autre station réémettrice. L'antenne parabolique et la tête de réseau sont des systèmes de réception individuelle ou collective. Le satellite permet par exemple les vidéoconférences entre entreprises éloignées les unes des autres géographiquement. Expressions à retenir : lancement d'un **satellite**/**satellite** d'observation/de télécommunications/de communication/d'aide à la navigation/ **satellite** météorologique/-espion/appareil de navigation par **satellite**/ la transmission par **satellite**.

Subir le choix de chaînes veut dire que l'opérateur exerce un pouvoir sur le choix des programmes télévisés et il l'impose aux téléspectateurs qui ne font qu'accepter de façon passive. Expressions à retenir : **subir** les conséquences/un interrogatoire/ une peine/une opération chirurgicale/un examen scolaire/des violences/ des influences.

L'image est l'élément formé par un ensemble de points appelés **points images** au cinéma ou à la télévision comme par exemple : l'**image** et le son/cadrer une **image**. On parle aussi de l'**image** d'un produit, l'**image** d'une marque ou l'**image** d'une entreprise pour désigner l'ensemble des caractéristiques et des démarches commerciales qui visent à véhiculer une image distinctive et positive d'un produit ou d'une entreprise. C'est la représentation qu'a le public d'une image commerciale. Expressions à retenir : avoir une bonne **image** de marque/ soigner son **image** de marque/une **image** radioscopique/radiologique/ photographique/publicitaire/des **images** vidéo/la qualité d'**image** d'un téléviseur/"un enfant sage comme une **image**" (calme/posé).

Une parabole peut avoir plusieurs sens différents. Le premier sens de **parabole** est une allégorie ou une métaphore qui renferme une vérité. Parfois, il s'agit du nom donné aux Proverbes de Salomon, par exemple : *Les paraboles de Salomon*. Le second sens se rapporte à un terme de géométrie. C'est une courbe plane présentant une double branche infinie. C'est également une antenne en forme de miroir parabolique. Le sens moderne de **parabole** se dit abusivement pour désigner une **antenne parabolique**. C'est une technique de diffusion des télécommunications, notamment des émissions de télévision. Cette antenne de télévision capte les programmes étrangers retransmis par satellite.

L'état des lieux signifie **l'inventaire**, **le bilan d'une opération**. L'état de lieux ou plus couramment l'**état des lieux** indique l'état d'un appartement, d'un immeuble à l'entrée d'un locataire. Expressions à retenir : faire **état** de chef/ mettre quelqu'un hors d'**état** de nuire (vaincre quelqu'un)/un registre d'**état** civil/ en tout **état** de cause (n'importe comment)/être dans tous ses **états** (être très agité, affolé)/**état** de choses (situation)/**état** d'esprit (disposition)/de fait (situation effective)/**état** général (état de santé)/coup d'**état** (coup de force).

Les municipalités sont les mairies (ou encore hôtels de ville), les communes. C'est aussi l'ensemble des personnes qui administrent une commune, c'est-à-dire le maire, ses adjoints et les conseillers municipaux. **Municipal** est l'adjectif qui se rapporte à l'administration d'une commune. Exemples courants : le conseil/ un arrêté **municipal**/les élections/les taxes **municipales**/les fonctionnaires/ les services **municipaux**/la bibliothèque **municipale**.

Les ondes sont utilisées dans le contexte des transmissions radio pour les messages, les commandes à grande distance, pour les repérages. Exemple : ondes **émises** par les satellites, du verbe **émettre** qui signifie **produire**, **répandre**, **dégager**, **envoyer** (des signaux, des images) sur des ondes électromagnétiques. Locutions à retenir : écouter une émission sur **ondes c**ourtes (OC), **p**etites **ondes** (PO), **ondes m**oyennes (OM), **g**randes **ondes** (GO)/être sur la même longueur d'**onde** (se comprendre)/subir l'**onde** de choc d'une crise économique (répercussions souvent fâcheuses)/passer sur les **ondes** (radiodiffuser)/**ondes** longitudinales/transversales/ sonores/électromagnétiques/sismiques/hertziennes.

Câblé peut être adjectif ou nom masculin par exemple : un fil/un circuit/**câblé**/ une moulure **câblée**/un réseau **câblé** de télédistribution/le **câblé** d'Alsace (coton à tricoter)/être branché ou **câblé** (dans le vent/au courant).

III.

How do you receive all those channels which flood television screens throughout the whole world, and how do you become involved in this new epidemic: galloping television mania? Two techniques currently exist side by side: cable and satellite transmission. Getting connected to the first, is as for the telephone. All you have to do is have a socket installed and take out a subscription. But you still have to access the network and put up with a choice of channels provided by the operator. Those who love perfection of sound and image, channel collectors (there are up to 200!), polyglots and, of course, those who cannot be connected to cable television will opt for the satellite dish. The cost is higher, but you are your own master, and technically, it is better television. And nothing prevents the most fanatical among us from having both at the same time!

Conventional aerials★ do not pick up waves transmitted by satellite. A satellite dish is therefore necessary. The reflector serves to receive the satellite signals; the weaker they are, the bigger the dish's diameter must be. It is calculated that the number of French homes receiving channels transmitted by satellite is approximately 600,000.
★En France, l'antenne a la forme d'un râteau (*rake*), d'où l'appellation.

IV.

1. Certaines collectivités comme Calais, La Rochelle, Le Havre, Limoges, Poitiers et le département de la Seine-Saint-Denis montrent une certaine résistance au câble, probablement à cause des gros travaux et du coût énorme de ce chantier. De plus, certaines collectivités sont plus importantes que d'autres :

Calais	79 369 habitants (les Calaisiens)
La Rochelle	77 326 habitants (les Rochelais)
Le Havre	219 583 habitants (les Havrais)
Limoges	146 407 habitants (les Limougeauds)
Poitiers	78 721 habitants (les Poitevins)

| **Seine-Saint-Denis** | 1 324 301 habitants (département comprenant 40 cantons, 40 communes, département de la région d'Ile de France) |

Vu la faible audience pour certaines communes, les investissements dans le câble seraient beaucoup trop lourds. Ce sont les collectivités locales qui gardent l'initiative de l'installation des infrastructures.

2. La réponse est totalement libre. Elle dépend de la personnalité de chaque étudiant. Cette question ouverte oblige l'étudiant à réfléchir et à s'engager personnellement.

3. La réponse dépendra des connaissances de l'étudiant. L'enseignant indiquera au préalable la différence entre le câble et le satellite.

Le câble est un réseau de télédistribution raccordé par fibre optique. C'est un système incorporé. Il suppose des projets de développement et d'aménagement, un équipement de télécommunications électroniques. C'est un investissement très lourd pour les collectivités locales. Le câble semble être le moyen le plus fiable et le plus économique à long terme pour recevoir un choix diversifié de programmes.

Le satellite est un autre mode de diffusion géo-stationnaire. Les satellites utilisés par la télévision sont TV SAT 1 et 2, Astra, TDF1 et 2. En Grande-Bretagne, les foyers reçoivent la télévision par satellite. En Belgique, 75% des foyers sont câblés. L'Allemagne compte 10 millions de foyers câblés alors que la France n'en compte qu'un million. Tout particulier disposant d'une antenne parabolique sur le toit de sa maison ou le balcon de son appartement (s'il est autorisé à le faire) peut capter l'image par satellite de télédiffusion directe.

4. Les nouvelles technologies englobent l'ensemble des nouvelles applications de diverses techniques à l'audiovisuel : câbles, satellites, multimédia.

Le câble et le satellite permettent de mieux préciser le choix des programmes pour le téléspectateur. Pour les publicitaires, ces nouvelles technologies permettront de mieux choisir leur cible avec les chaînes thématiques telles qu'Eurosport, Planète pour les documentaires, CNN pour les actualités.

Les nouvelles technologies, l'avènement des chaînes thématiques, permettront au télespectateur de choisir ses programmes et de les maîtriser. Ces médias jouent un rôle primordial car ils donnent accès à la connaissance et à l'information.

V.

(a) (b) **être aux prises avec** – se battre avec

lâcher prise – cesser de tenir

avoir prise sur – avoir un moyen d'agir sur

prise de vue – tournage d'un film, entre le déclenchement de la caméra et son arrêt

prise de sang – prélèvement de sang pour l'analyse

prise de courant – **prise électrique**

prise mâle/femelle/multiple – *plug/socket/adaptor*

prise de conscience – *awareness, realization*

prise de contact – *contacting (of someone)*/**prise en charge** – *looking after.*

(c) (d) **prendre sur son compte** – garder toute la responsabilité

prendre une chose de front – l'attaquer frontalement

prendre la vie du bon côté – par ce qu'elle a d'agréable

prendre à la lettre/prendre au pied de la lettre – littéralement

à tout prendre – somme toute

prendre en bonne/mauvaise part – accepter de bon cœur/à contre-cœur

prendre pour – croire qu'une personne est … **prendre d'assaut** – en attaquant de vive force.

Autres expressions : **Une prise** correspond au verbe **prendre** dans certains cas : prendre en charge/**prise** en charge/prendre à partie/**prise** à partie. Par contre, il n'y a pas de correspondance directe entre le verbe et le nom pour **prise de courant**, notamment. Exemples avec **prise** : une **prise** de courant/d'antenne/de télévision/ de terre/une **prise** électrique/mâle/femelle/multiple.

La prise est un terme utilisé dans des contextes très divers : une **prise** de vues : enregistrement d'une scène au cinéma ou réalisation d'un phototype (enregistrement photographique présenté sous la forme d'images fixes)/une **prise** de position (expression très nette d'une opinion partisane)/une **prise** de contact/une **prise** de télé ou une **prise** péritel (connecteur à broches servant à raccorder un poste récepteur de télévision et l'accès au réseau micro-ordinateur, magnétoscope, console de jeux vidéo, caméscope, décodeur). Autres locutions à retenir : avoir **prise** avec quelqu'un (se disputer)/avoir une **prise** de bec (avoir une altercation)/lâcher **prise** (abandonner)/ **prise** de son d'un film.

Expressions courantes construites avec le verbe **prendre** : **prendre** acte de quelque chose/quelqu'un sous son aile/quelque chose à cœur/les choses du bon côté/ son courage à deux mains/de court/quelqu'un au dépourvu/les devants/une gamelle/ une pelle/garde/en grippe/la mouche/note/la parole/part à/parti (pour ou contre)/ la peine de/le pli/du poil de la bête/ses précautions/**prendre** peur/racine/du recul/ des risques/le taureau par les cornes/**prendre** quelqu'un sur le vif.

VI.

(a) **télécommander/télescoper/téléviser**

(b)

1. L'attentat a été **télécommandé** de l'étranger.

2. Le train a **télescopé** la voiture au passage à niveau.

3. Le match sera **télévisé** à partir de vingt heures.

VII.

(a)

1. **La plupart des produits** ont déjà été vendus.

2. **La plupart des catalogues** sont informatisés.

3. Les éditeurs consacrent **la plupart de leurs efforts** à l'élimination du gaspillage.

4. **La plupart des spectateurs** sont sensibles au problème.

VIII.

(a) s'entre**mettre**/é**mettre**/trans**mettre**/
se dé**mettre**/entre**prendre**/s'é**prendre**/ap**prendre**/se mé**prendre**.

(b)

1. Elle s'est **entremise** dans la querelle.

2. Avez-vous une opinion **à émettre** sur l'évolution de la situation?

3. **Transmettez** cette information par Internet, s'il vous plaît!

4. Le ministre **s'est démis** de ses fonctions.

5. Elle **a entrepris** une démarche dangereuse.

6. La dame **s'éprit de** son serviteur.

7. **Apprendre** le japonais n'est pas chose facile.

8. Ils se ressemblent à **s'y méprendre**.

IX.

(a) **Légion/à maintes reprises/bon nombre/nombre/innombrables/
beaucoup de/bien du/énormément de/nombreux/plein de**.

(b)

1. Il a fallu trouver un spécialiste et ils ne sont pas **légion**.

2. Je l'ai vu(e) **à maintes reprises**.

3. **Bon nombre** d'entre eux sont espagnols.

4. **Nombre** de vendeurs ont changé de stratégie.

5. D'**innombrables** invités sont restés jusqu'à l'aube.

6. **Beaucoup de** produits sont abîmés.

7. La firme s'est donné **bien du** mal pour garder le PDG.

8. Il y avait **énormément de** voitures.

9. Elle publia de **nombreux** livres sur le sujet.

10. Ils ont vendu **plein de** vêtements.

X.

(a) Le verbe **servir** peut s'employer avec **à**, **de** et même sans préposition.

(b)

1. La lecture **sert à** la formation des étudiants.

2. Le moteur **sert à** faire marcher la voiture.

3. Il ne **sert à** rien **de** l'écrire demain.

4. Les tables **servent de** pupitres.

5. Je vous **sers**, Monsieur?

Texte n° 19 : Reliez votre ordinateur au reste du monde.
Génération Multimédia, septembre 1994

I.

Génération Multimédia est un magazine mensuel récent dont le champ d'application se rapporte aux technologies nouvelles.

II. Vocabulaire

Un ordinateur est une machine de traitement automatique de l'information. Il reçoit des données, les traite, les transforme et les restitue. L'**ordinateur** se compose d'une unité centrale, les périphériques d'entrée et de sortie (clavier, écran, imprimante), les mémoires auxiliaires (disques . . .). Le terme **ordinateur** a été inventé en 1955 par le professeur Perret, de la Faculté des Lettres de Paris.

Les branchés désignent les personnes qui sont au courant des idées à la mode. Être **branché/câblé/à la page/dans la course/dans le vent**.

Un haut parleur est un appareil qui sert à diffuser le son. Il transforme une énergie électrique en énergie acoustique. Les groupements de hauts-parleurs peuvent être monophoniques, stéréophoniques et à séparation de fréquences (basses, moyennes et hautes).

Une prise est un dispositif électrique qui permet d'établir ou de couper le courant. Elle comporte un bouton isolant muni de deux **fiches** ou **prises**. Une **prise** mâle/ une **prise** femelle/une **prise** d'antenne/de terre/de téléphone/d'eau.

L'Hexagone désigne la France métropolitaine. Cette appellation courante trouve son origine dans la forme géographique de la carte de France qu'on peut tracer dans un **hexagone**, c'est-à-dire dans une figure plane formée de six angles et six côtés.

L'affichage digital est la présentation d'information sur un écran. L'adjectif **digital** se rapporte aux opérations et aux calculs effectués sur des valeurs.

Un journal de bord (à l'origine, *ship's log*) est un relevé chronologique des opérations exécutées par l'ordinateur. Le journal de bord (encore appelé **journal du pupitre**) permet de retracer point par point les actions, les modifications, les incidents en cours d'exploitation qui ont eu lieu. Le relevé des travaux se fait sur une imprimante de pupitre ou à l'enregistrement dans un fichier journal.

III.

Certain models offer only the Minitel system, plus the transmission of files or the connection to slow file servers. These speeds are expressed in bits per second (bps). The faster the transmission, the shorter the connection time, and the lower the phone bill. It really counts when you send big files, images or sounds for example, or when you download a programme from a central file server.

There are not many French makes, for the market is dominated by American makes. US Robotics bought out the French PNB, but France does none the less possess innovating and high-performing companies. In collaboration with France Telecom, Apple offers an Apple Djinn, a simple and elegant modem, but unfortunately it is not very quick. With reference to Macintosh, two of the leaders, Supra and Global Village, are American and have a good reputation for reliability. They are not, however, registered.

IV.

1. Le terme **fax** est utilisé pour désigner la télécopie (le service) ou le télécopieur (l'appareil). Le **fax** est un appareil ou un service indispensable en bureautique.

Avantages

Reproduction fidèle d'un document écrit ou iconographique/Transmission rapide de copies.

Inconvénients

Cet appareil de transmission risque d'être supplanté par d'autres appareils plus sophistiqués/Déjà, un micro-ordinateur peut être transformé en télécopieur en ajoutant une carte et un logiciel approprié. Les télécopies sont ainsi directement reçues sur l'écran.

2. En France, le fax est inauguré en 1974 sous le nom de Système Téléfax. Ce système offre l'envoi de photocopies à distance par le réseau téléphonique. C'est un outil nécessaire à la communication. Vingt ans après, ce système devient encore plus perfectionné puisque, grâce à un micro-ordinateur équipé d'une carte et d'un logiciel approprié, on peut recevoir directement sur l'écran des documents écrits ou iconographiques "sans papier". Les techniques ne cessent d'évoluer à grande vitesse et l'avenir réservera sans doute à la bureautique un outil encore plus sophistiqué.

3. Le fax désigne le service de transmission ou le télécopieur lui-même.
Le modem est un appareil qui module et démodule des signaux.
Ces appareils ont deux fonctions distinctes.

4. Les États-Unis ont toujours marqué leur volonté de suivre et de renforcer une politique dynamique dans le domaine de la recherche.

En outre, les entreprises américaines comme Motorola, Microsoft, Tandy bénéficient d'un avantage considérable dans la mesure où elles développent d'abord leurs activités aux Etats-Unis qui constituent un immense marché.

Mais, ces entreprises peuvent être à un moment ou à un autre supplantées par des entreprises japonaises ou européennes parce que la concurrence internationale est très vive. Les coûts de production des entreprises américaines sont souvent plus élevés que ceux de leurs concurrentes.

Par exemple, Sony, le fabricant japonais de matériel informatique, a conçu du matériel grand public et professionnel (caméscopes, magnétoscopes, téléviseurs . . .) et a inondé le marché mondial.

V.

(a) (b) (c) Martine, Chef de Service chez Hewlett Packard France (constructeur américain en informatique) est en réunion au bureau avec Isabelle, une de ses collègues de travail, responsable du suivi de la clientèle.

Martine : Mardi dernier, nous avons organisé une réunion à la demande de notre PDG!

Isabelle : Je suis désolée, mais je n'ai pas pu reporter mon rendez-vous, ce jour-là, car j'ai reçu un client important. Comment s'est déroulée la réunion avec notre PDG?

Martine : Elle s'est très bien passée. Il nous a informées sur les nouvelles orientations de notre entreprise et sur la politique à suivre.

Isabelle : Je n'ai pas encore **reçu** le compte rendu de la réunion.

Martine : La secrétaire s'est occupée de la frappe sur **ordinateur** et a **transmis** un exemplaire par **fax** à tous les services.

Isabelle : Justement je lui ai demandé de m'**imprimer** un exemplaire supplémentaire car l'autre document s'est peut-être **inséré** quelque part.

Martine : La société Blanc m'a contactée personnellement pour régler un problème urgent de **modem**. En ton absence, j'ai vu le Service-Après-Vente directement. Il faudrait voir où en est cette affaire.

Isabelle : Ah! oui, j'ai cru comprendre que la société Blanc avait un problème de **disque dur** à cause de la capacité de mémoire. La secrétaire m'a effectivement appelée pour convenir d'un rendez-vous car elle ne pouvait plus **stocker** les informations.

Martine : Il conviendrait de fixer une date de rendez-vous et de la confirmer par **télécopie**.

Isabelle : Oui, bien sûr, je m'en occupe. Au fait, tous nos clients n'ont pas encore été informés de notre changement de téléphone.

Martine : En tant que responsable du suivi de la clientèle, tu pourrais adresser à l'ensemble de notre clientèle notre nouveau catalogue de **logiciels** accompagné d'une lettre d'information rédigée sur du papier avec notre nouvel **en-tête** où figure notre changement de ligne téléphonique.

Isabelle : C'est une bonne idée! Au fait, j'ai un rendez-vous avec Monsieur Bonnet à 10 heures. Il doit m'attendre au bureau. Il faut que j'y aille! Je propose que nous nous réunissions demain matin à la même heure.

Martine : Non, j'ai un emploi du temps très chargé, cette semaine. Voyons mon agenda! est-ce que cela ne te dérange pas que l'on se réunisse au début de la semaine prochaine, disons mercredi dans la matinée?

Isabelle : D'accord! Je prends note pour mercredi matin en huit. Je te souhaite une bonne journée et à bientôt.

VI.

(a)

1. **Pourquoi** informatiser le système?

2. **Pourquoi** les vendre à ce prix-là?

3. **Comment** éviter de payer ces impôts?

4. **Quel** but poursuivre si nous continuons à perdre de l'argent?

5. **Combien** investir si vous faites ce placement?

6. **Que** faire si la pub ne convainc pas le public?

VII.

(a)

1. .Elle a **relié** le modem à l'ordinateur.

2. Ces deux idées ne sont pas **liées**.

3. Il était **lié** par sa promesse.

4. Ils vont construire une autoroute **reliant** Marseille à Bordeaux.

VIII.

(a)

1. Il dut réécrire les **quatre premières** pages.

2. Au cours des **quatre dernières** années, elle a réussi à diriger la compagnie.

3. Ils pourront le commercialiser dans les **trois prochains** mois.

4. Les **deux dernières** imprimantes ont fonctionné parfaitement.

IX.

(a)

1. C'est la première maison d'édition qui **ait** profité de ce genre de publicité.

2. Ce sont les derniers résultats qui **aient** été publiés.

3. C'est la meilleure méthode qui **soit**.

4. C'est la pire des voitures que j'**aie** jamais achetées.

5. Ils ont fabriqué la seule machine qui se **soit** vendue à plus d'un million d'unités.

6. Il n'y a que les multinationales qui **aient** pu résister à la récession.

X.

Les termes **disque** et **disquette** ont un usage distinct. Ce sont des termes techniques fréquemment utilisés dans le langage informatique. Un **disque** est un support utilisé pour lire, écrire, diffuser ou échanger des informations.

En informatique, un **disque** (*disk*) sert de mémoire auxiliaire (*auxiliary storage*) à la mémoire centrale d'un ordinateur. La plupart des disques magnétiques appelés "**disques durs**" (*hard disks*) sont fixes.

En revanche, les **disquettes** (*diskette*) magnétiques sont amovibles. Une disquette est un disque amovible dont le format classique est 3 pouces 1/2. Ce petit format a remplacé le format des premières **disquettes flexibles** (*floppy disk*) (8 pouces et 5 pouces). Actuellement, les **disquettes** sont vendues dans un emballage rigide.

Texte n° 20 : Un CD multimédia pour apprendre l'anglais.
Génération Multimédia, septembre 1994

I.

Génération Multimédia est un magazine mensuel récent dont le champ d'application se rapporte aux technologies nouvelles.

II.   Vocabulaire

Maîtriser quelque chose signifie **être capable de dominer** un problème, un sujet, **être capable de traiter** une question avec aisance. **Maîtriser** une langue/

sa peur/sa colère/sa souffrance/ses émotions/un sujet/une situation/**Avoir une bonne maîtrise** du français/de l'anglais/de l'espagnol.

Accaparer est synonyme de **prendre, occuper, s'emparer**. **Accaparer** un marché/le pouvoir.

Interactif signifie qui se rapporte à **l'interactivité**. C'est un mode de traitement où l'utilisateur est en dialogue avec l'ordinateur. **L'interactivité** est pratiquée depuis longtemps à l'informatique. Combinée à l'audiovisuel, elle a donné naissance au **multimédia** qui est une technique de communication qui peut rassembler sur un seul support l'ensemble des moyens audiovisuels et informatiques.

Outre-Manche signifie **au-delà** de la **Manche**. **Outre** est l'équivalent de **trans** dans des noms de lieux comme **outre**-Rhin, **outre**-mer, **ultra**-montain, **trans**atlantique. Le terme **outre** désigne quelque chose de suspect ou d'inquiétant : **l'outre** est l'autre.

Les points forts désignent les qualités, les avantages, les atouts. En revanche, **les points faibles, sensibles, vulnérables** sont les faiblesses, les défauts, les inconvénients.

La location de voiture est un système qui permet de louer une voiture à un tarif forfaitaire, journalier, hebdomadaire, mensuel. En France, les principales sociétés de location automobile sont Avis, Interlosange, Hertz, Europcar, Budget, Citer, Eurorent, Eurodollar et à cela s'ajoutent les indépendants. C'est un marchand de voitures d'occasion de Chicago qui inventa **la location de voiture** en 1918. Sa compagnie fut rachetée en 1923 par John D. Hertz, Président de la société des taxis jaunes de Chicago. Celui-ci créa le système Hertz de conduite sans chauffeur.

Le comportement pour un premier emploi se réfère à la manière de se comporter, c'est-à-dire de se conduire, d'agir afin de permettre à l'équipe chargée du recrutement d'analyser, d'observer les réactions du candidat au cours d'un entretien d'embauche.

III.

Multimedia systems are not just for games, they can also be educational. The very latest CD-ROM from the English company Longman is the latest proof. This medium brings together texts, sounds, images and video sequences, all in perfect harmony.

In total, 8 video sequences of 2 to 3 minutes will enable you to become very familiar with the English accent. For there is no question here of changing to the nasal sounds of American English. It is, of course, true that England is our nearest neighbour. It should be pointed out that the films are displayed in windows of varying sizes. Moreover, the text can be displayed according to individual need. Note, however, that for the sound to be perfectly synchronized with the image, it is preferable to use a double-speed CD-ROM drive, or more if you can afford it.

IV.

1. Les domaines qui touchent le **multimédia** sont vastes. Dans les année 60, le terme **multimédia** s'appliquait à la conjonction de diapositives et de cassettes sonores. Actuellement, c'est une technique qui rassemble des **moyens audiovisuels** (vidéos, sons, textes, photographies, dessins animés, graphismes) et **informatiques** (logiciels et données). C'est une technique interactive.

2. Les supports multimédia interactifs sont : le vidéodisque interactif, le disque compact interactif (CD-I), le disque compact photo (photo-CD), les systèmes de jeux électroniques, les ordinateurs personnels.

3. La méthode élaborée par Longman est une méthode de perfectionnement en langue anglaise. Cette maison d'édition anglaise a lancé sur le marché *Interactive English Dictionary*. Cet instrument de travail comporte un CD-ROM (*Compact Disk Read Only Memory*), dont la traduction littérale est mémoire morte sur disque compact. C'est un système informatique combinant les textes, les images et le son. Cette méthode contient des exercices de grammaire et de prononciation (affichage à l'écran de la phonétique). Elle est destinée à un large public (étudiant, secrétaire, traducteur non confirmé, chef d'entreprise, etc.).

4. Le multimédia, comme principal support pour maîtriser une langue étrangère ou se perfectionner en langue, est une technique de communication qui se développe. En matière audiovisuelle, les programmes peuvent être utilisés de manière interactive. En revanche, étant donné la nouveauté de cette méthode et les qualités techniques qu'elle requiert, il est probable que le multimédia prendra un certain temps pour être totalement accepté et parfaitement maîtrisé.

V.

(a) Audio/ciné/com/diapo/photo/repro/stéréo/télé/télécom/pub.

(b)

1. L'apprentissage des langues se fait grâce à la méthode **audio** (audio et audiovisuelle).

2. Elle va au **ciné** (cinéma) tous les mercredis soir car elle bénéficie de réductions.

3. Il est étudiant en **com** (communication) car il veut monter sa propre entreprise.

4. Elle a projeté de superbes **diapos** (diapositives) pour illustrer sa conférence.

5. Les **photos** (photographies) en couleurs finissent toujours par pâlir.

6. Le service **repro** (reprographie) s'occupe du tirage et de la reliure de travaux de thèses.

7. Il vient d'acheter une nouvelle chaîne **stéréo** (stéréophonique) avec une importante remise.

8. Les meilleurs programmes à la **télé** (télévision) sont souvent diffusés à des heures tardives.

9. En **télécom** (télécommunications), des progrès énormes ont été réalisés.

10. La société a fait connaître son nouveau produit grâce à la **pub** (publicité).

VI.

(a) En effet s'emploie pour introduire un argument ou une explication.

Exemple : ils ont dit que l'entreprise ferait de gros bénéfices. **En effet**, c'est ce qui s'est passé.

En réalité suggère un contraste entre ce qui se dit et ce qui précède.

Exemple : on pensait qu'ils allaient passer la pub à la télé. **En réalité**, ils l'ont passée au cinéma.

C'est-à-dire précède une explication. Exemple : cette opération n'est pas rentable. **C'est-à-dire**, il faut recommencer à zéro.

Voire renforce une assertion. Exemple : ce modèle est inutile, **voire** même dangereux.

Certes indique une concession. Exemple : **certes**, je n'irai pas jusqu'à prétendre que …

En vérité sert à renforcer une affirmation. Exemple : ce n'était pas sa faute, **en vérité**.

À vrai dire sert à renforcer une affirmation, comme **en vérité**. Exemple : **à vrai dire**, je n'y connais pas grand-chose.

VII.

(a)

1. Pour **bien** le comprendre – **bien** occupe ici la position standard. Il est rare, par exemple, que **bien** se place après **comprendre**, mais si c'est le cas, c'est pour renforcer l'idée de **bien**.

2. Pour le **bien** comprendre – s'emploie moins souvent que l'ordre précédent. Il s'agit d'un registre plus élevé.

3. **Bien** doit précéder **parler** dans cette phrase. Il serait rare de trouver **bien** après.

4. **Bien** suit le verbe. Or, si l'on omet **le**, on dirait "pour bien parler français".

5. **Bien** suit le verbe pour l'équilibre de la phrase. Il serait incorrect que **extrêmement bien** soit placé avant le verbe.

VIII.

(a)

1. Il portait une cravate **bleu foncé**.

2. Elle était vêtue d'une jupe **vert clair**.

3. Les nuages **rouge foncé** annoncèrent un orage.

IX.

(a)

1. Une foule **innombrable** s'est massée devant la porte.

2. Après de **nombreuses** expériences décourageantes, il décida de rentrer.

3. On en a vendu **beaucoup**, de ce produit-là.

4. L'hôtel reçoit **bon nombre** de réclamations.

5. **Bien des** employés sont contents de leur hausse de salaire.

6. Il y a **plein d'**affiches publicitaires à la sortie de la ville.

7. Nous en avons vendu **en pagaille**, de ces vêtements.

8. La **multitude** est accourue pour le voir.

9. Une **foule** d'articles vient de sortir sur le livre.

10. Un **flot** de souvenirs lui revinrent.

11. La firme vient d'embaucher **quantité d'**ouvriers.

12. La maison d'édition vend des **tas** de CD-ROM en ce moment.

X.

(a)

1. D'une voix heureuse/triste/de (d'une) façon bizarre/de l'opinion de Jean/de notre temps/de tour mon cœur/de toutes mes forces/d'une main tremblante/de sa main droite.

Texte n° 21 : Les entreprises préférées des Français.
L'Expansion, 23 septembre–6 octobre 1993

I.

L'Expansion est un bimensuel de presse d'information économique. Il est publié par le groupe Expansion Magazines.

II. Vocabulaire

Les cadres supérieurs exercent une fonction de responsabilité dans une entreprise ou une administration. Ils bénéficient de certains droits. Leur rôle d'initiative et de responsabilité se manifeste par un rôle d'encadrement aux niveaux supérieurs et intermédiaires de la hiérarchie. On distingue les cadres **supérieurs** et les cadres **moyens**. Les **cadres** techniques (ingénieurs, directeurs de production)/Les **cadres** de la fonction publique (inspecteurs, directeurs administratifs et financiers).

Une enquête est une recherche d'informations auprès d'un échantillon de personnes. Elle peut être menée à l'oral, à l'écrit ou par correspondance. C'est une technique qui vise à collecter des données d'après une certaine procédure (questionnaire, observation du fonctionnement d'un groupe humain, recherche de documents etc.). Une **enquête** monographique/statistique/sociale/une **enquête** par questionnaires/par sondage. En droit une **enquête** est une procédure particulière qui a pour but d'établir la réalité des faits qui sont à l'origine d'un conflit, d'un crime ou d'un délit.

Une vedette est une personne ou une chose qui occupe le rôle principal sur une affiche, dans un film, une pièce de théâtre. Les **vedettes** du cinéma/de la chanson/avoir/tenir la **vedette**/cet événement **a la vedette** dans tous les journaux (il est au premier plan de l'actualité)/la promotion **des vedettes** joue un rôle primordial dans l'industrie du spectacle.

Valider signifie **faire valoir, déclarer valable, recevable juridiquement**.

La queue de peloton désigne l'ensemble des entreprises qui forment un groupe de concurrents potentiels dans un secteur d'activité particulier et qui se situent au bas de l'échelle et non en haut. Prendre la tête du **peloton**/rester dans le **peloton** de tête/sortir du **peloton**.

Un avatar peut être soit un **événement fâcheux** soit un **changement intervenu** (dans le sort d'une entreprise, de quelqu'un ou de quelque chose).

La cohorte des traînards désigne une troupe, un ensemble de personnes qui restent à la traîne, qui ne peuvent pas suivre le rythme, le progrès. Une **cohorte** de gens/ de touristes/la **cohorte** des écoliers.

III.

2,700 top executives classified 191 big companies covering eighteen industrial and commercial sectors. At the top : Canal+. At the bottom : Bull.

In the current year 1993, characterized by a crisis which has given the most powerful groups a real bruising and challenged the most solid of reputations, it was particularly useful to repeat the operation. With a view to improving it : in order to strengthen the reliability of a survey whose impact is well-known to us, especially at the present moment, we refined our approach, while at the same time securing the cooperation of Compagnie Corporate.

No one will be surprised to discover four public companies at the bottom of the pack; Charbonnages and Entreprise Minière et Chimique (EMC), doomed to preside over an irreversible decline, and SNCF and RATP, which have become playthings in an unending struggle between technocrats and unions while the customers foot the bill. The presence of VEV and Fiat among the last ten can also be easily explained: there is the last upset of the Prouvost empire, a textile company that has failed to bounce back, and as for the Italian manufacturer, it is suffering both from the repercussions of its own difficulties and from the hopeless political situation in its own country.

IV.

1. Chaque étudiant donnera une réponse en fonction de ses connaissances. Il exprimera son avis en décrivant l'image de ces entreprises en Grande-Bretagne, aux États-Unis ou dans d'autres pays anglo-saxons.

2. L'étudiant s'impliquera personnellement et devra expliquer clairement ce qu'il pense de cette multinationale.

3. Chanel, Guerlain et Cartier sont des marques françaises de prestige et de luxe très connues en France et à l'étranger.
    Coco Chanel (1883-1971), de son vrai nom Gabrielle Bonheur, a laissé son empreinte sur la haute couture et sur la mode. Elle a ouvert sa maison "couture-création", rue Cambon (Paris), en 1919.
    La maison **Guerlain** a été fondée en 1828 par Pierre François Pascal Guerlain. La société est devenue un groupe important spécialisé dans les parfums, le maquillage, les produits de soins.
    Cartier est une marque française très célèbre. L'entreprise Cartier a été fondée par Louis-François Cartier, apprenti joaillier, en 1847. La marque Cartier détient Piaget et Baume-Mercier. Ses principaux secteurs d'activités sont l'horlogerie, la joaillerie, les accessoires, le cuir et les parfums.

4. Bull/IBM/Olivetti : bureautique et informatique

Cartier/Chanel/Guerlain/Hermès : parfums, haute couture, bijoux et accessoires

L'Oréal : produits cosmétiques et para-pharmaceutiques

BSN : groupe agro-industriel

LVMH : industrie du luxe

Pernod-Ricard : spiritueux anisés

Saint-Gobain : groupe industriel

Coca-Cola : boissons gazeuses

Nestlé : groupe alimentaire

Carrefour/Auchan/Intermarché : commerce et distribution

Le Club Med : voyages et loisirs

Prouvost : industrie textile

Elf Aquitaine : groupe pétrolier

Rhône-Poulenc : industrie chimique et pharmaceutique

Paribas : banque et finance

Air France : transport aérien

Usinor-Sacilor : groupe sidérurgique.

V.

(a) **faux/juste/clair/bon/mauvais/cher**

(b) 1. Elle chante **faux**.

2. Excellent! Tu devines **juste**.

3. Je ne vois pas très **clair** là-dedans.

4. Ça schlingue ici, ça sent pas **bon**!

5. Les choses prennent une mauvaise tournure, ça sent **mauvais**.

6. Ils vendent ces articles trop **cher**.

VI.

(a)

1. **Une seule surprise, ou plutôt une nouveauté** . . . (quatrième paragraphe)

2. **Autant dire que** . . . (cinquième paragraphe)

3. **Même observation en ce qui** . . . (cinquième paragraphe)

4. **Même motif, même punition** . . . (cinquième paragraphe)

5. **Difficile toutefois de ne pas** . . . (dernier paragraphe)

VII.

(a)

1. Je l'ai **assurée** de ma bonne volonté.

2. Son comportement exemplaire nous **assure** de l'avenir.

(b)

1. La rentabilité du système lui **assurait** une indépendance totale.

2. La publication rapide de ces résultats leur a **assuré** un grand avantage.

VIII.

(a) (b) **usage** – usage/**usager** – user/**user** – to wear out/**user de** – to use/**usité** – used (with respect to words)/**usagé** – used, second-hand.
Exemples : l'**usage** du français moderne/les **usagers** de la route/mes chaussures sont complètement **usées**/c'est là une technique dont le romancier **use** souvent/un mot peu **usité**/un vêtement **usagé**.

IX.

(a)

1. Un compte épargne bien garni permet de **capitaliser des intérêts** non négligeables.

2. Un compte épargne-retraite donne la possibilité au client de **capitaliser une rente** qui lui sera versée au moment voulu.

X.

(a) **Décennie** est une période de dix ans. En revanche, **décade** est une période de dix jours. **Décade** ne s'emploie pas fréquemment. **Décade** a aussi le sens de **décennie** lorsqu'il est emprunté à l'anglais.

(b)

1. Plusieurs **décennies** passèrent avant le retour de la démocratie.

2. Cette **décade**-là fut la période la plus difficile de sa vie, encore qu'elle ne fût pas très longue.

Texte n° 22 : Comment bien gérer son capital image.
L'Expansion, 23 septembre–6 octobre 1993

I.

L'Expansion est un bimensuel de presse d'information économique. Voir texte n° 21.

II.   Vocabulaire

Les investissements sont des opérations par lesquelles une ou des entreprises acquièrent des biens de production (acquisitions de matériel, bâtiments). **Le patrimoine** est constitué de l'ensemble des avoirs et des dettes d'une société ou d'un particulier. On fait la distinction entre le **patrimoine** d'une entreprise et le **patrimoine** d'un ménage. Le **patrimoine** d'une entreprise est comptabilisé dans le bilan avec d'une part l'actif, d'autre part le passif (ce que l'entreprise possède et ce qu'elle doit). En revanche, le **patrimoine** d'un ménage désigne le plus souvent la propriété d'un ou de plusieurs logements. Le **patrimoine** foncier/immobilier/mobilier. Dans le domaine culturel, **patrimoine** signifie *heritage*.

Nocif est un adjectif synonyme de **dangereux**, **nuisible**, **toxique**. Un produit/ un gaz **nocif**/des vapeurs **nocives** à la santé.

Une panacée désigne une formule magique par laquelle on croit apporter des solutions à un problème. C'est un **remède** universel.

Un mécénat est un soutien financier ou matériel apporté à une personne, à une œuvre, à une manifestation ou à une organisation. C'est une opération de **parrainage** destinée à promouvoir l'image de marque d'une entreprise. Un **mécénat** d'entreprise.

Dresser est un verbe qui peut prendre des sens très différents. Le sens premier est **tenir à la verticale**, par exemple : **dresser** la tête. Voici d'autres exemples : **dresser** un diagnostic/un bilan/un inventaire/un plan/un tableau (établir)/ **dresser** l'oreille (écouter attentivement)/**dresser** la table/le couvert (mettre)/ **dresser** un plat (le présenter).

Une ordonnance est une prescription médicale. Dans le texte, l'auteur parle de dresser un **diagnostic** puis **une ordonnance**. Rédiger/faire/établir/délivrer une **ordonnance**. De façon générale, **l'ordonnance** est la disposition, l'agencement, l'organisation de quelque chose. On parle également des **ordonnances** de la Constitution, c'est-à-dire des textes législatifs qui émanent de l'exécutif.

III.

Christiane Quénard, a communications specialist, draws lessons from our list of high achievers.

Several years, like any capital or investment. With an image built on a solid base which limits the damaging effects of a crisis in public opinion, and faced with the same risk (the harmful effect on health of their product), Perrier has almost completely forgotten all traces of its American crisis, thanks to an image which has developed over the years and which has benefited from a "parachute effect", while the company producing potted meat and challenged by Leclerc will have to change its brand name very soon. An image sometimes lasts even longer than a company, and can be bought out by a financial high-flier, just like an asset.

The study allows us to draw up, sector by sector, a diagnostic procedure for images. Armed with this analysis, we have established a prescription for each one : what to talk about most or least, how best to spend one's image-building budget . . . The prescriptions figuring in the following pages do not claim to deliver the secret of what we see. But they do offer clues as to how to consider one's image strategy in another way (or more objectively), and more comprehensively.

IV.

1. Les entreprises s'intéressent à bien gérer leur capital image car c'est une stratégie fondamentale dans la compétitivité. L'image de marque d'une entreprise est importante aux yeux du public. Le nom de marque est un capital à gérer. Il n'a pas de valeur marchande au sens économique du terme mais il constitue la richesse de l'entreprise. "Il s'accroche au cœur du patrimoine."

2. La journaliste tente d'expliquer la fonction de l'image de l'entreprise. Elle utilise l'expression "effet parachute" pour montrer qu'en période de conjoncture difficile, l'image de marque sert à amoindrir la crise.

L'"effet parachute" est une métaphore qui renvoie à l'appareil qui sert à ralentir et à amortir la chute.

3. Les critères qui contribuent à définir l'image d'une entreprise sont la qualité des produits et des services, la capacité de l'entreprise à faire face à la crise, la gestion, le personnel, les résultats financiers, la communication, l'engagement public.

4. L'image d'un secteur économique influence la performance de l'entreprise parce qu'en cas de crise, ce secteur provoque le déclin de l'entreprise.

V.

(a)

1. Le gouvernement a **délivré** le captif en payant une rançon.

2. L'établissement a été **délivré** de l'obligation de publier ses résultats chaque semaine.

3. Il faut comprendre qu'en français on dit "**délivrer** une lettre, mais **livrer** un colis".

4. Le coupable a été **livré** à la justice.

5. La guerre civile **livra** le pays aux insurgés.

6. Le romancier **livra** ses secrets intimes dans son journal.

VI.

(a) **masculin** :
abîme/antidote/astérisque/calme/casque/charme/formulaire/insecte/masque/organe/pétale/secrétaire/trophée/vice.
féminin :
artère/atmosphère/cible/circulaire/dynamo/extase/oasis/orbite/pédale/recrue/secrétaire/toux.

(b) **bébé** est toujours masculin même lorsqu'il s'agit d'une fille.

camarade peut être masculin ou féminin.

chercheur est masculin même quand il s'agit du sexe féminin, par exemple : elle est **chercheur** au CNRS. **Chercheuse** existe mais il s'emploie rarement dans ce contexte. En revanche, **chercheuse** s'emploierait dans le cas suivant : une **chercheuse** d'histoires (*someone who is always causing trouble*).

dupe est toujours féminin.

élève est masculin ou féminin.

espèce est féminin mais, dans un style relâché, il est souvent masculin. Exemple : c'est un **espèce** de journal, c'est-à-dire quand le nom qui suit est masculin.

gens est féminin quand l'adjectif le précède, mais masculin quand l'adjectif le suit. Exemple : des vieilles **gens**/des **gens** très vieux. Il existe des anomalies telles que : Les vieilles **gens** sont arrivés tard.

président est toujours masculin mais les féministes pourraient insister sur l'expression **la présidente**.

recrue est toujours féminin.

secrétaire est toujours masculin lorsqu'il s'agit d'un poste important comme dans l'exemple suivant : **Madame le secrétaire général** de la municipalité.

sentinelle est toujours féminin.

victime est toujours féminin.

VII.

(a)

1. Les douaniers ont **contrôlé** toutes les marchandises.

2. L'expert-comptable va **contrôler** tous les comptes.

3. L'armée arrivait difficilement à **contrôler** la région.

4. Cette succursale fait ce qu'elle veut. On ne peut pas la **contrôler**.

VIII.

(a) (b) Attention! la porte **se ferme/s'ouvre** (une action).
Les magasins **ferment/ouvrent** à cinq heures (une habitude).

1. On **a couché** à l'hôtel (*we slept*).

2. Ils **se sont couchés** à onze heures (*they went to bed*).

3. Demande à Papa d'**arrêter**, je veux aller aux toilettes.

4. On **s'est arrêté** en cours de route.

5. La différence entre **arrêter** et **s'arrêter** n'est pas claire. Par exemple, on peut dire : il **s'est arrêté/a arrêté** de fumer il y a cinq ans. Mais on dirait seulement : **arrête!** J'en ai marre! ou on **arrête** là.

6. Tu **loges** où? Je **loge** chez ma sœur.

7. Ce soir-là, on **s'est logés** à l'hôtel.

8. **Loger** suggère un état tandis que **se loger** suggère une action.

9. Nous **inclinons** à penser que . . . (sens figuré).

10. On **s'est incliné** pour passer par-dessous la branche (au sens propre).

IX.

(a) (b)

1. **Mettre la charrue avant les bœufs** – *to put the cart before the horse.*

2. **Chat échaudé craint l'eau froide** – *once bitten twice shy.*

3. **Quand le chat n'est pas là, les souris dansent** – *when the cat's away, the mice will play.*

4. **La goutte d'eau qui fait déborder le vase** – *the straw that breaks the camel's back.*

5. **L'habit ne fait pas le moine** – *Don't be deceived by appearances.*

6. **Une hirondelle ne fait pas le printemps** – *One swallow doesn't make a summer.*

7. **Il ne faut pas vendre la peau de l'ours (avant de l'avoir tué)** – *Don't count your chickens …*

8. **Un "tiens" vaut mieux que deux "tu l'auras"** – *A bird in the hand is worth two in the bush.*

X.

(a)

1. **Quels que soient** ses projets, je ne les accepte pas.

2. **Quelles que soient** les marchandises, je ne les achèterai pas.

3. **Quelque fiable que soit** l'appareil, il ne se vend pas.

4. **Où que vous alliez**, vous ne trouverez pas un commerce plus prospère.

5. **Qui que ce soit qui vous l'ait dit**, ce n'est pas vrai.

6. **Si sensible soit-elle**, il ne faut pas lui cacher la vérité.

Texte n° 23 : On annonçait la mort de l'édition : Gutenberg fait de la résistance. *L'Expansion, 20 décembre 1993/janvier 1994*

I.

L'Expansion est un bimensuel de presse d'information économique. Il est publié par le Groupe Expansion Magazines.

II. Vocabulaire

Arborer est synonyme d'afficher, de montrer : a**rborer** un drapeau (le dresser en hauteur)/**arborer** une idée/des opinions (afficher ouvertement ce que l'on pense).

Moribond peut être un nom ou un adjectif. Le nom s'applique à une personne qui agonise ou qui va mourir. L'adjectif se dit de ce qui est près de mourir. Une industrie **moribonde**.

Encaisser au sens abstrait du terme veut dire **subir** quelque chose de désagréable. **Encaisser** des coups/des critiques/il ne peut pas **encaisser** son supérieur hiérarchique (ne pas pouvoir supporter : familier). Au sens concret du terme **encaisser** signifie **mettre** (quelque chose) **en caisse** (pour l'emballer). **Encaisser** une somme d'argent (recevoir).

La rédaction désigne l'ensemble des journalistes, des auteurs, des rédacteurs, des professionnels d'un journal, d'une publication, d'un ouvrage collectif d'une maison d'édition ou autres agences. C'est également l'ensemble des bureaux où les professionnels travaillent. Les bureaux de **rédaction**/le responsable de la **rédaction**.

Les devanciers sont les **prédécesseurs**, c'est-à-dire les personnes qui ont occupé un rang, un emploi avant d'autres personnes ou qui ont travaillé dans le même domaine en produisant des œuvres avant d'autres. Le terme **devancier** est utilisé dans un langage soutenu.

Un défi est l'action de provoquer quelqu'un ou l'inciter à se mesurer à une autre personne ou à soi dans une situation de combat, de compétition ou de jeu. Lancer **un défi** à quelqu'un/mettre quelqu'un **au défi** de faire quelque chose/relever **le défi**.

Le multimédia est un moyen audiovisuel constitué de différents types de messages comportant données, textes, image et son. Cette technique présente de nombreux avantages : nouveauté, interactivité, qualité de l'image et du son. C'est sans doute la technique audiovisuelle du futur. Cependant le développement rapide de cette technique en pleine évolution peut réserver des déceptions. Souvenons-nous du magnétoscope **Bétamax** dont le système n'a pas été retenu sur le marché. Le terme **multimédia** recouvre la gestion de plusieurs médias à l'aide d'un même logiciel (vidéodisque, disque magnétique, disque optique numérique [DON], microformes). Le multimédia est destiné à la culture, l'éducation et les jeux.

III.

He may be getting on, but Gutenberg is still very adaptable! From Gallimard's *Découvertes* collection to books selling at 10 francs a time, from *Maxi-livres* to the *Axis* encyclopedia, you've got people who innovate and products that work.

That's just it. If you take a somewhat objective view, you realize that the sector affords a good example of staying-power and adaptability. Despite two blips in its growth in the early 80s and in 1990 its productivity is still climbing, while its turnover of 14 million francs should be compared, for example, to the 4 to 5 billion in the video games sector … On average over the years, its production in number of copies published hovers around the 380 million mark; as for the production in number of titles, it enjoys a steady and strong growth rate, although there's a blip at the moment, which means you come back to the age-old question : do publishers publish too many books?

The other challenge was book pricing. For, whichever mellifluous and sycophantic sounds emanate from its supporters, Lang's law on the single-priced book has created an obvious inflationary pressure. For each month since 1982, the price of books has increased 50% more than the average salaries for 295 jobs appearing in the INSEE survey. But currently, there are desperate appeals for low prices and discounts, and a certain number of success stories in book production – beginning with the irresistible rise of the paperback – come as a reward for initiatives taken in this area, such as the "10-franc book" or *Maxi-livres*' cut-price new books.

IV.

1. La crise dans le monde du livre s'est fait ressentir en particulier au cours des années 1991 et 1992. Elle peut s'expliquer par : l'essor de la vidéo-télé-électronique, le choc de la modernité, les répercussions des progrès techniques. En dépit de la crise, les maisons d'édition se développent dans des structures plus importantes grâce à l'innovation, à la fusion et à la concentration.

2. Le livre à dix francs est un sujet de contestation. Certains enseignants ne sont pas d'accord pour l'utiliser en cours. Ils le méprisent car les éditions se résument au texte brut. Mais le véritable problème qui se pose est le suivant : les élèves doivent-ils disposer du texte brut et constituer eux-mêmes un dossier sur l'œuvre littéraire et son auteur ou, au contraire, les annotations inscrites sur le livre sont-elles indispensables?

Les avis sont très partagés. Certains enseignants avancent que, dans le cadre des programmes scolaires, la lecture doit se faire avec des notes d'introduction, d'explication du contexte historique pour aider les élèves à réussir leurs épreuves.

Pour d'autres, par contre, la lecture du texte brut devrait encourager l'élève à mener une recherche personnelle sur les grandes œuvres de la littérature. De surcroît, l'enseignant explique et analyse l'œuvre en cours.

Quelques enseignants acceptent les éditions à 10 francs car elles peuvent donner le goût à la lecture. De plus, ils signalent aux élèves qu'il en existe de bien meilleures et plus chères.

3. La **fusion** est une technique de concentration qui s'opère selon différentes formes. Deux ou plusieurs sociétés peuvent regrouper leur patrimoine en créant une société unique. C'est une forme de restructuration industrielle.

Avantages
répartition des activités/spécialisation.

Inconvénients
changements de politique/réorganisation/licenciements.

4. Les grandes maisons d'édition sont confrontées au défi de l'électronique, du multimédia et à celui du prix du livre.

V.

(a) Le mot *editor* en anglais se traduit en français par **rédacteur** (**en chef**) quand il s'agit de livres, de journaux et d'articles. Le **rédacteur** rédige les articles d'un journal ou d'un périodique. Le deuxième sens de *editor* est **éditeur**, c'est-à-dire un homme de lettres, un érudit qui fait paraître un texte, le présentant avec des annotations, etc. Le troisième sens est **réalisateur** de film, par exemple.

(b) (c) **éditer** – publier et mettre en vente

éditeur – personne qui assure la publicité et la mise en vente des ouvrage d'un auteur (*publisher*)

éditorial – article qui émane de la direction d'un journal

éditorialiste – personne qui écrit un éditorial

rééditer – éditer à nouveau/**réédition** – une deuxième ou troisième édition.

VI.

(a)

1. **Vu** les conséquences de sa démission …

2. **Étant donné** les conditions dans lesquelles ils vivent …

3. Toute la monarchie, la reine **exceptée** …

4. Le PDG a sanctionné tout le personnel, la secrétaire **comprise**.

5. **Mis à part** la vente des ordinateurs …

6. La destruction des produits **mise à part** …

7. Je vous envoie **ci-joint** la lettre que …

8. Veuillez trouver les chèques **ci-joints**.

VII.

(a) (b)

best seller – c'est le best seller de l'été.

exemplaire – le roman a été tiré à plusieurs milliers d'exemplaires.

livret – le prix des tableaux est indiqué dans le livret de l'exposition.

ouvrage – un petit ouvrage bien documenté.

plaquette – c'est une petite plaquette qui donne toutes les informations nécessaires sur le lycée.

tome – un livre en trois tomes.

volume – un exemplaire en plusieurs volumes.

écrits – les écrits de Rousseau sont très célèbres.

bouquin – j'ai trouvé la référence dans un vieux bouquin.

pavé – *Guerre et Paix* est un gros pavé.

NB : il convient de noter que les deux derniers exemples de la liste relèvent d'un registre familier.

VIII.

(a)

1. Connaissez-vous un auteur qui ait écrit sur l'histoire de l'imprimerie?

2. Je cherche un éditeur qui puisse se charger de ce document.

3. Il serait inconcevable que quelqu'un que tu connaisses ait visité la Chine.

4. Serait-il possible de rencontrer quelqu'un qui puisse me donner les détails nécessaires?

5. Le gouvernement ne croit pas que nous ayons droit à une hausse de salaire.

6. Il n'a personne ici aujourd'hui qui puisse s'occuper de votre commande.

7. Il n'y a aucune matière où il ne soit pas compétent.

8. Je ne trouve pas une seule maison d'édition qui ait publié un livre sur ce sujet.

IX.

(a)

1. Les éditeurs réagissent **d'une façon énergique**.

2. Le ministre doit contrôler l'activité des agences **de façon plus cohérente**.

3. L'économie française se développe **d'une manière un peu hésitante**.

4. La compagnie est complètement autonome, elle agit **à sa manière**.

5. C'est un tableau **à la manière de** Courbet.

6. Il parlait **à la façon d'**un orateur.

X.

(a) convainc/convainquent/convaincra/convaincront/convainquis/convainquirent/ elle a convaincu/ils ont convaincu/convainquais/convainquaient.

Texte n° 24 : Seuil Jeunesse accentue sa présence.
Livres Hebdo, 2 septembre 1994

I.

Livres Hebdo est une revue hebdomadaire qui se rapporte à l'édition, à la documentation, et à la lecture.

II. Vocabulaire

L'autonomie est l'état ou la situation d'un organisme, d'une collectivité ou autre qui est capable de prendre des décisions sans interférence d'en haut. **L'autonomie** des territoires/des universités/acquérir une certaine **autonomie** (indépendance)/avoir **une autonomie de** (durée ou distance de fonctionnement, par exemple, lorsqu'on parle d'une voiture).

Une image est un système de représentation de la réalité ou de l'imaginaire par un dessin fixe ou animé, par une photographie ou autre reproduction. **L'image animée**, en informatique, est une méthode de création d'images qui vise à donner une impression de mouvement. **L'image de marque** est l'image mentale qu'une marque commerciale suscite dans l'esprit d'un individu.

Énoncer est synonyme d'**exposer, formuler, exprimer** clairement un fait, un objectif, une proposition.

Un calumet est une pipe de roseau que les Indiens fumaient au cours de discussions officielles avant de prendre des décisions importantes. "Fumer le **calumet** de la paix" est une expression qui, au sens figuré, signifie **permettre de conclure la paix** (pour aider à la réconciliation de deux ou plusieurs personnes). *Les Trois Calumets* est le titre d'un album pour enfants.

Un documentaire est un film qui sert à instruire. Il n'a rien à voir avec un film de fiction. On parle également de **documentaire** pour désigner dans une bibliothèque un livre instructif ou un ouvrage de vulgarisation qui ne peut pas être un roman, un conte, ou une nouvelle.

Une animation est un terme qui s'applique en général à des domaines différents. Elle peut concerner des groupes humains, des institutions, des équipements socio-éducatifs ou culturels. Elle peut aller de l'encadrement à la prise en charge totale d'une activité. **Une animation** de groupe/**une animation** théâtrale/**une animation** de loisirs.

Une exposition est une présentation publique d'un ensemble d'objets, d'œuvres d'art ou de produits industriels. Une **exposition** scolaire/une **exposition**-vente/une foire-**exposition**.

III.

Having gained a place in bookshops, Seuil Jeunesse is now working towards a permanent tenure for its different series.

Although predicting from the outset a turnover of 30 million francs after two years, Jacques Binsztok remains discreet over the results, while he still asserts he is "on the right path".

Another department close to Jacques Binsztok's heart is the pop-ups which naturally figure on the agenda. Among them are several serious titles for young and old which represent for Seuil Jeunesse's director "a new approach to scientific documentary material". You have equations solved by one pull of a tab, geometrical constructions springing up from the page, trigonometry secrets disclosed by two tiny operations : there is no doubt about it, *Maths* by Bob Gardner and Ron Van Der Meer, which is to appear on October 26 at a price of 250 francs, will stand out as a milestone.

To draw public attention to this new production, an advertising campaign will be launched in October and November in the educational press. Seuil Jeunesse also intends to put on well-designed presentations, and an exhibition of the work of illustrators and numerous authors, including Babette Cole.

IV.

1. Quelques maisons d'édition françaises :
Albin Michel/Armand Colin/Bordas/Flammarion/Gallimard/Hachette/ Hatier/J'ai Lu/Livre de Poche/Magnard/Marabout/Nathan.

2. Pour commercialiser ses collections, Seuil Jeunesse a mené des stratégies particulières. Le département s'est instauré une image forte auprès des libraires et du public. Il a obtenu le Grand prix 93 de la biennale de Bratislava pour *Eugénio*. Il a vendu à des éditeurs étrangers tous les albums créés en 1993.

3. La relative autonomie de Seuil Jeunesse vis-à-vis de la maison mère s'explique par la création d'un département spécifique, ambitieux, très diversifié pour les enfants et les adolescents.

4. Pour commercialiser leurs produits, les maisons d'édition participent à de nombreuses foires aux livres, expositions ou manifestations spéciales au moment de la rentrée scolaire, c'est-à-dire en automne. Elles accordent des facilités de paiement, proposent des livraisons rapides, offrent des promotions aux libraires et aux particuliers.
   Albin Michel, par exemple, a participé, début octobre, aux concours de vitrines et tables autour de la collection "Classiques". **Bordas** a organisé une quinzaine parascolaire autour des fonds Bordas et Harrap. **Hachette** a lancé des campagnes publicitaires sur des radios locales (NRJ, Chérie FM etc.). **Magnard** a accordé des promotions auprès des enseignants.

V.

(a)

1. La compagnie se limita à éditer des livres pour les jeunes.

2. Ne vous engagez pas à investir dans un marché que vous ne connaissez pas très bien.

3. Elle a achevé d'écrire le dernier chapitre et l'a envoyé immédiatement à son éditeur.

4. Ils redoutaient de recevoir les résultats du premier semestre parce que tous les libraires parlaient d'une baisse des ventes.

5. Ils comptaient éditer toute une gamme de livres à l'automne.

6. Le libraire estimait qu'il valait mieux vendre les titres au rabais plutôt que de ne pas les vendre du tout.

VI.

(a)

sous une forme littéraire/un jour favorable/tous les rapports/peine de mort/l'emprise ou l'influence ou l'empire de quelqu'un/la direction ou la responsabilité de quelqu'un/le régime de Louis XIV/avoir quelque chose **sous** la main.

VII.

(a) (b) Ce fut **au printemps** qu'on alla à Grenoble faire du ski. **Ce printemps-là**, le soleil était au rendez-vous. **Au mois d'avril**, on rentra à Paris seulement pour attendre l'été. **En été**, il risque souvent de faire un temps pluvieux, mais **cet été-là**, le soleil brillait dans toute sa splendeur. **Au mois d'août**, nous passâmes quinze jours en Méditerrannée à faire du bateau. **En automne**, les beaux jours se prolongèrent jusqu'**à la mi-novembre**. **En hiver**, surtout **en janvier** et **début février**, le soleil était d'une clarté éblouissante, et nous repartîmes pour les Alpes.

VIII.

(a)

1. Ce roman a été vendu à vingt mille exemplaires dans la première semaine.

2. Quoique cet ouvrage fût tiré à trente mille exemplaires, ce n'était pas suffisant.

3. La Bible a été publiée à des millions d'exemplaires au cours des années.

IX.

(a)

raccrocher/rappeler/recouvrir/redresser/redescendre/répondre/remonter/
rejoindre/retransmettre (un match à la télévision)

(b)

1. Elle a décroché le téléphone mais l'a **raccroché** tout de suite.

2. Tu te **rappelles** les vacances de l'été dernier?

3. La terre était **recouverte** de neige.

4. Le courrier s'est égaré et elle a dû **réécrire** la lettre.

5. Tu restes là-haut ou tu **redescends**?

6. Elle a mal compris la phrase, il l'a donc **redite**.

7. Elle entendit un bruit et **redressa** la tête.

8. Si vous **repartez** maintenant, je vous **rejoindrai** demain.

9. Ce soir, le match se joue à Moscou et il sera **retransmis** à partir de 20 heures.

10. On se **revoit** donc ce soir.

X.

(a) **librairie/libraire/éditer/éditeur/lunatique.**

(b)

librairie – magasin où l'on vend des livres

libraire – propriétaire d'une librairie

éditer – publier des livres et les mettre en vente

éditeur – propriétaire d'une maison d'édition·

lunatique – capricieux.

Texte n° 25 : Les spécificités du marché français.
Archimag : Les technologies de l'information, décembre 1993–janvier 1994

I.

Archimag est une revue mensuelle spécialisée dans les technologies de l'information.

II.   Vocabulaire

Dépasser le cap signifie **franchir un point critique, un seuil important**. Il existe de nombreuses expressions courantes avec le mot **cap** : changer de **cap** (prendre une nouvelle direction en matière politique)/doubler un **cap** (le contourner)/ doubler/passer/dépasser/franchir le **cap** de quelque chose (aller au-delà d'une certaine limite).

Le peloton de tête désigne l'ensemble d'un groupe de concurrents potentiels dans un secteur d'activité. Prendre la tête du **peloton**/rester dans le **peloton de tête**/ sortir du **peloton**.

Un dossier est un ensemble de pièces ou de documents relatifs à une affaire précise. Ouvrir/fermer un **dossier** (ouvrir/classer une affaire)/**un dossier** fiscal/médical.

Le choc en profondeur est une expression qui s'emploie pour dire que quelque chose vise à produire un vif effet, qui agit en profondeur et non de façon superficielle. Recevoir/donner un **choc** (un coup soudain)/une formule/une idée **choc** (qui provoque la surprise).

Privilégier est un verbe que l'on utilise dans un langage soutenu. Il peut prendre des sens différents, par exemple **privilégier** quelqu'un (lui accorder un avantage)/ **privilégier** une approche pragmatique (lui attribuer une importance particulière).

Décoller signifie atteindre un seuil de mutation d'un système dont le rythme de croissance est rapide et durable. **Décoller** implique l'apparition d'un système plus performant que le précédent. **Décoller** d'une situation/d'une fonction/d'un état (s'élever socialement).

Un produit est le résultat de la production ou de la fabrication des biens matériels. **Produit** est synonyme de marchandise, bien, objet, gain. Un **produit** agricole/ pétrolier.

III.

Sébastien Soubbaramayer is an international consultant specialising in the handling of documents, via an electronic process, in Germany, Spain, Switzerland, Italy as well as in the Scandinavian countries. In France, he works alongside management consultants Jean-Louis Pineau and Catherine Leloup who put companies into good running order. Interviewed at the SIGED in 1993 – during a conference on ODDSAR applications in banks, insurance companies and public services – he shares his thoughts with us on the French characteristics of ODDSAR.

What we should be looking for are deep-seated causes. First of all, the French organizational models are unsuitable. ODDSAR in general, and the work-flow in particular, presuppose a communal method of organization to facilitate exchange of files. Now, this kind of organization – to be found in Northern European countries – just does not exist in France. Here, you come across organizations based on a largely hierarchical model. Developing applications around the notion of a "working group" therefore becomes very complex. Indeed, how many managers would find the idea of a workstation demeaning?

Yes, theory. There is too much theory in France. You don't need to produce radical changes in an organization to apply an ODDSAR. Experience has shown that – even if an organization remains the same the improvements are obvious. Besides, it avoids far-reaching disturbances. You have to be wary of technocrats in an organization and favour a pragmatic approach.

IV.

1. Les spécificités du marché français se rapportent à la GED, c'est-à-dire à la gestion électronique documentaire. En France, le marché de la GED progresse lentement et enregistre un taux parmi les plus faibles en Europe Occidentale. Ces applications ont trouvé leur place dans les domaines de la banque, de la finance, des assurances et dans certaines administrations. La GED n'a pas encore percé dans le monde de l'entreprise car elle est très onéreuse et basée sur des systèmes complexes. En France, cette lente progression s'explique par l'inadaptation des modèles d'organisation.

2. La GED réunit un ensemble de fonctions afin de faciliter des tâches diverses, effectuées manuellement, au départ. Elle sert à acquérir, classer, conserver, rechercher, consulter et transmettre des données (voir la définition dans **II. Vocabulaire**).

3. Le **secteur tertiaire** concerne les services, les commerces, les banques, les assurances, etc. Le **secteur primaire** comprend les activités liées à l'extraction et à la transformation des matières premières issues de l'agriculture. Le **secteur secondaire** regroupe les activités industrielles. Une définition plus large prend en compte la transformation des matières premières en produits finis.

4. La "**culture papier**" est très ancrée dans les administrations. Chacun pouvait penser que l'ordinateur allait supplanter l'intelligence humaine et que le bureau sans papier, qui sauverait les forêts, verrait le jour. Le "zéro-papier" paraît un projet irréaliste. En fait, les ordinateurs, équipés de leurs imprimantes, consomment beaucoup de papier. La "culture papier" se consolide par la bureautique et pourra difficilement disparaître.

Les administrations françaises (et autres) ont toujours géré leurs affaires en conservant, en archivant manuellement et sur papier, des documents administratifs. La "culture papier" se manifeste dans des domaines divers comme les contraintes administratives du véhicule (attestation d'assurance, vignette, carnet dentretien, etc.), de la maison (factures de téléphone, d'électricité, quittance de loyer, déclaration d'impôts avec justificatifs, etc.), de la santé (certificats de vaccination, carte de groupe sanguin, carte d'assuré social, etc.). Elle est très ancrée dans les mœurs car les administrations travaillent depuis longtemps avec des dossiers-papier qui constituent, en fait, une preuve.

V.

(a)

1. Elles étaient **accoudées** à la fenêtre.

2. **Accroupie** dans un coin, elle semblait avoir peur.

3. Ils étaient **assis** tous les deux à lire.

4. **Affaissé** dans le fauteuil, il sommeillait.

5. L'oiseau était **perché** sur une branche.

6. La lampe, **pendue** au plafond, illuminait la chambre.

VI.

(a)

1. Elle **avança de** dix mètres et s'arrêta.

2. La maison a **augmenté** ses prix **de** cinq pour cent.

3. La Banque de France a **élevé** son taux d'escompte **de** un pour cent.

4. Le cours de la pesète est plus bas que celui de l'an dernier. On vient de **réduire** le taux du change **de** deux pour cent.

5. Le patron tient à **diminuer** les salaires **de** trois pour cent.

6. L'inflation au cours du deuxième semestre a **chuté de** cinq pour cent.

7. La valeur du franc est **tombée de** 0,3 pour cent.

8. Le prix du pétrole a **dégringolé de** dix dollars.

9. Mes valeurs se sont **effondrées de** dix pour cent.

10. Le prix de cet article **descendra d'**au moins dix francs.

VII.

(a) Nord/Sud/Est/Ouest

(b) occidental/oriental/septentrional/austral

(c)

1. La démocratie dans les pays **occidentaux** est d'une valeur suprême.

2. Comment s'attaquer au marché **oriental**? Voilà la question!

3. Une lutte s'engage entre les pays du tiers monde et les pays **septentrionaux**.

4. Franchement, je préfère vivre dans l'hémisphère **austral**.

IX.

(a)

1. C'est un mystère que les policiers n'arrivent pas à **pénétrer**.

2. Les Occidentaux remuent ciel et terre pour **pénétrer** le marché japonais.

3. Elle **pénétra** dans le jardin.

4. La chambre était mal éclairée mais elle y **pénétra** toute seule.

X.

(a)

Fonction/emploi/place/poste/sinécure/situation/travail/boulot/job/planque

(b)

1. Il a maintenant une **fonction** ministérielle (style soutenu).

2. Elle recherche un **emploi** sur Paris (standard).

3. Elle a une **place** de comptable à la banque (standard).

4. Il y aura un **poste** de professeur pour vous à la rentrée (standard).

5. Si tu t'attendais à une **sinécure**, tu te tromperais (standard).

6. Elle recherche une **situation** en région parisienne (standard).

7. J'ai trouvé mon **travail** par les petites annonces (standard).

8. Il a un petit **boulot** d'étudiant (familier).

9. J'ai un petit **job** pour cet été (familier).

10. C'est la **planque**! Je ne fais absolument rien! (familier).

Texte n° 26 : La documentation de presse se met en ligne. *Archimag : Les technologies de l'information, septembre 1994*

I.

Archimag est une revue mensuelle spécialisée dans les technologies de l'"information.

II.   Vocabulaire

Un texte intégral est un texte qui n'a pas fait l'objet d'une coupure. C'est un texte **complet**. Un film en version **intégrale**/l'édition **intégrale** d'un texte. **Crédo** est un mot invariable, qui tire sa source de **credo, je crois** en latin. C'est tout d'abord le symbole de la foi catholique. Dans un langage soutenu, le second sens de **crédo** désigne les principes sur lesquels on base sa ligne de conduite, ses opinions politiques etc. Le **crédo** de la presse.

Un thésaurus est un dictionnaire de mots reliés entre eux au niveau sémantique et qui couvrent une discipline ou un thème. Ce lexique de termes normalisés sert à analyser le contenu et à classer des documents d'information. **Un thésaurus** comporte en général des synonymes, des explications sur le registre de langue.

À l'instar de quelqu'un ou de quelque chose est une locution qui est synonyme de **à leur manière, de la même façon.**

Un ou **une documentaliste** est une personne spécialisée et chargée de regrouper, sélectionner, classer, conserver, communiquer des documents (livres, revues, bandes magnétiques, cassettes-vidéo, diapositives, microfiches, microfilms etc.).

Appréhender peut avoir des sens très différents en fonction du contexte : **appréhender** un sujet, une notion (le comprendre, le saisir)/**appréhender** un malfaiteur (procéder à son arrestation)/**appréhender** l'avenir (le craindre, le redouter).

Défiler dans le texte signifie **passer, se succéder régulièrement, de manière continue.** Lorsqu'on parle d'un film ou d'une bande magnétique qui **défile**, on entend qui **se déroule** sans interruption à l'intérieur d'un appareil (magnétoscope, projecteur, magnétophone . . .).

III.

Newspaper and magazine resource centres are becoming increasingly computerized. Newspapers put on line the full text of their articles internally and externally, via Minitel. "Photobanks" do not escape this automation. Databases are becoming the press's religion, and ODDSAR is the future.

With respect to material in the French press available on a server, it was just a wilderness. What is more, only the AFP could be consulted, with a subscription to the ASCII data bank, directly via Minitel. From now on, you can also consult *Les Échos*, *Le Monde* and *La Croix*.

On the other hand, computerization has not brought about the disappearance of theme-based files (which are created by the examination of numerous titles from other establishments). If the database concerns the title itself, you cannot dispense with an extensive documentary coverage which allows you to grasp all the aspects of a subject. Meanwhile, you have to wait until these articles are digitized and Files become available through ODDSAR!

For the moment, the fact that the 60 editorial offices can log on to the server at head office is an undeniable advantage. The time lag for replies for certain editorial offices has dropped from two days to ten minutes.

IV.

1. L'informatisation et l'automatisation des centres de documentation de presse sont indispensables car elles impliquent une conception plus moderne de ces centres. Cependant, elles supposent un changement au niveau des habitudes de travail et une formation du personnel qui doit utiliser de nouveaux outils informatiques.

2. L'intérêt de l'informatisation et l'automatisation est considérable. Les utilisateurs peuvent bénéficier, ainsi, d'une bonne qualité du service, réduire la manipulation du papier, avoir un meilleur accès à l'information, augmenter les gains de productivité.

3. La GED tente une percée car ce système est, à l'heure actuelle, très onéreux. Dans certains secteurs d'activités, tels que les agences de presse, les technologies de la GED sont un investissement très lourd et un véritable outil de production.

4. Les photothèques sont des agences photographiques qui regroupent et archivent des clichés pris par des photographes. Dans le domaine publicitaire, les photothèques les plus célèbres sont Image Bank et Pictor. Pour la presse Sygma, Gamma, Magnum, et Sipa Press rassemblent des photos qu'elles commercialisent auprès de la presse écrite et audiovisuelle.

V.

(a) **Échapper à** signifie **éviter** (quelqu'un ou quelque chose pour ne pas être capturé, par exemple). **S'échapper de** signifie **s'évader de** et ici la personne est enfermée ou capturée.

(b)

1. C'est une obligation à laquelle personne ne peut **échapper**.

2. Ils sont passés en Suisse pour **échapper à** la police.

3. Lorsque personne ne la surveillait, elle **s'est échappée de** la maison.

4. Le gaz **s'échappe d'**un tuyau.

Il convient d'ajouter que **s'évader de** s'emploie beaucoup plus que **s'échapper de** quand il s'agit d'une prison.

VI.

(a)

1. C'est la **seule** maison d'édition **à** avoir proposé une hausse de salaire.

2. C'est le **seul** entrepreneur **à** avoir relevé le défi.

3. Les ouvriers étaient **unanimes à** reprendre le travail.

4. C'est le **deuxième** ordinateur **à** tomber en panne en trois jours.

5. C'est la **troisième** agence **à** avoir licencié des employés.

6. C'est la **dixième** pub **à** être critiquée pour son contenu pornographique.

7. Ce sont les **derniers à** avoir insisté sur le droit de vote.

8. Les chercheurs étaient très **nombreux à** réclamer plus de ressources.

9. La banque n'a pas été **longue à** répondre.

10. Les annonceurs sont **habiles à** persuader le public.

VII.

(a) **Expliciter** signifie "rendre plus explicite, plus clair" tandis que **expliquer** signifie "faire comprendre". Le premier verbe a une connotation formelle, et suggère une certaine insistance.

(b)

1. Le patron a **explicité** les conditions à plusieurs reprises.

2. Elle a **explicité** ses raisons de partir.

3. Je ne comprends pas le problème. **Explique**-le-moi.

4. Le comptable a **expliqué** au conseil d'administration comment il fallait investir l'argent.

VIII.

(a) *Le Monde* a remis à plus tard le projet qui l'intéressait, mais a exprimé un intérêt très clair pour Basis.

(b) (c)

1. Elle accepta l'offre sans **atermoyer** (style soutenu).

2. Il a **repoussé** son départ de dix jours (standard).

3. La date de l'ouverture du magasin a été **reculée** de dix jours (standard).

4. Le patron a **remis** l'installation de l'équipement au dimanche suivant (standard).

5. Le début des vacances à l'usine a été **reporté** à une date ultérieure (standard).

6. En raison des grèves, tous les vols seront **retardés** (standard).

7. Le tribunal a décidé de **surseoir** au jugement (standard).

IX.

(a)

1. Ce vieux système informatique a été remplacé par un nouveau système hautement sophistiqué.

2. Ce logiciel s'est substitué aux vieux dossiers.

X.

(a)

1. La direction hésite sur l'**opportunité** de la suggestion.

2. Tous les chercheurs ont discuté de l'**opportunité** de l'installation d'un nouvel ordinateur.

3. Il faut profiter de l'**opportunité**.

4. Quand l'**opportunité** se présentera, il faudra agir.

Texte n° 27 : Bibliographie : informatisation du catalogue de Jussieu. *Archimag : Les technologies de l'information, avril 1994*

I.

Archimag est une revue mensuelle spécialisée dans les technologies de l'information.

II.   Vocabulaire

Le fonds désigne l'ensemble de ressources qui peuvent être exploitées dans une bibliothèque, par exemple. Un **fonds** de commerce/de librairie (magasin).

Les enseignants désignent le personnel enseignant d'un établissement scolaire. Le terme s'applique à tous les degrés d'enseignement.

Proposer est synonyme d'**offrir** dans le texte. Par contre, il existe d'autres sens : **proposer** un modèle (montrer)/**proposer** un projet (soumettre)/**proposer** à quelqu'un de faire quelque chose (conseiller)/**proposer** un candidat (présenter).

Informatiser veut dire **introduire** (dans une activité) **des méthodes informatiques**, c'est-à-dire mises en œuvre sur ordinateurs. **Informatiser** la gestion d'une entreprise.

Multimédia voir texte n° 23.

Une thèse est un travail portant sur un sujet original. Elle s'inscrit dans une activité scientifique de recherche. En France, l'université délivrait plusieurs types de thèses : **une thèse** de doctorat d'université, **une thèse** de troisième cycle, **une thèse** d'Etat. Les deux dernières thèses ont été remplacées par une nouvelle thèse appelée "**Nouveau Doctorat**".

Un(e) bibliothécaire est une personne chargée de l'organisation, de la gestion et de l'animation d'une bibliothèque.

III.

The Inter-University Science Library at Jussieu has just inaugurated the OPAC system, the first bibliographical references catalogue in a French university. Available for consultation on micro-computer and Minitel, it is of interest to research and student bodies.

A main library for students (made up of 6 small ones), the BISJ also incorporates 8 research libraries for the use of researchers. Actually, Jussieu is a multidisciplinary establishment where some forty subjects are taught and research is carried out. Jussieu university offers a considerable bibliographical service. Its collection is mainly consulted for the preparation of competitive examinations for entry into the *Grandes Écoles*. That is why those who run the Jussieu libraries have decided to computerize their catalogues, indexing up to 80,000 bibliographical items with the help of Dynex management software. With the result that 150 terminals have been fitted in 14 reading rooms.

The researchers did not have any precise knowledge either of the resources of the eight research libraries, while the student on an occasional visit would be going to and fro several times to obtain just one piece of information.

IV.

1. Le système OPAC (**O**pen **P**ublic **A**ccess **C**atalog) est un catalogue de références bibliographiques accessible aux chercheurs et aux étudiants. Il est consultable sur micro-ordinateur et sur Minitel.

2. Voir explication dans **II. : Vocabulaire**

3. Le système d'organisation et de gestion des fonds de documents dans les bibliothèques françaises semble moins perfectionné que dans les pays anglo-saxons, qui marquent une avance certaine par rapport à la France. En France, face à l'augmentation du nombre d'étudiants chaque année, les bibliothèques universitaires manquent de moyens pour acheter des ouvrages, se moderniser, informatiser les catalogues et recruter du personnel.

4. L'informatisation des fonds de bibliothèque est nécessaire. C'est un enjeu important. Les nouvelles technologies de l'information supposent que les bibliothécaires doivent changer leur organisation et leur méthode de travail. Les utilisateurs eux-mêmes doivent apprendre à gérer les nouveaux outils pour mieux exploiter les fonds de bibliothèques.

Avantages

Les opérations de prêt sont accélérées car elles se font par lecture optique de codes barres/temps minimum d'attente à la banque de prêt/travail plus performant/meilleur rapport entre les lecteurs et les bibliothécaires/possibilités de mieux aider ou conseiller le lecteur.

Inconvénients

Passage difficile d'un système traditionnel à un système moderne/temps d'adaptation à l'outil informatique/les normes de catalogage évoluent très vite.

V.

(a) Elle est étudiante en Droit/en Lettres/en Sciences Politiques/en Langues Vivantes/en Histoire et Géographie.

Il est étudiant de Français/de Sociologie/de Sciences Économiques.

VI.

(a)

1. Elle s'est vu refuser l'entrée et **a décidé de** repartir tout de suite.

2. Après mûre réflexion, elle **s'est décidée à** investir ses économies.

3. Elle lui demanda d'utiliser la photocopieuse, mais il **refusa de** le faire.

4. Puisque les agences ne publient pas leurs résultats, il **s'est refusé à** publier les siens.

5. Elle a vu la publicité et **a résolu d'**acheter le produit tout de suite.

6. Après de longs mois d'attente, elle **s'est résolue à** lui écrire.

VII.

(a) (b) (c) **échanger** signifie **donner et recevoir en retour**. Exemple : l'étudiant a **échangé** ses livres contre des magazines.
Les deux chercheurs **échangent** régulièrement des informations via le Rérif. **Changer** suggère **transformer** (une chose en une autre). J'ai **changé** de bibliothèque, celle-ci ne me convient pas. Ils font trop de bruit, je vais **changer** de place.
Chercher et **rechercher** ont souvent le même sens bien que **chercher** indique une action plus précise et limitée. Il suggère aussi un style moins soutenu. Exemples : j'ai perdu mon carnet et je le **cherche** partout. "Que **cherchez**-vous, Madame?", demanda la bibliothécaire. Le service bibiothécaire **recherche** un scientifique capable d'informatiser le système de références. La police **recherche** le coupable qui a volé des centaines de revues. C'est un conférencier très **recherché**.
Les exemples ci-dessus sont difficilement interchangeables mais on peut dire : **chercher/rechercher** un objet égaré/**chercher/rechercher** une lettre dans les archives/**chercher/rechercher** la cause/les conditions/les effets d'un phénomène.

VIII.

(a) **confetti/graffiti/macaroni/spaghetti** sont empruntés à l'italien. On dit **des confetti**, etc. On dit également **un graffiti** (*a piece of graffiti*). **Gentlemen/recordmen/bifteck/rosbif** sont empruntés à l'anglais. **Recordmen** est un faux anglicisme. **Bifteck** et **rosbif** sont des anglicismes francisés. **Référendum/forum/critérium/médium** sont des mots latins. Leurs pluriels sont **référendums**, etc. Il faut souligner que **média** a remplacé **médium** quand il s'agit de tous les supports médiatiques. On dit donc **des média(s)** et **un média**.

IX.

(a) (b)

à fortiori	à plus forte raison (style soutenu)
à posteriori	après (soutenu)
de visu	après l'avoir vu (soutenu)
ex æquo	à égalité (standard)
ex cathedra	d'un ton autoritaire (soutenu)
grosso modo	en gros (standard)
illico	immédiatement (familier)
in extremis	à l'extrême limite (standard)
ipso facto	par le fait même (soutenu)
modus vivendi	accommodement (soutenu)
quiproquo	malentendu (standard)
sine qua non	indispensable (soutenu)
statu quo	état actuel des choses (standard)
ultra	extrémiste (standard)
vice versa	inversement (standard)

X.

(a) apparais/apparais/apparaît/apparaissons/apparaissez/apparaissent/apparus/apparus/apparut/apparûmes/apparûtes/apparurent/apparaîtrais/apparaîtrais/apparaîtrait/apparaîtrions/apparaîtriez/apparaîtraient/apparaisse/apparaisses/apparaisse/apparaissions/apparaissiez/apparaissent.

(b) **Apparaître** a le sens de **devenir visible, distinct**. Ce verbe fait partie de la famille du verbe **paraître**. Un autre verbe de la même famille est **comparaître**. Les deux premiers peuvent être interchangeables. On peut dire : Elle a **paru/apparu** à la porte. Mais lorsque **paraître** a le sens de **être publié** quand on parle d'un livre, **apparaître** ne peut le remplacer.

Comparaître s'emploie dans un cadre juridique. Exemple : l'accusé a **comparu** devant le magistrat.

Paraître et **apparaître** se conjuguent de plus en plus avec **être**. On entend donc fréquemment : ils sont **apparus/parus** à la porte.

Texte n° 28 : Internet/Renater, le village planétaire.
Archimag : Les technologies de l'information, mai 1994

I.

Archimag est une revue mensuelle spécialisée dans les technologies de l'information.

II. Vocabulaire

Lucratif est un adjectif qui se dit de quelque chose qui rapporte un gain, des profits. Une activité **lucrative**/un travail **lucratif**. Un organisme à but **non lucratif** est un organisme qui n'a pas le droit de faire des bénéfices.

Un réseau est un ensemble structuré de lignes de transmission et de supports commandés par des équipements et des logiciels. La fonction principale du réseau est de mettre en communication plusieurs systèmes afin de transmettre ou de recevoir des données. **Un réseau** informatique/téléphonique/télégraphique/de transports.

Les sciences pures et humaines recouvrent un ensemble de disciplines. Le terme **sciences pures** est synonyme de **sciences exactes**, c'est-à-dire les mathématiques principalement. Le terme **sciences humaines** englobe la psychologie, la philosophie, la sociologie, l'ethnologie, l'économie politique, la linguistique etc. **Sciences de l'homme** est un synonyme de ce terme.

Un fichier est une collection de fiches, de données organisées méthodiquement pour en faciliter l'exploitation, par un programme informatique, par exemple. **Un fichier** d'adresses/de clients/consulter/tenir **un fichier/un fichier** informatique.

Une autoroute-informatique est la dénomination d'un réseau moderne d'information. En réalité on parle **des autoroutes de l'information** (*information superhighways* en anglais). Le gouvernement américain lance en 1992 un vaste projet relatif à la construction des autoroutes de l'information. L'expression a été reprise à travers le monde. En 1994, le gouvernement français ordonnait à un expert des Télécommunications de rédiger un rapport sur le sujet (le rapport Théry).

Gérer un système veut dire **diriger**. **Gérer** une affaire (administrer).

Le taux de croissance est la proportion ou le pourcentage d'augmentation d'un facteur de production par rapport à l'année antérieure. Il existe plusieurs taux de croissance : **le taux de croissance** naturel ou démographique (lié à l'accroissement de la population); **le taux de croissance** de la consommation/de la production/du prix etc.

Multimédia : voir texte n° 23.

III.

Internet and Renater, the French and American networks for the exchange of information, allow more than 15 million users in 92 countries to communicate with each other. As in a town, you have an address for sending mail, and you can consult libraries and newspapers.

Cooperation and coordination between teams working in different places were greatly improved. Computing resources were shared. With the result that, by connecting to a powerful computer, a small laboratory could perform calculations more quickly than with its own resources. Two million computers are interconnected in this way.

It is a real sociological phenomenon based on the way people think in this environment. Just like the discussions, exchange of mail and meetings which make up the intellectual life of researchers, Internet allows the exchange of documents and files, the sending of messages, discussion forums, and the daily communication of information. Internet means the computerizing of oral, written and printed communication. Each user has an electronic address which looks like an ordinary address : a name, number and postal code. Add the identifier (institution, laboratory) and you have the full Internet username.

IV.

1. Internet est un réseau international qui relie plus de 20.000 réseaux à travers le monde. Il compte globalement au moins 15 millions d'utilisateurs. Il remporte un grand succès auprès des sociétés, des organismes de recherche et des associations. **Internet** a frayé la voie aux autoroutes de l'information.

2. Autoroutes de l'information : voir ci-dessus, autoroute informatique.

3. Un système électronique mondial peut entraîner des risques tels que insuffisance relative à la confidentialité des échanges/utilisation du réseau par des groupes terroristes/contamination du réseau par un virus électronique/interception de données et possibilités de sabotage/piratage de logiciels.

4. On parle de révolution culturelle concernant ce programme mondial qui facilite la communication à distance. Les informations circulent très rapidement. Ce programme permet des échanges fructueux entre les utilisateurs, qui profitent des toutes dernières avancées technologiques. Cette technique de communication prend un essor spectaculaire.

V.

(a) Entreprise/enveloppe/indépendant/indépendance/littéral/littéraire/responsable/ responsabilité/tarif/rythme/mouvement/(im)personnel/ressusciter/groupe/calme/ sycomore/caractère/exemple/liquide/ustensile/circulaire/victime/liqueur/extase/ sentinelle/sollicitude.

VI.

(a) (b)

1. Ce mot a de nombreuses **acceptions** (sens).

2. L'**acceptation** du don a permis de régler l'affaire (*acceptance*).

3. Les **allocations** familiales sont versées en fonction du revenu des ménages (*allowances*).

4. Le premier ministre a prononcé une **allocution** (petit discours).

5. Elle faisait de la gym sur les **barres** parallèles.

6. Il a cassé un **barreau** de la chaise.

7. **Baiser** est un verbe très grossier.

8. Tu peux **baisser** la vitre, s'il te plaît?

9. Je n'arrive pas à **capter** France Inter.

10. Plusieurs terroristes ont été **capturés**.

11. Il a un drôle de **caractère**, celui-là.

12. Les **caractéristiques** du romantisme sont difficiles à définir.

13. Il y avait un **groupe** de jeunes dans la cour.

14. C'est un **groupement** de partis politiques.

15. La **grosseur** des petits pois détermine la saveur du plat.

16. L'interruption volontaire de **grossesse** est interdite par l'église catholique.

17. L'assimilation des **immigrants** est problématique.

18. Tous ces **immigrés** africains enrichissent le pays.

19. Si je suis mon **inclination**, je ne les laisserai pas tranquilles.

20. L'**inclinaison** de la pente est très raide.

21. J'admire la **justesse** de ses opinions.

22. La **justice** sociale est une valeur suprême.

23. J'ai travaillé **jour** et nuit.

24. Elle a voyagé toute la **journée**.

25. Le romancier emploie un **langage** poétique.

26. Elle parle plusieurs **langues**.

27. La **luxure** est un péché dans la religion.

28. Une Rolls Royce, c'est le summum du **luxe**.

29. Mozart fut un enfant **prodige**.

30. Le retour de l'enfant **prodigue** est une parabole.

31. J'insiste sur ce **point** précis.

32. À l'extrême **pointe** de la péninsule la mer est dangereuse.

VII.

(a)

1. "Tu le fais?" "**Évidemment**".

2. Ils ont organisé **différemment** la campagne publicitaire.

3. J'attends **impatiemment** les résultats de la loterie.

4. Comment voulez-vous qu'un médecin donne **sciemment** à sa patiente une trop forte dose de ce médicament?

5. L'enfant a laissé tomber **inconsciemment** tous les verres.

6. Elle parle **couramment** plusieurs langues.

7. Nous savons **pertinemment** qu'elle dit la vérité.

8. Ce produit se vend **indifféremment** sur le marché anglais et américain.

9. Elle a attendu **patiemment** l'annonce de son départ.

10. J'ignore s'il voulait me tromper **consciemment** mais les conséquences sont les mêmes.

VIII.

(a)

Réunir/rassembler/amasser/cueillir/masser/ramasser/recueillir/grouper/ concentrer/rallier.

(b)

1. Elle a **réuni** tous les documents nécessaires.

2. Le général **rassemble** toutes ses troupes.

3. Ils ont **amassé** toute une fortune.

4. J'adore **cueillir** des fleurs en automne.

5. Les troupes se sont **massées** à la frontière.

6. Elle a **ramassé** les papiers éparpillés par terre.

7. **Recueillir** des exemples précis n'est pas facile.

8. Il a **groupé** les objets en quatre classes.

9. Le capitaine a **concentré** ses troupes au sud de la ville.

10. Le président a **rallié** tous les membres du parti.

IX.

(a)

1. **Soit** tu rentres **soit** tu pars.

2. Cette annonce publique est **soit** mensongère **soit** vraie, elle ne peut pas être les deux à la fois.

3. Vous choisissez **soit** *Le Monde* **soit** *Le Figaro*.

4. J'accepte **soit** votre décision **soit** celle de la banque.

5. Ils le feront **soit** avant **soit** après.

6. **Soit que** nous vendions les produits **soit que** nous les offrions gracieusement.

7. **Soit qu**'il parte, **soit qu**'il reste, cela m'est égal.

8. **Soit que** vous établissiez une agence à Paris **soit que** vous l'installiez à Marseille, le résultat est le même.

X.

(a) (b)

1. Le prix de ce produit **est de** 150 dollars.

2. La longueur de cette tringle **est de** 4,5 mètres.

3. La distance de ce parcours **est de** 5 kilomètres.

4. La durée de la traversée **est de** 10 heures.

Bibliographie sélective

1. Ouvrages de référence sur la langue et la grammaire françaises

Paul Robert, **Petit Robert**, Paris, 1995

Petit Larousse, Paris, 1995

The Oxford Hachette French Dictionary, Oxford, 1994

Collins–Robert French/English English/French Dictionary, Collins, London, 1990

A. Judge et F. G. Healey, *A Reference Grammar of Modern French*, Arnold, London, 1983

R. E. Batchelor et M. Offord, *Using French : A Guide to Contemporary Usage*, Cambridge, 1993

2. Ouvrages spécialisés

Rémi-Pierre Heude, **Dictionnaire analogique de la publicité et des médias**, Éditions Eyrolles, Paris, 1993

Dixeco du marketing et de la vente, Collection dirigée par Jean-Jacques Ballan, Dunod, Paris, 1993

J.M. Utard, **Publicité et Communication d'entreprise**, Hachette, Paris, 1992

Le Publicitor : 4ème Édition Bernard Brochand/Jacques Lendrevie Publicitors, Éditions Dalloz, Paris, 1993

J. Chaminade, **700 mots courants de la publicité et de l'imprimerie**, Définitions en français/anglais/allemand, Eyrolles Éditeur, Paris, 1969

Armand Dayan, **La Publicité** "Que sais-je?", n° 274, PUF, Paris, 1985

Principes et Pratique de la publicité, Agence Publicis, Éditions J. Delmas et Cie, Paris, 1968

Lucien Sfez, **La communication**, "Que sais-je?" n° 2567, PUF, Paris, 1992

Marie-Hélène Westphalen, **Le communicator : Guide opérationnel pour la communication d'entreprise**, 2ème édition, Dunod, Paris, 1994

Fernand Terrou, **L'information**, "Que sais-je?" n° 1000, PUF, Paris, 1992

Francis Balle et Gérard Eymery, **Les nouveaux Médias**, "Que sais-je?" n° 2142, PUF, Paris, 1984

Yves Guillauma, **La presse en France**, La Découverte, Paris, 1990

Alain le Diberder et Nathalie Coste-Cerdan, **La télévision**, La Découverte, Paris, 1991

G. Théry, **Les autoroutes de l'information**, Rapport au Premier ministre, Collection des rapports officiels, 1994

T. Breton, **Les télé-services en France**, *Quels marchés pour les autoroutes de l'information?* Rapport au Ministre d'État, Ministre de l'Intérieur et de l'Aménagement du Territoire et au Ministre des Entreprises et du Développement économique, Collection des rapports officiels, 1994

J.-M. Offner, **Réseaux, territoires et organisation sociale**, Problèmes Politiques et Sociaux (PPS) n° 740, 1994

Les médias, sous la direction de J.-Y. Capul, Cahiers Français (CF) n° 266, 1994

D. Bougnoux, **Crise de l'information?** Problèmes Politiques et Sociaux (PPS) n° 737, 1994

Les centres de documentation et les nouvelles technologies de l'information, sous la direction de A. Vuillemin, 1994

Communications : l'intégration numérique, Les Cahiers de l'IAURIF, n° 107, 1994

Pouvoir politique et médias : dérive vers la télécratie? Reg/Act n° 203, 1994

MédiaSid 1995, l'aide-mémoire de la presse et de la communication, 1994

Les industries de la communication graphique : prépresse, impression, finition. Étude réalisée par GESTE, le CEREQ, l'EFPG et TEMSIS, Direction de l'action régionale et des PMI, Direction générale des stratégies industrielles, Ministère de l'Industrie et du Commerce extérieur, 1994

Éditer une publication, Collection "Guides et répertoires de la CCDA", 1994

Le cinéma français vu par . . . , Ministère des Affaires étrangères/Institut national de l'audiovisuel/Centre national de la Cinématographie/Bibliothèque de l'image-Filmothèque, 1994

Conseil supérieur de l'Audiovisuel, 5ème rapport d'activité, 1994

Indicateurs statistiques de l'audiovisuel. *Cinéma, télévision, vidéo*. Ministère de la Communication, 1994

L'avenir de la télévision publique. Commission présidée par J. Campet. Rapport au ministre de la Communication, Collection des rapports officiels, 1994

R. Chaniac, **La télévision de 1983 à 1993**. *Chronique de programmes et de leur public*. Service juridique et technique de l'information INA, 1994

E. Gayou, **Radio et télévision : les lieux de la recherche et de l'innovation**. Dossiers de l'audiovisuel n° 53, 1994

Le dépôt légal de la radio et de la télévision. Dossiers de l'audiovisuel n° 54, 1994

L. Lattanzio, **De la télé-vérité au Reality show**. Dossiers de l'audiovisuel n° 55, 1994

La télévision de proximité. Sous la direction de G. Pineau. Dossiers de l'audiovisuel n° 57, 1994

J.-N. Gouyet, **Vers la télévision numérique et interactive**. Dossiers de l'audiovisuel n° 58, 1994

Les chiffres clés de la radio. France 1993. INA, CSA, 1994

C. Brochand, **Histoire générale de la radio et de la télévision en France**, *Tome 1 : 1921–1944, Tome 2 : 1944–974*. Comité d'Histoire de la Radiodiffusion, 1994

Les médias. Sous la direction de J.Y. Capul. Cahiers Français (CF) n° 206, 1994

Gérer une photothèque. Service iconographique de la Documentation française, Collection "Interphotothèque", 1994

La formation aux métiers de l'audiovisuel : des hommes, des arts, des techniques. Sous la direction de J. Pagès. Dossiers de l'audiovisuel n° 56, 1994

Magazines et revues spécialisés

Communication & Business
Hebdomadaire
CBNews
175–177, rue d'Aguesseau
92100 Boulogne Tél : 01 46 04 12 12
Champ : Les médias et les stratégies de la création et du marketing

Création
Bimestriel
Groupe Stratégies
15 bis, rue Ernest Renan
92133 Issy les Moulineaux Tél : 01 46 29 46 29
Champ: La création publicitaire : design, production, fabrication, PAO

Direct
Mensuel
Groupe Stratégies
15 bis, rue Ernest Renan
92133 Issy les Moulineaux Tél : 01 46 29 46 29
Champ : Le magazine professionnel du marketing direct

Marketing Vente (Ex–Marketing mix)
Mensuel
Groupe Stratégies
15 bis, rue Ernest Renan
92133 Issy les Moulineaux Tél : 01 46 29 46 29
Champ : Stratégie et techniques marketing et vente, études de marché, gestion
produit, distribution, communication

Médias
Mensuel
Médias S.A.
92, boulevard Saint Denis
92400 Courbevoie Tél : 01 49 05 02 05
Champ : Publicité, marketing, médias et communication d'entreprise

Stratégies
Hebdomadaire
Groupe Stratégies
15 bis, rue Ernest Renan
92133 Issy les Moulineaux Tél : 01 46 29 46 29
Champ : Publicité, marketing, médias et communication d'entreprise

Brises
Biannuel
Institut de l'Information Scientifique et Technique
2, allée du Parc de Brabois
54514 Vandœuvre-lès-Nancy Cedex Tél : 03 83 50 46 00
Champ : L'information et la communication dans l'entreprise

Le Bulletin
Trimestriel (publication en français, anglais et allemand)
Institut Européen de la Communication
Kaistraße 13
D-40221 Düsseldorf
Allemagne Tél : (49 211) 90 10 40
Champ : Les médias en Europe

Études de communication
Périodicité inconnue
Groupe interdisciplinaire en communication
Université Charles de Gaulle Lille III
B.P.149
59653 Villeneuve Dasq Cedex Tél : 02 20 33 64 67
Champ : Techniques d'expression, information, communication

Médiaspouvoirs
Trimestriel
Médiaspouvoirs S.A.R.L.
9 bis, rue Abel Hovelacque
75013 Paris Tél : 01 44 08 83 79
Champ : Politiques, économies et stratégies des médias

Communications
Semestriel
Centre d'Études Transdisciplinaires
C.E.T.S.A.H.
14, rue Corvisart
75013 Paris Tél : 01 44 08 51 76
Champ : Sociologie, anthropologie, histoire

Communication et Langages
Trimestriel
Éditions Retz
1, rue du Départ
75014 Paris Tél : 01 43 21 31 84
Champ : Presse, radio, télévision, publicité, édition, graphisme, formation, sociologie

Communications et Stratégies
Trimestriel
IDATE
B.P. 4167
F-34092 Montpellier Cedex 5 Tél : 04 67 14 44 44
Champ : Télécommunications, réglementation de l'audiovisuel

Dossiers de l'audiovisuel
Bimestriel
Institut National de l'Audiovisuel
I.N.A. Publications
4, avenue de L'Europe
94366 Bry-sur-Marne Cedex Tél : 01 49 83 26 76
Champ : La communication audiovisuelle : la télévision par câble, par satellite, la radio, les programmes

L'Événementiel
Mensuel
L'Événementiel
86, rue du Président Wilson
92300 Levallois-Perret Tél : 01 41 27 16 33
Champ : "Le magazine professionnel de tous les événements" : Médias, sport, sponsors, entreprises

MSCOPE
Publication : 3 numéros par an
MSCOPE
C.R.D.P. de Versailles
3, boulevard Ferdinand de Lesseps
78000 Versailles Tél : 01 30 83 41 26
Champ : L'analyse des médias et les sources audiovisuelles

NTI
Mensuel
Médiajour
320, rue du Saint Honoré
75001 Paris Tél : 01 47 03 14 08
Champ : "Le magazine des nouvelles technologies de l'information"

Réseaux
Publication : 6 numéros par an
France Télécom-C.N.E.T.
38-40, rue du Général Leclerc
92131 Issy les Moulineaux Tél : 01 45 29 43 12
Champ : "Communication technologie société"

TIS
Trimestriel
Technologie de l'Information et Société
17, rue Rémy Dumoncel
75014 Paris Tél : 01 42 79 62 00
Champ : Les techniques de communication

Archimag
Mensuel
50, rue de Paradis
75010 Paris Tél : 01 44 83 03 50
Champ : Les technologies de l'information

Challenges
Mensuel
Groupe Perdriel
10–12, place de la Bourse
75002 Paris Tél : 01 44 88 34 34
Champ : Presse d'information économique

L'Écho de la Presse
Mensuel
1, avenue Edouard Belin
92856 Rueil Malmaison Tél : 01 41 29 98 50
Champ : Presse d'information

L'Expansion
Bimensuel
Groupe Expansion Magazines
Le Ponant, 25, rue Leblanc
75842 Paris Tél : 01 40 60 40 60
Champ : Presse d'information économique

Génération Multimédia
Mensuel
12, avenue Jean Bart
78960 Voisins Le Bretonneux Tél : 01 30 43 22 11
Champ : Technologies nouvelles

Livre Hebdo
Hebdomadaire
30, rue Dauphine
75006 Paris Tél : 01 44 41 28 00
Champ : Édition, Documentation, Lecture

Le Nouvel Économiste
Hebdomadaire
10, rue Guynemer
92136 Issy Les Moulineaux Tél : 01 41 09 30 00
Champ : Presse d'information économique

Le Nouvel Observateur
Hebdomadaire
10, place de la Bourse
75 002 Paris Tél : 01 44 88 34 34
Champ : Presse d'information économique et générale